《中国职业技术教育》创刊 30 年丛书

U0597961

# 30 年 30 文

编写组

中国教育出版传媒集团
高等教育出版社·北京

内容提要

本书是《中国职业技术教育》创刊30年丛书之一。本书从《中国职业技术教育》创刊30年刊发的21 400余篇文章中，精选30篇，并邀约姜大源、石伟平、徐国庆、赵志群等知名专家学者进行深入解读。30篇文章纵向贯穿了1993—2022年各年度，集中展现了中国职业教育在不同时期的时代特征与理论探寻；横向覆盖了原理研究、体系建设、法制构建、教学改革等各个方面，多侧面体现了职业教育不同时期的发展重点与学术呼应。解读者站在当下，以现代视角对历史进行回顾阐释，是一场不可多得的"穿越时空对话"。本书对理解中国职业教育理论发展脉络和实践路径选择具有重要学术价值，是职业教育研究的必读书目之一。

**图书在版编目（ＣＩＰ）数据**

《中国职业技术教育》创刊30年丛书. 30年30文 / 《〈中国职业技术教育〉创刊30年丛书·30年30文》编写组编. --北京：高等教育出版社，2023.12
ISBN 978-7-04-061525-8

Ⅰ.①中… Ⅱ.①中… Ⅲ.①职业教育-中国-文集 Ⅳ.①G719.2-53

中国国家版本馆CIP数据核字（2023）第236923号

《中国职业技术教育》创刊30年丛书·30年30文
《ZHONGGUO ZHIYE JISHU JIAOYU》CHUANGKAN 30 NIAN CONGSHU · 30 NIAN 30 WEN

| | | | | | | | |
|---|---|---|---|---|---|---|---|
| 策划编辑 | 贾瑞武 | 责任编辑 | 胡乐心 | 封面设计 | 王凌波 | 版式设计 | 童 丹 |
| 责任绘图 | 邓 超 | 责任校对 | 刘丽娴 | 责任印制 | 赵义民 | | |

| | | | |
|---|---|---|---|
| 出版发行 | 高等教育出版社 | 网　址 | http://www.hep.edu.cn |
| 社　址 | 北京市西城区德外大街4号 | | http://www.hep.com.cn |
| 邮政编码 | 100120 | 网上订购 | http://www.hepmall.com.cn |
| 印　刷 | 北京中科印刷有限公司 | | http://www.hepmall.com |
| 开　本 | 787mm×1092mm　1/16 | | http://www.hepmall.cn |
| 印　张 | 27 | | |
| 字　数 | 520千字 | 版　次 | 2023 年 12 月第 1 版 |
| 购书热线 | 010-58581118 | 印　次 | 2023 年 12 月第 1 次印刷 |
| 咨询电话 | 400-810-0598 | 定　价 | 68.00元 |

# 序　言

　　自1993年创刊以来,《中国职业技术教育》已届而立之年, 我们特决定出版"《中国职业技术教育》创刊30年丛书"。

　　职业教育是基础性事业, 其发展离不开理论指导、榜样引领、事件推动、支柱支撑和伙伴协同。故此, 本丛书撷取1993—2022年这段历史, 分别从"文、人、事、校、业"五个角度, 力图较为全面地展示30年来中国职业教育发展之路。

　　"30年30文": 理论是实践的先导。中国职业教育的伟大实践与成就, 离不开扎根中国实际的学术研究和理论基础。30年来, 中国职业教育学术界在借鉴、总结、开拓、创新中, 为实践发展路径提供了前瞻性理论探寻, 对实践中的迷茫与争论进行了拨云见日的澄清, 为打造职业教育"中国方案"、形成中国职业教育发展模式提供了理论支撑。回顾历史, 我们从《中国职业技术教育》刊发的21 400余篇文章中撷取各年度富有代表性、创造力、影响力的文章30篇, 并邀约专家学者进行总结、阐释、解读, 梳理展现30年来中国职业教育学术发展脉络与理论成就。

　　"30年30人": 综合国力的竞争归根结底是人才的竞争、劳动者素质的竞争。高素质技术技能人才是支撑中国制造、中国创造的"主力军", 也是实现高水平科技自立自强、破解创新发展难题的"生力军"; 职业教育是培育造就高素质技术技能人才的主阵地, 是孕育能工巧匠、大国工匠的重要母体。弘扬大国工匠与良匠之师的先进事迹, 对营造劳动光荣、技能宝贵、创造伟大的时代风尚, 树立心有大我、至诚报国, 言为士则、行为世范, 启智润心、因材施教, 勤学笃行、求是创新, 乐教爱生、甘于奉献, 胸怀天下、以文化人的教育家精神, 具有重要意义。因此, 我们在众多大国工匠、能工巧匠、优秀教师中精选30位先进人物, 介绍他们的事迹, 供各界人士了解。

　　"30年30事": 重要时间节点和标志性事件既是推动我们事业发展的坐标点, 也是铭记事业成就的里程碑。30年来, 党和国家对职业教育高度重视、寄予厚望, 一系列重要政策、会议、指示, 指引了职业教育的发展方向; 30年来, 职业教育战线奋勇向前、改革探索, 在不同时期、不同发展阶段取得了一系列辉煌成就。为系统展现30年来中国职业教育的成长历程、关键环节、重要成就, 我们特遴选30件影响职业教育发展的重要事件，并进行阐释解读。

"30 年 30 校"：职业院校是职业教育的主力军，是职业教育服务经济社会发展、满足人民群众需求的核心力量。从 1994 年确立"三改一补"发展高等职业教育，到 2019 年正式批准确立首批职业本科院校，广大职业院校共同构建了以中职为基础、高职为主体、职业本科为牵引的现代职业教育体系。30 年来，它们以提升服务经济产业能力发展为主旨，努力开拓办学体制机制新路径；30 年来，它们以满足人民群众高质量教育需求为要责，不懈探索教育教学新模式；30 年来，它们以服务社会多样化教育需求为使命，为社会广开求学之门。为展现职业院校 30 年来筚路蓝缕、改革探索的艰辛历程，我们从全国 1 万多所职业院校中遴选 30 所院校作为代表，进行典型呈现。

"30 年 30 业"：产业是职业教育服务的核心，也是其发展的重要支撑。30 年来，职业教育不断探索服务产业发展路径、模式，以产定教，教随产出，四链融合，专业与产业发展日渐同频共振。以先进制造业、现代服务业和战略性新兴产业为代表的新产业和新业态，代表着产业发展的方向，也最为集中地体现了职业教育紧盯产业发展、教随产出的发展重心。为此，我们选择 30 种与职业教育发展紧密相关的新业态，充分展现职业教育与产业相互支撑、相互促进的良好生态。

历史是最好的教科书，是我们开创事业、进行斗争、实现复兴的重要基础。铭记历史，才能面向未来。1993—2022 年，是中国职业教育浓墨重彩的 30 年。这 30 年，中国职业教育在拉开社会主义市场经济的帷幕下起步，迄今已建成大规模的职业教育体系，为中国成为世界第二大经济体提供了源源不断的技能人才；这 30 年，职业教育面向人人、服务人人，一线新增从业人员 70% 以上来自职业院校，职业院校 70% 以上学生来自农村，两个"70%"为学生的发展、社会的共同富裕奠定了坚实基础；这 30 年，中国职业教育从"引进来"到"走出去"，为世界提供了"中国智慧""中国方案"，充分展现了中国道路的优势与自信。

"大江流日夜，慷慨歌未央。"回顾 30 年历史之河，众多中国职业教育的研究者、探索者、建设者或以异乎寻常的敏锐思想、超前视角探究职业教育发展前沿，扫清理论、思想障碍；或以无与伦比的勇气，勇往直前，开拓创新，开辟职业教育实践新路；或甘于奉献，勤勤恳恳夯实职业教育发展根基。他们的思想、探索、奉献值得我们回顾、铭记。

《中国职业技术教育》诞生成长于这 30 年。作为时代见证者、历史记录者、学术思想库，我们有责任刻录下这 30 年的发展历程，以及为此做出不可磨灭贡献的人物、院校和单位，进而为未来发展奠定更加坚实的基石。这是我们出版本丛书，绘制 30 年职教发展全幅画卷的初衷。

面向未来，党的二十大的胜利召开对职业教育做出新部署、提出新要求，中国职业教育进入新的发展阶段，前途广阔，一片光明。面向世界，中国职业教育发展模式被越来越多的国家学习引进，逐步走向世界前列。我们坚信在下一个30年，中国职业教育将赢得更加辉煌的未来！

本丛书由教育部职业教育发展中心主任彭斌柏策划指导，副主任曾天山统筹组织，产教合作处处长唐以志具体推进。在编撰过程中得到全国电子商务职业教育教学指导委员会、深圳职业技术大学等单位和院校，李梦卿、陈衍等专家学者的鼎力支持。高等教育出版社编辑在时间紧、任务重的情况下，尽心竭力，夙夜不懈，保证了丛书的高质量出版。在此，向所有参与丛书编撰的单位、院校、专家、学者和同仁表示衷心的感谢。

需要说明的是，由于篇幅所限，许多重要的文章、人物、事件、院校、产业未能列入其中，引以为憾，期待日后再加以增补。

编写组

2023年9月

# 目　录

# 1.1 对我国职业教育立法问题的探讨[①]

吴福生

在八届全国人大一次会议上，许多代表的话题集中在加快教育立法进程这个大题目上。经大会主席团会议通过正式交付教科文卫委员会审议的19件议案中，教育方面就占了10件，都是紧扣教育立法的，其中关于加快制定《职业教育法》的议案有2件，是由64名代表联名提出的，而且附上了一份法律草案。这里，我仅就职业教育立法问题发表几点看法。

关于职业教育立法，应该说条件已经基本成熟了，要不失时机地抓紧制定。《国务院关于大力发展职业技术教育的决定》是职业教育改革和发展的纲领性文件，它实际上为职业教育立法奠定了政策基础和提供了总体框架。特别是我国实行社会主义市场经济，为职业教育的发展开辟了十分广阔的前景，有人预言，我国职业教育将进入一个黄金时代。在新的形势下，职业教育的发展对其法律也提出了必然要求，因此，加快职业教育立法步伐就成为摆在我们面前一项现实而又紧迫的任务。关于职业教育立法，我的基本想法是：首先，我们要树立大职业教育的观念，这部职业教育法应该是综合性的、全方位的，它的范畴应包括：各类职业技术学校；短期职业技术培训；普通教育引进职教因素、分流教育；开展职业技术培训的成人教育。这是一部国家法，而不是一部部门法，要从全局出发提出问题，而不是从局部出发提出问题。其次，一定要开拓新的路子。这就决定了从立法指导思想上，我们必须立足改革、突出改革，而且改革的步子要再大一些，职教体制再放开一些。职教立法不仅是职教改革成果的总结，它的更大使命在于为职教改革和发展开路，促使其沿着为社会主义现代化服务的方向健康发展。总之改革需要立法，立法需要改革。该项法律体现改革的分量大小，将决定改革的力度大小。最后，核心问题是改革职业教育与经济社会发展不相适应的部分。这就要求在总结过去实践经验和改革成果的基础上使立法具有较强的针对性和适应性，而且要反映时代的要求，具有时代的特征。只有这样，立法才有力度、才有可操作性、才能解决问题。那么，如何

---

① 本文发表于1993年第2期，作者时任全国人大教科文卫委员会教育研究室主任。

做到以上三点，特别是如何才能使职教立法体现新的思路和新的突破呢？从我国实际出发，我认为立法时要着重考虑以下几个问题。

## 一、要把适应市场经济的需要明确写进法律

刚刚修改过的宪法第 15 条规定，"国家实行社会主义市场经济"，这是具有突破性的 12 个字，意味着一个时代的开始。确立社会主义市场经济的目标无疑对职业教育将产生直接的影响，职业教育的现状，无论是办学体制办学模式，还是专业设置、课程结构、教学工作、招生分配都明显地暴露出不适应社会主义市场经济需要的问题。因而，随着经济体制的转轨，职业教育需要通过深化改革，努力走出一条适应新的经济体制的新路子来。宪法是我们制定法律的最重要依据。既然市场经济已经写进宪法，赋予了它宪法地位，我们制定职业教育法促使职业教育适应市场经济的需要，也就有了宪法依据。因此，我们应明确地把"发展职业技术教育，以适应社会主义市场经济的需要"作为职教立法的一条基本原则确定下来。有了这一条，在办学指导思想上就会加强市场观念，从而在发展和改革职业教育思路中，更自觉地根据市场需求和市场发展趋势来组织教育教学，使职业教育在结构层次、培养规格、学制年限、专业设置、教学内容、教学形式、招生分配等方面建立在劳动市场、人才市场的依托之上，具有较大的灵活性和适应性，从而培养出"适销对路"的人才。当然，形成办学指导思想也要全面，特别是要从社会主义精神文明建设的高度去认识职业教育与市场经济的关系，要着眼于社会进步、人类文明，为下一代着想，对下一代负责。总之，职业教育体制必须与经济体制相适应。这种适应性可以说是职业教育的生命线。明确规定这样一条，对于解决职业教育不适应市场经济的问题，从而逐步建立起国家宏观管理、社会积极参与、学校自主办学的新的体制，到 20 世纪末初步建立起适应社会主义市场经济体制的从初级到高级、行业配套、结构合理、形式多样、职前职后相衔接，与其他教育相互沟通、协调发展的有中国特色的职业教育体系必将产生深远的影响。

## 二、要把"先培训、后就业"和"公平竞争、择优录用"的原则加以确认并固定下来

把这条原则确定下来变为国家意志，使之成为对全社会具有普遍约束力的行为规范，是制定职业教育法的本质要求。为什么我国相当一部分企业投入多，产出少，质量低、能耗高，经济效益总是上不去？为什么我们生产的一些产品在世界上还缺乏竞争能力？产生这些问题的原因是多方面的，劳动者素质不高是一个重要的

原因，而这又同劳动制度与教育制度脱节、劳动就业制度没有立法保障分不开的。因此，把社会就业制度纳入法制轨道，这是一个重大的突破，对提高劳动者素质，特别是在全社会逐步树立起劳动就业必须有一定的文化、技能和职业道德的观念，从而有利于职业教育在中国的推广和普及，不仅具有重大现实意义，而且必将产生极其深远的影响。这同义务教育法规定的，适龄儿童必须接受九年制义务教育并由国家、社会、家庭、学校予以保证是同样的道理。一切从业人员都要像汽车司机经考试合格才允许开车那样，必须经过职业训练并取得考试合格证书才能走上工作岗位。接受义务教育也好，先培训后就业也好，都将作为一种社会规范，依靠国家的强制力保证其实施。此外，这里还有两个问题需要加以研究和明确，一个是"先培训、后就业"是一条大的原则，它应既适用于就业者，也适用于转岗者；它应同样适用于"先定岗，经过培训再上岗"和"变招工为招生，经过培训再上岗"。另一个是要贯彻公平竞争的原则。开放的市场体系呼唤着劳动力要素进入市场，如何保证平等地进入具有竞争性的市场以及用法律予以保障，是受教育者应享有的权利，也是人们普遍关注的一个热点问题，在制定法律时我们应给予充分的注意。

## 三、要坚持职业教育"大家办"的方针

通过立法建立以国家办学为主体的社会各界共同办学的新体制，逐步改变目前职业教育主要依靠政府办学的单一模式。根据我国国情，单一的、由国家统包的职业教育结构显然不能适应现阶段生产力发展的要求，要积极探索有中国特色的职业教育发展的路子。首先，各行业、各部门、各厂矿企业、农村基层以及成人教育机构都要全方位地行动起来，充分发挥办学积极性，特别是要把学校的优势同行业、企业的优势结合起来，支持和鼓励行业和企业自办或联办职业技术学校。其次，要确立民间和私人办学的法律地位。贯彻职业教育"大家办"的方针，依靠社会的力量发展职业教育，重要的一个方面就是鼓励民主党派、社会团体办学和民间办学、私人办学，以及中外合作办学，做到国家、集体、个体一齐上，公办、民办、私立一齐上，逐步形成多种所有制并存的职教事业新格局。根据小平同志南方谈话精神，展望党的基本路线100年不动摇的前景，面对以公有制为主体的多种经济成分长期存在的现实，我们对民办教育、私人办学应有一个全新的认识。在坚持以公有制为主的前提下，发展民办职业教育完全符合我国国情，符合社会主义初级阶段的实际，它理应在整个职业教育体系中占有一席之地，而且成为职业教育结构中比较活跃的一部分，特别是在市场经济条件下，它还应成为发展较快的一部分。其实，由国家力量和社会力量办教育，"两条腿走路"，我国宪法即有此原则精神，其深刻意义和积极效应似尚未得到普遍的理解和认定。在这个问题上，我们必须把思想认

识统一到党的十四大精神上来，统一到宪法确定的基本原则上来，积极支持和放手发展民办职业教育，这不仅是解决职业教育经费不足的一条出路，而且是发展职业教育的一条有效途径，更重要的是民办职业教育和私人办学有利于充分发挥和挖掘社会上的智力资源和办学潜力。在社会主义市场经济条件下，着眼于市场经济对人才的需求，发展民办职教、私人办学绝非权宜之计，而是一个长远方针，要像重视国家力量办学那样重视社会力量办学。社会力量是我国职业教育事业中一支不可忽视的力量，尤其是每个民主党派和社会团体都是一个智力库，有着明显的人才优势和智力潜力，孙起孟同志一次在谈到社会力量办学时说过：要重视有"贝"之才（即资金），但也要重视无"贝"之才（即人才），这话是很有道理的。因此，民办职教和公办职教同样应受到社会的尊重和法律的保护，我们应为其发展创造良好的环境和条件。

## 四、要通过立法把管理体制理顺，明确国家、社会、学校在参与职业教育发展过程中的责任和义务

市场经济体制这一改革目标的确立，对规范政府的职能提出了新的要求。必须改变行政部门职责不明，行业、企业责任不清的状况，调整、规范好国家、社会、学校的责、权、利关系。

首先，国家负责制定职业教育的大政方针，以促进职业教育事业的发展和繁荣，使职业教育自觉地服从和服务于经济建设这个中心。国家教育主管部门要破除在计划经济体制下长期形成的传统观念和思维定式，改变那种由国家统办、强求一律、"一刀切"、齐步走以及管理过多过细的管理方法，真正从微观管理转向有效的宏观管理，把自己置身于更高层次去考虑问题，从而推动职教事业的健康发展。为此要实现领导行为的职能转换，努力做好统筹规划、掌握政策、组织协调、调查研究、分类指导、信息服务、监督检查。同时，要加强教育立法，切实把职业教育纳入法制的轨道。

其次，要简政放权，加强地方政府的统筹决策权，特别是要给企业和学校更多的办学自主权，使学校面向社会，面向经济，自我发展，自我调节。目前地方要求放权的呼声很高。例如，根据我国国情，相当多的行业、中小企业、乡镇企业对大专层次专门人才的需求，往往大于对本科层次人才的需求。客观形势要求职业教育在层次结构上与经济建设的发展相适应，积极发展以大专层次为主的高等职业技术教育，并随着社会对人才需求的增长，逐步向本科层次的高等职业教育延伸。这就涉及高等职校审批权限问题。笔者认为，为满足社会对大专层次专门人才的需求，大专层次高等职校的审批权可以下放到省、自治区、直辖市一级，希望在这个

问题上能够取得突破。此外还要扩大企业和学校的办学自主权。由于多年来受计划经济体制的影响，发展职业教育受到诸多束缚和捆绑，严重挫伤了企业和学校根据经济发展的实际需要举办职业教育的积极性。例如企业技术改造项目，举办职业教育培养新增劳动力，只能占自然减员劳动指标，不能占用新增劳动指标；为了生产需要，企业愿意举办职前、职后、长期、短期都包括的教育中心，但各综合部门都要求独立建制，对职校、技校共同使用一个实习场地也不允许；为适应生产需要调整专业、工种设置和教学计划，也必须层层报批，而且控制很死，等等。这就涉及中央和地方的职责和各有关部门的职责问题，涉及调动企业的办学积极性和确立学校的法人地位问题。这些问题都需要在立法时加以明确。这里要强调的是，随着经济体制改革的深入，特别是全民所有制企业经营机制的转变，劳动部门对职业教育的管理职能发生了变化，因为市场经济不再像计划经济那样可以自成体系了。劳动部门管理的重点应放在加强劳务市场的管理，对企业招工依法进行监督，保证"公平竞争，择优录用"，提供人才需求信息，沟通培养和使用渠道问题。因此，如何界定劳动部门对职业教育的管理权限和责任应是我们立法时需要着重研究的一个问题。

最后，要从法律上对企业发展职业教育应承担的责任和义务作出具体规定。如上所述，加强企业的责任是具体落实国家、社会、学校之间责、权、利关系中的重要方面。企业经济效益的高低同劳动者素质的高低是成正比的。但是如何造就一支劳动技术大军，保证源源不断地向企业提供千百万具有良好素质的劳动者？这问题直接根源于职业教育。因此，企业参与并支援职业教育应是其应尽的义务。要通过法律明确规定企业有为学校提供实习场所、指导力量和物质条件的义务。同时要规定企业用于教育的费用应在总营业额中有一定的比例并可列入成本。此外，还应建立并完善激励办学的机制，如规定具体的减免税率等措施。

## 五、要在转换办学机制上下功夫，增强职业学校自我发展的能力

首先要在观念上有所突破。在计划经济条件下，在资源方面，我们的工作思路主要是习惯于等着上面给配置，而不是积极创造条件发展职教事业。传统的由国家统包教育经费的观念需要改变，加强职业教育自我发展能力的观念需要逐步确实。联合办学，产教结合，教学、实习、生产、经营、服务一体化，发展校办企业以及利用银行贷款等，无疑都是筹集资金、增强自我发展能力和办学活力的有效途径。如河北省今年发放低息贷款 8 000 万元用于发展职业教育，由地区担保，省教委贴息，县财政分年还贷，这的确是一项行之有效的措施。但是在通过立法确定筹资经费的原则时，还是要明确规定国家财政拨款应是筹集职教经费的主渠道，以保证职

教经费稳定、可靠的来源，其他形式只能是对职教经费起到一种补充作用。要把职业教育纳入各地经济社会总体规划，并作为一项国家事业来抓。职业教育是一项耗资巨大的事业，办职业教育比办基础教育花钱要多得多，国家不投入怎么能行呢？特别是在农村，职业学校办学条件差异很大，相当多的职业学校不具备自筹资金的基础和条件，有些学校由于经费来源没有保障，甚至到了难以为继的地步。总之，在经费筹集原则上应有一个明确的说法，否则对职业教育的"大力发展"将是大大不利的。

关于职业教育立法，还有许多问题需要进行探讨，如教师问题、教学问题、实习问题以及法律责任问题，由于篇幅有限，就不在这里论述了。

# 1.2 对《对我国职业教育立法问题的探讨》一文的学习体会

余祖光[①]

摆在案头的文章，是一篇探讨职业教育立法问题的文章，出自当年职教圈内大家熟知并尊重的吴福生先生的手笔。它刊登在1993年《中国职业技术教育》杂志创刊第2期的职教立法栏目的开篇位置。追溯中国职教30年改革发展的历史足迹和制度建设路径，离不开职教法律法规建设的这一核心问题。这篇文章的主题、内容、作者、发表时空与当时的职教发展重大问题正好契合，这并非偶然，而是历史必然。

20世纪90年代初，我国职业教育经历了恢复发展并伴随国家的改革开放进入大力发展阶段。与经济、就业联系紧密的职业教育不仅要克服办学经费短缺的困难，还面临着经济体制改革大变局下如何走出新路的时代课题，迫切希望地方出台一些法规制度，更强烈呼唤国家职业教育法的出台。1991年，全国人大常委会将职业教育法列入了立法规划。在党中央和国务院的高度重视和正确领导下，在广大职教界的第一线教育实践者、各级教育管理者、研究者和中央地方相关部门共同努力下，《中华人民共和国职业教育法》终于在1996年正式颁布实施，这是中国教育发展中的一件大事，掀开了职业教育改革发展的新篇章。这部法律吸收了职业教育制度建设的成功经验，更蕴含着成千上万参与者的创新与贡献。

吴福生先生在职业教育法立法前后，撰写了多篇相关文章和报告，都是教育立法研究和立法实践中具有重要价值的文献。其中，《对我国职业教育立法问题的探讨》一文是立法前进行调查研究、法案起草和征求意见阶段的代表之作。时任全国人大常委会科教文卫委员会教育研究室主任的吴福生先生，曾协调有关部门深入一线调研，不仅亲力亲为，而且具有出色的法律理论研究能力和政策水平，他是讲述这一历史节点的中国故事的最佳人选之一。

时隔30载重读这篇文章，深感文章坚持党的基本路线的要求，牢牢把握"为实施科教兴国战略，发展职业教育，提高劳动者素质，促进社会主义现代化建设"这一立法宗旨，将其作为立法的基本出发点和基本立足点；同时，它突出了改革精

---

① 余祖光，教育部职业教育发展中心研究员。

神，积极回应国家从计划经济转向社会主义市场经济给职业教育带来的挑战和机遇。文章简明扼要、逻辑清晰、观点鲜明，作者直面问题，提出了科学、合理的解决方案。

吴先生的文章表达了他对职教法立法的三个基本观点和实现这些基本观点时需要着重考虑的五个问题。我们不妨以三个基本观点为主，五个问题为辅，结合当时的社会经济和教育改革背景，来观察作者的观点、依据和建设性意见。

第一个基本观点包括两个方面。首先，针对法律的适用范围是否仅限于职前教育和学校教育的争议问题，吴先生提出要树立大职教观念，这部法应坚持综合性和全方位，即教育培训一体、职前职后一体。其次，针对各部门分头管理、政出多门的弊端，作者提出职业教育是国家事业，要国家立法，不是部门法，要突出中央政府和地方政府统筹管理。这个基本观点符合现代职教体系的基本特点，也适合终身学习的发展大趋势，符合我国的基本国情，这可以概括为法律定位问题。在这个基本观点上，我们需要形成共识，并证明观点的可行性。我们的职教体系构建基础如何？政府是否有足够的统筹能力？这些问题需要有确切的依据。

然而，经常被忽视的一个重要事实是，新中国成立后我国已经建立了与社会主义建设、经济发展连成一体的大批中专学校和技工学校。当时虽然处于计划经济体制下，但形成了具有行业企业办学基础的职业教育体系的"基础设施"，其硬件和软件条件与当时的产业是相配套的，并且有相当的社会影响力。这是我们发展的重要基础之一。更具优势的是，改革开放以来，党中央和国务院做出了一系列关于促进职业教育大力发展的重大决策，并取得了丰硕的改革成果。1985 年，《中共中央关于教育体制改革的决定》开启了职业教育大发展的序幕。该《决定》将调整中等教育结构和大力发展职业教育作为教育改革发展的重点之一，职业技术教育涵盖了专业技术人员、技术工人以及对城乡劳动者的各种教育形式。为了推动职业教育发展，全国各地相继制定了发展规划和政策措施。1991 年国务院颁布《国务院关于大力发展职业技术教育的决定》，并在 1993 年的《中国教育改革和发展纲要》中提出了职业教育的改革发展目标和方向。

我国职业教育不仅具备了较完整的顶层设计，还进行了众多成功的改革试验。1987 年，国家教育委员会与部分地方省份开展了农村教育综合改革和城市教育综合改革。农村教育综合改革主要推动中国农村教育为当地社会主义建设事业服务，其中实行农业科技教育统筹结合，以兴农项目为中心，统筹农业推广、农业科研和农村农业教育三方面的力量，为农村社会经济建设发展服务。农村职业教育和成人教育在这方面发挥了重要作用，并促进了自身成长。城市教育综合改革的重点是中等及中等以下的各级各类教育，成人继续教育和岗位培训，包括高中后的短期职业技术教育培训。开展职业技术教育和成人教育，坚持多渠道、多形式的全社会办学的体制改革。在教育综合改革中，政府发挥了突出的统筹管理作用，将教育发展与改革纳入经济和社会发展的总体规划中，使教育与当地经济和社会发展互相促进。

通过以上分析，我们得出了职业教育法适用范围和属性定位可行性的证明。同时我们也看到文中针对第四个问题的建议，通过立法来理顺管理体制，明确国家、社会、学校在职业教育中的责任义务，以及制定职教法相关管理体制规定的坚实的理论政策与实践的基础。

第二个基本观点是，在职业教育的立法指导思想中，要立足改革、突出改革才能走出一条新路。这属于职教法的定向问题之一。作者认为，职教立法不仅是对职教改革成果的总结，更重要的使命在于为职教改革和发展开路，促进其沿着为社会主义现代化服务的方向健康发展。尽管世界上许多国家的教育改革都是先制定法律或修法，然后再推动全面的改革，这似乎成为惯例。然而，在我国教育政策、规划等工具通常更多地用作引领改革的工具。在我国步入深化社会主义市场经济体制的改革开局之年，同时也是我国加速教育法治建设的关键时期，职业教育立法自然而然地应成为推动改革的重要手段。这一观点在现在看来似乎是理所当然的，但在当时，社会上依然存在不少人，对经济体制改革不理解，对这种立法思路不认可，甚至党政干部中也有相当一部分人难以接受。

作者能够满怀热情地拥抱这一历史性变革，并积极应对由此带来的机遇和挑战，实属不易。1993年修正的《中华人民共和国宪法》总纲第十五条规定，国家实行社会主义市场经济。作者敏锐地发现这标志着一个时代的开启，也会直接影响职业教育。因此，他率先提出应该将适应社会主义市场经济的需要作为职业教育立法的一条基本原则定下来。因此，对于重点考虑的第一个问题，作者建议将适应市场经济的需要明确写进法律中。这个观点是基于宪法规定的，同时预计劳动力市场的双向选择必然会打破计划经济下职业学校"统招统分、包分配"的传统招生就业方式。劳动市场多样化需求会改变职业学校一成不变的专业设置和课程内容，因此必然引发相应的改革。为了提高职业教育的灵活性和适应性，必须培养适应劳动市场需求的人才。同时，这一指导思想要全面考虑，从社会主义精神文明的高度去认识职业教育与市场经济的关系，着眼于社会进步和人类文明，为下一代着想，为下一代负责。

职业教育与劳动就业之间存在着紧密的内在联系，两者间形成的良性互动也称为制度互补，有利于两者的健康发展。据此，作者提出的第二个重点问题是，应确认并固定"先培训、后就业"和"公平竞争、择优录用"的原则，将其作为国家意志，成为具有普遍约束力的行为规范。这是制定职业教育法的本质要求。1996年，职业教育法将教育法和劳动法作为立法依据，并在第三条规定：职业教育是国家教育事业的重要组成部分，是促进经济、社会发展和劳动就业的重要途径。像德国等职教强国，拥有严格的职业资格和就业准入制度。欧盟也将职业教育与培训视为积极的劳动力市场政策。发达国家的研究表明，职业教育制度与劳动就业具有相当强的制度互补性。

在我国，劳动法规以及职业资格制度、劳动预备役制度等都为职业教育发展提供了空间，职业教育的普及发展也促进了农村劳动力转移就业和下岗职工转岗培训和再就业。从《职业教育法》立法以来职业教育的发展来看，无论从促进就业和改善劳动力结构的宏观效果，还是为企业和个人服务的微观效果来评估，我们国家在处理职业教育与劳动就业的关系方面都取得了较为令人满意的效果。

作者的第三个基本观点是，立法的核心问题是要改革职业教育与经济、社会发展不相适应的部分。这要求在总结过去实践经验和改革成果的基础上，使立法具有较强的针对性和适应性，同时要反映时代要求，具有时代特征。具体而言，针对性意味着法律要具体化，能解决实际问题，使职业教育相关且有效。适应性则指由于经济社会的变化，劳动市场对人才需求的变化越来越难以预测，只有使职业教育具有体系弹性和机制灵活性，才能适应不断变化的需求。这需要有一个能够调动办学主体积极性的办学管理体制和灵活有效的办学机制，同时需要必要的人力、财力和物力的资源保证以及良好的社会环境。

在问题三、四、五中，作者的论述都涉及了上述思考。这些思考权衡了理想的需要和现实的可能，并符合职业教育进入社会主义市场经济初级阶段的国情。例如，考虑到公共财政供给不足以及国企改革和国家机构改革等情况，以及职业教育的社会认知度不高，对职业教育的规范标准不可要求过高，尽管立法比较适应当时的时代背景和共识水平，仍难免不能尽如人意。首部职教法的颁布，为职业教育改革发展和依法治教奠定了基础，搭建了有中国特色的职业教育制度的"四梁八柱"和法律基础，成为职业教育立法发展的第一座里程碑。中央和地方均为实施该法颁布了一系列法规和规章，全面推进了职教的改革发展。然而，职业教育法的推行过程遭遇了1997年到21世纪初由于国企改革人员分流、国家机构改革行业企业办学大削减和高校连续扩招等因素的影响，导致中等职业教育招生严重滑坡，法律的推行并不顺利。为此，国务院在2002—2005年期间先后三次召开了全国职业教育会议，提出了未来十年发展目标，并对办学管理体制、经费投入和教育教学改革提出了更高要求。相应三个文件的贯彻及时提振了职教发展势头。

随着国家社会经济的快速发展、科技进步和人力资源的要求，需要对职教法进行修订和完善。2008年全国人大常委会将《职业教育法》修订列入本届任期的立法工作安排。虽然从总体来看，职教法具有一定的适应性和10年左右的稳定性，但也应根据需要与时俱进地不断完善。然而，由于种种原因，职教法的修订一直延迟到2022年才得以完成。这一事实也说明了无论职业教育立法还是修法的艰巨性和复杂性都很突出，同时也反映出参与立法和修订的研究起草人员，包括吴福生先生在内，为此项事业作出了辛勤付出和巨大贡献。我们应该借此机会向他们致以敬意，并学习他们的科学严谨态度和奉献精神。

# 2.1 关于高等职业技术教育的内涵和实施[①]

孟广平

当前，高等职业技术教育是一个热门话题。但何谓高等职业技术教育？它是哪个层次的教育？培养目标是什么？由哪些学校或教育机构实施？对于这些问题都有不同的认识，需要认真研究和探讨。

## 一、发展高等职业技术教育的必要性

发展高等职业技术教育是我国社会和经济发展的必然要求：

（1）我国地域辽阔，各地区经济发展极不平衡。尽管对大多数地区来讲，发展中等乃至初等职业技术教育是当前乃至今后相当长时期内工作的重点。但经济发达的省份和地区及高科技企业，迫切需要具有更高教育层次的专业辅助人员。如：有高中后文化基础的技术员、护士，懂技术又懂经营的经销人员，掌握计算机又会外语的中级管理人员等。

（2）长期以来，我国的专业技术人才结构失调，专业人员和专业辅助人员比例倒挂，这种情况至今没有得到根本改变。大力加强专业辅助人员的培养势在必行。而这类人员的培养不仅要靠发展中等职业技术教育，也要靠发展高等职业技术教育来实现，以培养不同层次的人才。

（3）我国的教育结构需要调整，要通过多次分流以适应培养多层次人才的需要，改变"千军万马争过独木桥"的局面。从提高效益或提高质量角度来看，当前应控制普通高等教育的发展速度和规模。但这不应殃及高等职业技术教育。相反，发展多种形式的高中后职业技术教育有利于缓解"争过独木桥"的压力。

（4）我国现已拥有数千万中等职业技术学校毕业的劳动者，需要有更高一层次的教育来提高他们的专业技术水平。现行普通高等教育的培养目标不能适应这种需要，而高等职业技术教育则有利于稳定和提高这支队伍。

---

① 本文发表于1994年第5期，作者时任中国职业技术教育学会副会长。

## 二、高等职业技术教育的教育层次

所谓"高等职业技术教育"是指高等教育（即第三级教育）层次的职业技术教育。教育层次的划分，世界各国不尽一致，但大多按初等、中等、高等教育（即第一、二、三级教育）划分。高等教育是在中等教育基础之上的教育。职业技术教育是大教育体系中的组成部分，它的层次划分也应基本如此。所以，"高等职业技术教育"是建筑于中等教育基础之上的，属于高等教育层次，即第三级教育。在入学标准上，由于职业技术教育还有自己的特点，可以是接受完普通高中的教育，也可以是接受完相当于高中的教育并加一定的职业经历，即"表现出具有掌握本层次学习内容的能力"。这是国际上通用的原则。

明确了高等职技教育的层次，并不等于明确了其培养目标。它还要从人才结构的类型和层次上加以确定。

## 三、人才结构的类型和层次

专业技术人才的结构是有类型和层次之分的。例如：专业技术人才的结构一般可由工程师、技术员、技术工人三大类组成，各类人员又可有高级、中级、初级之分；临床医药人才结构一般可有医师和医辅（护士、化验员、药剂师、放射技师等），两类人员同样有高、中、初级层次之别。各类人员和各层次的人员由不同类型、不同教育层次的学校培养。如：工程师和医师一般由普通高等学校本科及以上层次培养；而技术员、技术工人、医辅人员的培养则是职业技术学校的任务。技术员、技师、医辅人员这类人员按国际通用的概念，叫专业辅助人员，其培养教育的层次可以是高中阶段的，也可以是高中后阶段（第三级教育）的。

## 四、高等职业技术教育的培养目标

高、中、初级不同层次的专业人员由属不同教育层次的学校培养，但并不是简单的对应关系，不是高级人才由高等教育层次的学校培养，初级人才就由初等教育层次的学校培养，或高等教育层次的学校培养出的就是高级人才。各级人才由哪个教育层次的学校培养取决于这个层次人才所必须有的入门水平（知识的、操作的、行为意识的）。例如：初级程序员可能至少用高中阶段的技术教育培养，高级程序员则需要本科或更高层次教育培养；而初级木工可能用初中阶段的职业教育培养，高级木工并非必须由高等教育培养。

所以，高等职业技术教育的培养目标应是：培养需要具有高中后教育水平的专业辅助人员。可能有两种情况：一种是某些职业要求有高中文化起点，是就业前的教育；另一种是继续教育，是对高中层次的专业技术人员进行的提高教育。

高等职业技术教育区别于普通高等教育之处主要在于培养目标上。从人才类型上看，普通高等教育的目标是培养工程师、医师等专业人员；高等职业技术教育培养的是专业辅助人员。在教育层次上二者相同。高等职业技术教育区别于中等职业技术教育之处在于教育的层次上。高等职业技术教育是在中等或相当于中等教育基础之上的教育，教育的起点高于中等职业技术教育，而所培养的人才类型二者基本相同，都培养专业辅助人员，水平层次可有不同。

有一种观点，主张把高等职业技术教育的培养目标界定为培养高级技工，这是不妥的。因为，按我国当前的技工标准，并非多数高级技工都必须具有高等教育的基础，而且，高级技工一般要在中级技工的专业能力和专业实践经验基础上培养，仅靠提高教育起点是培养不出高级技工的。

## 五、高等职业技术教育的学制和实施的学校

根据我国当前的条件，高等职业技术教育中的学历教育主要是本科以下的专科层次学制为主，即：招收相当于高中学历的毕业生，学制二至三年；或招收初中毕业生，学制五年。更大量的应发展多种多样的非学历教育和培训。

1. 部分普通专科学校

我国的普通高等专科教育在近十多年来迅速发展，已有相当的规模。但在培养目标上，除少数科类外，一直未明确。实际上，其培养目标与普通高等教育本科混淆不清。近年来，许多专科学校的改革突出培养"应用型、技能型"人才，已取得成绩，但"两型"不是区别人才类型的依据，应当确定多数专科专业的培养目标符合高等职业技术教育层次。

2. 部分中等专业学校

我国部分中专学校无论是在教学设施上，还是师资条件上，或办学经验上都很有实力。事实上，许多中专学校都办过大专班，或现在还承办成人大专班。这些学校应成为实施高等职业技术教育的首选学校。现有的普通专科学校中，半数以上是由原中专学校升格的。问题是：好的中专学校升为专科后就告别原来的培养目标，转为"本科压缩型"，更不利于改变人才结构不合理的问题。应实行允许升格，不许转向的政策。

3. 部分成人高等学校

高等职业技术教育中很大一部分是继续教育，可由成人高校实施。但在办学基准上和教学计划的要求上应执行统一标准。

4. 职业大学

我国目前的职业大学是近年的新生事物，为数不多，大多数专业属职业技术教育。问题是因政策上的原因，许多学校逐步转为普通高校。

# 2.2　再论高等职业技术教育的内涵及实施[①]

孟广平

我曾就高等职业技术教育的界定谈了一些看法（见《中国职业技术教育》1994年第4期"学术园林"栏目），现拟对制约高职教育发展的一些重要问题，如确定高职教育的培养目标、人才规格等，作一些补充论述。

## 一、确定高等职业技术教育的培养目标

高等职业技术教育是指属于高等教育层次的职业技术教育。这只是界定了它的教育层次，并不等于确定了它的培养目标。培养目标是更需要明确的问题。

普通教育的目标是培养获取基础的和专业的知识能力（这里不是从教育的功能而论）。由于知识的理论体系既有阶段性，又有连续性，所以，小学、中学、大学教育间的衔接首先是知识理论的相互衔接。教育机构间的衔接也是直接的。也就是说，学生小学毕业可直接升中学，中学毕业可直接升大学。各教育层次的划分标准主要依据学习年限和知识量。普通高等学校教育的目标是学科知识和能力的获得，其体现是学位，起点是学士学位（北美地区流行的"副学士学位"是学士学位的下延）。从本质上说，普通高等教育是一种学科教育，是使受教育者在高中文化（第二级教育）的基础上，获得专门的学科能力。受教育者有了这种能力可选择从事任何与该学科相关的职业。所以，普通高等教育是培养高级专门人才的基础。尽管普通高等教育中培养医生、律师等的专业有很明确的"职业"目标，但仍属专业学科型。不过，国际上把"医学博士学位""法学博士学位"等列为"第一专业学位"（first professional degree），以示与其他学科学位的区别。

职业技术教育不同于普通教育。它并非仅以知识能力的获得为目标，而是以达到胜任一定的职业岗位要求为目标。高等职业技术教育相对普通高等教育来说，属非学位性的专业技术教育，本质上也是以受教育者将来能达到从业的职业岗位要求为目标。故需要从就业岗位要求来确定培养目标。一般说，职业技术教育主要培养

---

① 本文发表于1994年第5期，作者时任中国职业技术教育学会副会长。

专业辅助人员，这和普通高等教育培养专业人员的培养目标有区别。由于职业岗位规范是动态的，它要随社会、经济的发展而变化，而且我国目前的职业岗位规范还很不健全，所以，有些普通高校的应用学科和高等职业技术学校（院）的培养目标不可避免地有所交叉，再加之目前劳动就业、工资和职称制度大都是学历本位的，这就增加了确定高职教育培养目标的难度。当前有些地方、学校正致力于发展高等职业技术教育，首先应花大力气从用人的岗位要求中确定培养目标，才能使办学有方向，而不应仅是为了争得大专学历的授予权。

## 二、专业技术人才结构层次和职业技术教育层次的关系

一个行业（职业）内高、中、初级专业技术人才划分的依据主要是专业技术能力的高低（认知的、操作的、行为意识的）。专业技术能力高低和普通教育水平有关，但不取决于教育水平。例如：取得汽车驾驶证并没有对学历提出要求，即使一个有博士学位的人初学开车也不能因此就获得高级驾驶员的资格。也就是说，专业技术人才结构层次间的衔接首先是专业技术能力的衔接，即高层次专业人才往往要在低层次人才的基础上培养。由于专业技术能力并不能都在学校中获得，往往许多是要在工作岗位上才能获得，所以，职业技术教育层次间的衔接不能像普通教育那样是直接的，而是间接的，即：中等职业技术学校毕业生往往需要经过一定的工作实践或补上必要的基础理论课，才能进入高等职业技术学校，继而成长为本行业的高层次人才。

教育层次（初等、中等、高等）和人才结构的层次（初级、中级、高级）不是必然对应的，不能混为一谈。在发达国家，各个行业的职业岗位规范中都有所谓"起点水平"（entry level），也就是从事本行业的入门水平。起点水平包含起码的普通教育程度和专业技术能力。只有具备了"起点水平"的人，再进一步提高专业技术能力和相应的普通教育程度，才能成为本行业的高层次的人才。不同行业（职业）的"起点水平"所要求的普通教育程度不同。普通木工和民航飞行员的"起点水平"可能相差两个教育层次。我们也应建立起这个概念，才能使人才培养走向规范化。

所以，高等职业技术教育的培养目标主要应从行业（职业）的职业岗位规范中去寻找。它可以是在高中教育基础上培养"起点水平"的人才，例如：需要有高中学历的财会、金融人员、医辅人员、实验员、文秘等，招收普通高中毕业生或同等学力，属职前教育；也可以是培养行业（职业）的需有高等教育水平的较高层次人才，例如：高级技术员、工艺师等，招收已具有本职业"起点水平"的在职人员，属继续教育。这里要强调说明的是：招收应届普通高中毕业生的高等职业技术学校

只能培养行业"起点水平"人才，并非高层次人才，因为他们要从头开始学习专业技术能力；若招收中等职业技术学校应届毕业生进入高等职业技术学校，也难以使之达到行业的高层次人才规范，因为他们一般缺少在岗位上才能获得的专业技术能力或必要的高中文化基础。

在欧美许多国家，以高等专科教育培养"起点水平"的普通木工、电工等，这并不是因为这些国家的普通木工、电工"起点水平"要求的教育程度高，而是因为这些国家已经基本普及了普通高中教育。这种以普高为"起点水平"的职业技术教育是社会发展的必然。我国经济发达地区在基本普及高中教育后，也可能会出现这种情况。

## 三、高等专科教育与高等职业技术教育

我国的高等专科教育是在20世纪80年代初期加快高等教育发展、"多出人才，快出人才"的形势下，迅速发展起来的，是参照北美的社区学院模式兴办的。对于专科的培养目标，多年来一直没有明确的结论。工科的专科培养目标曾拟定为"高级技术员"，后又改为"工程师的初步训练"。技术员类人才是职业技术教育的培养目标，而工程师则是普通高等教育的培养目标。于是，专科教育究竟属职业技术教育，还是普通高等教育也一直是个有争议的问题。本来，专科只是个教育层次，从培养目标说，可以属职业技术教育，也可以是非职业技术教育。美国的专科学校既设有职业技术教育专业（这是多数），也开设普通大学一、二年级的课程，毕业生可转入普通大学本科三年级继续学习。在全国教育工作会议上，把普通专科和高等职业教育并提，同时提出改造一些普通专科学校作为发展高等职业教育的途径之一。这意味着，我国的普通专科和高等职业教育的培养目标是不同的。通过改造一批现有的专科来发展高等职业技术教育需要首先转变培养目标。对工科类专业来说，是要从培养工程师的目标转为培养技术员类人才，而后者正是当前急需的人才。况且有些专科的培养目标本来就属职业技术教育范畴，如：招收高中毕业生，学制二、三年的护士专业、金融专业、财会专业、旅游专业等，因此应明确其性质，减少教育概念上和教育管理内部的混乱。

## 四、中等专业教育与高等职业技术教育

中等专业教育不能取消，还要发展，这是客观要求决定的。1980年国务院批转的全国中等专业教育工作会议纪要中，规定了中专有六种学制：招收初中毕业生三年、四年、五年制，和招收高中毕业生二年、二年半、三年制。按照国际通用的教

育分类标准，五年制和招收高中生的学制显然应属于第三级教育。20世纪80年代初，中专主要招收高中毕业生。1982年中专招生的85%是高中毕业生。至今中专的招生中，仍有三分之一是高中生，而且有很多学校都办过或仍在办大专班。所以发展高等职业技术教育应该充分利用这部分学校和学制。

当前从任何角度说，严格控制普通高等学校的发展规模都是必要的。然而，发展高等职业技术教育则是客观需要。正如十多年前，我们需要控制普通高中的规模，而要发展中等职业技术教育一样。究竟需要办多大规模的高等职业技术教育，关键要看社会、经济发展的实际需求和学校的办学条件。

## 2.3 生年不满百，常怀千岁忧
### ——重读孟广平先生《关于高等职业技术教育的内涵和实施》等论述

于志晶[①]　孟 凯[②]

本文作者之一于志晶作为曾在孟广平先生领导下的职业教育战线的一名老兵，曾有幸多次聆听先生的讲话并与之作深入的访谈交流，对先生的道德文章满怀钦敬。今天重读先生30年前的论作，犹如又承亲炙，特别是在我国全面推进教育强国、科技强国、人才强国建设的新起点上，系统回顾在那段职业教育蓬勃兴起、对职业教育的实践探索和理论思考全面展开、各类思想碰撞火花迸出的时期，先生的所思所虑及其政策主张，更加深切感到先生的视野宏阔、思考的前瞻性以及拳拳报国之情，钦佩之情尤甚。

一

1992年，邓小平发表著名的南方谈话，大江南北涌动改革发展浪潮。1993年2月，中共中央、国务院印发《中国教育改革和发展纲要》（以下简称《纲要》），对20世纪90年代乃至21世纪初中国教育事业改革发展作出全面规划，《纲要》提出"职业技术教育是现代教育的重要组成部分，是工业化和生产社会化、现代化的重要支柱"，要求"各级政府要高度重视，统筹规划，贯彻积极发展的方针，充分调动各部门、企事业单位和社会各界的积极性，形成全社会兴办多种形式、多层次职业技术教育的局面。"1994年7月，国务院印发《关于〈中国教育改革和发展纲要〉的实施意见》，对到2000年我国教育发展的目标、任务、政策措施等做出明确安排，提出要"大力发展职业教育""逐步形成初等、中等、高等职业教育和普通教育共同发展、相互衔接、比例合理的教育系列"。由于中央文件对发展"多层次""高等"职业教育的明确表态，在教育行政管理部门内部以及社会各界在发展高职教育方面逐步形成了共识[③]。实际上，当时在全国各地已经存在着多种形式的高职教育，

---

① 于志晶，《职业技术教育》总编。

② 孟凯，《职业技术教育杂志》编辑。

③ 闻友信、杨金梅. 职业教育史［M］. 海口：海南出版社，2000.

包括普通高等专科学校、职业大学、招收初中毕业生"四五套办"的专科，以及一些中专学校内设的高职班等。因为有了明确的政策信号，各地发展高职教育的积极性都很高，但是由于经验不足，在什么是高职教育、怎样发展高职教育上还存在着不同的认识和争议。

正是在这样的背景下，时任中国职业技术教育学会副会长的孟广平发表了《关于高等职业技术教育的内涵和实施》一文。该文首先从发达地区经济需要、专业辅助人才需求、缓解高中升学压力、推动中职教育发展四个方面论述了发展高职教育的必要性，在此基础上，作者依次阐述了其对高职教育层次、人才结构层次、培养目标、学制和实施的思考和认识。他的主要观点是：第一，高职教育是建筑于中等教育基础上的"第三级教育"，属于高等教育层次，这样规定符合国际上通用的原则；第二，专业技术人才的结构是有类别和层次之分的，按国际通用的概念，技术员、技师等类人员属于"专业辅助人员"范畴，与之对应的教育层次可以是高中阶段的，也可以是高中后阶段（第三级教育）的；第三，高、中、初级不同层次的专业人员由属于不同教育层次的学校培养，但并不是简单的对应关系，各级人才由哪个教育层次的学校培养取决于这个层次人才所必须有的入门水平；第四，高职教育的培养目标应该是需要具有高中后教育水平的专业辅助人员，而与之相对的普通高等教育的培养目标则是工程师、医生等专业人员；第五，根据我国当前的实际情况，高职教育中的学历教育应以专科层次学制为主，即招收相当于高中毕业的人员，学制二至三年，或招收初中毕业生，学制五年。稍隔月余，孟广平又在《中国职业技术教育》1994年10期上发表了《再论高等职业技术教育的内涵及实施》一文，对高职教育的培养目标、人才结构和教育层次的关系、专科教育与高职教育的关系、中职教育与高职教育的关系作补充论述。他指出，职业技术教育不同于普通教育，并非仅以知识能力的获得为目标，而是以达到胜任一定的职业岗位要求为目的，因此，需要从就业岗位要求来确定培养目标。但从现实情况看，我国目前的职业岗位规范还很不健全，这就增加了确定高职培养目标的难度，这就更加要求我们花大力气做好这方面的工作，而不是把精力仅仅放在争取大专学历的授予权上。他还指出，由于专业技术能力并不能都在学校中获得，往往许多都是要在工作岗位上才能获得，所以，职业技术教育层次间的衔接不能像普通教育那样是直接的，而是间接的。中等职业技术学校毕业生往往需要经过一定的工作实践或补上必要的基础理论课，才能进入高等职业技术学校，继而成为本行业的高层次人才。对有人坚持教育层次与人才层次是完全对应的认识，孟广平认为是错误的。他指出，在发达国家，各行业的职业岗位规范中都有所谓的"起点水平"，也就是从事本行业的入门水平。起点水平包含起码的普通教育程度和专业技术能力。只有具备了"起点水平"的人，再进一步提高专业技术能力和相应的普通教育程度，才能成为本行业高层次人才。不同行业（职业）的"起点水平"所要求的普通教育程度不同，普通木工和民航飞行员的"起点水平"可能相差两个教育层次。

这两篇文章是我国改革开放后，较早系统探讨高职教育的层次、人才结构、培养目标、学制与实施等基本问题的研究成果，由于当时作者刚刚卸任职业技术教育司司长，其对全国高职教育的发展实际、政策实施背景、国际情况都十分熟稔，因此文章的针对性强，直指其时高职发展的关键症结所在，具有很强的现实指导意义和启发意义。事实上，时过 30 年，在高职教育已经成为职业教育主体的今天，回顾孟先生文章的主张和观点，其启迪价值仍在。比如，有人认为高等职业学校包括职业本科学校培养的理所当然就是高层次技术技能人才。这一认识的逻辑是教育层次高，人才的层次也自然高。实际上，这就是 30 年前文章已经指出的问题：把两者"混为一谈"了！文章所强调的技术技能人才需要有两个"起点水平"，一个是普通教育的起点水平，一个是行业的专业技术起点水平，同时在两个起点水平之上完成高层次的教育和训练，才可能成为"高层次"的技术技能人才。认识这一点，对当下政策所提出的鼓励和支持中高职衔接人才贯通培养、扩大高职（包括职业本科）招收中职毕业生的规定，可能就会有更加符合技术技能人才成长规律的理解了。

## 二

作为一位具有丰富宏观教育管理经验并长期坚持对教育问题进行深入思考和研究的学者来说，上面两篇文章只是孟广平思考和研究的众多成果之一，如果从他的整个思考和研究体系上来看，其思想价值就更显难得和突出。杨金土先生评价孟广平的研究"视野开阔"："他很少就事论事地谈论职业技术教育，总是把职业技术教育放在整个教育体系乃至社会大背景下进行考察。"[1]这个评价很中肯，是业内的共识。

1989 年，是年正是新中国成立 40 年，在这个节点上，孟广平以从一个管理者、政策制定者的身份转变为一个观察者、学术研究者的身份来回顾这段职业教育改革实践历史。他与曾是他工作搭档的孙震瀚、闻友信合著了《关于发展我国职业技术教育的基本经验的探讨》（《教育与职业》1991 年 02 期）一文。在这篇近万字的文章中，作者对新中国成立 40 年来发展职业教育的基本经验进行了系统总结分析，将其概括为六个方面：一是职业技术教育事业的发展规模必须与社会、经济的发展需要相适应；二是职业技术教育的层次结构和办学模式要与生产技术水平对人才结构的要求、基础教育的普及程度以及劳动就业的形势相适应；三是职业技术教育的专

---

① 杨金土. 一位职教学者的科学态度 [J]. 职业技术教育，2005，26（12）：27.

业（工种）设置要宽窄类型相结合，稳定性和灵活性兼顾；四是职业技术教育的管理体制要处理好行业与地方（条条和块块）的关系；五是发展职业技术教育主要依靠各级业务部门办学，教育部门办的学校也必须依靠行业（企业）的积极参与；六是职业技术学校的教学要妥善处理文化基础知识与专业技能训练的关系。现在看来，这六条经验仍然是职业教育在深入探索的问题，反映了作者思考问题的历史高度。特别是文中谈到的作者亲身经历体会，比如：发展职业教育不能搞人为的大跃进、不能只重规模不顾质量、要发挥"条"（行业办学）"块"（地方办学）两个积极性等，一直是我们十分努力但却并未完全解决好的问题。30年过去了，言犹在耳，倍感意义非常。

1991年，职教战线发生了两件大事：一是教育部等五部委联合召开第二次全国职业教育工作会议；二是国务院印发《国务院关于大力发展职业技术教育的决定》（以下简称《决定》），这是新中国成立后由国家最高行政机构首次就职教发展问题做出的专门决策。针对"苏联解体、东欧剧变"的时局，文件把发展职业教育提到了"对于进一步巩固以工人阶级为领导的工农联盟为基础的社会主义制度具有特殊重要的意义"的新高度，对未来10年职教发展做出系统规划和描述。针对"大力发展"到底要发展什么的问题，孟广平进行了深入思考和研判，他发表了《对"大力发展"的几点思考》（《教育与职业》1992年02期）一文。他认为，今后10年中，中国职业教育要着重解决好三个问题：一是要大力发展技术工人教育，重点解决制造业一线技术工人短缺问题；二是在办好学历教育的同时要大力发展多种短期的非学历教育和培训，重点解决科技转换为生产力面临的职工技术更新、更多待业者能够迅速就业的问题；三是大力发展学校和企业合作办职业技术教育，重点解决将学校优势与企业优势充分结合起来的问题。后来的实践再次证明了他的这些认识和主张的预见性和正确性。《决定》提出，到2000年，初步建立起有中国特色的职业教育体系基本框架，对此孟广平也进行了深入思考。他认为，学制体系是职业技术教育体系框架的最基础部分，基础不牢，体系难稳。紧接上文，他又发表了《完善我国职业技术教育学制体系应遵循的若干基本原则》一文[①]。文章对职教学制体系的完善提出了四个改革方向：教育结构与人才结构相适应，职业教育与普通教育、职业培训相沟通协调，文化基础与专业技术、技能相结合，统一性与多样性相结合。在对国内外经验进行总结时，他注意到了作为体系建设的最根本的保障——法律制度建设的重要性和迫切性。所以，在文中他特别呼吁："在研究建立我国职业技术教育体系的同时，必须相应同步研究制定我国的职业技术教育法规。"他认为，这是防止今后出现新的混乱的根本办法。这篇文章发表后的第三年，1996年，《中华人

---

① 该文被收进《中国职业技术教育体系的改革》，孟广平主编，科学普及出版社，1993年。

民共和国职业教育法》正式颁布实施。

从这一时期孟广平对职业教育的思考和研究方向看，他在力图形成一套完整的理论体系，以回应时代发展提出的一些根本性的问题。1993 年，由他主编的《当代中国职业技术教育》一书出版。这是当时最早的一本系统论述中国职业教育办学经验、体系结构、基本管理制度、教学活动特点等的专著，由于撰写者均为当时国家教委有关司局从事这方面工作多年的同志，其权威性和影响力显而易见。该书的一个重要学术贡献，是从社会主义现代化建设的角度提出了职业教育的人才观："我们也认为，那些受过较长时间的教育和训练的专业技术人员，那些具有较多专业知识和较高水平操作技能的技术工人、技术农民，以及那些具有相似情况的能工巧匠等技术劳动力，他们在各自的岗位上解决工作或生产中的实际问题，创造有社会价值的产品或从事其他社会服务劳动，也应称作人才。"在此基础上，该书提出了五种人才类型：一是创造创作知识产品的人才，如科学家、作家、艺术家、编辑、教育工作者等；二是开拓新技术新材料新工艺的人才，如高级工程技术人才、工艺美术大师、各类发明家等；三是对国家、社会和经济活动实施领导和管理的人才，如各级党政领导者、工矿企业的厂长和经理、思想政治教育工作者等；四是应用或转化专业技术知识和管理知识的人才，如工程专业人才、卫生医务工作者、企业经营管理人员、农业技术推广人员等；五是运用科学技术知识和专业技能直接从事物质生产操作的人才，如技术工人、技术农民、技术能手等。专业技术人员、生产操作人员是发展实体经济的基础力量，也是职业教育的主要培养对象，该书将其确定为现代化建设的人才，既是客观事实，也是国家把大力发展职业教育作为战略要求的逻辑必然。事实上，在"精英教育"的背景下，将技术工人、技术农民、技术能手等纳入人才范畴，是需要一个社会性转变过程的。17 年后，2010 年印发的《国家中长期人才发展规划纲要（2010—2020 年）》明确将专业技术人才、高技能人才、农村实用人才、社会工作人才列入人才队伍建设规划；再过 4 年，国务院印发《国务院关于加快发展现代职业教育的决定》，明确提出加快现代职业教育体系建设，"培养数以亿计的高素质劳动者和技术技能人才"。从此可以反映出，孟广平及其同事们的思想认识是走在时代前面的。

作为一个曾经的政策设计和推动者，孟广平在对职业教育的发展理论进行整体性思考的同时，还十分注意对改革实践中出现的方向性错误或问题，旗帜鲜明地开展"纠偏"工作。比如，针对将发展高职教育作为安排高考落榜生的主张和办法，他表示坚决反对，专门撰文论述和强调职业教育是不同于普通教育的类型教育，不能将其设计成为落榜生"兜底"的末流教育[①]。针对一些中职学校忽视文化基础教育

---

① 摘自《发展职业技术教育的几个误解》，发表于《职教论坛》1996 年 11 期。

的倾向，他发表了《中等职业学校要重视加强基础教育》一文[1]，系统阐述中职教育应当担负的双重任务：既要使学生获得入门的就业技能，也要使学生获得高中程度的文化基础，两者不可以偏废。针对20世纪90年中后期，一些业务部门将中等职业技术教育作为"计划经济的产物"进行剥离的行为，他尖锐指出，这是釜底抽薪的做法，将极大地伤害我国职业教育的发展[2]。在孟广平看来，职业教育发展中出现的这样那样的问题，其根源都在教育观念上，所以转变教育思想是关键。在他主编的《面向21世纪我的教育观（职业技术教育卷）》一书中，他提出要树立这样的认识：职业技术教育不能仅是就业技能培训，不是一种"终极教育"，更不能视为二等教育，而是造就新一代的社会劳动者的组成部分，是终身教育中的组成部分。发展高等教育层次（第三级教育）的职业技术教育，既是面向科技飞速发展的未来培养多类型人才的需要，也是高等教育逐步大众化的需要，不是二流的、安抚高考落榜生的、权宜之计的高等教育。

## 三

孟广平的视野开阔还表现在他高度关注世界职业教育的改革趋势、大力吸收借鉴国际上先进的教育理念和经验方面。原上海电机学院教授严雪怡先生在发表于2007年纪念孟广平逝世两周年的文章中回忆道[3]：孟广平到职业技术教育司甫一就任，就提出要首先搞清楚职业教育、技术教育的内涵及关系。他查阅了联合国教科文组织的大量文献，发现了1981年出版的《工程技术员命名和分类的几个问题》（H. W. French 著），请人将其翻译为中文。该书全面论述了技术教育的地位作用、培养目标、学制层次、各国概况等，对廓清当时的认识起到了很好的借鉴作用。如何提高职业教育质量，是孟广平履职后面临的问题。为此，他联络和组织有关方面引进了北美的"能力本位教育"（Competancy-Based Education，简称CBE）理论。CBE思想和方法的推广普及对全国职业教育教学改革起到了很好的推动作用，孟广平对这一实践过程进行了全面的总结，于2000年发表文章，提出了两个重要的观点：第一，对职业能力要做狭义和广义之分，前者是指专门针对某个岗位的工作能力，后者是指适应某类岗位群要求的共同基础能力；第二，面对科技发展和职业发展要求的多样化，学校教育应当主要开展面向广义职业能力的培养，而职业技能培训类的教育则要侧重狭义的职业能力的培养。他的主张和观点适时回应了当时有关

---

① 原文发表于《职教论坛》1998年05期。

② 摘自《问题何在？》，原文发表于《中国培训》2001年11期。

③ 严雪怡. 教育分类、能力本位与广义的职业能力培养——纪念孟广平同志逝世两周年 [J]. 职业技术教育，2007，28（7）：11-13.

职业教育的"宽"与"窄"、"素质本位"与"能力本位"的争论。1989年，孟广平被任命为教育部职业技术教育中心研究所常务副所长。他组织力量系统研究了德国职业教育模式，积极开展吸纳借鉴工作，在此过程中，他十分注意对德国经验和做法的准确理解和把握。1994年，他专门撰文《是"双元制"还是"双轨制"》，明确反对有的部门用"双轨制"来称呼德国的职业教育体制[①]。他指出，德国职业教育的"Dual System"体制是指受训者有双重身份——既是学生，又是学徒工；培训过程在两个场所完成——一是学校，二是企业；要依据两套法律办学——一是各州政府制定的教育法，二是联邦政府制定的职业培训法；有两类教学人员——一是职业学校教师，二是企业负责培训的师傅，即实训指导教师，故将其译为"双元制"是比较贴切的。而"双轨制"在国内外的教育词汇中是先于"双元制"使用的，有其另外的含义：在工业化革命之前，欧洲许多国家都有两类不同的学校——为贵族、上流社会子弟设立的学校和专为一般平民百姓子弟设立的学校，两类学校的地位不同、条件不同、教学内容不同、教学质量不同，毕业生的出路也不相同，反映的是在当时阶级社会等级制度下的不平等的受教育权利。所以，不能仅仅将其界定为译法问题，而应注意其特定的教育属性。

之后，作为联合国教科文组织技术与职业教育项目国际顾问委员会委员，孟广平多次参加联合国教科文组织召开的国际会议和有关活动。1999年，联合国教科文组织在韩国汉城召开第二届世界技术与职业教育大会，大会的主题是"全民的终身教育与培训——通往未来的桥梁"，会议的举行标志着全球性的职业教育变革浪潮的到来。这一时期，孟广平撰写了大量的文章，及时推介国际先进教育理念和政策主张。他指出，21世纪的新发展给职业教育带来新挑战，包括前所未有的科技发展速度特别是信息技术的迅猛发展、经济全球化使得经济活动的边界淡化、劳动大军和资本流动加快，只有终身教育和培训才能让人们在飞速变化的世界中生存。他提出，在新的挑战面前发展职业教育，国家的作用是核心，政府要做出积极的回应：一是制定并维持全国统一的职业教育与培训基本政策和体系，推行相应的法律和规章；二是动员各方力量、联合起来向职业教育和培训投入，制定鼓励投入的措施；三是保护公众免受剥削性的教学与培训，保证平等的受教育机会。进而他强调，政府要从直接办培训转为创造条件以使市场有效运转，并运用经济鼓励和其他适当方法弥合其中的脱节之处，政府的作用要逐步转为充当中介者、促进者、支持者、发动者、投资者和规范者。他对进入21世纪后的教育思想变革做出展望，认为最具全局性影响的有两大观念：一是终身学习，学会认知、学会做事、学会共同生活、学会生存四大支柱将是各级各类教育的共同目标；二是以人为本，学习、受教育是每

---

① 原文发表于《职业技术教育》1994年10期。

个人的基本的平等的权利将成为共识。

孟广平先生对职业教育事业的执着和情怀，深深地感染着周围的人，大家都把他看作良师益友。1997 年，先生曾到笔者所在的《职业技术教育》杂志编辑部视察指导工作，他用古人"生年不满百，常怀千岁忧"的诗句鼓励我们做一份有高度历史责任感的职教期刊，其实这也是孟先生精神境界的写照。今天，我们借此对先生的职教思想做一次比较全面回顾的机会，表达我们当年未尽的感情和心意。

# 3.1 谈高级技工学校的定位[①]
## ——与严雪怡先生商榷

费重阳

  有一定专业知识、精湛技艺丰富实践经验，在解决操作技术难题方面起关键作用的高级技术工人，是我国现代化建设中的宝贵人才；是企业发展生产、提高产品质量和经济效益的技术骨干力量；又是我国工人阶级技术的带头人和主力军。这一层次重要人才，过去主要靠在生产实践中自然成长，对如何有计划地培养，长期有所被忽视。据1993年末统计，在全国公有制4 500万技术工人中，扣除自然减员，高级技工仅占技术工人总数的3%左右，约140万人（发达国家这个比例是20%~30%）。在高级技工中，已评聘技师、高级技师也分别只有34万人和2 000人，所以我国仍是一个高技能人才极为缺乏的国家。

  高级技工学校的设立，已经是生活中的现实，是近几年来职业教育体系中突起的一支新军。那么，在职业教育体系和结构中，如何给他们定位？能否属于高等职业教育中的一种类型？从1992年7月劳动部专家评审团对山东省高级技校评审的结论中，以及劳动部先后作出的高级技工、技师工资、津贴及其他待遇的规定中，都明显看出他们是把高级技工学校定位为高等职业教育的范围。我认为，从高级技工学校的学制、招生对象、培养目标、课程设置、教学计划以及对部分毕业生跟踪调查结果等方面考察分析，这种界定是无可非议的。应该承认它是我国自己创造出来的、以培养高新技能为目标的一种新型高等职业学校，是我国高等职业教育中出现的一种新类型。这样，我国高等职业学校，就有了专科学校、职业大学、职业技术师范院校和高级技工学校四种类型，再加上含有高职教育性质和内容的职工大学，我国高等职业教育已经形成"五子登科"的雏形及其发展的趋势。它们都有自己的不同要求和特色而异彩纷呈，也有各自的不足和困难而需要加以改革和克服，这乃是我国高职教育面临的现实。但是，严雪怡先生在《中国教育报》（1995年3月10日）以《高等职业技术教育的性质任务之我见》为题发表文章说："不存在培养技术工人的高等职业教育"。他的理由是："技术工人以掌握经验技术为主，并不学习很多科学理论，当然，不可能有培养技术工人的高等教育。"严先生还进一步认为：

---

① 本文发表于1995年第10期，作者单位为天津职业技术师范学院。

"他们（指技术工人）所接受的高等教育属于技术教育，而不是在高等学校内提高操作技能。培养高超的技能只能在一次或几次职业培训的基础上，通过长期生产实践，而绝不是通过高等教育。由此，我国的高等职业教育应当是在中等技术教育之上延伸的高等技术教育。"

笔者认为严先生的这些见解，大有商榷的必要，特提出以下几点，就教于严先生。

第一，当今的技术工人，特别是高技能工人，是不是仅仅"掌握经验技术为主、并不学习很多科学理论"？事实并非如此。邓小平同志在论述"人是生产力中最活跃的因素"这一理论观点时，正确指出："劳动者只有具备较高的科学技术文化水平、丰富的生产经验、先进的劳动技能，才能在现代化的生产中发挥更大的作用。"小平同志尚且认为劳动者只有具备较高的科学技术水平，才能在现代化的生产中发挥更大的作用；对于高技能工人来说，更需要较高的科学技术水平，那是确切无疑的了。可见严先生的"并不学习很多科学理论"的观点与小平同志的理论观点大相径庭。当时代的巨轮进入20世纪末的今天，由于科学技术在许多领域取得巨大突破，以信息技术、生物技术、新材料技术、高能源技术、空间技术、海洋开发技术为代表的高技术群以及相应的高技术产业的出现，对生产力的发展起着巨大的推动作用。作为以掌握操作能力为特征的技术工人，为了跟上现代科技发展的步伐，卓有成效地驾驭新技术和新工艺，绝不是像严先生所说的那样主要"掌握经验技术，并不学习很多科学理论"就能胜任的了。据技工教育权威人士调查分析，在当今科学技术发展和应用的现实情况下，我国各行业高级技术工人大体上可分四种类型，即：智能型，分布在高新技术、自动化、机电一体化的行业和企业，约占高级技术工人总数的15%；技能型，分布在传统的机械、电器等行业，约占高级技术工人的55%；技艺型，分布在工艺美术、喷花、造型等行业，约占高级技术工人的20%；复合型，即以上三种类型兼而有之，约占高级技术工人10%。在产品质量、规格品质、外观造型各方面要求日益提高和复杂的情况下，无论哪一种类型的高级技术工人，都要求必须有较高的相关专业的科学技术理论知识，不仅要求他们怎么做，而且他们还要知道为什么要这样做。

第二，严先生以"培养高超的技能"，只能"通过长期的生产实践"，来否定高等职业教育也是培养高级技工的一条重要渠道，也是站不住脚的。诚然，高超技能的培养，要通过长期的生产实践，但不能因此否定通过学校教育形式，能系统地学习基础理论知识的必要性和优越性，以及通过学校教育形式，对基本技能进行规范训练的有效性和先进性，此其一；其二，不仅技术工人，就是技术员、工程师要获得杰出的成就，也不是中专、高校内所解决的，同样也要通过长期生产和技术实践，学校也只能为他们打下初步的基础，所以我们不能以此拒技术工人于高等职业教育的门外。

第三，严先生所说的"我国的高等职业技术教育应当是在中等技术教育之上延伸的高等技术教育"。我觉得这也存在着相当大的片面性。按照严先生的逻辑，高等职业技术教育＝高等技术教育＝中等技术教育的延伸，即除了技术教育外，再没有其他高等职业教育了。这不仅把高级技工学校排除在高等职业教育外，就是连全国职业技术师范院校和职业大学内经济、文秘等非技术性的专业、科、系，也不能称之为高等职业教育了。实际上严先生在其文章中所指的中等、高等技术教育，实际上是中专、专科的同义语，即除了他们，就再没有高等职业教育，这也未免过于偏激。

我认为通过深化改革，发展什么样的高等职业教育，是关系到整个职业教育健康发展的事情；也关系到培养什么样的高级职业技术人才，才能符合当前社会经济和科技发展的实际需要。愿我们大家都来鼓励、支持通过职业学校模式，促进高级技能人才的培养和成长。并且笔者谨以此文，冒昧地就教于严雪怡先生，以期收到相互切磋、集思广益，共谋我国职业教育继续大力发展之效。

# 3.2 人才分类与教育分类[①]
## ——答费重阳同志

严雪怡

1995年10月《中国职业技术教育》杂志"探索与争鸣"专栏刊登了费重阳同志不同意我所提出"不存在培养技术工人的高等教育"这一观点的文章。现再申述一些补充意见，以就教于费重阳同志。

首先，费重阳同志提出"高级技校培养高级技工大有可为"这一主张我完全赞成。据我所知，我国高级技工所占比例在1988年时仅为2%，经多方面努力培养，到1992年曾上升到3.7%，但据说1993年、1994年又逐年下降，加上到20世纪末现有的高级技工将有三分之一的人退休，如果不大力培养，可能会出现后继乏人的局面。而且，培养一个名副其实的高级技工，并不一定比培养一个大学生容易；一个高级技工在生产中所起的作用，如与一个刚毕业的大学生相比，贡献要大得多。因此，对于高级技工的培养教育，应当充分肯定。但是，这种教育不属于高等教育。这是我与费重阳同志的分歧所在。

出现这一分歧的根本原因在于20世纪中叶世界各国普遍出现培养技术员类人才的学制后，在人才分类与教育分类方面出现了一些新情况，需要针对这一新情况做出正确处理。

## 一、人才分类

第一个问题是如何区分人才类型。

在工程技术人才范畴，当大生产出现后尚未出现技术员类人才以前，就存在工程师与技术工人两类人才。这两类人才是易于区分的。工程师应掌握能应用于生产的科学理论，能从事设计、规划等方面工作；技术工人应掌握以操作技能为主的经验技术，能从事制造、维修等方面的工作。两者的区分是明显的。

随着生产技术的现代化，社会对工程师与技术工人的工作都提出了新要求。一方面，对工程师的理论要求愈来愈深入，又加上日益频繁的新产品开发和老产品更

---

[①] 本文发表于1995年第12期，作者单位为上海电机技术高等专科学校。

新任务，很需要一批助手来协助完成某些繁杂的具体工作，使工程师能集中精力去钻研新问题，开发新领域；另一方面，高质量、高精密度的产品都极大地提高了对技术工人的技能要求，再加上制造过程的自动化又提出了智能要求，迫切需要一批人分担某些有智能要求而技能要求不高的任务，使技术工人能集中精力从事技能操作。这样，就出现了称为"技术员"的新型人才。技术员掌握一定的科学理论，但比工程师低；掌握一定的操作技能，但比技术工人低。由于技术员分担原属工程师、技术工人的某些任务，职能互有交叉，从而提出了如何区分人才类型的新问题。

任何人才的培养提高都是传授知识、培养技能、发展能力的过程。因此，人才类型一般是按知能结构区分的。1991 年出版的《教育大辞典》在第 3 卷的"职业带"和"技术员"两个条目中说明："对技术工人的主要要求是操作技能，对工程师则是理论知识，对技术员两方面都需要。"技术员"通常指工作类型或性质介于工程师和技术工人间的工程技术人员。理论水平要求比工程师低，但更强调实际知识与技能；操作技能要求比技术工人低，但应有更多的理论知识。"这就确切地表达了如何按知能结构区分以上三类人才。

现在按以上知能结构区分人才类型原则来分析费重阳同志所说的四种类型高级技工。第一种"智能型"高级技工实质上是技术员（也可能是高级技术员）。事实就是如此，例如设备维修原先是技术工人的任务，随着自动化程度的提高，对维修工作提出了智能要求，于是一部分维修任务就改由技术员（高级技术员）承担。近年来，操作任务也不再全由技术工人担任，某些应用高技术的设备，特别是生产自动化生产线的操作任务也陆续改由技术员担任。第二种"技能型"高级技工。这确实是以技能为主的高级技工。对于这种人才的培养，原国家机械委曾参照国外经验在 1987 年颁发工人高级技术培训大纲，包括冷加工、维修电工、铸造工、锻压工、铆工、电焊工、热处理工、油漆工共 8 个工种，每个工种的培训总课时不等，最少 468 课时，最多 874 课时。总课时中包括学习理论及技能两个部分。理论课时最少者 88，最多者 374；技能课时最少者 364，最多者 500。大纲颁发后经第一汽车厂等执行后认为课时能达到培训要求。这方面的培养都不是高等教育。第三种"技艺型"高级技工。这可能包含两类人才，一种是以技能为主，等同于技能型人才。另一种是将"技艺"解释为技术与工艺，这就是技术员类人才。例如费重阳同志所说掌握工艺美术的人才就是技术员，早在 1966 年前就已设置工艺美术类中专校，现已设置 11 个专业，每个专业还可能有若干专门化。第四种"复合型"高级技工，也可能包含两类人才，第一类是不同技能的复合，例如多工种的复合，这仍然是"技能型"人才，培养这类人才不需高等教育；第二类是技能与智能的复合，这类人才实质上是技术员，因为技术员的特点就是兼有理论知识和操作技能。

原先技术工人的工作在智能化后改由技术员担任这是世界各国的普遍情况，可以从《国际教育标准分类》（联合国教科文组织教育统计局编，国家教委教育发展与政策研究中心译，人民教育出版社1988年出版）一书所列材料得到证明。作者在广泛调查许多国家的学制后，制订出从小学到高等教育的各类课程计划标准。例如，从小学到高等专科都有"手工、工艺和工业课程计划（n、e、c）"，其编号分别为152（小学阶段，该书第53页）、252（初中阶段，第77页）、352（高中阶段，第124页）、552（高等专科阶段，第200页）。这些课程计划还可分成5216（建筑行业）、5222（电气和电子行业）、5232（金工行业）、5262（木工行业）等。每类课程计划都明确了培养目标。综合这些课程计划的培养目标，可以发现，从152至352（小学到高中阶段）是技术工人或半技术工人的职前培训或职业倾向培养，但552高等专科阶段的培养目标就明确为技术员。

## 二、教育分类

知能结构是人才分类的依据，人才分类又是教育分类的依据。不同类型人才的特点决定了不同类型教育的特点。

培养工程师和技术工人这两类人才的学制，一般认为前者属专业教育，后者属职业教育。但在欧洲有些国家（特别是英国）则把培养技术工人称技术教育，这与费重阳同志的意见相接近。

问题是普遍出现培养技术员这一类教育以后，如何命名这一新的教育类型。现在多数国家把培养技术员类人才的教育称为技术教育，以区别于培养技术工人的职业教育。联合国教科文组织出版的《技术和职业教育术语》（Terminology of Technical and Vocational Education）也作同样规定（见该书第8、9页两条）。因此，现在的技术教育是指培养技术员类人才的教育，不再指技工教育。

而且，"技术教育"在国际上早已成为非常广泛的概念，不仅包括工、农业人才的培养教育，也包括培养第三产业等同类知能结构的人才。

实施技术教育的机构非常广泛。在我国，在中等技术教育方面，除中专校外，还包括一切实施技术教育的职业高中、职业中专、业余中专、电视中专、函授中专等；在高等技术教育方面，包括高等院校中一切实施技术教育的本科和专科学制，除了普通高校中的部分专业外，还有职业大学及新成立的技术专科学校、高等职业技术院校、中专校办的高职班，以及业余大学、职工大学、电视大学、函授大学中的技术教育部分。并非"只此一家，别无分店"。

# 3.3　我国职教立法前围绕职教命名问题开展的十年学术争鸣回顾

郭　扬[①]

回顾20世纪90年代初，笔者为华东师范大学原教育科学研究所职业技术教育学专业的在读研究生，毕业后到原上海职业技术教育研究所工作，由此与原国家教委职业技术教育中心研究所及其主办的《中国职业技术教育》杂志结下了不解之缘。1995年《中国职业技术教育》的"探索与争鸣"栏目专门发表了费重阳和严雪怡两位老先生针对"是否存在培养技术工人的高等教育"这一问题的不同意见，当时给我留下颇为深刻的印象。

我与费重阳先生并不相识，但却早闻其大名且仰慕已久，我80年代在技工学校任教期间就曾粗览过他主持编写的《技工学校管理简明教程》。严雪怡先生则是我后来就读研究生时结识的华东师范大学教科所兼职研究员，也是后来我担任上海职业技术教育研究所科研秘书后需要经常联系的研究所学术委员会委员，由他主编的《中专教育概论》一书更是作为当时职教专业研究生的主要教材和职教所科研人员必备的专业文献及工具书。当时我作为一个刚从企业技校教师转到专职科研岗位上不久的年轻人，对这些圈内的名人围绕一些基本理论问题进行的学术争论比较有兴趣，于是通过关注和追踪并顺而寻觅一些其他的相关文献资料，发现两位前辈的此番笔战可以看作是早在十年前学界就已开展了的关于我国职教如何命名的概念之争的延续。具体而言，以中华职业教育社的老同志为代表的一派主张使用"职业教育"，而以华东师范大学等部分高校学者为代表的一派则主张使用"职业技术教育"，两派之间的学术争鸣到这个时候已经持续了整整十年之久。

众所周知，自从黄炎培先生1917年在上海发起成立中华职业教育社之后，"职业教育"（Vocational Education）这一名称在我国使用了几十年。但在新中国成立后的一段时间内，职业教育曾经被人们普遍看作是资本主义社会特有的产物，因此当时大家往往都有意或无意地回避甚至排斥这个概念，而对于计划体制下分工培养技术工人和技术员的学校教育也并没有一个综合性的名称，只是分别称为技工教育和中等专业教育。直到进入改革开放的新时期，特别是1985年5月《中共中央关于教

---

① 郭扬，上海市教育科学研究院研究员、职业技术教育研究所原所长。

育体制改革的决定》发布以后，原有的中等专业学校、技工学校与各地作为新生事物大量涌现的职业高中乃至地方职业大学一道，如雨后春笋般得到了日新月异的迅速发展并为经济建设作出了令人瞩目的积极贡献，很快发展成为一种相对自成体系的教育大类。但对于这一大类教育如何命名的问题，国内学界一直争论不休。

在始于1985年的第一轮争鸣中，中华职业教育社的一批老同志极力主张采用黄炎培先生创业时使用的"职业教育"作为这一大类教育的综合名称，如王良仲、饶博生二位先生专门撰文提出四大根据：一是我国1982年宪法中提及了"职业教育"的概念；二是在当时清除"左"的错误影响的形势下必须巩固拨乱反正的成果；三是现代化建设不仅需要具有良好技术技能的技术人员和技工，也急需大批掌握科学经营管理知识的管理人员；四是职业教育应该囊括职业基础知识、职业技术、职业管理和职业道德四部分内容，如果用"职业技术教育"代替"职业教育"则是以偏概全、逻辑不通。他们还认为称作"职业教育"还是"职业技术教育"不只是名词或概念之争，实质上"关系到职业教育发展的指导思想，也是关系到如何建设具有中国特色的职业教育的实践问题"[1]。又如高奇先生明确做出界定："'职业教育'概念反映了作为每一个就业或从业人员都应接受和受到的某种专业教育的实质，是与普通教育相对的另一种普及教育；技术教育则是指职业教育的一部分（大专水平部分）或指一部分内容（技术教育），与职业教育并称容易引起一些误解"。所以她认为从我国的教育传统和社会现状来看，用"职业教育"来统称这一类型教育有利无弊[2]。而费重阳先生当时作为中华职业教育社研究工作委员会委员和天津中华职业教育社研究委员会的副主任，其思想观点自然也是属于中华职业教育社这一派的，1984年天津职业技术师范学院内部出版的职教专业教材《职业教育概论》一书就是由高奇主编、费重阳等人参与编写的。

但是，坚持使用"职业技术教育"的学者们也有着非常充分的理由。80年代初华东师范大学教科所受教育部委托承担我国职教体系研究的课题组指出，这一大类教育培养的是技术工人类和技术员类两种类型的人才，"由于这两类人才各自工作的性质、对象不同，因此在知能结构上有很大差异。这种差别即知识数量或技能熟练的要求有明显的不同。反映在培养目标、培养计划结构、课程设置、实践性教学内容及要求等方面，也有着质的区别。因而培养这两类人员的教育也有明显的类别之分"，即一类是以培养职业技能为主的"职业教育"，另一类是以实施专业技术为主的"技术教育"，"如果把这两类不同性质的教育混淆或合并起来，就难以按客观需要进行针对性的培养和训练，更谈不上发挥两类教育的各自的特色，最后必然

---

① 王良仲，饶博生. 为职业教育正名定位 [J]. 教育与职业，1985（1）：8-9.

② 高奇. 职业、职业观和职业教育 [J]. 教育与职业，1983（5）：2-6.

会影响人才的合理使用"①。我的研究生导师黄克孝和严雪怡等人正是该课题报告的主要作者，他们的观点得到了委托方教育部相关领导的高度认可。1982年教育部将分管职业中学的职能由普教司划到中等教育司，并将中等教育司改设为对全国中专（指中技，不含中师）与职业中学进行综合管理的业务部门时，最初起名为"职业教育与技术教育司"，以同时彰显这两类教育。其主要理由，一方面是认为该司除了将属于职业教育的职业中学纳入综合管理外，还应该对劳动部所属的技工学校负有宏观管理的责任；而中专学校的培养目标从来都是中级技术人员和管理人员，是20世纪50年代初学习苏联教育体制的产物，本来就归属于技术教育而非职业教育。另一方面的理由，是了解到1974年联合国教科文组织召开的第18届大会上曾建议各国采用TVE（Technical and Vocational Education）即"技术和职业教育"作为一个综合术语，包括"技术教育"和"职业教育"两类教育，所以我们以"职业教育与技术教育司"命名也比较利于国际交往。但后来为了简化这一过长的名称而几经周折，先改为"职业和技术教育司"，又改为"职业、技术教育司"，最终定名为"职业技术教育司"②。此后，"职业技术教育"一词便得到了官方文件及其他各方面的普遍应用，包括在1985年《中共中央关于教育体制改革的决定》中，除有两处用到"职业和技术教育"外，基本上全都采用了"职业技术教育"的名称。在20世纪80年代最早正式出版的几部职教专著中，1985年华东师范大学教科所编著的《技术教育概论》和1988年严雪怡主编的《中专教育概论》在说明研究对象"以工科类的中等专业学校为主，兼及技工学校"③的前提下都统一使用了"职业技术教育"一词，1986年刘鉴农、李澍卿、董操主编的《职业技术教育学》和1989年刘春生著《职业技术教育导论》则更为明确地在书名上直接亮明了"职业技术教育"这一作为教育学二级学科的学术概念。

根据《教育与职业》杂志1985年的报道，在中华职业教育社举行的第二次理论研究座谈会上，"与会者对'职业教育'（广义和狭义）、'技术教育'（广义和狭义）、'职业和技术教育''职业技术教育'等几个名称及其含义作了认真的探讨"④。也正是在1985年这一年，当时仍由严雪怡担任校长的上海电机制造学校经国家教委批准，在原有初中后4年制中专的基础上试办5年制高等技术专科（后来统一改称为五年制高职），更名为上海电机制造技术专科学校（不久又调整为上海电机技

① 华东师大教育科学研究所职业技术教育体系研究组. 关于我国职业技术教育体系的探讨［J］. 教育研究，1986（9）.

② 刘猛. 治学当问出处：学术组织中的教育思想生成［M］. 上海：上海社会科学院出版社，2021.

③ 华东师范大学教育科学研究所技术教育研究室. 技术教育概论［M］. 上海：华东师范大学出版社，1985.

④ 少钧. 中华职业教育社举行第二次理论研究座谈会［J］. 教育与职业，1985（2）：16–17.

术高等专科学校）而开始进行"高等技术教育"的实践探索①。1987年退休后，严雪怡更是集中精力专注于技术人才与技术教育思想的理论探索，并逐步归纳出其核心内涵：首先，技术教育与职业教育是有重要区别的，职业教育的主要功能是培养技术工人类的技能型人才，而技术教育的主要功能是培养技术员类的技术型人才；其次，区分二者的依据是技术型人才相对于技能型人才的独立性，技能型人才的主要职业活动是设备操作，而技术型人才则主要从事技术的应用与运用，如承担设备维护维修与工艺设计等任务，是把工程师的设计意图转化为技术工人实际生产的"中间型人才"；此外，在当时高等职业技术教育开始得到发展的新形势下，更应明确对两类人才、两类教育做出区分，确立技术教育的独立地位，大力发展技术教育。关于这一大类教育如何命名问题的争论于1990年进入第二轮，黄大能先生在《教育与职业》上发表的《"职业教育"正名问题商榷》一文再次引发学界的争鸣，随即严雪怡先生也以《职业教育　技术教育　职业和技术教育——也谈"职业教育"的正名》一文作出了回应②。

由于进入20世纪90年代后我国开始推进职教立法这一特殊背景，分别以中华职业教育社与部分高校学者为代表的两派意见持续不断的争鸣讨论很快于1995年进入到第三轮。就我个人的认识来看，费重阳和严雪怡二位前辈在《中国职业技术教育》上的那次笔战，实际上也正是这一轮争鸣中的一个组成部分。当时费老针对严老提出由于"我国的高等职业技术教育应当是在中等技术教育之上延伸的高等技术教育"故而"不存在培养技术工人的高等职业教育"的观点进行了质疑，认为不能将以培养高技能人才为目标的高级技工学校排除在高等职业教育之外③。严老则从具体的产业岗位调研与国际上不同学制的比较相结合的高度，对人才分类与教育分类作出了进一步的理论阐述，指出20世纪中叶世界各国普遍出现培养技术员类人才的学制后，人才分类与教育分类出现了新的变化，需要对新时期条件下高级技术工人的类型属性进行具体分析，无论是智能型、技能型、技艺型还是复合型的高级技工，都要从实际出发客观分析判断其是否实际转型变成了技术员类人才④，而这对于当时尚处于起步阶段的高等职业教育发展来说是至关重要的。也正是从1995年这一年开始，严雪怡校长与原国家教委职教司的孟广平、杨金土两位老司长在上海发起组织了一系列的课题研讨活动，这就是后来被命名为"上海职教论坛"的非正式民

---

① 上海市地方志编纂委员会. 上海市志·教育分志·职业教育卷（1978—2010）[M]. 上海：上海古籍出版社，2021.

② 瞿葆奎，钱景舫. 社会科学争鸣大系（1949—1989）·教育学卷 [M]. 上海：上海人民出版社，1992.

③ 费重阳. 谈高级技工学校的定位——与严雪怡先生商榷 [J]. 中国职业技术教育，1995（10）：15.

④ 严雪怡. 人才分类与教育分类——答费重阳同志 [J]. 中国职业技术教育，1995（12）：16-17.

间研究团体，先后在《教育研究》上发表了《对发展高等职业教育几个重要问题的基本认识》和《论高等职业教育的基本特征》这两篇在国内职教学界产生重大影响的长篇论文，我也有幸曾经作为该论坛核心组中最年轻的一员参与其中。经过持续数年的多次研讨，论坛成员们都普遍认可严老关于人才分类与教育分类的思想，论坛所产出的一系列研究成果基本上也都是围绕这一问题展开的。如在我参与撰写的《论高等职业教育的基本特征》一文中，就明确提出了人才分类和教育分类可以相对应地分成四类，即培养学术型人才的学术教育、培养工程型人才的工程教育、培养技术型人才的技术教育、培养技能型人才的职业教育，而"高等职业教育具体的培养目标比较多样，几乎覆盖社会的各行各业，但就其人才类型而言，主要是技术型人才"①。

1996 年《中华人民共和国职业教育法》的正式颁布，宣告了关于我国职教命名问题的学术争鸣就此画上了句号，最终是中华职业教育社这一派学者的意见得到了采纳，"职业教育"的概念自此从法理上取代了"职业技术教育"。但不可否认的是，职业教育法文本中对"职业教育"内涵的界定所体现的完全是一种"大职业教育"的观念，它既与黄炎培先生早在 1925 年就已提出的"大职业教育主义"思想一脉相承，也与联合国教科文组织在 1999 年提出以 TVET（Technical and Vocational Education and Training）替代原来的 TVE 一词的建议不谋而合②，这一点也是让主张以"职业技术教育"命名的另一派学者们能够感到欣慰和鼓舞的。但与此同时另一个不可否认的客观现象是，当人们的脑子里只剩下单一的职业教育概念时，现实中的技术教育则似乎出现了被逐渐淡忘的倾向，部分决策者甚至有的研究者几乎根本就不知道还有技术教育的客观存在，以至于往往片面地强调职业教育就是培养技能型人才而一味地把教育教学的目标定位于技能训练之上，甚至有意或无意地把职业院校教育简单化地等同于岗位技能培训，尤其是在一些高职院校的课程改革中出现了技术型人才培养被大大削弱的现象。有学者指出："从今天看来，这一担心绝不是多余的，事实上技术教育概念的缺失已使得高职教育的定位产生了极大的迷惘，职业院校在教学资源建设过程中过于重视操作设备的建设，而忽视了认识与理解层面教学资源的建设，有些地区甚至极端化到只知盲目地建设所谓生产性实训基地。实践已在证明那些片面强调生产性功能的实训基地建设的错误，然而大量的办学经费已被浪费"③。

如今，回顾 1985—1995 年那一场关于我国职教如何命名的问题三个轮次的十年

---

① 杨金土，孟广平，严雪怡，吕鑫祥，郭扬，黄克孝，成永林. 论高等职业教育的基本特征［J］. 教育研究，1999（4）：57-62.

② 郭扬. "职业教育" = "Vocational Education"？［J］. 职教通讯，2007（1）：13-15，20.

③ 徐国庆. 严雪怡论技术人才与技术教育［J］. 江苏教育，2012（27）：17-19.

学术争鸣，笔者认为对于我们当前加快现代职业教育体系建设、推动现代职业教育高质量发展仍有积极的意义和重要的启示。特别是在 2022 年《中华人民共和国职业教育法》经过大幅度修订后付诸实施的新形势下，党的二十大报告中进一步提出了"统筹职业教育、高等教育、继续教育协同创新"的新要求，我想这也意味着我们需要更加清醒地认识到现代职业教育内涵的深化和外延的拓展。新时代的中国式现代化道路上，我们要深化现代职业教育体系建设改革，单一培养技能型人才的传统职业教育就必将为全面培养多样化技术技能人才的"大职业教育"所取代，职业院校作为"Vocational Education"的办学功能也必然要向 TVET 两端的两个"T"延伸①：前一个"T"（Technical）就是向高等教育的延伸，要求在专科层次高等职业教育的基础上稳步发展职业本科教育，培养更高层次的技术型人才；后一个"T"（Training）则是向继续教育的延伸，要求逐步完善面向全社会的职业继续教育体制和机制，承担更多的产业培训与社会培训任务，使职业院校服务全民终身学习的功能得到更为充分的发挥。由此以职业教育为核心，向高等教育和继续教育两端拓展延伸，从而在统筹协同创新中形成以"大职业教育"为特征的 TVET 体系，这样才能真正切实有效地推动现代职业教育高质量发展。

---

① 兰小云，郭扬. 扩招背景下的高职院校转型发展：从对接走向融合［J］. 教育发展研究，2019，39（Z1）：84-88.

# 4.1　关于我国职业教育的若干基本问题[①]
## ——与周贝隆先生谈职业教育的基本方针

刘京辉　赵志群

周贝隆先生发表在《教育参考》1994年4—5期上的《我国职业教育方针刍议》（后简称《刍议》）一文，对我国目前的职业教育方针提出了一些独到的见解，其中很多观点比较新颖，对制定今后职业教育的发展政策具有一定的参考价值和启示。但是，文中对我国目前职业教育现状的评价和所提观点有许多值得商榷的地方。笔者谈一些自己的意见，以引起理论界的进一步思考。

### 一、关于职业教育的战略地位

《刍议》从理论到实践列举大量实例，对职业教育的战略地位质疑，认为当前对职业教育的地位提得过高，其论点和论据均存在诸多偏颇：

（1）《刍议》通过强调基础教育和国民素质教育的重要性，从而否认职业教育的战略地位，这是不符合职业教育的本质规律的。事实上，职业教育和国民素质教育并不是对立的矛盾。一方面，职业教育是整个教育事业的组成部分，也是国民素质教育的重要组成部分，把职业教育置于教育体制之外讨论，事实上仍然是在争论"白马非马"的问题；另一方面，国民素质教育本身也是职业教育的重要教学内容。现代职业教育是普通教育的继续，它除传授职业知识和技能外，还在普通学校教育的基础上继续传授文化知识，在更广阔的社会环境中（如企业）进行教书育人、突出强调能力培养，如国际上的一些流行称谓：核心能力和关键能力等，均强调培养学生的从业能力包括行为方式、责任心、纪律性、质量意识、合作能力等，强调能力储备以适应未来社会、经济、技术和劳动组织方式变革的需要。这正是《刍议》文中所提的"教育与生产劳动的结合"，为"技术发明在生产中的大量应用和工业化大生产创造前提"和国民教育。因此，基础教育、国民素质教育和职业教育并不对立，而是相辅相成、互为基础。强调基础教育和国民素质教育的重要性，并不能

---

[①]　本文发表于1996年第1期，作者单位为国家教委职业技术教育中心研究所（现教育部职业教育发展中心）。

否认职业教育的重要战略地位；强调职业教育的重要性，也不是对基础教育和国民素质教育的忽略。

（2）《刍议》中提到，面对21世纪的竞争，各工业大国仍然把关注的重点放在基础教育，这只不过是就教育而论教育。事实上，许多发达国家已经把职业教育作为社会计划和经济政策的手段，把职业教育作为经济要素加以研究。如在德国，在对其教育的管辖权放至地方的同时，中央（联邦）政府却在很大程度上保持着对职业教育的宏观控制，比如，在培训大纲、计划的制定上。各发达国家在制定促进本国经济发展的政策时对职业教育均给予了极大的重视。时任美国总统克林顿在入主白宫的施政演讲中，针对美国经济发展后劲不足的现状，要求企业家认真研究德国的"双元制"职业教育对其经济发展的作用；在大量的调查研究之后，美国提出了"从学校到就业（School to Work）"的改革方案。法国在对德法经济实力的对比研究中，把职业教育制度的缺陷和高素质技术工人的相对不足作为法国经济发展滞后的重要原因。英国在20世纪80年代末进行的旨在重振英国经济雄风的"撒切尔革命"中，也把规范职业教育体制、提高职业教育质量、推行"国家职业资格证书制度（NVQs）"作为重要内容。笔者认为，由于职业教育与经济的特殊联系，只有在经济、社会和整个教育体制这一大环境中对职业教育的战略地位进行讨论才有现实意义。

（3）某些"发达国家在惊呼教育危机，把关注点放在基础教育的质量上"有其本国的社会、文化、历史和经济背景。进行比较教育研究，不但要对教育的本身，而且要对教育所处的社会、文化、历史和经济环境进行研究。美国是一个高中阶段普通教育极为普及的国家，由于过度宣传个性教育、愉快教育等现代西方教育思想，使教育质量严重滑坡。因此，美国教育家惊呼教育危机，提出提高教育质量自然在情理之中。再者，美国国民经济的支柱产业是一些需要大量高层次人才的金融、信息、咨询服务、电子、生物化学等高技术产业。除汽车和航空产品外，在需要大量技术工人的制造业方面，如机械制造等行业，美国在世界上所占据的份额很小。这样，与之相适应的教育结构高移是符合美国经济结构的需求的。同样是发达国家的德国，由于人多地少，自然资源贫乏，外向型制造业是最重要的行业，强调以培养技术工人为目标的职业教育的战略地位、把职业教育作为其经济发展的"秘密武器"也是符合其经济结构的需求的。我国是一个科技发展相对落后、劳动力资源丰富但素质不高、社会就业压力很大的发展中国家，发展劳动密集型的制造业是经济发展的必然选择。低技术、低附加值的制造业需要较多的熟练、半熟练的劳动者，高技术、高附加值的制造业则需要较多的高质量的、经过正规培训的技术工人，尽管针对他们培养的途径有多种多样。我国的传统文化中存在着鄙薄体力劳动、片面追求知识积累和学历、轻视综合能力培养的倾向，因此，强调职业教育的战略地位不能不说是一个明智之举。有着类似的轻视体力劳动、崇尚贵族教育传统的英国，虽然拥有世界上最高水平的高等教育、拥有诺贝尔奖金获得者和仅次于美国的众多的优秀科学家，但经济实力却每况愈下，这是否也应当从另一个侧面给我们一个启示呢？

## 二、关于职业教育的模式选择

就职前教育来说，被当今世界一些学者公认的有以下三种模式：① 以正规职业技术学校的长期或短期教育为主的学校模式，如法国、中国和前东欧集团国家等；② 以企业内针对性和应用性强的岗位培训、短期培训（包括一些社会力量办学）为主的企业培训模式，如英国、日本等；③ 企业、学校合作的现代学徒模式，如德国、瑞士等的"双元制"职业教育模式。后两种模式与《刍议》所指的"实际经验、师徒传授的培训"是一致的。

正如《刍议》所说的那样，因为投资较大，对社会、经济和技术的发展反应较迟钝等原因，纯学校式的职业教育模式正受到来自多方面的，包括世界银行的批评。而且，由于学校教育大多只能提供基础知识和基本技能的培训，企业常对毕业生质量抱怨不已，他们还需对毕业生进行大量的适应性再培训，这在客观上延长了教育年限，也是对教育资源的最大浪费。

纯企业培训模式由于应用性、针对性强，灵活性强，既可以用于短期岗位培训，又可以进行长期正规职业教育，投资效益较高，可以最小的代价去满足企业对人员培训的需要。特别是对生产线上的操作工和装配工的短期培训，可以节省正规、全面的职业教育所需要的大量开支。但是，从我国的实际情况看，不可能在全国范围内采用这种模式，这是因为：

（1）目前，我国尚缺乏企业作为主体实施职业教育的广泛基础。根据1993年的统计资料，全国共有各种所有制形式的企业（包括乡镇企业、民营企业和个体企业）约 5 937 万个，同年全国共有各种类型的职业学校 17 508 所，各类成人职业教育、进修机构（包括企业内的职业培训机构）305 761 所（个）。若乐观地估计，平均每所学校与 5 个企业进行合作，则有 162 万个企业参与职业教育活动，占企业总数的 2.7%。而且，这些企业与职业培训机构多是一种经费和用人分配机制上的合作，企业多数并未真正参与到职业教育的组织，特别是教学过程中去，如制订教学大纲、与学校合作开展具体教学工作等。因此，从比例上看，我国企业参与职业教育的程度是非常低的，而且绝大多数集中在国有大中型企业。为数最多、最具活力的乡镇企业、民营企业和个体企业却与职业教育几乎无缘，已经颁布的《企业法》《公司法》等法律中对企业进行职业教育的责任和义务也没有做出具体规定。在搞活国有大中型企业的改革中，人们最先想卸掉的包袱往往也是包括职业教育在内的企业所承担的教育任务。况且在我国还有一种传统的认识，即学校培养人、企业用人搞生产（尽管这种观点并不正确）。这样就造成了需要者不想办学，受益者不想出钱的尴尬局面，如果现在再把职业教育的任务全部交给企业，势必造成职业教育少有人问津的局势，引起职业教育事业的重大倒退。

（2）职业教育模式的建立和完善不是单纯的教育问题，它在很大程度上已经成为社会稳定与发展的重要因素。如美、英两国青年的高犯罪率，在一定程度上可以归结到其职业教育的薄弱。以短期岗位技能培训为主、培训面过窄和过于灵活的职教机制，使青年人常常面临变换工种、进行转岗培训和失业的危险，而这些弊端是企业职教模式所无法避免的。因为缺少必要的稳定感，自然带来很多社会问题。我国许多地区未受过长期正规培训的流动人员犯罪率明显偏高的实际情况也证明了这一点。在日本，企业职业培训模式的后果是技术工人由于只接受过本企业极为专门化的岗位培训，几乎没有变换企业、适应新的工作的能力。工人对企业的依赖性过强，不但必须接受本企业主的各种苛刻条件，而且为了不被解雇，常"自愿"加班加点，接受更为残酷的剥削。在这种情况下，实现社会平等、合理的职业流动性和迁移性等社会发展目标只能是一纸空文。

德国的职业教育是一种宽基础、复合型的职业教育而不是简单的工种培训，人们信奉"教给青年人一种职业，就等于不让他到社会上去偷"这一原则，接受过正规职业教育的青年人由于能力基础扎实宽广，就业灵活性很强，是一个稳定的社会群体，因此，失业率和犯罪率比未接受过正规职业教育的青年低很多。"谁在职业教育上省了钱，就得用这些钱来建造监狱"，这个谚语说明了职业教育对德国社会稳定的重要性。是进行完整、全面的职业教育，给青年人一个引以自豪的职业，还是只进行专门化的岗位短期培训，让他们时时面临失业、转换工种的威胁，是确定职业教育的目标和模式时必须弄清楚的问题。

（3）协调职业教育、技术进步和劳动组织方式三者之间的关系也是建立现代职业教育模式的一个重要任务。20世纪80年代以来，世界范围内的产业界均处于一个由日本引发的劳动组织方式大变革的时代，即从传统的泰勒（Taylor）制向由于计算机的应用而形成的以精简化生产（Lean Production）和计算机集成制造体系（CIMS）为突出代表的新的劳动组织方式过渡的时代。而在我国，分工精细、管理层众多的泰勒制仍占主导地位，其狭窄的工作范围、相应的人员素质要求，以及可以满足基本要求的短期岗位培训模式戏剧性地降低了对职业教育质量的社会需求，考虑到我国充分就业的政策和一段时间内仍以劳动密集型为主的产业结构形式，是否或者在多大程度上对世界劳动组织革命做出反应，是选择职业教育模式时必须注意的问题。

新的劳动组织方式对从业者的能力结构、培养模式和方法等都提出了新的要求，在我国被奉为经典的加拿大《职业岗位分类词典》是1971年出版的，虽然有过几次修订，但毕竟已经有20多年的历史了，它是泰勒制的集中体现，在国际上已经被认为是不符合现代社会要求而过时的观念。在此基础上的国际劳工组织的文件也只不过是专门为解决落后的发展中国家的就业问题而开发的，在发达国家并没有被采纳，由于其被冠有"国际"的字样，常被我们误认为是国际标准，现代技术、经济和社会对专业劳动者（不包括《刍议》中常被作为例子的司机等熟练工）提出了更高的能力要求，如处理专业问题时的判断能力、决策能力、方法能力以及使用计算机的能力、社会交往能力、信息反馈能力和专业协作能力等，这些能力是不可能经过短期培训或普通教育培养的，鉴于此，英国才下决心投入数十亿英镑巨资在全国推行旨在鼓励接受长期、正规职业教育的国家资格证书体制。

（4）选择职教模式还是一个制定教育基本政策、实现教育的功能和确定教育目的的基本理论问题。教育是传递社会经验并培养人的社会活动，是人类社会所特有的现象，因此具有多方面的功能，包括：① 促进人类发展，即传递社会生活经验的功能；② 促进社会发展，即促使人的智力、品德、体质、才能的完满发展的功能；③ 选择功能，即人通过受教育实现社会地位的变迁的功能，职业教育既然是教育，就应当最大限度地实现上述三种功能。很明显，传递较为完善的社会生活经验，促使青少年智力、品德、体质、才能的完满发展和实现社会地位的平等是不能通过简单的、短期的职业岗位培训实现的。如果对大多数青年所进行的职业教育都实现不了教育的功能，这不能说不是教育家的悲哀。历史上，教育家们对教育的目的有过多种论述，如"教育在发展健全的人"（夸美纽斯）、"教育在使人的各项能力得到自然的、进步的与均衡的发展"（裴斯泰洛奇）等。马克思辩证唯物主义观点认为，教育目的要从社会的需要和人的发展两个方面来确定。因此，不管是在满足现代社会、经济、技术和文化发展的需要方面，还是在促进人的全面发展、提高国民素质方面，短期岗位培训都不可能达到教育的最终目的。

综上所述，摆在我们面前的唯一选择只能是采纳企业、学校的合作模式。当然，这并不意味着必须照搬他国的体制。事实上，在推行企业、学校的合作模式方面，我国已经具有一定的传统，积累了一些经验。近年来，通过借鉴德国的"双元制"职业教育经验和开展各种规模、各种形式的试点工作，如沈阳、苏州、无锡、常州、荆州和芜湖的城市试点以及中国电力企业联合会的行业试点，我国职教界又消化、吸收了许多国外的先进经验，并结合各地、各行业的实际情况，对校企合作模式的具体操作做了变通，包括基地建设的变通、实训条件的变通、大纲教材的变通、组织管理的变通等，初步形成了具有中国特色的校企结合职业教育模式的雏形。《中国教育改革和发展纲要》所指出的"职业技术教育主要依靠行业、企业、事业单位办学和社会联合办学"正是而且也只能通过校企结合的职业教育模式来实现。与德国"双元制"原型不同,我国现阶段校企结合的职业教育模式是以学校为主体的,这并不是因为它比以企业为主体的校企结合模式更优越,而是因为我们不具备后者的条件,更不具备"把职业技术教育交给用人部门去办,实行市场调节"的条件。

## 三、关于正规职业教育的规模和高中阶段职校在校生的比例

十一届三中全会以来,我国的职业学校在数量上有了很大的发展,高中阶段职校在校生比重已经达到50%。职业教育规模的扩大和地位的提高,使得职业教育事业发展中的一些问题,特别是现存的一些困难成为理论界和政策制定者讨论的热点议题。一些专家把目前某些现实困难看成是职业教育发展所带来的必然结果,从而对职业教育的发展规模提出异议,这是不符合实际的。

(1)由于总体上我国高中入学率较低,仅以普遍采用的高中阶段职校在校生的比重数(约50%)不能完全说明职业教育的总体规模。事实上,我国接受高中阶段职业教育的人数总体比例仍然很低,1993年,中等技术学校、技工学校、职业高中的招生总数为287.8万,虽然高中阶段职校在校生的比重已达到50%,但以当年15岁的高中适龄人数1 800万计算,接受高中阶段正规职业学校教育者仅占同龄人总数的16%,这个比例与社会人才需求结构相比并不算高,与以高中阶段职业教育为主的德国33.8%(《刍议》数据,事实上德国同龄人中接受过国家承认的正规职业培训的比例超过60%,包括很多大学生)相比差距甚远,与《刍议》一文中所提到的人才需求预测结果中专生5%、技校生10%(且不说这一预测结果的信度如何)也相差无几。这样,《刍议》所提到的我国当前职业教育发展"过分"追求长学制、正规化的职业教育这一事实是不存在的。

(2)《刍议》列举美、日、英等国中学阶段职业学校学生的比重来说明我国高中阶段职业学校的比重过大也不符合逻辑,因为,美国的职业教育以高中后的职业教育如社区学院等为主,日本、英国的职业教育是最典型的企业模式,三国中学阶段职业学校在校生的比重自然很低,这与以高中阶段职业学校教育为主的我国现行教育体制没有可以进行比较的统一基础。

## 四、关于职业中学毕业生的适应能力问题

《刍议》从首钢等大型企业"宁愿从普通中学生中招生,自行组织短期培训"等得出结论,似乎普通高中毕业生在企业的职业(或岗位)适应能力真的比职业学

校毕业生好，三年制的正规职业教育不必要，只需要办好、普及普通高中就行了。那么，事实又是如何呢？

职业教育期限的长短，是根据对当今社会分工和劳动生产组织状况，经过系统、科学的职业分析（Classi Fication of Vocations）确定的。职业和工种的划分具有相当的客观性，与其对应的培训期限也不是随意的，如工程师和医生需要 4~5 年的大学教育，技术工人需要 2~3 年的培训期，熟练工种需要月数不等的短期培训等。按照《中华人民共和国工种分类目录》的规定，在 46 大类 4 700 多个技术和熟练工种中，仅需 1 年或半年学习期（熟练期）的工种约有 1 300 个，仅占全部工种的 28.3%，其中多为纺织工业和冶金、有色金属工业的熟练工种（冶金工业的全部工种为 1 年或 1 年以下培训期），其余 71.7% 的工种为 2 或 3 年培训期的技术工，许多国民经济的重要部门如机械、航空航天、电力、化学和汽车工业等 99% 以上的工种是 2 年或 3 年的培训期。由于我国目前职业学校教育的文化课教学仍占有较大的比重（约 30%），对 2 到 3 年培训期的工种进行 3 年的培训是适当的，甚至是必需的。《刍议》文中用冶金工业这样一个需要大量熟练工种而较少技术工种的特殊行业来否定技术工人需较长培养期的事实是不妥的。事实上，让首钢招募一些普通中学毕业生，经过 3 到 6 个月的短期培训，让他们去做质检部门的金相实验工或轧钢车间的维修电工，谁也不会说他们是能胜任的。

诚然，职业高中由于发展历史很短，在经历了一个从无到有、从少到多的历史性成长阶段以后，还面临着很多困难，其中最突出的就是如何使脱胎于普通高中的职业高中在培养目标、专业设置、教学内容和教学方法等方面符合职业教育的规律；如何使职业学校培养的学生在今后的职业生涯中具备更强的适应性和更大的发展后劲，如何优化办学方式、办学规模，使总体经济效益、社会效益达到最佳。出身于普教部门的职业高中的领导和教师，由于历史的局限，对职业教育的规律了解不深，我们应当允许他们有一个摸索的过程。如《刍议》所举的例子：旅馆客房服务专业的确是一个熟练工种，在 3 年的职业高中教育中，应把它扩展为复合型的技术工种，如饭店管理等。在我国目前尚缺乏一套科学的、完整的职业分类和岗位规范的条件下，职业高中在专业设置等方面的许多问题确实有待加强，这也是职业学校在创业阶段之后的工作重点。在一些地区，特别是经济不发达地区和国有企业相对较为集中的地区，职业学校的毕业生就业仍然存在一些困难。这一方面与职业学校的专业设置和教学质量有关，另一方面也与当地经济发展的现实状况如国有企业不景气等大环境有关。把毕业生就业困难的责任全部归咎于职业教育是不公平的。

# 4.2 再回首，已不朦胧：重读《关于我国职业教育的若干基本问题》

赵志群[1]

1996 年，《中国职业技术教育》杂志发表了刘京辉同志和我合写的文章《关于我国职业教育的若干基本问题——与周贝隆先生谈职业教育的基本方针》（下文简称《基本问题》）。重读这篇文章，回首往事发现，尽管针对这些基本问题的疑惑和讨论依旧，但是我国职业教育经过反复的追问，已从荆棘密布中走向更为光明的征程。

## 一、撰写原文时的时代背景

20 世纪末，针对知识经济的讨论席卷全球。人们普遍认为，知识经济的出现，对就业的形式、结构和观念以及劳动力素质产生很大影响。不少人认为，在知识经济时代，脑力劳动比重加大，并将发展成为社会的主流工作方式，知识型劳动者将成为社会生产和运作主体，白领人员比例将大大增加，蓝领人员和培养蓝领的职业教育的重要性将会降低，没有必要再关注职业教育，从而对职业教育的必要性和战略地位提出了质疑。

1995 年，我就职于原国家教委职业技术教育中心研究所从事科研工作。一天，时任研究所秘书长、后任副所长和国家留学基金管理委员会秘书长等职的刘京辉博士拿着一篇文章找我，表达了对文中针对职业教育发展的观点的忧虑。文章是时任国家教委教育规划办公室主任、对我国教育决策具有重要影响的专家型领导周贝隆先生发表在《教育参考》上的《我国职业教育方针刍议》（下文简称《刍议》）。该文的基本观点是，基础教育和国民素质教育对国家发展极为重要，职业教育的重要性相对较低，不应该因为发展职业教育而影响了基础教育的发展；职业学校对社会经济发展反应迟钝，人才培养质量不高，企业还需对毕业生进行大量适应性再培训；今后没有必要大力发展职业学校，而应主要通过短期培训解决技能型人才培养的需求，等等。

---

① 赵志群，北京师范大学职业与成人教育研究所教授，博士生导师。

当时我国经济和社会发展的基础尚很薄弱，职业教育发展遭遇很多困难和瓶颈问题，如果此类观点在教育界发酵并占据主导地位，对职业教育发展无疑是很不利的。刘京辉建议一起写一篇与其观点不同的文章进行商榷，以避免出现对职业教育发展不利的导向。当时争鸣性的文章并不多见，特别是与对决策具有重要影响的学者和官员的争论。文章写成后没有公开发表，只是印刷在教育部的内部刊物上。1996年，《中国职业技术教育》主编发现了这篇文章，认为该文对职业教育发展具有重要的启示，经商定后进行了公开发表。

## 二、原文试图解决的职业教育的内部观点冲突

《基本问题》一文试图澄清的问题均为周贝隆在《我国职业教育方针刍议》文中提出的，是当时我国职业教育发展政策制定过程中存在的冲突性观点。第一个观点是：基础教育和职业教育谁更重要？发展职业教育，是否会影响基础教育发展并阻碍国民素质的提高，从而得不偿失？第二个观点针对的是职业教育模式的选择。《刍议》认为职业学校教育投资较大，对社会经济和技术发展反应迟钝、满足不了企业的需要，正受到来自多方面包括世界银行等的广泛批评。关于职校毕业生适应能力欠缺的问题，《刍议》列举首钢等大型企业宁愿从普高毕业生中招工，自行组织短期培训，也不愿意从职校招工，认为普高毕业生的适应能力比职高毕业生更好，因此建议用应用性和针对性强、灵活性大的企业培训代替长期、正规的职业教育。《刍议》提出的第三个争议性问题是正规职业教育的规模和高中阶段职校在校生规模的比例，即是否要强调保证高中阶段职校在校生的一定比例，这是一个至今都存在争论的问题。

以上议题都是国家职业教育制度建设的核心问题。不同的解决方案，会塑造职业教育的不同发展方向和模式，如果解决不好，无疑会对我国现代职业教育制度的建立和健全产生重要的不利影响。

## 三、原文提出的前瞻性建议及其影响

针对"基础教育和职业教育谁更重要、职业教育发展是否会影响基础教育发展"的问题，《基本问题》一文的观点是：职业教育和国民素质教育并不对立。职业教育是整个教育事业的组成部分，也是国民素质教育的一种形式。强调基础教育和国民素质教育的重要性，并不能否认职业教育的重要战略地位；强调职业教育的重要性，也不是对基础教育和国民素质教育的忽略。文章认为，职业教育是普通教育的继续，是在更广阔的社会环境（包括企业）中进行教书育人，突出强调核心能

力培养，这正是"为工业化发展创造前提"的国民教育。文章列举了不同发达国家的案例，并从协调职业教育、技术进步和劳动组织方式三者间关系角度阐述职业教育在不同经济和社会结构中的不同作用。现在看来，《基本问题》的观点仍然具有一定现实意义。时至今日，仍然不时有学者或一些部门领导同志对职业教育的战略地位质疑，这是不了解职业教育本质特征的表现。随着时代的发展，《基本问题》提出的观点逐渐成为我国社会对职业教育本质特征认识的基本观点，即应当全面认识"基础教育"的内涵，区分知识导向的"普通基础教育"和工作导向的"职业基础教育"的异与同。正如习近平总书记2015年6月在贵州调研时所讲的，职业教育"是培养高素质技能型人才的'基础工程'"，是教书育人的重要方式和手段，这是普通教育所不能取代的。职业教育同样也是一种重要的"基础教育"，它关注人的发展，基于人的发展，也是为了人的发展，而且这一过程会伴随着人的整个生涯发展。

《基本问题》讨论的第二个问题是职业教育模式选择。《刍议》认为职业学校教育投资较大，对社会经济和技术的发展反应迟钝、满足不了企业的需要，这在一定程度上是事实。但是《刍议》提出用灵活的企业培训代替长期正规职业教育，"把职业技术教育交给用人部门办，实施市场调节"，却是不可取的。《基本问题》明确指出，以下因素决定了我国无法采用以企业短期培训为主的职业教育培训制度：① 我国尚缺乏企业作为主体实施职业教育的广泛基础；② 职业教育模式的建立和完善不是单纯的教育问题，在很大程度上还要考虑经济社会发展等社会和经济制度因素；③ 协调职业教育、技术进步和劳动组织方式间的关系，是建立现代职业教育制度的一个重要任务；④ 选择职业教育模式是一个制定教育基本政策、实现教育功能和确定教育目标的重要理论问题，需要开展多方面的深入研究。基于此，《基本问题》总结道：摆在我们面前的唯一选择只能是"采纳企业、学校的合作模式"。

20多年以后再回首，《基本问题》提出的建议仍然是合理的。目前，"校企合作、产教融合"作为职业教育制度建设的重要指导思想，已经得到了职教界的广泛认同。校企合作既是职业教育发展的要求，也是经济发展的要求，国家目前在教育、经济、劳动和社会政策方面也给予了大力支持。习近平总书记在2018年全国教育大会上的重要讲话中强调"产教融合、校企合作、工学结合、德技并修"，更为准确地概括了我国职业教育制度的本质特征。新修订的《中华人民共和国职业教育法》第十四条也明确提出："国家建立健全适应经济社会发展需要，产教深度融合，职业学校教育和职业培训并重，职业教育与普通教育相互融通，不同层次职业教育有效贯通，服务全民终身学习的现代职业教育体系。"

关于职业学校毕业生的适应能力问题，《基本问题》认为不是一个制度性问题，而是在职业教育发展过程中需要逐步解决的实践问题。该文认为，职业高中发展历史短，面临着很多困难，其中最突出的就是如何使脱胎于普通教育的职业学校在培养目标、专业设置、教学内容和教学方法等方面更加符合职业教育的规律，这需要职业学校更加深入去探索职业教育的规律，如引入科学的职业分析方法、进行更合理的专业设置等，这也恰恰是近年来我国职业教育教学改革工作的重点。

《基本问题》讨论的第三个问题是正规职业教育的规模和高中阶段职校在校生比例，这是一个至今都在激烈争论的议题。文中当时提出的建议是，比例问题不是一个简单概念，要与经济发展水平和产业结构相联系。这一建议至今仍然具有积极的意义。周贝隆先生在后来发表的《高瞻远瞩，及早筹划，迎接挑战——关于制定2010年教育规划的思考》一文中提到"大力发展职业教育。不以比重、年限、'正规化'为衡量职业教育成效的标志，而应以适需、效益为评价的标准。"他显然是同意了这个观点，并贯彻在其政策制定的实践中。

## 四、反思与展望

《基本问题》发表至今已经过去了近30年，我国职业教育发生了翻天覆地的变化。我们不但建立了世界上规模最大的职业教育体系，职业教育人才培养质量也有了明显的提高，但是《基本问题》讨论的问题始终存在，甚至有时相关争论还很激烈，但争论的范围和可行的解决方案，并没有明显超出文中涉及的范围。例如目前在有关职教发展政策讨论中，对"职普比大体相当"仍然存在忧虑甚至抵触情绪，社会上偶尔还会出现取消"普职分流"的呼吁，即对职业教育在国民素质教育中的战略地位始终存在模糊认识。

持续、重复出现相同讨论甚至争论的原因，除了职业教育人才培养质量和适应性有待提高之外，我国社会对职业教育的传统认知根深蒂固、职业教育研究成果没有被大众甚至教育研究者所认知等，都是重要的原因。由于儒家"万般皆下品，唯有读书高"思想影响和长期存在的对职业教育的误解或偏见，社会上很多人认为职业教育是二流教育。如何实现职业教育与普通教育均衡发展，在让人民群众满意的同时，为经济发展培养大量高素质技术技能人才，始终是职业教育努力的方向。为了更好地解决这些问题，需要从学术研究和大众宣传方面加强工作。

### （一）相关研究人员应关注职业教育的育人功能

建议参与职业教育讨论的特别是其他相关学科的研究者，更加关注职业教育的育人功能而不仅仅是经济功能。职业教育是一种重要的基础教育，是培养德智体美劳全面发展的高素质国民的重要形式。职校学生通过基于工作的学习（Work-Based Learning，WBL）和多种类型的实习，在掌握专业技能的同时实现对职业规范、伦理和价值观的内化；在增长专业知识的同时建立对社会、工作和职业的基本态度。职校学生可能对纯理论知识学习缺乏兴趣和耐心，但是通过"做中学"这种特有的学习方式同样可以找回自信、张扬个性，提高文化素养。职业教育通过弥补学习者在某些领域才能（如学术能力）的不足，促进其他方面的发展和综合能力提升。在德国，教育家凯兴斯泰纳认为"职业能够唤醒青少年的兴趣，是通往真正教育的大门"，斯普朗格则强调"职业是文化和教育的媒介"，是"通往更高一级的普通教育的唯一路径"，这为德国职业教育的健康发展奠定了重要的价值论基础。我国相关研究者也应正视职业教育作为一种重要"基础教育"类型对提高国民素质的重要意义，并在此基础上展开相关讨论。

## （二）探索建立和实施国家资历框架

高效、合理的职业教育体系是实现职业教育、高等教育和继续教育协调发展的重要保证。目前我国学历证书与职业资格（等级）证书之间没有对应关系，在很大程度上阻碍了"学校"与"工作世界"的沟通，造成职业教育地位低下以及毕业生就业难和用人单位招聘员工难的双重困难。构建资历框架，是我国实现不同类型、层次教育衔接和融通的重要基础性。所谓"普职融通"，不是指职业院校学生随时转学到普通院校，或者反过来，而是建立职教和普教双向认可的标准。这里的基础，是明确各级各类教育的定位和资历标准，建立具有可比性的各级各类人才培养的"出口标准"。以资历框架为基础建立学历和资格（等级）认证体系，建立学术教育与职业教育统一的质量标准，可实现不同类型教育和工作技能的可比性，把技术技能人才和学术型人才的管理统一到权威的国家标准下，从根本上提高职业教育的社会地位和吸引力，实现教育公平和社会公平。

## （三）建立科学合理的职业教育质量保障制度

目前多数职业院校仍然没有建立起完整的质量保障体系，只是随机或被动地实施一些质量保障措施，其科学性和系统性得不到保证。造成这一局面的原因主要是管理和技术层面的因素。应建立科学合理的职业教育质量监控与评价体系，更好地平衡学生和家长、职业院校、企业和社会等不同利益群体的需求。现代职业教育质量保障体系至少由三部分组成：一是促进区域、行业或企业人力资源开发的宏观职教质量保障体系，二是职业院校质量保障体系，三是促进学生发展和教师提高教学水平的教学质量保障体系。进入21世纪后，教育质量保障出现了一些新的发展趋势，如评价对象从"投入"转向"产出"和"结果"，质量保障目标演变为"持续改良"，即提高教育体系的标准化程度和效率等。"结果导向"的质量保障更关注人才培养质量而不仅仅是教育投入，正如新修订《中华人民共和国职业教育法》第四十三条规定的"职业教育质量评价应当突出就业导向，把受教育者的职业道德、技术技能水平、就业质量作为重要指标"。应通过科学的方法对学生的职业能力发展水平进行评价，为各级政府制定政策提供依据，并为职业院校的课程和教学改革提供技术手段。

### （四）加强相关的家长教育和大众文化普及

促进职业教育的健康发展不只是教育制度问题和教育部门的任务，还需要建立相应的社会、经济和文化环境。要加强宣传，构建全民共同促进职业教育良性发展的社会环境。例如，实现"普职分流"需要全社会共同参与治理，为了减少民众的顾虑和焦虑情绪，需要做更多解释工作，让家长了解社会人才需求的结构性特征，知道高学历并不是所有人在劳动市场获得竞争优势的唯一途径。通过适度引导和干预纠正家长的认知偏差，使其更加理性地为孩子选择合适的升学或就业道路。关注学生本身的认知特征、兴趣爱好、发展潜能与社会发展需求的匹配程度，是保证学生可持续发展、生活幸福和消除"内卷"的重要前提。当今社会对工作的认识发生了很大变化，出现了"慢就业"和"灵活就业"等现象，然而工作的重要性并没有降低，工作始终是确保个体有尊严生活的基本条件，也是影响多数人命运的关键因素。应当加强生涯教育，树立健康的工作价值观，使青少年建立正确的自我概念和职业认知，在不断变化的社会环境中客观审视自己，从而建构合理的职业生涯发展路径。

# 5.1 农业产业化与职业教育 [①]

彭干梓　刘宪光　黄　晖

改革开放使我国农业取得了长足的发展。自1987年以来，全国平均每年增产粮食100多亿千克、棉花1亿多千克，油料、畜牧和水产品都有大幅度的增长，较好地发挥了农业对国民经济的基础作用。但从总体上说，农业的基础地位仍很脆弱。

当代发展中国家在工业化进程中，都存在农业资源和农民利益大量的流失、农业的比较效益下降的问题。我国既是一个人口众多的农业大国，又是一个耕地资源紧缺的国家，如何在这种情况下，做到农业的稳定和持续增产增收，富于创造性的我国农民用自己的实践，走出了一条农业产业化的道路。这不仅对我国农业的现代化和农村经济、社会的发展产生了重大的影响，而且给职业教育带来了新的发展机遇。

## 一、农业产业化——中国式的农业发展道路

农业产业化在我国通俗称为"农工贸一体化、产供销一条龙"。国际上把这一现象叫作"农业一体化"，其微观载体西方多为"农工商综合企业"。关于农业产业化的内涵，在我国有许多不同的表述，但基本点是共同的，即改造传统的自给、半自给的农业和农村经济，使之与市场接轨，在家庭经营的基础上，通过将农业生产过程中的产前、产中、产后诸环节联结成为一个完整的产业系统，实行种养加、产供销、农工贸一体化经营，逐步实现农业生产的专业化、商品化和社会化。人们把它的基本形式归纳为一个简单的公式：市场＋中介组织＋农户。

我国农村在20世纪80年代初期实行的家庭联产承包经营责任制，重塑了农村的微观经济组织，调动了农民的生产积极性，使我国农业产出一度获得两位数的年均增长率。但这种一家一户的生产经营，规模太小，基本上沿袭传统的手工生产，农户难以抵御市场竞争的风险；而且农业"两头在外"，农民只能管农产品的生产，无法参与农业生产资料的供应和农产品的加工、销售，得不到应有的平均利润，影

---

① 本文发表于1997年第10期，作者单位为湖南农业大学。

响了其收入的提高。

西方发达国家的农业，实行耕地大规模的集约经营和政府的高额补贴，来保持农业的发展和较高的生产率。这却是许多发展中国家，特别像我国这样一个人多地少、农村存在大量剩余劳动力的国家一时难以做到的。

我国农民在政府的支持下，抓住如何使农户与市场连接这个关键，办企业、公司、专业协会、农民协会等各种中介组织，把千千万万农户与市场连接起来，使广大农户在从事农业生产的同时，通过贸工农、产供销一体化，参与农产品的加工流通，使自己生产的农产品在市场上顺利实现价值；同时，打破了旧的利益分配格局，使农民分享到农产品在加工、流通过程中增值的平均利润。

## 二、农业产业化与农民的职业分化

农业产业化带动农业劳动生产率和土地生产率的提高，以及农村产业的分化，由于职业间预期比较利益的差异，和农民对利益的最大化追求，农民职业的分化也日益加速。

在农业产业化过程中，农户发生了质的变化，我们所看到的不再是传统意义的、仅仅拥有简单的农具和牲畜，终年从事规模很小、收入很低，只能维持简单再生产的农户，而是逐步分化为具有一定的科学技术与市场经营知识，既有较强的企业意识，自觉地把一切经营行为置于企业行为之中，又有一技之长，能独立地参与社会劳动分工与专业化生产经营分工的职业群体。这个群体由以下几类职业组成：

（1）农民自办的各种中介组织的经营管理者。指掌握某种专门技艺或经营能力，自有或合伙拥有生产资料、资金，从事农产品加工、流通、商业服务等的劳动和经营者。如乡村集体企业的领导者和供销人员，约占农村劳动力总数的10%左右，私营、个体或合伙企业的上述人员约占8%。1995年在全国2 202万个乡镇企业中，联户和个体企业占92.2%，其中30%左右从事农产品加工、流通等方面的生产经营。中介组织，也不限于企业，像农民协会、专业技术协会等农民合作服务组织，1994年已达148.8万个，发展很快。

（2）农业产业化链条中的农户主。他们与传统小农生产方式的根本区别在于规模经营。他们掌握某种生产技能，具有一定的经营能力，经济收入水平比较高。这种农户将逐渐成为农户中的主体，如农业产业化发展较快的山东省，由1 300多个加工企业联结的农户就已达700万户。

（3）智力型职业者。指具有较高的知识和技能，受雇于农工贸、产供销一体化企业或其他中介组织，从事经营管理或技术工作，包括农艺师、工程师、会计师和技术员等，其人数将随着产业的升级而逐步增加。

（4）雇工。受雇于企业或规模经营的农场、农户。他们中有两种人，一种是技术工人，担任生产中的骨干；另一种主要从事体力劳动，多属于贫困地区农民流动到经济技术发达地区从事农业生产或务工。

上述分化的进程和速度取决于农业产业化的发展和农民文化技术素质的提高。

## 三、农业产业化与知识、技术的集约

传统农业都是以初级产品的生产为主体，结构单一，附加值低，经济效益差。像我国南方农村的许多地方，至今基本上仍然保持着一种"粮猪型"的传统农业结构，其产业结构以种植业为主，农民主要靠种粮养猪维持生计，生产层次浅，就业空间小，不仅农业自然资源不能充分利用，而且加剧了劳动力的过剩。

农业的产业化，势必要求农业大幅度调整产业和产品结构，从粗放型低效益向集约型高效益转变，从以初级产品为主的低层次结构向以加工制成品为主的高层次结构转换，实现高附加值；同时，逐步实现生产规模扩大，使农业增长由依靠土地、资本、劳动力等生产要素的投入为主，转变为依靠技术进步，促进生产率的提高为主，这是农业增长方式的一个质的飞跃。

农业增长方式由粗放型向集约型转变的核心是知识和技术的集约，关键是提高劳动者的文化技术素质，要培养大量的技术与管理人才，大幅度提高农民的文化技术素质，研究、引进、开发和应用先进的生产技术和管理知识，才能不断提高生产和经营效益。

## 四、农村职业教育发展的新机遇

农业产业化和增长方式向集约型转变，一方面为实现农村劳动力的充分就业带来新的机遇。随着专业化生产水平的提高、生产规模的扩大、专业链条的延长，以及新的生产领域的开发，必然会提供更多的新的就业岗位；同时使劳动力的结构产生新的变化。

但另一方面农业产业化以及增长方式的转变、技术水平的提高、资本占有量的增加，势必导致农业劳动力使用量的大量减少。与此同时，作为吸收农业剩余劳动力主渠道的乡镇企业，资本和技术集约的程度越来越高，吸纳能力也在逐步减弱。

这种情况将使就业竞争加剧，并促进就业结构由体力型为主逐步向智力型为主转化。在这个新的历史阶段，农村劳动力就业的机遇与障碍并存，能否充分就业越来越取决于劳动者自身素质的提高。

就农户来说，文化、技术水平高低，将直接影响其产出率和利润。据湖南省常德市的调查，该市临澧县太平村农工商集团的鸡系列开发项目，1995年综合产值达1.08亿元，出口创汇220万美元，完成利税900万元。其生产经营链条分为以下环节：① 种鸡饲养；② 鸡苗孵化；③ 肉鸡养成；④ 饲料供应；⑤ 疫病防治；⑥ 收购加工；⑦ 出口经营。其中成鸡养成由农户承担，在相同的生产经营条件下，农户文化技术素质的高低对其产出与利润的影响成正相关，文化程度与技术高一个档次的农户，其产出与利润分别提高4.8%与6.6%。

中国农村职业教育自20世纪80年代初期以来出现过两次发展高峰，第一次是家庭联产承包经营责任制的推行，带来了农民学习农业技术的热潮和农业职业教育的大发展；第二次是乡镇企业的异军突起，农村剩余劳动力向非农产业转移，农村职业学校为第二、三产业服务的专业适应了这种需求，填补了农业类专业招生人数相对减少的空档，保持了整个农村职业教育发展的势头。农业产业化将刺激农户对职业教育的需求，并迎来农村职业教育的第三次大发展。

与前两次不同的是，农业产业化要求农村职业教育专业结构向以农业和为农业服务的相关工、贸专业为主体转变，和向产前、产中、产后一体化转变，具有明显的农工贸综合性；要求职业教育着眼于教育质量的提高，在人才培养类型、专业设置和教学内容上进行大幅度的调整，以加强职业的针对性；随着连接农户与市场的中介企业向高级、大型、外向和深加工发展，农民合作服务组织逐步形成体系，以及农户生产经营规模的扩大，将对高级职业技术人才提出需求，为农村服务的高等职业技术教育将得到发展。

# 5.2 当代农村职业教育研究的开拓者与践行者
## ——再读彭干梓先生《农业产业化与职业教育》一文有感

王 浪[①]

初识彭干梓之名，是在1995年我考入湖南农业大学时，他是刚刚从我校退休的一校之长。再识彭干梓之人，是我大四那年拿到"职业教育概论"课程的教材——《农村职业技术教育概论》，封面上赫然印着"主编 彭干梓"。印象中，该课程全程由三位老师（夏金星、曾宝成、谭焱良）执教，他们无一不是满含深情和期待与学生们交流课本上关于农业农村农民的知识及观点，更是多次在课堂上提到彭干梓其人其事其思想其行动，不知哪一次课上，我在教材扉页上写下了"努力献身职教事业"的字句。初见彭干梓先生，是我大学毕业三年后回到母校继续研究生学习之时，有幸和导师一起参与时年已是七十高龄的彭老先生主持的省教育科学规划自筹课题。在课题开题论证会上，我被彭老先生博古通今的知识、开阔缜密的思维和呕心沥血、笔耕不辍的学术追求深深感动，经过几次邮件交流之后，彭老邀请我去他家里做客，当面指导我做职业教育研究。如今，时隔二十年，我的邮箱中一直保留着与彭老的交流邮件，彭老赠与我的学术刊物也摆放在我书架中最显眼的位置，彭老对发展农村职业教育的所思所念所为更是一直深深激励着我。

今日再读彭干梓先生《农业产业化与职业教育》一文，我对农村职业教育的价值、使命与变革有了进一步的认知，同时也深感21世纪以来党中央国务院对"三农"这一关系国计民生的根本性问题的高度重视。在人口众多、耕地资源紧缺的国情下，我国农民在政府强有力的支持下，依靠不断提升文化技术素质，持续提升了农业生产和经营效益，走出了一条中国式的农业发展道路——农业产业化，而这一进程中的农村职业教育功不可没，其发展机遇与挑战并存。惊叹于文章客观梳理历史、直面国情农情、精准数字列举、高呼职业教育质量提升，令人不得不佩服彭干梓先生对农村职业教育发展的深刻认识和前瞻远见。

---

① 王浪，湖南农业大学教育学院教授，硕士生导师。

## 一、推动农业产业化是解决好"三农"问题的重要途径

我国是一个农业大国,"三农"问题由来已久。改革开放之初实行的农村家庭联产承包责任制,解决了十几亿人口的吃饭问题,20世纪80年代后期乡镇企业异军突起,促进了农村剩余劳动力向非农产业转移。但随着市场化程度的深入,延续几千年的传统农业"小而全"的原始性、封闭性和保守性生产方式已处在艰难的绝境中。如何充分发挥农民这一核心主体的能动性?农业产业化顺势而生,将农业生产的产前、产中、产后诸环节连接为一个完整的产业系统,实现种养加、产供销、农贸工一体化经营。通过"公司+基地+农户""公司+农户"等组织形式推动着传统农业向市场农业转变,促进了规模优势的形成、产业结构的优化、劳动生产率的提高,还使城乡之间的资金、人才、技术、设备等生产要素实现了合理流动和优化组合,促进了农村劳动力的转移,加快了城乡一体化进程,从根本上改变着农业弱势产业和农村弱势群体的地位与状况。

有经济学理论认为:一个国家现代化的过程中,经济起飞的前提是农业的发展具有了基础性作用,在经济起飞阶段,增长成为各部门的正常现象,农业劳动力逐渐从农业中解脱出来,进入城市劳动,人均收入大幅提高。国家统计局数据显示,1990年,我国国内农业总产值7 382亿元,比1985年增长25.3%,平均每年增长4.6%,超过4%的计划指标。到1995年,全年国内生产总值57 733亿元,比上年增长10.2%。其中第一产业增加值11 365亿元,增长4.5%;第二产业增加值28 274亿元,增长13.6%;第三产业增加值18 094亿元,增长8%[①]。进入21世纪以来,农业产业增值逐年上升,2021年全国农业及相关产业增加值为184 419亿元,比上年增长10.5%(未扣除价格因素),占国内生产总值的比重为16.05%。分三次产业看,农业及相关产业增加值中,第一产业、第二产业、第三产业增加值占比分别为45.1%、29.7%、25.2%。第一产业增加值规模最大、占比最高。一系列的数据表明:我国农业生产结构不断优化,农业生产组织方式和模式发生了重大变化,生产效率明显提高;农民职业不断分化,农村居民收入持续较快增长,生活水平质量不断提高。实践证明,农业产业化有效地破解了长久以来制约我国"三农"发展的两个主要矛盾:一是基本国情的矛盾,即人地关系高度紧张;二是体制矛盾,即城乡分割对立的二元社会经济结构。使得农业这一"弱质"产业成为价值增值快、获利潜力大的产业,已经并将持续推动我国社会主义现代化建设。

彭干梓先生将农业产业化定性为"中国式的农业发展道路",这一论断深刻揭示了深化体制改革对于推进中国式现代化建设的重要作用。农业现代化作为中国式现代化建设的根基,是一项惠及民生的、复杂的系统工程,必须基于国情、着眼民

---

[①] 数据来源:国家统计局关于1995年国民经济和社会发展的统计公报,1996年3月。

情，创新发展路径，不断完善社会主义市场经济体制，落实以人民为中心的发展思想。近年来，北京德青源、山东寿光蔬菜、内蒙古民丰薯业、宁夏果园等农业产业化的典型已经证明，中国共产党正领导着千千万万劳动者，在农业现代化的道路上走出了中国范式。

## 二、提高劳动者文化技术素质是促进农业产业化的根本抓手

农业产业化的实质，是横向上实行土地、资金、技术等生产要素的优化组合，纵向上采取专业化生产、一体化经营、区域化布局、社会化服务的生产经营方式。农业产业化是传统农业向现代农业转变的过程，这一过程的任务是艰巨而漫长的，不仅需要先进的科学技术支撑，还需要不断提高技术含量、装备水平来驱动，更需要保持人与自然的协调发展、人的需求与生态环境良性循环的一致性才可能使之可持续发展。显而易见，在农业产业化这一"新质意义上的规模经营"中，主体和基础依然是农户（农民）。诺贝尔经济学奖获得者西奥多·威廉·舒尔茨认为，"一个完整的资本概念"应当包括人力资本和物质资本。所谓人力资本是指凝聚在劳动者身上的知识、技能及其所表现出来的能力，这种能力是生产增长的主要因素，是具有经济价值的一种资本。他强调人力资本的作用远远大于物质资本，转变传统农业的关键在于"人力资本"，即农民是否有机会得到新的、现代化农业的生产要素。这种现代化农业的生产要素，包括特定的物质投入物和顺利地使用这种投入物所需要的技艺和其他能力。提供这种新的生产要素的是转变传统农业、进而把传统农业提升为现代农业的"关键人物"——掌握科学技术的农民和现代农业者。

然而，一个不争的事实是：我国农业部门劳动力整体受教育水平较低。据统计，截至1998年底，我国在农村15岁及其以上人口中，其文化程度占比分别为：小学28.3%、初中26.6%、高中4.5%，大专以上仅7.5%。根据全国农业普查数据，2006年底我国农业从业人员中文盲占9.5%，小学占41.1%，初中占45.1%，高中占4.1%，大专及以上占0.2%。特别是高中及以下学历占比，在十年之后的2016年仅下降了不到1%。少量的教育水平较高的农业从业人员基本是农业部门技术人员和管理者。2019年，农业部门劳动力中未上过学、小学、初中教育水平的劳动力占比分别为7.4%、38.8%、45.9%。显然，劳动者文化技术素质现状远远落后于农业产业化发展的需要。

事实善于雄辩。彭干梓先生在文中给出了湖南省常德市的调查数据，表明农户文化技术水平的高低直接影响其产出率和利润。在他随后几年发表的另外几篇文章中，也多次用数据提到，承担着农业劳动者文化技术素质提升的农业职业教育，在20世纪末21世纪初经历了招生人数大幅下降的危机，这与农业大国的国情不相适

应，与发达国家相比更是少见。我国每年都有大量的农业科技成果，但相当一部分未能转化为生产力，这与从事农业科技推广的技术人员较少不无相关。强烈的忧国忧农的思想，驱使着作为原湖南农学院领导的彭干梓先生，在带领全校教职工办好高等农业教育的同时，广泛调查、深入研究，建立职业技术师范部，为湖南省于1987年在农村职业学校试办农村家庭经营专业，培养大批懂技术、会经营的农业劳动者提供了集师资培养培训、教材开发、技术服务于一体的智力支持，在全国产生了广泛而深远的影响。2003年，他更是从农业职业教育独立立法的必要性高度，呼吁要"通过农业职业教育，使学生具有从事农业的信心，培养经营农场和能掌握现代农业设备、生产效率高，又有农业技术和经营能力的农业自营者，即现代农业者。"彭干梓先生急国家之所急、忧农业之所忧，其勇于创新、亲力亲为的责任担当精神令人钦佩。

所幸的是，进入21世纪以来，2002年《中华人民共和国农业法》修订和颁布，其后党中央、国务院相继发布了一系列政策文件，如2007年《中共中央  国务院关于积极发展现代农业扎实推进社会主义新农村建设的若干意见》提出，"培养新型农民，造就建设现代农业的人才队伍""培育现代农业经营主体""努力把广大农户培养成有较强市场意识、有较高生产技能、有一定管理能力的现代农业经营者"。2008年《中共中央关于推进农村改革发展若干重大问题的决定》指出："提高农民科学文化素质，培育有文化、懂技术、会经营的新型农民"；2011农业部等印发《现代农业人才支撑计划实施方案》、2012年中央一号文件均提出培育新型职业农民。由农业经营者、新型农民到职业农民，对培养农民的提法日益准确、全面，无不说明国家在积极推进农业产业化进程中，将提高劳动者文化技术素质作为了根本抓手。时隔近三十年再读彭干梓先生的文章，不得不为之惊叹、为之折服。

## 三、发展农村职业教育机遇与挑战并存

20世纪90年代末期我国农业职业教育开始萎缩，对此，彭干梓先生表现出深深的忧虑。但他以笃定的目光，看到了危机中总是孕育着机遇。教育总是不可避免存在滞后性，但教育必须具有先导性，职业教育也不例外。在我国加速建设农业现代化时期，发展农村职业教育的机遇与挑战并存。

机遇具体表现在以下三个方面：一是劳动力市场需求增长。20世纪90年代后期，随着农业产业化的不断发展，农村劳动力非农化转移、农户兼业化的现象已非常普遍。大批农民已不再是传统意义上的农民，他们中一部分可能成为直接从事现代农业生产的农场主，另一部分可能成为为农业生产提供各种服务的中介者，包括农业企业经营管理者、联系农民和市场的经纪人、农业管理专业人员（如从事农业

金融、财务、机务、人事、法律、信息技术等工作的人员）、农业工程技术和生物技术人员等。显然，劳动者自身素质的提高是他们实现就业顺利转型和实质上身份转变的决定性因素。然而当时大量的农村劳动者并没有接受过系统的学校职业教育或相应的职业培训，倘若继续故步自封只可能是随波逐流，被时代淘汰。来自劳动力市场的现实需求必将刺激农民个体开始主动接受职业教育，也必将促使政府部门发展职业教育。还可能预见的是，随着市场经济的快速发展和农业现代化的纵深推进，对知生产、能经营、会交际、善管理的农业高级技术人才的需求也在增长，为农村服务的高等职业教育必将呼之欲出。二是国家政策大力支持。百年大计，教育为本。解决人类社会一切问题的根本在于人，解决"三农"问题的根本在于职业教育能否提供高素质的人力资源。《国务院关于大力推进职业教育改革与发展的决定》（2002年）、《国家中长期教育改革和发展规划纲要（2010—2020年）》《国家职业教育改革实施方案》（2019年）、《关于深化现代职业教育体系建设改革的意见》（2022年）、《中华人民共和国职业教育法》（2022年）等一系列政策文件的重磅发布，从提高农村职业教育的投入、改善农村职业学校的办学条件、加强职业教育师资队伍建设等方面，对培育农业现代化建设者给予了高度重视和充分保障，把发展农村职业教育作为新农村建设和乡村振兴的基础，其战略地位可见一斑，充分表明了党和国家对发展农村职业教育的明确态度和对农村职业教育的科学定位。农村职业教育在21世纪迎来了一个大发展大繁荣的时期。三是信息技术发展拓展了职业教育的时空。信息技术的发展，打破了人们交流的时间约束和地域限制，大大拓展了教育的时空。为农村服务的各种职业教育可以充分利用互联网开展各种形式的教学，为学习者提供更加便捷的学习渠道，实现优质教育资源的共享，在促进农业劳动者素质提高方面实现大迈步、大作为。

农村职业教育在千载难逢的发展机遇面前，不可避免地要应对方方面面的挑战，归纳起来主要有以下三点：一是职业教育观念落后。在我国千百年来"学而优则仕"的传统观念影响下，在"普职分流"面前，有的人持有"职业教育就是末流教育"的观点，甚至包括一些职业教育工作者对自身工作价值存疑，特别是许多农村家长和学生对于职业教育缺乏正确的认知，对职业学校缺乏信心和认同，对接受农村职业教育更是有意逃离。这种现象是历史的、也是现实的，并将长期存在，不可避免地成为农村职业教育发展最大的障碍。二是教师素质亟待提升。对市场反应灵敏是职业教育有别于其他教育的一大优势。市场需求的不断变化势必要求职业学校一方面要及时调整专业设置、更新教学内容，加强职业针对性；另一方面，国家在走向现代化的进程中，职业教育将逐渐成为人人都享受的国民教育，教育对象涵盖了全体国民不同年龄阶段、不同职业人群。特别是2019年党中央、国务院作出战略部署：高职扩招100万人，招生对象除应届高中毕业生外，还包括退役军人、下岗职工、农民工等。面对如此复杂多元的生源群体，要求职业学校教师必须在教育理念、教学方式方法、教学评价等方面与时俱进做出重大变革。然而尽管教师专业职业发展相比其他职业而言是一个漫长的、渐进的过程，教师素质提升终将是一个刻不容缓的艰巨任务，对于农村职业教育尤其如此。三是办学条件的改善。职业教育在规模外延发展的同时，必须注重质量内涵的提升，才可能有可持续良性发展。从一定意义上说，职业教育从传统走向现代的过程，实质就是设备更新换代、资源优化配置的过程，需要大量的人力、物力和财力的投入，适应市场需求的办学条件必须及时得到改善。在区域经济社会发展极不平衡的我国，无疑这历来就是一个极大的挑战。即便近年来教育行政部门已经或正在采取措施，加强面向农村的职业教育改革与建设，如骨干校示范校建设、高水平专业群和专业建设、实习实训基地建设、校企合作、产业共建等，仍面临诸多的矛盾与困难，但又必须直面并创新性地解决，这需要全社会的共同努力。

农村职业教育应当服务于农业强国、农民富裕和农村建设，强有力地支撑社会主义现代化建设。这一定位无论在过去、现在还是未来，都是十分正确的思想指引。这样的思想指引鲜明地贯穿在彭干梓先生写于1997年的《农业产业化与职业教育》一文中，发展农村职业教育，任重而道远！让我们一起向以彭干梓先生为代表的长期以来为农村职业教育鼓与呼、思与行的先生们致以崇高的敬意与谢意，并一起携手沿着他们的思想足迹为更美好的农村职业教育而发声、赋能、使力！

# 6.1 从ISCED新修订本
## 看高职的学历定位和生源入口问题[①]

郭 扬

目前，发展高等职业教育已成为我国教育界的一大热点，但是人们对许多有关问题的认识还很不一致。例如，对高等职业教育的学历定位与生源入口问题就存在着很大的分歧。前不久，笔者看到了UNESCO（联合国教科文组织）于1997年3月推出的《国际教育标准分类》（ISCED）更新版本，故有必要结合此版本谈些新的认识。

一

ISCED初版问世于1976年（人民教育出版社1988年出版中文译本）。UNESCO今年组织对其进行的全面修订，是为了适应近20年来随着世界范围内高新技术的迅猛发展，各类教育在数量上成倍增长的新形势。新版本对初版中的三级教育分类系统作了较大的调整，提出了新的教育层次与分类方案。笔者按照其有关文字描述，说明如下：

新版ISCED将整个教育体系划分为7个层次。0至第3层次的划分不变：ISCED1为"第一级教育"，即初等教育；ISCED2为"第二级教育第一阶段"，即初中教育；ISCED3为"第二级教育第二阶段"，即高中教育。与初版相比，其调整如下：

（1）增加了第4层次。ISCED4为"第二级后的非第三级教育"（post-secondary non tertiary education），即高中后的非高等教育阶段。

（2）调整了第5及以上层次的教育。ISCED5仍为"第三级教育第一阶段"，但"不直接通向高等研究资格证书"。它将初版中分属大学专科（原ISCED5）和本科（原ISCED6）以及"博士学位以外的所有研究课程，如各种硕士学位"（原ISCED7中的博士前课程部分）纳入了同一层次之中。ISCED6相应地调整为"第三级教育第二阶段"，且"通向高等研究资格证书"（即原ISCED7中的博士课程部分）；原第9层次则被取消。

---

① 本文发表于1998年第1期，作者单位为上海职业技术教育研究所。

（3）将第二级教育内第2和第3层次的教育按其不同的课程计划分为A、B、C三种教育类型。A类为普通学科型，2A、3A为升学作准备；C类为直接就业型，2C、3C为进入劳动力市场作准备；2B、3B则是介于A、B两类之间的中间型。第4层次则划分为A、B两种类型：4A为升入第5层次作准备；4B则为较高层次的就业作准备。在属于高等教育的第5层次同样也划分为A、B两类。A类为"面向理论基础、研究准备或进入需要高技术的专业课程"；B类为"实际的、技术的或职业的特殊专业课程"（practical/technical/occupationally specific programmes）。

在各国第三级教育中，课程的组织结构差异很大，难以找到统一的标准用以描述5A和5B的分界线。但一般说来，二者的课程计划及其要求的区别是明显的。5A课程计划"具有较强的理论基础"，并要求与ISCED6相衔接。如它传授历史、哲学、数学等基础科学知识，以达到"具有进入高等研究的能力"的要求；或者传授诸如医药、牙医、建筑等技术科学知识，以达到"能进入一个高技术要求的专门职业"。而5B的课程计划则不然。它是一种"定向于某个特定职业的课程计划"，"主要设计成获得某一特定职业或职业群所需的实际技术和专门技能——对学习完全合格者通常授予进入劳动力市场的有关资格证书"。与5A的课程相比较，"它更加定向于实际工作，并更体现职业特殊性，而且不直接通向高等研究课程"；其学制一般比5A短些，但也并不排斥较长的学程。由此看来，按照ISCED5B的课程计划，我国当前积极发展的"高等职业教育"，从层次、类型到课程特征与之都是一致的。因此，在第三级教育中，实施5B课程的高等职业教育作为"更加定向于实际工作，并更加体现职业特殊性"（more practically oriented and occupationally specific）的一种特定类型，便拥有了与普通高等教育（5A）相区别的分类标准的依据。

将ISCED这样一个得到国际较为普遍公认的教育标准，引入我国教育理论界并将之作为我国教育分类的依据是非常必要的。这是我国高等教育更广泛地与国际接轨的前提条件之一，也是我国高等职业教育界（学校及其人员）得到国际认可和进行国际交流的基础。笔者认为，该分类标准最终会影响政府的宏观教育决策。

（4）从第5层次的入口来看，3A与5A、3B与5B之间均可直接衔接。第3层次的课程包括"普通教育"（general education）、"职业前或技术前教育"（pre-vocational or pre-technical education）、"职业或技术教育"（vocational or technical education）三种不同的导向。与第5层次不衔接的3C课程仅限于后两种，可将其归纳为"职业导向"的课程；而通向5B的3B与通向5A的3A相比，也更强调这种"职业导向"。这是因为按照5B的入学要求，还"需要熟练掌握ISCED3B或4A中的专门学科领域"（repuire the mastery of specific subject areas），而5A则无此入学要求。显然，这种特殊要求只在侧重职业导向的课程中才能实现。可见，高等职业教育与普通高等教育的入口应当是有所区别的。这主要体现在其生源在高中阶段所分别接受的有不同侧重的课程基础上。

作为直接就业型的3C，也并非只有直接进入劳动力市场的唯一出路。它还可通过4A的过渡课程升入5A或5B，或者通过4B的高级培训类课程再进入劳动力市场。这种处于第二级与第三级教育之间的第4层次课程计划，主要是为已完成第3层次教育者对有关知识的"拓宽"（broaden），而并非比第3层次更"提高"（advanced）。这种课程内容可比第二级教育的上限更加专门化和精细化，应用也更复杂，但并不考虑是否符合正规学制中所设的课程。ISCED4的课程计划还有"合格完成第3层次教育"的前提，即合格完成任何3A或3B层次的任何课程，或者3C课程的累计教学时间至少为3年。但"合格完成的ISCED3课程也应看作课程持续时间范围。例如，在ISCED3的2年制课程基础上持续时间满4年，虽不作为合格完成ISCED3，但通常可以认为属于ISCED4"。

## 二

据上述分析，笔者认为可对高等职业教育的学历定位和生源入口问题作如下解释：

（1）按照新版，高等职业教育学历宜定位于ISCED5B，学制至少应包括大学专科和本科两个层次。

高等职业教育是现代化社会与高新技术发展的必然产物，而绝非职教界某些人士"炒作"出来的。不能因国际上未使用"高等职业教育"的概念，我们则对其发展视而不见。正由于高等职业教育是一种新的教育类型，故其自身的发展是有一个过程的。若按20年前的分类，它只能定位于专科这一层次，且很难充分反映与普通教育在类型上的区别。现在，新版已将高等学校的专科、本科及硕士诸层次合并，且按其不同的课程计划在类型上作了明确的划分。因此，我国理应将各类高等职业教育学校明确定位于ISCED5B，即第三级教育第一阶段~第5层次B类课程。

由于ISCED5B在第三级教育的课程持续时间通常比ISCED5A短些（通常为2至3年），但像5A一样达到4~5年甚至6年或更多也并非没有可能。如实行学分制则需将时间与强度合计后作出比较。可见，高职校的学习年限应视具体专业而定。虽有2~3年的短周期，但并不仅局限于此，应按实际需要可有较长的学程。即它也应同普通高等教育一样有多种层次。这主要取决于不同专业的需要，至少应该包括本科和专科两个层次（特殊专业也可能学程更长、层次更高），而不应仅仅局限于单一的专科层次。由于5B的课程计划属介于普通学科型和直接就业型之间的中间型，其培养目标也就相应地介于学科研究型和直接操作型之间的中间技术型。即具备某一特定职业或职业群所需综合职业能力、为生产和管理第一线服务的应用型人才。

其工作的主要特点是将设计、规划、决策转化为现实产品等物质形态或对社会产生具体作用。

（2）高职的入学条件应强调文化理论基础与职业实践基础并重，不同生源要补习不同的过渡课程。

高等职业教育的入学标准是完成第 3 层次 B 类课程或第 4 层次 A 类课程。其理论基础并不强求达到完全高中毕业，课程应侧重职业导向、强调专门学科。故既有一般文化理论基础又有一定职业实践基础的综合高中毕业生是理想生源。中等职业技术学校毕业生则可以通过补习相应的过渡课程（主要是基础文化知识），升入高等职业技术院校。因此，高等职业教育的生源入口，应考虑文化理论基础与职业实践基础两方面的要求。当然，高等职业教育的招生面可以很广，但重要的是首先切实抓好不同生源各自的补习（第 4 层次教育）。也就是说，高中段普通学科型和直接就业型毕业生均应补习相应的过渡课程。在这方面，德国专科大学的经验可借鉴。目前其生源由两部分构成：一是经过"双元制"培训的毕业生。但其入学前还必须取得专科高中（按职业方向划分的非完全高中学制、12 年普通教育文化程度）毕业文凭，故一般都要先为此而补习 1~2 年；而文理中学（完全高中学制、13 年普通教育文化程度）毕业生若要进专科大学，则还须先到相应的企业取得职业实践的经历，一般时间为半年左右。

总之，在高等职业学校的入口处要强调理论与实践要求并重的入学条件。这样再来实施理论与实践并重的高等职业教育课程计划，就能有效地保证在出口处达到二者并重的中间技术型的人才规格。

# 6.2　20世纪末大扩招前有关高职教育基础研究的亲历者的点滴回忆

沈　勤[①]　郭　扬[②]

沈勤（以下简称"沈"）：郭所长好，回想我们师兄弟二人的首次合作，是在30年前的1993年了，很高兴30年后的我们还能够有机会再次合作。当年，我们两个人都是作为职业技术院校的在职教师考取了华东师范大学的硕士研究生，先后在黄克孝教授门下就读职业技术教育学专业。你毕业后就调入上海职业技术教育研究所工作至今，而我毕业后出国读博转换专业离开了职教领域，直到最近几年才因组织安排回归到职教战线上。所以就职教研究工作来说，我至少有20多年的断档期，而这20多年正是我们国家职业教育特别是高等职业教育发展最快的关键性历史阶段，还请您补补课。

郭扬（以下简称"郭"）：沈院长好，这次我们师兄弟能在30年后重新聚首合作，还得要感谢《中国职业技术教育》杂志。今年是杂志创刊30周年，编辑邀约，请我就发表在该刊1998年第1期的《从ISCED新修订本看高职的学历定位和生源入口问题》一文进行解读。ISCED，这不正是我们30年前首次合作研究中的一个关键词吗？

沈：是的，ISCED（International Standard Classification of Education）就是联合国教科文组织制订的"国际教育标准分类"。我记得是原上海电机技术高等专科学校（即现在的上海电机学院）的严雪怡老校长推荐给我的，也是黄克孝教授安排我们研究生重点阅读的文献资料，既有1976年首次发布的英文原版，也有人民教育出版社1988年出版的中文译本。

郭：你知道我的英文水平实在太糟糕，所以我当时看的只是那个中文译本。我1992年进入上海职教研究所后接受的第一个重要任务，就是上海市人民政府原教育卫生办公室委托的"上海高等职业教育发展研究"课题。这当然是个为政府部门提供决策咨询的应用性课题，但因为当时人们对于什么是"高等职业教育"这样的基本问题认识都很不一致，课题研究中就很难形成共识。包括我们研究所当时作为中

---

①　沈勤，上海工程技术大学教授、高等职业技术学院原院长。

②　郭扬，上海市教育科学研究院研究员、职业技术教育研究所原所长。

德合作项目的背景下，德国专家就完全不理解我们中国人所讲的"高等职业教育"到底是个什么东西，我还曾经跟着一个国内派出的"高等职业教育考察团"在德国各地转了近一个月，直到他们取得培训结业证书准备回国的时候，负责发证的那家德国机构负责人才刚刚弄明白我们讲的高等职业教育大概是什么意思。所以，我当时接受所里安排的课题研究任务后，就觉得有必要专门成立一个聚焦于基本理论问题的子课题组，便从师兄弟中找到了你过来一道合作，负责对高等职业教育这一概念进行一番基础性的研究。

沈：对，当时我就在想，要搞清楚"高等职业教育"这样一个基本概念，能不能采用一种相对来说能够在教育系统内部得到普遍公认的标准，为高等职业教育寻找一个比较准确的定位，以便减少一些比较和交流上的麻烦呢？但问题是这种所谓"公认的标准"，很难说它到底是主观的还是客观的。因为对社会科学领域中某个概念的研究，毕竟跟自然科学领域大相径庭。比如说要区分"经典力学"与"量子力学"之类的概念，当然可以采用比较客观的分类标准；但是教育系统内部的概念，尤其是在我们国家特定的语境之下不断创造发明出来的好多新概念新名词，其实大部分都局限于语词表述上的争论，而对于这些东西能有什么客观的标准呢？

郭：你这么一说，让我想起上次我接受另一位教授的访谈时，他说他以前在电视上看到我国台湾的李敖讲过一个西方学者的说法，大意是说：我爸爸通过研究发现人类历史上很多问题的争论，都是语词的争论，有 90%；然后我进一步发现，另外 10% 实际上也近乎语词之争。

沈：但是，无论如何相对而言，在一定范围内能够得到比较公认的标准，至少可以避免一些个人的主观随意性吧。要界定"高等职业教育"这样的教育概念，我想还是应该优先采用来自教育系统内部的分类标准，所以我们就确定借用 ISCED 来对高等职业教育进行归类，然后再着手对它的概念作出界定。否则的话，作为一种新兴的教育类型，由于在教育内部首先就定位不当了，那么注定会陷入无休止的纷争之中，最终会在相当程度上影响政府层面的宏观教育决策，也会影响到学校层面中观和微观的教育教学和管理实施。

郭：我当时就非常认可你这个思路，虽然我们知道 ISCED 的主要用途只是为国际比较交流中的教育统计分析研究提供服务，而要作为对高等职业教育进行归类界定的依据，其理由并不是很充分。再说像联合国教科文这样的国际组织，它所制定开发出来的标准也就是一些推荐性的参考建议，并没有多大的权威性，更不可能是强制性的。但我们的主要目的只是为了帮助大家去认识一些新东西，特别是一些看上去还不大成熟的、面目比较模糊的、性质和特征显现不是太清楚的东西，在这方面 ISCED 还是很有参考价值的。

沈：事实上，我们看到世界各国各地区在普通教育方面的学制都是大同小异的，但在职业教育方面的学制却总是相差十分悬殊。所以这个ISCED对于区分职业教育的层次、范围、学制、课程等要素，明确其各自的地位以便于开展国际比较分析，尤其能够显示出它独特的价值。

郭：于是我们就按照这个思路，很顺利地合作写出了关于高等职业教育概念研究的子课题报告，并发表在我们研究所的内刊《上海职教》1993年第12期上，为后面能够顺利完成上海高职教育发展研究课题的总报告奠定了必要的理论基础。当时，严雪怡校长和黄克孝教授都是我们所的学术委员会委员，他们在参与课题评审时也都特别对我们这个子课题给予了很好的评价。

沈：在这以后不久我去日本名古屋大学留学，因为转换学科研究方向而告别了职教研究。所以你1998年发表的那篇《从ISCED新修订本看高职的学历定位和生源入口问题》，跟我们1993年初始合作的那个高职概念研究有些什么样的关系我也不大清楚。不过我后来也了解到，就在那个时间段，你和黄老师、严校长等人都是"上海职教论坛"的核心成员，你们7个人合作在《教育研究》1999年第4期上发表的《论高等职业教育的基本特征》一文，对国内职教学界和全国高职事业发展的影响力都是很大的，这篇论坛成果跟你那篇谈ISCED新修订本的文章关系应该更加密切一些吧。

郭：说到参加"上海职教论坛"的活动，这在我个人的职业生涯中确实是一段非常难忘的经历，可以说是终身受益了。这个论坛是由杨金土、孟广平这二位原国家教委职教司的老司长牵头发起的，由上海电机技术高等专科学校、上海第二工业大学、上海职教研究所等单位的相关"人员自觉自愿组合，采取各自分散研究、在沪不定期集会的方式，完全无偿进行民间研讨的一个非正式团体"（见《上海市志·教育分志·职业教育卷》第480页）。其实他们1994年最初开始论坛活动、1995年发表第一篇集体成果《对发展高等职业教育几个重要问题的基本认识》时，我并没有参与，我当时正在脱产学德语，一年后以中德合作项目进修生的身份赴德国，在联邦职教研究所、联邦劳动总署、不来梅大学、卡塞尔综合大学、迪林根教育学院、柏林金属加工高级中心校和西门子培训中心等处访学进修，一直到1996年的年底才回到国内，并被所里任命为所科研秘书。

沈：那么你参加那个论坛应该是1997年的事了？

郭：对，那一年是我们所的老所长成永林带我去参加论坛会议的，就直接参与到论坛的第二篇集体成果《论高等职业教育的基本特征》的研讨和撰写，由此成为当时论坛的7名核心成员之一（文章署名：杨金土、孟广平、严雪怡、吕鑫祥、郭扬、黄克孝、成永林）。这篇重磅论文在论述高职教育的"培养目标特征"时也专门涉及了ISCED的新修订本，记得这一段的具体内容和接下来的"入学标准特征"一节，当时就是分工由我来负责起草的。

沈：那个 ISCED 的新修订本不就是在 1997 年发布的吗？

郭：是的，关键是那一年 ISCED 修订本的定稿发布之前，当整个修订工作还在进行中的时候，我们就已经拿到了尚未完成的修订本原始初稿英文版，那是孟广平司长去巴黎参加联合国教科文组织的会议时带回来的。看到这个由非正规渠道流传出来的过程性文本，严雪怡校长当即就十分敏锐地发现了它的重要价值。老先生当时显得异常兴奋，立马就动手节选出其中几个关键性的部分，并亲自翻译成中文，提供给论坛的各位成员，以及我们职教所等几个相关单位。他在论坛的研讨中发表意见认为，从国际组织对其相关重要文献所进行的修订工作中，可以清晰地看出整个世界职业技术教育发展的客观现实和总体大趋势，而这对于我国职教发展战略的确定必将会具有很好的借鉴意义。于是我也被刺激得兴奋起来，在分别征得提供初始原稿的孟老和提供摘译文本的严老同意之后，很快就写出了《我国高等职业教育在新国际教育标准分类中的定位》一文，迫不及待地发表在了《职业技术教育》1997 年的第 8 期上。

沈：可是这么一来，你的这篇文章不就只能是个临时性的急就章了吗？毕竟你所依据的参考文献只不过是一个还在修订中的过程稿，并不是国际组织官方正式发布的最终定稿啊。

郭：对了，这就是我为什么在联合国教科文组织的修订本定稿正式发布之后，还要另写一篇《从 ISCED 新修订本看高职的学历定位和生源入口问题》的一个重要原因。一方面是根据定稿文本做出一些必要的修正，另一方面也是为了更加聚焦于"学历定位"和"生源入口"这两大具体的实际问题。当然这篇文章在《中国职业技术教育》上正式发表的时候，时间已经到了 1998 年的 1 月份了。其实在那个时间段，论坛各位成员都很积极地在结合论坛研讨和个人学习体会的基础上陆续发表一些论文，不间断地分别推出各自的相关研究成果，其中最勤奋的一位正是当时已经年近八旬的严校长，真正做到了生命不息笔耕不辍，实在是太令人敬佩了！而论坛成员们的这些个人成果，后来也被列入论坛成果的总目录之中而得到了肯定，这在2004 年论坛十周年纪念活动后出版的《对职业技术教育若干问题的基本认识——上海职教论坛十年论文集》一书中都有比较全面的反映。

沈：严校长确实是一位非常了不起的教育家，他把自己的前半生奉献给了职教办学实践，后半生又全身心致力于职教理论探索，他与杨、孟二位老司长共同引领和倾心投入的上海职教论坛在高职教育研究方面的影响是十分深远的。尤其是你们 1999 年推出的那篇集体成果《论高等职业教育的基本特征》，实际上可以说是为当年开始的全国高等教育大扩招、高职院校大发展提供了一定的理论准备，而此前1997 年联合国教科文组织修订的 ISCED 文本也在某种程度上为你们论坛的研究成果提供了一定的依据和参考。这其中固然与你和其他专家积极发文进行介绍和开展分析很有关系，但可能与严老先生看问题的敏锐眼光、对科研人员的热情指导、注重为研究做好扎实的基础工作等因素更加密不可分。

郭：如果严校长不是于2012年年初去世的话，我想他一定会高度关注联合国教科文组织于2011年年底再次修订的ISCED最新版本。有研究者认为，这个2011年的新版本通过对高等教育的重新定义，明确了"高等教育包括通常所理解的学术教育，但由于它还包括了高级职业或专业教育，因此比学术教育更广泛"；而对职业教育则明确界定为"使学习者获取某种职业或行业或数种职业或行业特定的知识、技艺和能力的教育课程"，"可以包括校内外的任何形式，如培训"，"也包含基于工作的成分，如发生在工作环境中"；并在界定概念基础上搭建了完整的职业教育体系，为高层次的高技术职业人才的认定做好了理论建构上的准备；还将与"教育课程"相对应的"公认资格证书"增补为一个基本分类单位，以及强调职业教育灵活开放、体现终身教育理念等。2012年我曾经在《职教论坛》上发过一篇《忆念职教研究的楷模严雪怡先生》，其中引用了杨金土司长对严老的评价：我们"从他那里学到的，既有研究的结论，更有良好的学风、思路和方法。"

沈：我觉得这不仅仅是对严老先生个人的评价，在我看来也应该是对整个上海职教论坛的评价吧。尽管这个论坛如今早已成为了历史，孟广平、严雪怡、黄克孝等前辈老师也相继作古了，但是其意义和价值对于我们这些后辈来说，对于曾经的或者当下的乃至将来的职教人来说，都会是永恒的。

郭：我想借用另一位论坛成员的感言来结束我们的这次对话。上海电机学院的杨若凡教授受访回忆当年的论坛时曾经有感而发道：有人说，回忆总是美好的，因为拉开了时间的距离。但我想说的是，其实当时的感觉就是那么美好的！真的，能够有机会跟这样一群可敬可爱的老先生在一起，在跟他们上上下下、前前后后、里里外外地联系接触和交流请教当中，我们看到的、听到的、学到的、得到的是什么？那是从任何别的地方都得不到的，最宝贵的东西！

# 7.1  知识经济与职业技术教育[①]

刘春生

自20世纪60年代初美国学者弗里兹·马克卢普首次提出"知识产业"这一新概念后，[②]世人便对知识经济给予了极大的关注，并掀起了探讨知识经济的热潮。近来，我国职教界也在开始探讨知识经济对职业教育的影响。但在有些问题上，如知识经济是否意味着追求高学历，知识经济还需不需要大力发展中等职业教育，职业教育应如何适应知识经济，等等，尚存不同看法。本文拟就上述观点略陈管见。

## 一、知识经济的内涵意义

知识经济是人类社会继农业经济、工业经济之后出现的又一新型经济形态，是在工业化基础上发展起来的一种后工业化社会经济，它是以现代科学为核心，建立在知识和信息的生产、存储、使用和消费之上的经济。[③]

后工业化社会的概念是20世纪70年代初期哈佛大学教授丹尼尔·贝尔最先提出来的。贝尔认为"1945—1950年可以被看作是后工业化社会诞生的年代。美国成为历史上第一个半数以上雇员不再做诸如食品、房屋等有形成品的国家"，"知识工人阶级正在占统治地位"。[④]美国著名未来学家阿尔温·托夫勒则把后工业社会称为超工业社会。1980年，他在《第三次浪潮》一书中把人类文明划分为农业时代、工业时代和超工业时代。现在人类正面临着第三次浪潮即超工业时代的冲击。他认为第三次浪潮社会的技术基础是在量子电子学、信息论、分子生物学、海洋工程学、核子学、生态学和太空科学的综合科学理论上发展起来的新兴工业。托夫勒还在《权力的转移》一书中指出："知识正取代昔日金钱至上的地位，成为权力的主要象征，谁握有大量的知识，谁就能在未来的世界中取胜。"1982年，未来学家约翰·奈斯比特在《大趋势》中指出："在工业社会里，战略资源是资本……在信息社会里

---

① 本文发表于1999年第8期，作者单位为天津大学。

② 陈学飞.《美国、德国、法国、日本当代高等教育思想研究》[M]. 上海：上海教育出版社，1998.

③ 摘自世界经济合作与发展组织OECD1996年年度报告：《以知识为基础的经济》。

④ 摘自《未来与发展》，1982年，第3期。

战略资源是信息。"信息社会的"价值增长不是通过劳动,而是通过知识实现的"。美国著名企业管理学家彼得·德鲁克说:"知识生产力已成为生产力、竞争力和经济成败的关键。知识已经成为首要产业。这种产业为经济提供了必要的和重要的生产资源。"

事实证明,在一些发达国家里,知识产业的发展速度已远远高于其他产业部门。如美国从1947年到1958年的11年间,36个知识产业部门产值和年均增长率是10.6%,而同期GNP的增长率是5.9%,其中产业部门是4.1%。据世界经济合作与发展组织统计,该组织的主要成员国其知识经济已超过了国内生产总值的50%。最能代表知识经济的计算机大王比尔·盖茨所创办的美国微软公司已拥有资产360多亿美元,23年间创造市场价值达1 500多亿美元。事实再次证明了"知识就是力量"这句古老的真理。

对于扑面而来的知识经济,我国也给予了高度的重视。江泽民主席在1998年6月1日会见两院院士时指出:"当今世界,以信息技术为主要标志的科技进步日新月异,高科技成果向现实生产的转化越来越快,初见端倪的知识经济预示人类的经济社会生活将发生新的巨大变化。""面对这个态势,我们必须顺应潮流,乘势而上。""这对于实现我国跨世纪发展的宏伟目标,实现中华民族的伟大复兴,是至关重要的"。

## 二、知识经济需要发达的职业技术教育

在我们谈论知识经济的时候,一个非常现实的理论和实践问题摆在了我们面前,那就是:知识经济还需不需要职业教育?有的论著认为:"经济的起飞需要普及义务教育;在工业现代化过程中,需要加强中等职业教育;在产业结构转型,产品进入国际市场的知识经济时代,需要发展高等教育。"[①]甚至有人把当前中等职业教育出现的滑坡和每年以20%左右幅度增长的"普高热"视为"转型期的必然",提出把职业高中再改回普通高中。那么,知识经济果真不再青睐职业教育了吗?回答当然是否定的。

知识经济社会是一种日渐倚重知识、倚重科学技术的社会,也可称为知识化的社会和学习化的社会。而教育是传授知识、创造知识的主要途径。"以知识为基础的社会既依赖于知识的进步,也依赖于知识分子的再生产,正如工业社会依赖于资本的不断投入和有技术的管理人员和工人的再生产一样。"[②]因此,可以毫不夸张地

---

① 摘自《发展高职势在必行》《中国教育报》,1998年8月10日第4版。

② 王承绪.《高等教育新论》[M]. 杭州:浙江教育出版社,1998.

说，教育是知识经济的中心，学校是知识经济社会发展的基础。

在知识经济社会中，承担着培养高级专门人才的高等教育理所当然要起到先锋队和排头兵的作用。这正如美国哈罗德·伯金教授指出的那样："在后工业社会里，大学成了轴心机构，这不仅是从培养知识界精英这一意义上说的，而且是从为整个社会提供知识的意义上来说的。"从高等教育在知识经济中起到的这种"轴心组织"作用而提出"需要发展高等教育"，自然是正确的，也是必须的。但由此而认为职业教育可以不必再继续大力发展了却值得商榷。

我们知道，社会结构是多元的，社会分工是多样的，其对从业人员的文化层次、技术结构的要求也是千差万别的。即使像知识经济已经比较发达的美国，从事知识产业的人员在美国劳动力总数中早在1970年就达到了53.1%，[①] 但从事知识产品研制开发的仍然是极少数，绝大部分是从事产品的生产、管理、销售及服务等。很显然，这支占绝大比例的应用型人才和技术劳动者，在很大程度上依然需要职业教育来培养。第二次世界大战后美国职业教育的迅速发展，尤其是两年制的社区学院的急剧增长，就说明了这个问题。美国从1950—1970年大学本科生只增加了一倍半，而社区学院学生却增加了九倍。1958—1959学年度，社区学院学生只占高校学生总数的11.9%，10年后则上升到18.6%，1978—1979学年度又上升到21.5%。如果没有职业教育的支持，美国的经济可以说不会有今天这样一个局面。今天美国占总劳动力49.9%的人员还在从事着传统产业和其他产业，其中大部分仍是生产、管理第一线的操作人员和业务人员。这部分人员的就业准备和在职提高必然还要依赖职业教育。

至于知识经济在我国，也仅仅是"初见端倪"。知识产业在国民生产总值中所占份额也十分有限。据20世纪90年代初统计，在全民所有制企业中，按产值计算，自动化、半自动化生产线仅占2.5%；在主要工业生产设备中，属于国内一般水平和落后水平的占65%以上；县以上工业企业中，从事手工操作的工人占40%。1985年世界银行对我国工业设备统计，六七十年代水平的占20%，已陈旧还可以使用的占25%～30%，应该淘汰的占55%～60%。[②] 由此可见，我国的知识产业与发达国家水平还有相当大的差距，产业结构仍然处于"一、二、三"阶段。这不仅离知识经济社会"三、二、一"的产业结构相去甚远，就是将其提升到"二、一、三"的工业化阶段也仍需时日。这一国情告诉我们，中国的教育必须采取低重心。"重点普及九年义务教育，大力发展职业教育，稳步发展高等教育"，仍然是我国教育结构发展战略的明智选择。职业教育不仅在我国未来长时期的工业化进程中有着相当重

---

① 陈学飞.《美国、德国、法国、日本当代高等教育思想研究》[M]. 上海：上海教育出版社，1998.

② 《光明日报》，1991年2月12日。

要的作用，即或到21世纪下半叶我国实现了现代化，开始迈向知识经济社会，它仍将有着其他教育不可替代的重要作用。所以，任何不顾国情，盲目攀比发达国家追求高学历，忽视甚至取消职业教育尤其是中等职业教育发展的主张，都是不负责任的，是有害而无益的。目前出现的"普高热"和职校生源滑坡现象，虽然与家庭、社会、用工单位及学校等多方面因素有关，但是与某些观念、理论、主张的过分超前，以至于脱离国情也是不无关系的。其实，以为知识经济就得人人有高学历，人人读大学，这是一种误解。任何时候、任何社会从事第一线的劳动者总是占绝大多数。让这些数以亿计的人员接受不同层次的职业教育，成为有知识有技术的工人、农民和其他劳动者，远比让他们去读大学更为现实，更为可行！

## 三、知识经济对职业教育改革的要求

尽管知识经济在我国刚露端倪，但它必将对我国的经济结构、产业结构、就业结构及社会的各个领域产生巨大影响。因而也就必然对培养劳动后备力量的职业教育提出新的要求。职业教育虽然针对的是"今天的现实岗位"，因而反对脱离现实的"过分超前"；但它又必须考虑到"明天的职业需要"，做到适度超前，由过去的被动适应变为主动适应，以推动经济社会的发展。

1. 必须注意打好基础

基础是指文化基础和专业基础，即指必需的文化知识、够用的专业理论和必备的基本实践能力。必需的文化知识既是保证学习专业的基础，又是提高未来合格劳动者素质的前提，因此，必须予以高度重视。为了保证"必需"的文化基础，不少地方对主要文化课进行统考，这是非常必要的。办学如果失去了规范、失去了标准，文化课可开可不开，随意性很大；甚至为了满足企业的眼前之需，"萝卜快了不洗泥"，把未习满学制年限，未达到培养目标的"半成品"推向社会；一时满足了就业，其实是在造就未来的失业大军，这对提高劳动者的素质和未来职业的转换是相当不利的。教育者不能目光短浅，不能只顾眼前不看长远，更不能以牺牲长远去换取眼前，必须着眼于学生综合素质的培养，保障劳动者的较高素质。

专业基础理论和基本实践能力是形成专业能力的基础和前提，是关系到学生后劲大小的关键。学生学好专业基础，"可能还不能成为某一领域的专门家，但他们适应性强，能迅速改行转业。同时他们也具有较广博的知识，为进一步进行高一级的学习打下了基础。"[1]在进行专业基础和基本技能教育时，要注意选择那些最基本、最主要、最有用和最能涵盖相关职业岗位的专业知识、理论和技能作为内容，切忌

① 符娟明.《比较高等教育教程》[M].北京：原子能出版社，1990.

过滥或过窄。

2. 必须注意拓宽专业

职业教育属于专业教育。保证鲜明的专业特长和基本的专业质量，以适应就业的需要，是职教的性质、任务所决定的。我国的职业教育受计划经济长期的影响，专业口径过窄，注重培养某一专业甚至工种的"专才"，这在市场经济条件下已不适应了。

中国工程院院士翁史烈教授指出：客观世界本是一个整体，只是因为人类认识能力的局限，才将其肢解为若干个学科和门类，而且越分越细。但是随着科学技术的进步，以分化为主的趋势逐渐被以综合为主的趋势所取代，反映了"分则深，深则通，通则合"的规律。[①] 在知识经济社会里，现代生产过程中的工人已不再直接面对机器操作，而是利用一切可能的技术手段，自动化地、智能化地、远程化地驾驭着生产，使得生产过程和新产品的技术集成大为提高。面对科学技术综合化的趋势、生产手段智能化的特点和产业结构的急剧变化及劳动市场的严格选择，正规的职业技术学校必须注重拓宽专业口径，扩大专业覆盖面，培养一专多能的"通用"型、复合型人才。联合国教科文组织第十八届大会上通过的《关于职业技术教育的建议》中指出："为就业作准备的职业技术教育，应当为卓有成效地、愉快满意地工作打下基础。为此，应当：（一）使受教育者获得在某一领域能从事几种工作所需要的广泛知识和基本技能，使之在选择职业时不致受本人所受教育的限制，甚至在一生中可以从一个活动领域转向另一个活动领域；（二）同时为受教育者从事的第一个工作提供充分的专业上的准备，并提供有效的在职培训；（三）使个人具备在他的职业生涯各阶段都可以继续学习所需要的能力、知识和态度。"可见以"通才"型人才替代传统的"专才"型人才，已成为国际上普遍认可的职教培养目标。

3. 必须注意培养综合职业能力

职业能力是从事职业活动必备的条件，是劳动者所具有的知识、技术、素质的外化和体现。综合职业能力既包括专业能力，如技术操作能力、技术管理能力、技术诊断能力和维修能力等；又包括人的一般能力，如认知能力、表达能力、社会能力、生存能力等；还包括关键能力，如敬业精神、合作能力、意志品质和健康心理等。

20世纪70年代北美兴起的CBE能力本位职教模式，往往只注重职业的专业能力培养，强调的是教育的社会性和岗位的适应性，颇有急功近利、实用主义之嫌。而综合职业能力的提出，则既吸收了"能力本位"强调教育社会性的一面，又弥补了其忽视人的全面发展，未能尊重个性的一面，体现了知识经济社会对人的全面素

---

① 摘自《高等教育面向21世纪改革与发展报告会文集》，高等教育出版社，1997。

质的要求。

实施综合职业能力教育一个重要指导思想，就是要把职业技术教育的培养目标由单纯的"技术劳动者"变为"技术人文主义者"。知识经济社会是科学技术高度发达的社会，也是人类高度文明的社会，整个社会将呈现出理性化发展趋势。人和自然的关系，再也不会像进入到目前这种石油文明阶段所呈现出来的"掠夺与征服"的对立关系，即由于高能耗、高物耗、高污染的生产，导致土壤退化、江河污染、植被破坏、物种灭绝、资源锐减等。而恰恰相反，人们将按理性化的原则去处理人和自然、社会的关系，从和睦相处的角度去规范自己的行为，用"生态文明"来取代"石油文明"。这就要求未来劳动者必须要有对全人类负责的高度责任心，有较高的人文科学素质，具有把技术问题置于整个社会系统中而能进行政治的、经济的、法律的、生态的甚至伦理的综合考虑的能力。

在综合职业能力培养中，有两个能力需要更加重视：一是生存能力，二是创业能力。联合国教科文组织21世纪教育委员会将"学会生存"列为未来教育的"四大支柱"之一[1]，可见其重要性。我们知道市场经济的基本特点之一，就是竞争性。优胜劣汰，适者生存，是竞争的法则，也是竞争的结果。知识经济社会是充满竞争的社会，因此必须学会在竞争中生存。生存能力不仅需要掌握生存的知识、技术和本领，而且还必须具有良好的心理品质和坚强的意志，以便能在激烈的竞争中迎接各种挑战。知识经济的基本特征是知识的不断创新。创新能力体现在职业教育上，就是创业能力。创业不等于创新，但体现了创新精神。强调创业能力培养，既是从知识经济社会产业结构和就业结构变化加速这一特点提出来的，也是从我国劳动力供大于求的现实来考虑的。如果我们培养的人才掌握了创业的本领和能力，敢于创业、善于创业，不仅能减轻社会的就业压力，而且还会不断开辟出新的职业领域，推动经济发展和社会进步。

总之，知识经济为职业教育展现出更加大有作为的用武之地，职业教育也必将推动我国的知识经济早日实现。

---

① 德洛尔. 教育——财富蕴藏其中 [M]. 北京：教育科学出版社，1996.

# 7.2 知识经济时代背景下探寻中国职业技术教育改革路径
## ——读刘春生先生《知识经济与职业技术教育》

杨燕楠[①] 米 靖[②]

"百年大计，教育为本。经济发展，教育先行。"教育的发展要适应并适度超前于社会经济的发展程度，在职业教育领域亦是如此。职业教育承担着为国家培养技术技能型人才的重要使命，社会对人才在不同历史发展阶段的需求不尽相同，职业教育领域需要不断适应时代的需求进行改革与调整。

20世纪末，我国职业教育面临着知识经济时代的到来所带来的新机遇、新挑战。刘春生先生作为我国著名的职教专家、职业技术教育学创始人和学术带头人开创了中国职业教育学科体系，推进了我国职业技术教育学学科建设工作。在知识经济时代，他对这一时代下职业教育的突出矛盾进行了深刻的分析，同时提出了前瞻性的建议和措施，对职业技术教育持续发展起到了十分积极的推动作用。

## 一、知识经济时代职业技术教育遭受质疑

20世纪90年代末，在全球经济由工业经济逐渐转型到知识经济的过程中，我国也迎来了知识经济时代。知识和技术日趋成为社会生产中最重要的要素。作为为国家培养技术技能型人才的职业教育，不得不接受时代给予的新的挑战。

这一时期，一系列关于职业教育未来走向的探讨声不绝于耳：知识经济时代是否仅仅只需要高学历？知识经济时代，职业教育是否仍需大力发展？职业教育应该如何适应知识经济？等等。其中，一个十分尖锐且现实的问题对职业教育提出了严峻的挑战：知识经济究竟是否还需要职业教育？有研究者认为，工业现代化转型过程中需要中等职业教育，到了知识经济时代发展的重点则应放在高等教育上；更有人提出应该将职业高中改回普通高中。这些声音似乎都在宣告着知识经济的时代背景下职业教育不再重要，甚至不再被需要。那么，知识经济时代真的不再需要职业教育了吗？对此，1999年8月刘春生先生发表的《知识经济与职业技术教育》一文

---

① 杨燕楠，天津职业技术师范大学讲师，博士。

② 米靖，天津职业技术师范大学职业教育学院院长，研究员。

对这一问题进行了回应。

## 二、知识经济时代仍需大力发展职业技术教育

刘春生先生首先肯定了知识经济时代背景下职业教育的重要性。他认为社会分工的多样化，使其对从业人员技术结构、文化水平的要求也是不尽相同的。诚然，知识经济社会是一个倚重知识和科学技术的社会，承担着培养高级专门人才的高等教育固然起到了十分重要的作用，但由此就否定职业教育是万万不可取的。即便在知识经济已经较为发达的美国，也始终需要职业教育培养大量的应用型和技术型劳动者，以满足其社会发展的需求。与发达国家相比我国的知识产业发展水平尚存差距，产业结构处于"一—二—三"阶段，与知识经济社会"三—二—一"的产业结构还存在非常大的差距。对此，刘春生先生提出教育与我国实际发展需求相结合：在继续大力发展职业教育的同时，要以普及义务教育为重点，稳步发展高等教育，以满足我国经济发展过程中对不同类型人才的需求。

知识经济时代的来临必将对中国的经济、产业及就业结构等带来巨大的影响。职业教育作为为国家培养人才的重要一环，需要通过不同层次的职业教育培养出更多有知识有技术的工人、农民和其他劳动者，以满足我国向着知识经济时代迈进过程中对人才的需求。任何阁顾我国社会实际发展需要，盲目追求高学历高文凭，忽视甚至取消职业教育的主张都是有害而无益的。

## 三、知识经济时代职业技术教育的改革路径

虽然职业教育针对的是当下的现实岗位，但也必须考虑未来社会对职业的需求，做到适度超前，从过去的被动接受变为主动适应。对此，刘春生先生结合知识经济时代的需求从不同角度对职业技术教育的改革路径进行了探讨，提出了职业教育未来发展的三点建议：

一要打好基础。职业教育应培养学生学习适应未来工作所必需的各种必备的文化知识、专业理论和实践能力，使学生在学习过程中培养良好的综合素质，确保未来的劳动者能够具备适应社会需要的综合素质。

二要拓宽专业。计划经济影响下我国职业教育专业口径过窄，很难培养出一专多能的复合型人才，已无法适应市场经济环境下对人才的需求。在知识经济背景下，职业教育必须转变育人方式，包括拓宽专业口径、扩大专业的覆盖面等，培养出更多的复合型人才，满足时代需求。

三要培养综合的职业能力。综合职业能力包括职业能力、一般性能力和关键性

能力，强调对学生全面素质的培养。对于职业教育而言，则是从单纯培养"技术型劳动者"向以培养"技术型人文主义者"为目标的职业教育转型。刘春生先生强调在知识经济时代生存能力和创业能力格外重要。因为，知识经济时代中充满了竞争，必须具备在竞争中生存的各种能力。与此同时，面对我国劳动力供大于求的现实情况，创业能力也是推动经济发展和社会进步的必备能力。总之，培养学生的创新创业能力，不仅能够减轻就业压力，还能够开拓出更多新的职业领域，对于助力我国经济社会发展具有举足轻重的作用。

## 四、站在前人肩膀上，探索职业技术教育发展道路

在刘春生先生这篇文章发表后的二十余年，中国进入了发展关键期，逐步从农业化国家走向了一个现代化的工业国家，取得了巨大的发展成就。在这一阶段，职业教育也先后经历了规模扩张阶段、内涵建设阶段和创新发展阶段，每一个发展阶段也对职业教育提出了不同的要求。进入 21 世纪以来，随着党和国家对职业教育的重视程度越来越高，大量高质量的技术技能型人才源源不断地向国家输送，职业教育取得了长足的发展，目前已建成全球最大规模的职业教育体系。刘春生先生在文中提出的改革路径对我国职业教育发展仍然具有重要的现实意义，创新创业、产教融合、校企合作、"双师型"教师队伍建设等均回应了文中对职业教育改革的思考，只是其范畴与内涵随着社会的发展不断被拓展和深化。

1. 职业教育地位不断提升

新的历史时期，我国职业教育地位得到了进一步的提升。第一，从政策角度看，习近平总书记多次针对中国特色的现代职业教育发展提出了方向性指引，同时以"一切以人民为中心"的治国理政新理念重新定位了我国职业教育的地位、目标任务、办学方向以及改革重点。2014 年，《国务院关于加快发展现代职业教育的决定》发布，其中指出我国职业教育的宗旨和导向就是服务发展、促进就业。第二，从法律角度看，职业教育法的重新修订和颁布实施意味着职业教育在法律上具有了重要地位，职业教育的健康发展具有了法律保障。第三，从发展阶段看，职业教育逐渐从规模化阶段向着内涵式阶段发展，从对数量的追求逐渐转向追求质的提升，职业教育对于社会的价值开始得到肯定。第四，从贡献角度看，在党和国家的政策引导下，我国职业教育通过探索新的人才培养模式、深化教学改革、优化专业结构、全面提升社会服务能力，在"中国制造"、乡村振兴等方面做出了重大贡献的同时，也为职业教育自身赢得了更广阔的发展空间，我国职业教育地位得到了有效提升。

不难看出，新的历史时期我国职业教育质量不断提升，职业教育地位得到进一

步确认，职业教育自身的特色与价值得以彰显，逐渐得到了社会各界的认可。

2. 职业教育体系日趋完善

21世纪，我国职业教育规模不断扩大，职业教育体系日趋完善。从规模上看，中职教育规模稳定发展，在校生规模约占我国高中阶段教育人数的50%；高职教育规模呈现增长趋势，在校生规模约占我国普通高等教育人数的50%。整体上看，我国职业教育能够与普通高中以及中高职教育协调发展。

随着我国职业教育规模的不断扩大，职业教育层级中心也开始不断上移，本科层次的职业教育试点工作开始向职业教育体系内部延伸。教育部于2019年启动实施了本科层次的职业教育试点工作，分两批共21所高校开展了本科层次的职业教育试点工作，标志着我国本科职业院校正式建立。本科职业院校旨在为社会培养高层次技术技能型人才。截至目前，我国共拥有32所本科职业院校。与此同时，新职业教育法确认了本科层次的职业教育，并制定了专业设置、教学标准以及管理办法等，我国本科层次职业教育不断完善。

这二十余年，我国逐渐建立起全球最大规模的职业教育体系，包括五年制高职、本科层次的职业教育、研究生教育以及终身教育，职业教育与其他各类教育有机衔接、协调发展，职业教育结构层次不断完善。同时，随着新职业教育法的颁布，《劳动法》《教育法》《就业促进法》等法律作为补充，强化了我国职业教育为社会大规模培养高素质人才的能力，使职业教育能够不断适应社会经济转型以及现代产业体系建设的需求，我国职业教育体系已日趋完善。

3. 职业教育特色不断凸显

随着我国职业教育不断发展，职业教育特色也在新的历史时期不断凸显。第一，职业教育培养的人才更加符合社会需求。随着时代的不断发展，社会对于人才的观念在日趋转变，无论是理论型人才还是应用型人才都是一国发展需要的宝贵资源。当前，我国职业教育以立德树人为根本目标，通过深化体制机制改革、创新人才培育模式、校企合作等方式，不断为社会培养和输送高素质的技术技能型人才。此外，职业教育培养方式也在不断推陈出新。如2019年1＋X证书制度试点方案的出台，将学历教育与岗位标准相结合，实现了学历证书和职业技能等级证书的相互融通，确保了职业教育的社会认可度，提升了人才的适应性，推动了职业教育高质量发展。再者，职业教育研究队伍不断壮大。作为国家教育事业的重要组成部分，职业教育不但在提升人才培养标准上具有重要作用，在职业教育研究领域也同样具有重要地位。近些年，我国职业教育研究力量不断壮大，中国职业技术教育学会、职业教育校企合作联盟、职业教育联盟等社会团体为职业教育研究贡献了强大力量。同时，随着职业教育研究团队结构不断优化，研究者学历层次不断上升，我国职业教育研究拥有了坚实的人才力量。

### 4. 职业教育师资力量不断强大

师资是人才质量的核心保障条件，2014年出台《教育部关于实施卓越教师培养计划的意见》中明确提出要通过教育教学改革创新和形成师资队伍共同体的方式培养卓越教师。为适应新时期社会需要，我国加快了对职业教育师资队伍的建设工作，职业教育师资力量不断强大。2018年，《中共中央　国务院关于全面深化新时代教师队伍建设改革的意见》发布，其中对职业教育领域教师队伍建设的目标进行了明确，即全面提高职业院校教师质量，打造高素质的"双师型"教师队伍；2019年的《国家职业教育改革实施方案》的颁布进一步对"双师型"教师的内涵进行了明确，方案中提出通过多重举措提升职业教育领域内"双师型"教师的数量和质量；在《深化新时代职业教育"双师型"教师队伍建设改革实施方案》中，对"双师型"教师队伍的专业标准、准入制度、培养制度以及教师综合素质等方面进行了系统性规划。从数量上看，2000年我国职业教育专任教师数量为111万人，截至2022年底专任教师数量增长至136.6万人，增长了23.1%。其中，"双师型"教师数量占比突破了《国家职业教育改革实施方案》中设定的50%的目标。此外，我国职业教育教师队伍的学历结构层次不断上移，拥有博士学位的专业教师比例在不断增大，职业教育师资队伍不断强大。

在党和国家的政策加持下，我国职业教育教师无论从来源渠道、学历层次，还是结构类型等方面均得到了优化。职业教育已基本建成了一个结构合理、专兼结合、高素质的职业教育师资队伍，有能力为社会培养更多的技术技能型人才。

## 五、结语

进入21世纪，我国职业教育发展经历了一段伟大的历程：职业教育地位不断提升，职业教育体系日趋完善，职业教育特色不断凸显，职业教育师资力量不断增强。在这二十余年间我国职业教育已经建成世界上规模最大、具有中国特色的职业教育体系，取得了历史上的辉煌成就。二十余年后再读刘春生先生此文，对于我国职业技术教育的变革有了更加深刻的认知，同时亦感慨于刘春生先生对于我国职业技术教育的前瞻性。随着时代的不断更迭，社会的不断发展，刘春生先生的研究成果对我国职业教育的发展仍然具有十分重要的启发意义。相信在未来的发展中，职业教育将会更加适应市场需求，通过不断提高教学质量和人才培养质量，为社会的进步和发展做出更大的贡献。

# 8.1 职业指导的基本理论（一）<sup>①</sup>

高 奇

## 一、职业指导的基本理念

（1）职业指导的逻辑起点是生涯规划，而不仅仅是学生升学或就业的指导。什么是生涯规划？《钢铁是怎样炼成的》作者奥斯特洛夫斯基有一段名言："人最宝贵的是生命。生命每个人只有一次。人的一生应当这样度过：当回忆往事的时候，他不会因为虚度年华而悔恨，也不会因为碌碌无为而羞愧。在临死的时候，他就能够说：'我整个的生命和全部精力，都已经献给了世界上最壮丽的事业——为人类的解放而斗争。'"一个人的一生是怎样度过的这就是生涯规划。每个人都在走自己的人生之路，只不过有的人自觉，有的人不自觉或不完全自觉，而自觉和不自觉之间差别是很大的。

一个人不可能离开社会去走自己的人生之路，总要受到社会的规范和指导，职业指导是社会指导的一部分。职业指导是为使人职业化（包括认识职业、准备职业、从职从业、职业发展直至职业生涯结束）所进行的连续性的专业辅导工作、社会服务工作。人的职业生涯是一生中最重要、延续时间最长的经历。所以，职业指导是职业生涯规划的主要组成部分。

（2）中学生职业指导是全程、全体、全面的教育过程，是学校教育的一个有机组成部分，而不仅是面对少数或不升学的学生。中学生职业指导是职业指导的起始部分，包括认识自我、认识社会、认识职业、学会发展、学会选择。在职业学校还包括学习从学校向职业社会过渡。所以，对中学生的职业指导重在教育工作、成长过程和学生发展，要全体、全程、全面进行指导工作。这与就业后接受某种单一目的的指导，如想转业需要咨询、失业后寻求帮助或为了职业上的发展接受指导不同，它是学校教育工作的一个组成部分，是素质教育的重要内容。

（3）职业指导要列入教学计划，进行课程开发、课程建设，有专门的教师负责。由于指导的对象是在校学生，它与社会上的职业指导不同，其目的和内容不

① 本文发表于2000年第9期，作者单位为北京师范大学。

同，所以工作的方式、方法也不同。学校职业指导要求有计划、有系统地进行，形成一门课程，通过课程开发与设计，采取各种不同的教学形式，使职业指导更为科学、有效。学校是教育群体参与指导，除职业指导教师外，主要还包括班主任、任课教师、德育处（室）等。要形成一个系统，启发、渗透、渐进、养成是其特点。

（4）职业指导是对学生的辅导、给予咨询和帮助，而不是代替学生下决心、作决定。学生是主体，中学生职业指导要考虑学生的年龄特征，建立学生的个人档案，要与家长工作相结合，这也是与社会职业指导相异之处。

## 二、职业指导的价值（效用）

职业指导对社会而言，是社会对其成员在职业问题方面所进行的连续性和专业性的辅导工作；对学校而言，是教育工作的一部分；对个人而言，是实现其生涯设计的一种指导和帮助。

1. 社会价值

通过对社会劳动力需求的预测和就业现状调查，给予学生引导、指导、疏导，实现对社会劳动力的宏观调控。合理开发利用人力资源，调节供求关系；促进就业，保持社会稳定；使事得人、使人得事，增进职业效益。

2. 教育价值

（1）实现三级分流的途径，促进教育制度向多样化发展。我国义务教育是9年，主要是从初中后开始分流；在少数地区，一段时期仍存在着小学后分流；在经济发达的城市地区，已开始走向高中后分流。职业指导帮助学生选择升学或就业的方向，确定今后个人发展的途径，可以通过多种途径实现升学、就业和不断提高，避免千军万马挤独木桥，实现合理分流，促进教育向多样化和终身化发展。

（2）实现素质教育的手段。职业指导是转变应试教育的重要措施，使学生从应付考试的书本知识学习转向为获得今后从职从业能力的基本素质的养成。

（3）改革学校教育的动力。学校进行职业指导必然要了解社会、了解职业对人才培养的要求；有助于更新教育思想，促使教育目标、内容、方法、手段的现代化，增进教育效益。

3. 个人价值

通过职业指导使学生达到：

（1）学习的目的性。认识社会、认识职业；树立正确的职业观；树立明确的人生目标和树立全心全意为人民服务的思想。中学生不可能对社会职业有全面、系统的认识和了解，其人生目标和学习目的往往并不清晰明确。职业指导通过对职业的意义、产生与发展，对产业、行业、职业分类的介绍等为学生展示了一幅广阔、明晰、具体的社会职业图示和可供学生选择的人生坐标，激发学生自我成长的自觉性。

（2）了解自己，探讨从事各种职业的可能性。职业指导帮助学生了解自我，发现自己的长处和潜能，了解成功的条件、能力的补偿和迁移及发展的机会和前途等。职业指导为学生开通了一条自审、自省、自我完善的科学通道，使学生能扬长避短、顺势成才。

（3）获得日趋成熟的职业意识。了解升学与就业的形势和途径，获得择业、择校的能力，学会选择，做出升学、就业的抉择。

（4）学会从学校到工作世界的转变。

（5）顺利地从事职业。能够适应和正确处理职业中的问题，取得职业上的成功。

（6）使个人的兴趣、特长、才能得到发挥，获得优良的生活质量。

## 三、职业指导的教育思想和原则

1. 职业指导的教育思想

职业指导要遵循素质教育思想、终身教育思想和个性化教育思想，即职业指导是全面素质教育的一个组成部分，而不是在学生毕业时的临时之举。职业指导的立足点是终身教育，无论升学或就业都不是学习的终结，要教育学生学会学习、终身成长。在职业问题上每一个人都是不同的，必须采取个别化的教育，防止追热门、随大流的从众心理。

2. 职业指导的原则

（1）科学性与导向性。职业指导必须以马克思主义的辩证唯物主义和历史唯物主义及邓小平建设有中国特色的社会主义理论为指导思想，坚持实事求是，不能搞形而上学和主观主义。以社会需求为基本导向，教育学生正确处理国家需要和个人志愿的关系；认识自己在职业上的可塑性和可迁移性；正确处理爱好、兴趣与现实选择职业的可能性的关系。

（2）客观的咨询性。选择升学与就业的主体是学生，要由学生自己作出决定。职业指导提供的建议与咨询要客观，切忌主观和代替学生下决心。

（3）循序渐进的养成性。职业指导是一个教育和培养的过程，不仅要使学生从理论上了解职业，更重要的是要在学校教育的全过程中培养学生适应职业的能力。

（4）因材施教。职业指导的某些部分可以通过班级等集体形式进行，但每一个学生的学习、身体、心理、家庭、社会关系，以及升学或就业意向都是不同的，必须积累个人资料，因材施教。

（5）专业性与规范性。职业指导是一项专业性很强的工作，有自己的理论和方法体系，需要专门人才按规范进行。

## 四、职业指导的主要内容

1. 了解社会、认识职业

（1）树立正确的职业观。在不同的历史时期、不同的社会制度中，职业观会有所不同。在我国应有如下认识：职业是社会分工，没有贵贱之分，无论从事任何职业都是社会的平等成员，都会受到社会的尊重。由于社会分工和分工中职责的不同，职业有层次之分，有复杂劳动和简单劳动之分，但就个人的发展和成就而言不存在高下之分，仅是发展方向的不同。因此，三百六十行，行行出状元。成功不在于从事哪种职业，而在于是否去争取。职业是以承担社会劳动中某一种社会职责为主要内容的，职业给予你生存于社会的权力，即与他人交换劳动产品的可能，你也必须尽对社会的义务，为他人服务，尽职尽责。全心全意为人民服务是我们最高的职业准则。职业是谋生的手段，职业也是服务社会使个人得到发展、得到精神及各方面满足的条件。仅从职业所能得到的物质利益考虑，不是一个有独立人格的人对待职业的态度。职业的三要素——为己谋生、为社会服务、为个性发展，三者缺一不可。

（2）了解什么是职业资格，了解职业证书制度及职业证书的种类和获得的途径。

（3）了解职业分类，知道什么是产业、行业、工种、岗位及学校的专业。

2. 认识自我

主要是了解兴趣、性格、能力、个性与职业的关系。

（1）有的研究认为，兴趣可以分为户外型、机械型、计算型、科研型、说服型、艺术型、文学型、音乐型、服务型等类型。职业指导帮助学生了解兴趣对职业的重要性，了解自己的兴趣倾向，指导学生培养良好的兴趣品质。

（2）人的性格类型大致可分为内向型、外向型和中间型三类。性格与职业的适应具有一定的相关性。

（3）人的能力的差别性和倾向性。人们能力存在着个别差异。能力的类型有：操作型、研究型、艺术型、社会型、管理型、常规型。要使学生了解能力形成的要素：遗传、环境与教育和个人的主观努力。其中教育和个人的主观努力起着重要的、在某种程度上是起着决定性的作用。使学生了解什么是一般能力、职业和特殊才能。了解自己的能力倾向，认识和挖掘自己的潜能，了解现代职业对能力的要求，多方面发展自己的能力，以适应未来职业的需要。

3. 信息的收集与利用

（1）如何快速、准确收集所需信息。

（2）如何确定升学或就业目标，确定两个以上的备择方案。

（3）如何比较与选优。了解确定型决策、非确定型决策和风险型决策。

（4）方案的实施与修订。

4. 创业指导

（1）培养创业精神，如解放思想、实事求是，积极探索、勇于创新，艰苦奋斗、知难而进，学习外国、自强不息，谦虚谨慎、不骄不躁，同心同德、顾全大局，勤俭节约、清正廉洁，励精图治、无私奉献等江泽民同志提出的应该大加倡导和发扬的创业精神。

（2）转变就业观念，树立个人创业的意识和意志。

（3）选择适合社会需要和个人条件的创业目标或方向，并了解实现创业目标的途径和方法。

（4）进行法制教育、环境保护与生态教育，指导学生遵纪守法、文明经营。

## 五、职业指导的途径与方法

（1）职业指导课、各科教学和课外活动。如讲授、参观、看录像片、主题班会、角色扮演、社会调查、社会服务、收集展览相关资料等。

（2）心理测试与咨询辅导。

（3）职业能力测试与咨询辅导。

（4）利用社会提供职业指导。如请家长或有关人士作报告，利用劳动部门、人才中介机构等进行职业指导。

（5）建立职业指导档案，进行职业指导工作成效的追踪与评估。可参照目标管理和系统工程的方法，设置目标、工作程序设计、工作程度结构、工作程序控制、反馈系统、绩效分析。

（6）建立学生个人职业指导档案。

（7）建立地区经济和就业趋势档案。

（8）建立职业辅导室或心理咨询室。进行经常性的、阶段性的和集中的指导。

## 8.2 新世纪我国职业指导理论研究先驱
### ——再读高奇先生之《职业指导的基本理论》一文

张 元[①]

职业指导作为20世纪初期西方国家工业化社会发展进程中，一种旨在帮助个体职业生涯规划和决策的服务，经历百余年的发展，至今已经成为市场经济国家人力资源管理的组成部分，为促进劳动力市场双向选择提供了科学手段。《中国职业技术教育》作为我国职业教育专业期刊，于2000年第9期和第10期，分别连续刊载了高奇先生撰写的两篇关于我国现代职业指导理论专题研究的历史性文献——《职业指导的基本理论（一）》和《职业指导的基本理论（二）》，文章创新性地提出了职业指导在我国社会主义市场经济背景下的发展模式。如今时隔二十余年再读此文，对职业指导的概念及其基本原理有了更深刻的认知；同时亦深感我国职业指导事业历经新世纪初期经济社会发展变迁，其理论体系衍化及方法应用恰如高先生所述，职业指导基本理论形成基础是源自职业社会分工本质以及教育本质与价值的研究。面向新世纪中国式现代化发展，新科技不断更新原有职业业态，人工智能等正在催生现代教育的深化改革，职业指导的理论与时俱进地被赋予新的内涵，并将成为促进我国人力资源市场高质量就业、全社会人力资源管理高水平发展的助推剂。

### 一、职业指导理念的兴起与思想引进

人类自一万多年前产生社会分工之后，职业选择便成为人们从事职业活动必须要考虑的问题。20世纪初期之前，从业者大多数工作都是通过家庭、宗教或社区联系确定的，选择职业的机会也非常有限。但随着工业化和城市化的发展，工作机会选择范围变得更广泛，面对众多"隔行如隔山"的社会职业，人们需要更多的信息和专业指导方可做出适当的职业选择，基于如此需求，职业指导便应运而生了。职业指导是一种求职就业双向交流和探索的过程，一方面旨在帮助求职者了解自我能力、兴趣、价值和目标，并为其提供因人择事的职业与就业信息、职业取向分析与生涯规划指导；另一方面则是为劳动力市场中的雇主提供因事择人的人力资源管理

---

[①] 张元，天津职业技术师范大学职业教育学院教授。

专业服务。

1910年，美国社会活动家弗兰克·帕森斯（Frank Parsons）创立了职业指导中心，为年轻人提供职业咨询和培训，提出了"职业指导三步法"：了解自己、了解职业、做出决策，开创了现代职业指导的先河，成为职业指导领域的一个里程碑。20世纪中叶，职业指导成为了一门独立的学科，有关职业指导理论研究与实践方面都有了更多的进展。现今，职业指导已经发展成为一个跨学科的领域，包括心理学、社会学、教育学、人力资源管理等多个学科，并为人们提供了更多的选择和机会，帮助他们做出更明智的个性化职业决策。

20世纪初期，伴随着工业化在世界各地的蔓延，中国成为较早关注职业指导概念的国家之一。民国时期，国内众多学者便开始了职业指导研究，1915年1月，郭秉文在《东方杂志》撰文《中国现今教育问题之一——职业之引导》，介绍了美英国家的职业指导，并疾呼"引导少年选择适当之职业，诚重要事也"，学校职责"当其首冲"，它标志着中国职业指导理论的发端。不久，朱元善于1917年编译的著作《职业教育真义》和发表于《教育杂志》的《小学校职业指导之研究》一文，首次使用"职业指导"一词。"职业指导"被后人所采用，并逐步形成了不同的职业指导观。如职业指导过程论者认为职业指导是"开端于小学时期之职业陶冶，完成于毕业后的服务指导"；目的论者认为职业指导的目的"一是使学校教育与实际生活互相关切；二是使各人得尽力于其天性所最适宜之职业，而各致其最大效力于社会；三是使社会上对人之需要与个人对于社会之需要互相适应。"功能论者认为"职业指导为一种有组织的社会事业，根据各种职业之知识，及各个人之才性、兴趣、家庭状况，以助其选择职业、准备职业、谋得职业以及得业后之稳定与进步。"等等。总体上职业指导被界定为为在校学生及社会人士进行择业、就业指导，旨在提升指导对象在择业、就业以及专业选择方面的能力，最终实现"使无业者有业，使有业者乐业"之职业教育目标。

民国时期的职业指导虽说形成了职业指导理念，但由于政治动荡和经济不景气的影响，职业教育和职业指导并不是社会关注的重点，职业指导实践仅限于上海、南京、重庆等个别地区，指导对象数量和服务质量都有限，即便如此，该时期职业指导实践成果已标志着职业指导事业的初步发展，为后来的职业指导和职业发展积累了可资借鉴的经验。

新中国成立以后，我国实行计划经济体制，统包统配的就业政策使得职业指导归属于国家劳动力管理范畴，职业指导只是以计划安置的形式存在。改革开放以后，伴随着中国就业的改革发展，我国的职业指导才真正得到重视并在实践中得到发展。伴随着社会主义市场经济发展，特别是市场化就业模式的开启，一批学者开始致力于引介国际职业指导先进模式，以寻求解决劳动力供大于求、结构性失业、新成长劳动力求学求职、失业人员再就业等社会问题的有效方法。高奇先生在众多学者中，率先以系统论的思想和历史性的研究视角，对职业指导的基本理论进行了富有时代性的阐述与解读，并结合中国实际提出了符合中国国情的职业指导发展模式，为与时俱进的职业指导事业发展提供了基础理论指导与理论研究引领。

## ※ 二、新世纪初我国职业指导基本理论的实践应用 ※

新世纪初期，我国经济社会发展面临新技术革命带来一系列挑战和机遇。一方面，应对加入世贸组织后全球经济一体化发展态势，国家经济发展注重加强市场经济改革开放政策，进一步推动新经济业态发展，加强对外投资和经济合作，加快中小企业和信息化产业等新兴产业发展，实现了经济高速增长。同时，为扩大内需、加强环保与减缓城市化等制定了一系列深化改革和创新举措。另一方面，政府在推进社会发展进程中，加强了教育、医疗、社保等促进公共服务事业发展的政策引导，着力解决城乡发展不均和贫困问题以及经济转型带来的失业再就业等问题，我国就业形态由此进入了一个新的发展阶段。

自1999年我国颁布第一部《中华人民共和国职业分类大典》（以下简称《大典》）以来，伴随着经济社会的快速发展，社会职业不断被更新，由20世纪末期的1 838个职业，变更为2015年版《大典》的1 449个职业，再到2022年版《大典》的1 639个职业，职业变迁反映着科学技术引发的职业技术复合更新动态发展规律，同时国家行政管理机构也不断调整适应经济社会发展需求，铁路等行业由国务院行政机构管理转变为行业管理模式，简政放权进一步营造了社会主义市场经济发展的良好环境，就业模式也在政府指导下引入了"人职匹配"的理论模型，促进了劳动者劳动力市场就业双向选择机制的形成，强化了职业指导在服务人力资源管理中的专业职能。随着多样化就业需求不断扩大，职业指导在职业介绍服务中心以及大专院校引导劳动力有序就业的作用越来越明显，工作活动的范围也越来越广。

### （一）职业指导促进劳动力市场供需双向合理选择

新世纪初期我国就业形势总体趋于稳定和良好，尤其是随着改革开放不断深入和新经济崛起，就业市场呈现出了一系列新的特征。首先是社会就业结构不断优化。当国家经济进入新的历史发展阶段后，传统产业面临很大的挑战，职业业态被更新，如手机的广泛应用促使以无线寻呼机为中介的无线寻呼员职业迅速消亡，而新兴技术所形成的新产业的就业需求也随之上升。就业结构的转型升级，导致择业过程中从业者职业技能和知识水平等因素的重要性不断提高，人们对新职业的认知指导成为职业指导的先决职责，正如高奇先生文中所指出的：职业所反映出来的特质是不以人们的意志为转移的客观存在，认知职业是选择职业的前提。国家在新世纪之初颁布的职业指导师国家职业标准中，强化了帮助求职者了解职业的职业咨询功能，进而提升了职业指导工作者的职业素质要求。

其次，随着就业市场的需求持续扩大，特别是信息技术的快速发展，数字经济、人工智能等行业快速兴起，网络直播、自媒体运营、共享经济等蔓延与渗透，新职业迸发出强劲的发展态势，新型用工形式也为求职者带来更多的就业机会。高奇先生在论述职业的社会意义时指出：人类是使用工具从事社会性生产以维持生存、发展和繁衍的。社会性生产导致社会分工，分工产生职业。职业一旦产生便成为社会中的独立存在，成为人们认识、选择、从事和发展的对象。职业具有重大的社会意义……其意义和作用在于复杂的社会分工构成了现代人类文明社会的复杂结构，是现代社会组织的基本框架……

以 1999 年基于国际公认的功能分析技术编制的《职业指导人员国家职业标准（试行）》颁布为标志，职业指导被正式纳入我国公共就业服务机构的工作内容。职业指导人员国家职业标准明确了公共就业服务机构职业指导工作包括 5 大功能：职业咨询指导、信息采集与处理、职业素质测评、职业设计及帮助实施。主要内容是向劳动者和用人单位提供国家有关劳动保障的法律法规和政策、人力资源市场状况咨询；帮助劳动者了解职业状况，掌握求职方法，确定择业方向，增强择业能力；向劳动者提出培训建议，为其提供职业培训相关信息；开展对劳动者个人职业素质和特点的测试，并对其职业能力进行评价；对妇女、残疾人、少数民族人员及退出现役的军人等就业群体提供专门的职业指导服务；对大中专学校、职业院校、技工学校学生的职业指导工作提供咨询和服务；对准备从事个体劳动或开办私营企业的劳动者提供创业咨询服务；为用人单位提供选择招聘方法、确定用人条件和标准等方面的招聘用人指导；为职业培训机构确立培训方向和专业设置等提供咨询参考等。职业指导人员被划分为 4 个等级：职业指导员、助理职业指导师、职业指导师、高级职业指导师。后来十余年中，通过组织开展专门培训，全国已经形成十余万人的职业指导人员队伍。职业指导的工作领域已经从最初的公共就业服务机构，扩展延伸到院校、残联、妇联、体育、司法等系统的就业服务机构。此时期，职业指导已经成为就业服务工作的重要组成。职业指导为求职者提供就业、实现就业稳定和职业发展，以及为用人单位合理用工提供咨询和指导，在提升就业服务专业化水平方面发挥着不可替代的重要作用，配合国家再就业工程等制度实施，为有效促进劳动力市场就业做出了积极的贡献。

（二）职业指导促进教育领域新成长劳动力合理择业与就业

高奇先生文中指出："社会化是教育的总目标，亦即通过教育使自然人成为特定社会中的社会人，使个体成员成为社会的合格成员。使人社会化的一个核心内容是使人职业化。因为，职业是一个合格的社会成员所必须从事的，是他一生中占主要地位的活动。作为一个合格的国家公民，不仅要受到一定年限的基础文化教育，而且也应当受到基础的职业教育。职业指导是教育的一个组成部分。"

改革开放后，伴随我国社会主义市场经济发展，制造业、服务业等领域的人才需求旺盛，催生国家教育改革不断深入，特别是职业教育进入了快速发展期。以服务青年学生生涯发展为主旨的学校职业指导工作得到了广泛的重视。首先，政府通过政策引导，推进普通学校积极开展职业指导，普及职业意识教育，增强职业道德文化素质培养。其次，职业院校注重产业发展对技术技能人才培养需求，践行高奇先生所言"职业分工直接影响教育体系、职业学校专业设置和培养目标"的思想，强化职业院校职业指导关注社会职业发展，服务以就业为导向的职业教育教学改革。第三，国家教育主管部门通过实施职业院校教师素质提高计划等，强化职业指导教师培训，使得新世纪我国职业指导师资队伍建设得到了很大的改善，同时许多高等教育机构开始开设职业指导专业方向，吸引更多的人才进入职业指导领域。第四，近年来国家推动职业教育与普通教育一体化融通发展，推进新工科建设和实施全民技能培训计划等措施不断取得成效，为学校职业指导发展提供了更加广阔的前景。第五，现代信息技术的广泛应用，促使传统的主要以课堂教育和线下咨询为主的职业指导方式转变为多元化发展，网络化在线测评、移动 App 咨询、视频直播等逐步应用于职业指导工作中，并受到青年学生的青睐，接受职业指导的积极性大幅提高。第六，多层次职业发展服务逐步成为新世纪职业指导的主流，职业指导服务不再局限于就业求职等单一方向，而是向着更加全面的终身职业生涯发展服务方向转变，融合职业规划、职业生涯咨询、职业培训等方面的服务，为新成长劳动力个人的职业发展提供更全面、更深入的支持，为促进高质量人力资源供给奠定了基础。

## 三、我国职业指导基本理论的发展前瞻

新世纪我国职业指导实践取得了许多成果，职业指导在促进职业发展、教育改革和社会责任方面等方面的积极作用得到了广泛认可。随着我国经济社会的稳定发展，劳动力市场上人才供需仍处于繁荣期。随着经济的不断发展和人口结构的变化，社会分工活动的需求日益多样化和个性化，职业指导将面临着新的机遇和挑战。因此，适应中国式现代化发展的职业指导理论仍需不断完善。笔者认为，我国职业指导理论的未来发展可体现在如下几方面：

一是职业指导主体需求研究。我国职业指导理论需注重新的历史时期职业指导

主体的特征和需求，包括青少年、高校毕业生、特殊就业群体等不同人群，进而为其提供更具针对性和个性化的指导服务。从职业指导的服务模式发展看，多元化职业指导等创新模式将成为主体。职业指导将更加注重和强调面对面沟通精准咨询指导等方式，让更多有需要的人能够获得专业性的指导与帮助。实现以需求为导向的职业指导，必须进一步加强职业指导人员的队伍建设，提高职业指导师的专业化水平，逐渐建立完善的职业指导师注册和考核制度，设立范例职场和行业职业行为信息库，以更高效和专业的方式为指导对象提供更加精准的职业指导。

二是职业指导内容适用研究。未来职业指导需要全面研究我国各行各业的发展趋势、行业特点和就业需求等信息，加强职业信息分析，增强职业指导内容的实践性和适应性。同时，应更全面考虑到指导对象职业发展中自我提升、寻求意义、人生规划等个性化新需求。职业指导者应更好地认识到职业适应性问题的复杂性，并探索多因素、多维度基于提高职业适应性的职业指导理论模型。

三是职业指导方法更新研究。未来科技发展将大力赋能职业指导。随着人工智能和大数据等新技术的广泛应用和发展，职业指导可以更加精准地面向个体需求，针对个体特征和职业发展需求提供个性化的指导和支持。因此，我国职业指导需要充分适应数字经济发展变化，有效利用互联网、大数据及人工智能等现代信息技术，寻求建立新世纪适应我国人力资源管理发展的新型指导方式和方法，更好地满足指导对象的多元化与个性化需求，不断提高职业指导的科学性和有效性。

随着新世纪人力资源市场新就业形态的发展，职业指导的大众认知和参与度将不断提升。以服务社会主义核心价值观的个体职业指导，将教育公众如何有效地进行自我职业取向评估、如何制订职业发展计划和实际可实现的就业目标等，更多的人将了解职业指导的重要性和服务价值，并积极参与其中。

一言以蔽之，未来我国职业指导理论需要注重立足国家产业与行业人才需求，以服务为宗旨开展多方面的科学探索和研究，更好地服务职业指导实践，让每个人都能享有更加公平、更高质量的教育和就业服务，从而实现个人和社会的共同发展和进步。

# 9.1 论世界职业教育发展的主体脉络[①]

姜大源

进入21世纪，为满足全球化经济和信息化社会对高素质劳动者的需求，世界各国的职业教育进入了一个在调整中巩固、在改革中发展的时期。尽管政治背景、经济发展、文化传统不同，以至各国调整与改革的形式和措施多样化，但从中仍可以梳理出四条主体脉络。

## 一、一个重大的共识：确立需求导向及可持续发展的职教观念

"联合国教科文组织21世纪第一个10年的技术与教育计划"指出，现在国际上流行的发展模式，对环境、教育以及社会福利都有不利影响，不能无限期地继续下去。今后必须实行可持续发展的模式，未来的技术和职业教育与培训不仅要培养适应在信息社会就业的人，而且要使他们成为有责任的公民，成为关注环境保护和关心脱贫的人。该计划特别强调，"技术和职业教育与培训计划不仅是靠需求驱动的，而且是靠发展需求驱动的。"

这里的一个重要观点是，职业教育要满足现实需求与发展需求，就必须实施可持续发展的职业教育。在这一职教观念的指导下，世界各国从以下方面进行了一系列改革：

1. 职业教育是促进就业的教育

适应劳动力市场的需要，满足社会对合格劳动力的需求，降低青年就业的门槛，解决社会就业问题，是职业教育最主要的目标。为此，各国强化了两方面的措施：一是职业资格预测。德国已建立了由最富代表性企业参加的全国性"职业资格早期监测系统"，为职业资格标准的确定和课程开发提供实时、可靠的信息和数据。欧盟大多数国家也仿效德国制定职业资格预测方案。预测的内容不仅包括未来科技发展的趋势及其对职业的影响，而且包括消费者需求、全球化以及市场竞争对经济

---

① 本文发表于2001年第11期，作者单位为教育部职业技术教育中心研究所（现教育部职业教育发展中心）。

发展及对职业教育的影响。二是职业指导咨询。美国每年拨专款用于开发职业指导课程和培养学校的职业咨询工作者。法国将职业"方向指导中心"的工作人员纳入公务员系列。德国则不仅在全国建立了180多个国立的职业信息中心，向全民免费提供职业指导和职业咨询，而且建立了国家职业信息网络，出版《职业现状手册》《学业与职业选择手册》。

2. 职业教育是强化创业的教育

小企业在世界各国经济发展中发挥着极其重要的作用。在中小企业数量或产值占60%以上的许多发达国家，如德国、瑞士及澳大利亚；一些发展中国家，如印度、泰国及印度尼西亚，近年来特别重视在职业教育中实施以开办小企业为目标的创业教育，建立"小企业创业机构"，开发符合职教特点的创业课程。以澳大利亚的创业教育为例，采用模块化课程，通过大量的案例启发学生，教会学生分析研究市场，设计创业方案，开展考核评估，激发学生的创业动机。欧盟委员会在"1999年就业指导纲要"中明确指出，职业教育要通过开设有关的创业理论和实践课程，培养创业意识和精神；政府要为职业教育毕业生的创业提供政策、资金和技术的支持，简化手续、减免税收，为创业开拓宽松环境。非洲的肯尼亚规定所有的大学和培训中心都要开设创业教育课程。联合国教科文组织"亚太办"实施了"提高青少年创业能力的教育改革合作项目"，联合国教科文组织还将"小企业创业技能（ESSB）课程开发"作为面向21世纪教育的三个重点项目之一。

3. 职业教育是有利环保的教育

环保作为全球经济可持续发展的最重要因素，自然也是职业教育可持续发展的决定性因素之一。各国职业教育重视环保的措施包括两方面：一是设置涉及环保的新专业，如德国早在1987年就在世界上率先开设了"水供给与处理"专业；法国在"职业学习证书"课程中开设了"化工与污水处理"专业，在"职业能力证书"课程中开设了"城市卫生"专业；西班牙的培训中心开设了"大气、水、垃圾和污染分析"专业。二是在职业培训中注重对环保以及相关内容设置相应的教学目标，德国在所有国家颁布的"职业培训条例"中都写明了环保培训要求，英国也在"国家职业资格证书"的化工和冶金课程中引入了环保的内容。

4. 职业教育是贯穿终身的教育

当前，世界各国职业教育逐渐融入终身教育体系。其表征之一，是职业教育不再被看作是终结性教育而是一种阶段性教育，所以职前与职后教育应实现有机衔接，如德国作为一个职业教育高度发达的国家，也高度重视职业继续教育，将职业继续教育分为改行、晋升和进修三类，对为适应科技进步和劳动组织变化的进修类职后教育，德国正制定规范的进修专业目录和标准。此外，德国还在互联网上提供全国范围内的职业继续教育和培训的信息。英国政府规定，所有25岁以下的失业者必须强制性地接受6个月"半工半读"的在岗培训。欧盟则专门为那些已失业者、准失业者及社会不利群体，提供劳动力市场需求导向的培训，以使其重新找到工作。表征之二，是职业教育不再被看作是普教衍生的附属品而是一种主流教育渠道，所以职教与普教、成教、高教应相互沟通。如芬兰在合并85所职业教育机构的基础上，组建了22所高职院校，职高和普高毕业生均有机会升入高职院校深造。韩国举办2年制的初级职业学院，所有具有高中学历的青年、通过国家资格认证的技师以及符合国家规定工作年限的工人，都有继续学习的机会。

5. 职业教育是面向全民的教育

让所有的人有机会接受职业教育，准备就业，是人的基本权利，同时通过职业教育又能促进社会的凝聚力和整合作用，这是现代职业教育的新理念。1999年在韩国召开的第二届国际职业技术教育大会上，联合国教科文组织指出，"技术和职业教育与培训应能使社会所有群体的人都能入学，所有年龄层的人都能入学，它应为全民提供终身学习的机会"。该组织在阐述21世纪第一个10年的技术与教育计划的目标时明确指出，要大力提倡旨在保证女童和妇女享有同男子一样接受职业教育的机会，努力使失业者、早期辍学者、残疾人、农村贫民、战争难民和复员士兵有机会接受正规或非正规的职业教育与培训，使职业指导和咨询面向社会所有成员。为此，近年来各国职业教育和培训机构纷纷降低或取消入学条件。澳大利亚职业技术教育的学员既有土著人、外来移民、母语非英语的人士，又有具有学历但希望更新知识和技术的人员。德国除对残疾人、妇女和外籍人员子女接受职业教育和培训采取特殊的资助措施以外，还在世界上首次将普教领域的英才促进措施引入职教领域，自1992年起实施"职业英才促进项目"，每年向3千名高技能型青年提供每人三千马克的资助，进行重点辅导、出国学习，以培养职业、劳动世界的"行家里手"。

## 二、一个重大的定位：构建多元化开放式的职教运行体系

构建开放的、灵活的、多元化的职教体系，涵盖职业教育、技术教育与职业培训，成为世界职业教育发展的趋势。职教体系的构建与运行主要是机制层面与机构层面两大方面。

1. 机制层面

① 办学模式多元化：各国根据国情、文化以及传统与价值观的差异，在办学模式选择上呈现多元化趋势，如自由市场经济背景下以日本、美国为代表的企业职业教育模式；计划经济或中央政府调节较强的国家，如俄罗斯、中东欧、大多数发展中国家以及法国、意大利采用学校职业教育模式；实行国家调控的市场经济，即所

谓"社会市场经济"的国家，如德国、奥地利、瑞士、丹麦以及比利时，则采用企业与学校合作的"双元制"职业教育模式。② 管理方式多元化：政治制度、经济水平和改革目标的差异导致管理方式的多样性，其一是职教管理部门的职能整合与分立并存，如英国、澳大利亚将教育部和就业部合并；日本则实施学校职教归文部省，职业训练归劳动省，农业、水产、航空、航海大学校归政府业务部管理的"多元管理"方式；其二是职教资格标准的国家介入与行业监督并行，如美国的"全国职业技能标准委员会"，英国的"国家职业资格标准"，德国的"国家承认的培训职业"和"职业培训条例"都是国家标准，而英国的"培训与企业协会"、德国的"工商行会""手工业行会"，则行使了对国家标准实施过程的监督与结果的考核；其三是职教立法权力的集中与分散，包括中央立法与地方立法，基本法与专用法。中央立法往往就是基本法，如德国联邦政府制定的统管全国职业教育的《联邦职业教育法》《联邦职业教育促进法》；美国政府制定的《职业合作训练法》《2000年目标法案》，俄罗斯的《联邦教育法》《初等职业教育法》，丹麦2001年生效的《职业教育培训法》。专用法如美国的《由学校到就业法案》，韩国1999年制定的《职业提高训练法》，法国的《青年就业法》，新加坡的《技能发展税法令》。地方法如德国各州政府制定本州职业学校的《学校法》等。③ 投资渠道多元化：多渠道筹措经费，发挥政府、企业、团体、私人四方面对职业教育投资的积极性。一是政府投资，如英国政府拨款建立"职业教育基金"，占职业学校经费的75%；马来西亚政府的投资约占国民生产总值的6%；韩国政府拨款建立"人力开发基金"；澳大利亚联邦政府的投资约占国民生产总值的0.5%；美国联邦政府每年用于中职和高中后职教的经费为16亿美元，占职教所需费用的10%，在《2000年目标法案》中决定五年内增加50亿美元用于职教改革。二是企业投资，如德国"双元制"职业教育的主要投资者为企业，企业不仅承担培训费用，而且支付学生三年的生活费，各州政府只负责职业学校的人头费和管理费用；日本企业内职业教育与培训费用完全由企业承担。三是社团投资，包括各类基金会，如德国的卡尔·杜依斯堡协会、赛德尔基金会、大众汽车基金会等。四是私人投资，如私立学校学费、企业教育附加费等。澳大利亚规定年收入22.5万澳元的企业，其工资预算的1.5%用于培训。

2. 机构层面

① 办学功能的多元化：职教为全社会服务的辐射作用增强，使职业教育机构由单一的正规教育向正规与非正规教育并存、单一的学历教育向学历与非学历教育并存、单一的职前教育向职前与职后教育并存、单一的育人就业向产教结合的教育方向发展，使职教办学机构成为一个人力资源开发中心。德国"双元制"职业学校最新的改革目标是向职业继续教育和区域经济发展敞开大门，使职业学校成为区域职业能力开发中心。新西兰的职业技术学院招收16岁至50岁的学生。而美国的社

区学院更是涵盖升学导向与就业导向两类目标的高中后职业教育。加拿大的社区学院既招收应届高中毕业生，又招收成人和在职职工；既实施职业教育与培训，又开展社区服务。新加坡南洋理工学院所属德新学院的"教学工厂"，将现代企业的经营、管理理念引入学校，将生产和经营环境缩微到教学活动中，通过工业项目与服务、职业教育与训练、能力发展与转移三种渠道，既培养了职业人才，又为工业服务，增强了学院功能。② 办学构架的多元化：中职教育机构内部构架的扩展变化，主要是培养目标和办学形式的多样性。校内培养目标的多样性表现在一校多制，普职沟通，允许不同培养目标在一个机构内并存。如美国、挪威、瑞典兼有普高与职高培养目标的综合高中，采用普通班与职业班分班不分校的形式，高一学习共同的基础课程，高二分流定向，普通班面向升学，职业班面向就业，同时兼顾升学。德国柏林州的高中中心、汉堡州的技术职业学校和商业职业学校、北威州的职业综合学校，将正规职业教育的"双元制"职业学校和职业专科学校、培养技术员或管理工人的专科学校、可按对口专业升入高校的专科高中以及职业或技术完全中学，集中在一个机构内办学。还有丹麦的"双证制"职业学校，法国职业高中招收初中毕业生的 2 年制班与招收初中肄业生的 3 年制班并存，等等。校内办学形式的多样性表现在学习时间、教学地点的灵活多样。各国中职领域都发展了全日制、部分时间制职业学校以及业余或闲暇时间的培训班，采取灵活的学分制完成学业。教学场所既有学校课堂、实习车间、实验室，又有企业培训中心、实习基地、跨企业培训中心。德国在中职领域既有以企业培训为主的"双元制"职业学校，又有全日制的职业专科学校。英国的职业教育包括全日制的工读交替制以及部分时间制的日间教育与晚间教育。③ 办学层次的多元化：办学层次的纵向延伸，并非只是"高移"一种趋势，而是根据各国国情呈现初、中、高职教"竞相争艳"的多元化局面。"高移"现象包括中高职的一体化，主要是一些发达国家，如美国现有 800 多所社区学院提供高中后职业教育。加拿大有 175 所属于高等职业教育性质的大学。日本有五年制的高等专科学校 62 所，在校生 6 万余人；二年制的短期大学 593 所，在校生 52 万人；二年制的专门学校近两千所，在校生 68.5 万人。韩国职业高中与二年制的职业专科学院联办的五年制高职已超过 145 所，在校生 57 万人。德国"双元制"职教向高等教育的延伸则起步于 20 世纪 70 年代，如今已建立 22 所三年制的职业学院，近年来开始在发展本科层次的"双元制"高等专科大学（应用技术学院）。两德统一后，德国东部地区的大多数专科学校升格为高等专科大学。俄罗斯将 9 年义务教育后的职业教育分为初等、中等、高等和大学后四个层次。与此同时，由于中职机构的规模扩展和功能增强，提高了办学效益，所以中职仍然是多数国家职业教育发展的重点。欧盟 15 国中有 11 个国家接受中职的学生比例超过 50%。特别是德国，接受中职的 16 岁至 19 岁年龄组的比例超过 60%。职业教育与培训近年来也是中东欧国家青年的优先选择，如波兰接受职业教育的青年在17岁至19岁年龄组占45%，在斯洛文尼亚占42%。

## 三、一个重大的突破：开展创新驱动的应用性职教研究

职业教育基础理论的研究，主要是职业教育学和方法论的研究以及相关的教育教学管理的研究，近年来取得了突破性的进展。

1. 专业职教科研机构的建设

建设高水平的职教研究机构在各国受到了极大重视。如德国的全国性的职教研究网络，其成员有隶属于联邦教育部的联邦职业教育研究所，所长由总统任命，研究人员超过400人；有隶属于联邦劳动总署的劳动力市场与职业研究所；有各州教育部隶属的教育研究所职教研究部，如位于慕尼黑的巴伐利亚州的学校与教育研究所，位于索斯特的北威州教育研究所；有隶属于高校教育系的职教研究所，如不莱梅大学的技术与教育研究所，汉堡大学的职业教育研究所；还有经济部门的研究所，如科隆经济研究所等。美国从事职业教育的高校，加利福尼亚大学伯克利分校、纽约哥伦比亚大学、伊利诺斯大学、明尼苏达大学、加利福尼亚兰德学院、弗吉尼亚理工学院与州立大学、威斯康辛大学共同组建了隶属于政府的美国国家职业教育研究中心。奥地利、瑞士、俄罗斯、匈牙利、土耳其也都相继建立了与职业教育与培训有关的国家级研究机构。欧盟在德国柏林建立了欧洲职教研究机构（后迁往希腊）。

2. 创新性职教科研课题的研究

职教研究成果逐步在下述职教领域里深入：① 职业综合能力的培养和发展需求的理念，已为各国职教工作者所接受。德国、澳大利亚提出的关键能力的概念，英国的核心能力的概念，美国劳工部提出的包括资源合理支配、人际关系处理、信息获取利用、系统分析综合、多种技术运用的五种能力以及技能、思维、品德的三种素质，都强调了职业教育应着重综合能力的培养。德国最近提出的创新导向（或称设计导向）的职业教育，则把被动地适应经济发展和社会需求的职业教育，升华为培养学生主动地参与技术进步和社会发展所需要的职业教育。② 职业综合能力培养的过程导向。由于高新技术的发展极其迅速，所以经验在高新技术的条件下显得尤其重要，经验是通过过程而不能仅由课堂教学获得。美国医疗护理专业、德国工程技术专业的职教工作者，通过各自的教学实践，不约而同地提出了劳动过程导向的教学组织方式。这一思想为欧洲10个国家所接受。德国在职教教学中提出了"获取信息、指导计划、实施计划、评估计划"的四阶段教学过程，这是劳动过程导向的教学组织形式的具体体现。③ 开发与职业综合能力培养相应的课程。如美国加利福

尼亚州和俄勒冈州的"课程群"，英国的CBET课程。德国则在职业宽基础课程的基础上，提出了最新的职业学校的课程开发方案——"学习领域"方案。这种课程方案实践知识与理论知识的获得要通过劳动过程导向的学习来完成。

3. 应用性职教科研成果的扩散

职业教育中一些重点、难点和热点问题，通过形式各异、被称为职教论坛的场所，迅速提供最新的科研成果，探求问题的解决方案，成为近年来职教研究在广泛性、群众性和应用性方面的重大突破。特别是在一些发达国家，教育理论的每一重大进展，都立即在职教领域获得极大反响。德国每两年举办一次的德国高校职教大会，与会者来自德国各地和世界各国，人数一般为 1 500 人左右，有专题论坛和综合论坛 30 个。又如由德国联邦职教所举办的每四年一次的职教专业大会，是世界上高水平的职教研究论坛。欧盟各国，如荷兰、德国、英国、法国等还通过教育博览会组织职教论坛。

## 四、一个重大的进展：建设互动的国际化合作职教网络

经济全球化的信息社会，导致劳动力市场的国际化分工与合作，劳动力的国际迁徙和劳动力的国内迁徙，将成为21世纪不可避免的潮流，这就向各国职教界提出了一个共同的课题：发展双边、多边的职教合作，关注国际的、洲际的、区域的、特殊的职业教育问题，建立国际化的职教合作网络和运行机制。

1. 多边国际组织开拓新的国际合作领域，将大大增强职教国际合作网络的作用

联合国教科文组织是世界职教领域国际合作的主要组织者，近年来在内容和范围两方面都取得了实质性的进展。例如在德国支持下建立的联合国职教信息网络，已连接128个国家的192个职教实施中心。联合国教科文组织还在德国柏林和韩国汉城（现改名为首尔）召开了两届世界性的国际职业技术教育大会。新世纪联合国教科文组织的职业技术教育国际计划，还打算吸收世界银行、欧洲培训基金会、东南亚国家教育部长组织、美洲国家职业教育研究与资料中心、韩国职业教育与培训研究所，共同组建职业技术教育国际联盟。联合国教科文组织已决定在德国波恩建立一个国际职业技术教育研究中心，提供职教研究与发展信息，培训职教人员。

联合国教科文组织设在曼谷、贝鲁特、达喀尔、圣地亚哥的地区或亚地区组织，为区域和本国职业教育的发展，做了许多具体而富有建设性的工作。如联合国教科文组织"亚太办"，1994年在澳大利亚召开了"亚太地区小企业创业课程开发"研讨会，1995年在印度组织了"指导各成员国按照各自国情开发 ESSR 指导手册和ESSB课程开发范例"的研讨会，1996年在中国北京组织了"亚太地区进一步合作与发展 ESSB 课程和确认核心教学流程及模块"的研讨会，1997年在中国西安组织

了"将联合国教科文组织开发的典型教材转换成适应中国国情的职教教材"的研讨会，1998年在澳大利亚阿德莱德技术与继续教育学院召开了"小企业创业技能课程开发教师培训研讨会"。因此，联合国教科文组织的地区中心，已成为推进职教发展的驱动中心。

联合国教科文组织还与世界劳工组织合作，一是在互联网上建立专门用于支持职业技术教育的网站，发布职业技术教育的重要信息和指南，推荐最佳实践范例，提供发展咨询；二是制定两个国际组织在职业技术教育领域里共同的政策框架，以协调教育与就业的发展战略。

其他一些国际组织，也积极参与职教的国际合作。如世界银行的职教贷款项目。又如"亚太地区经济合作组织"，根据中国教育部职业技术教育中心所（现教育部职业教育发展中心）的建议，将中国、文莱、印度尼西亚、日本、韩国、马来西亚、墨西哥、泰国及美国的职教专家组织起来，就"职教教师标准及其开发方法"进行国际合作，取得了具有普遍指导性的成果。

欧盟在国际职业技术教育领域里的合作更为广泛，在欧洲的活动尤其活跃。欧盟不仅在希腊建有欧洲职教研究中心，而且还在意大利的都灵建有欧洲职教基金会。欧盟正在实施的"莱奥尔多·达芬奇"职教合作项目，对欧洲各国职教的交流，科研成果的推广，具有积极的作用。

2. 双边政府部门寻求新的国际合作模式，将大大丰富职教国际合作网络的内涵

各国政府，特别是美国的国际开发署和德国的联邦经济技术合作部，为推动世界范围内的双边职教合作，提供了相当可观的经费支持。如德国在人员和资金两个方面，资助土耳其建立了国家级的职业资格研究所，并与其合作制定了土耳其职教专业目录。中德两国政府在近二十年专题项目合作的基础上，结合中国政府西部开发战略，实施以西部人力资源开发为目标的综合性职教合作项目。欧盟总结了德国与奥地利对150种专业的职教证书互认的经验，在不改变欧盟各国职业教育体制的框架内，通过评估与考核，承认各相关专业的各国职业教育证书的等值性，制定了适用于欧盟各国的，用英、德、法三种文字印制的"欧洲职业教育通行证"，为欧洲统一劳动力市场的形成与发展，作出了有益的尝试。各国职教证书的互认，必将为21世纪国际劳务合作领域输送更多合格的职业人才。例如，发展中国家可向发达国家输送老年护理人员、家政员。又如，在国际工程承包项目招标中，职业资格证书的认可将使应标方处于有利竞争地位。双边的以至多边的合作办学或合资办学，将成为职业教育国际合作的又一新领域。

# 9.2  重读《论世界职业教育发展的主体脉络》

姜大源[①]

23年前，亦即2001年，《中国职业技术教育》杂志发表过我写的一篇文章《论世界职业教育发展的主体脉络》。今天，重读这篇文章，重温那个时代的往事，既有些许欣慰，也有很多遗憾，更有不少反思。

## 一、背景

文章发表的那一年——2001年，正是21世纪的第一年。面对新世纪，各国对未来百年的世界，都有更多的期待、更多的想象、更多的计划。2001年3月15日，国家发布《中华人民共和国国民经济和社会发展第十个五年计划纲要》指出，从21世纪开始，我国将进入全面建设小康社会，加快推进社会主义现代化的新的发展阶段，强调"教育是提高全民素质、培养人才的基础，要面向现代化、面向世界、面向未来，适度超前发展，走改革创新之路。"计划特别提出：要"大力发展职业教育和职业培训，发展成人教育和其他继续教育，逐步形成大众化、社会化的终身教育体系。"该计划要求职业教育要为这一新发展阶段培养更多经济发展亟需的职业人才，还专门提到要培养"具有较高技术素质的技术工人队伍"。

而就是在那一年，我刚从中国教育部驻德机构工作后回国不久。由于长期在德国工作和学习，身临其境，对德国职业教育比较了解。进入21世纪以来，面对经济全球化和欧洲一体化给德国社会和经济产生的巨大影响，德国为确保经济在世界上的竞争优势，保证国家实力在国际上处在长期领先的地位，思辨的德国人对在20世纪助推德国实现经济腾飞的职业教育，始终保持着清醒的认识和深刻的关注：高质量工业产品的"德国制造"，源于高水平职业教育的"德国制造"，所以为应对21世纪社会、经济和科技变化所带来的挑战，德国在《2001年职业教育报告》提出，要致力于建立一个专业化、个性化、面向未来、机会均等、体制灵活而且相互协调的

---

① 姜大源，教育部职业教育发展中心研究员，浙江省现代职业教育研究中心首席专家，中华职教社专家委员会专家。

高质量职业教育体系。

　　显然，中德两国对21世纪的职业教育的重要性，都有明确认识。由于我长期在德工作的性质，与职业教育及其国际合作紧密相关，回国后我常常会努力地将我国的职业教育发展与国际、与德国职业教育的发展进行比较，希望能借鉴和学习国际职业教育的经验和成果。面对我国"十五"计划对职业教育提出的要求，比照德国21世纪职业教育的发展政策，作为一个职教人，我在思考：伴随着改革开放经济的发展而发展的中国职业教育，如何面向现代化、面向世界、面向未来？世纪之交，当我们申奥成功，加入WTO，进入经济发展新阶段，走向一个更加开放的中国时刻，我国职业教育的发展态势却不容乐观，社会上甚至对是否要继续发展职业教育产生了许多疑问或困惑，需要对此给予回应，于是有了一种写作的冲动。

## 柒  二、初衷  柒

　　当时国内的情况是：职业教育的发展受阻。改革开放后的20年，即1978—1999年，是职业教育的高速发展期；然而在2000—2001年，亦即上世纪末本世纪初，社会上流行一种思潮，普遍认为21世纪是知识社会，就需要更多高学历人才。随着高校扩招，普通高中升温，中等职业教育（当时高等职业教育发展还没有像今天这样的规模）发展受阻。世纪之交的2000—2001两年，成为改革开放以来（中等）职业教育发展最为显著的回落期。

　　笔者意欲探究，与经济发展联系最为紧密的教育类型，职业教育的回落与中国经济的发展有什么关联呢？于是，笔者将中等职业教育在高中阶段的招生比，与国内生产总值GDP的枯荣线进行比较，发现这样一种现象：即当中等职业教育在高中阶段所占的比例，亦即职普比下降之日，也正是国内生产总值GDP下降之时，2000年是下降幅度最大的一年：职普比由最高58%降至不到38%。显然，这表明存在着一种趋势：即在经济下降时，职普比也同步下降。两者枯荣线的对比，呈现一种正相关的关系。这一结果也从一个侧面表明，职业教育对中国经济的发展做出了不可替代的贡献。

　　职业教育的发展受阻回落，使得下列问题更加突出：职业教育，尤其是中等职业教育，如何面对未来？21世纪还需要职业教育吗？新世纪世界职业教育发展的现状如何？坚持改革开放，也需要我们大力开展职业教育的国际合作，那么我们如何能在把握世界职业教育发展趋势的基础上，学习和借鉴世界各国职业教育成功的经验，从而进一步把握职业教育发展的机遇，为新世纪中国的现代化作出新贡献呢？

　　改革开放以来，我国从学习北美能力本位（CBE）的职业教育和课程开发（DACAM）开始，陆续学习和借鉴了英国的BTEC和国家资格框架、美国的社区学院、澳大利亚的技术与继续教育（TAFE）、新加坡的教学工厂等国家职业教育的成果，尤其是与德国签订了国家层面的职业教育合作协议，基于校企合作的德国"双元制"职业教育，得到国内广泛的认可。进入21世纪，德国在继承与创新的基础上继续大力发展职业教育不动摇，并始终坚持以高中阶段的职业教育为主，始终坚持将职业教育的发展作为提高国家竞争力的重要国策，值得我们学习。

然而，问题在于，世界各国，包括德国职业教育发展的经验和成果，既有其个性，也有其共性；既涉及宏观层面的教育政策，也涉及中观层面的办学以及微观层面的教学；既涉及单边的合作，也涉及多边的合作。因此，在世界各国"各美其美"的职业教育之中，其总体发展趋势中，是否蕴含着"美美与共"的主体脉络呢？这就需要去认真地梳理和探究。

如果能梳理出世界职业教育的主体脉络，可能有助于我国职业教育管理者的决策、教师的教学效果和研究人员选题的针对性，有助于能够从世界纷繁复杂的职业教育发展现象中，确定职业教育未来的发展方向，探寻和研究职业教育发展的规律，进而紧密结合自身的本职工作，为应对新世纪的挑战，开拓职业教育的新天地，进一步为国家的现代化做出自己的贡献。

## 三、探究

正如我在文章所指出的那样：进入21世纪，为满足全球化经济和信息化社会对高素质劳动者的需求，世界各国的职业教育进入了一个在调整中巩固、在改革中发展的时期。尽管由于各国政治制度、经济发展、文化传统不同，以至各国职业教育调整与改革的形式和措施呈现多样化的态势，但事有必至、理有固然，任何事物的发展，都有其自身的客观规律，并受其客观规律的支配。从整个宇宙到宇宙各个领域的各种物质的运动形式，以至于各种具体事物或现象，在任何时候、任何情况下，都无一例外。所以，职业教育的发展也有其自身发展的规律，尽管各国职业教育具体的做法"五花八门"，但一定遵循其客观规律所支配的主要趋势或主体脉络。

1. 文章论述的框架：四个"重大"的归纳

对世界各国以及相关国际组织关于职业教育改革与发展中的种种做法，寻找其中的共同点，需要对大量的甚至琐碎的世界各国职业教育发展与改革的信息和资料进行梳理。这一梳理过程是一个由繁至简的归纳过程。好在2001年我刚从德国回来，在德工作期间，阅读了和获得了丰富的源于联合国教科文组织、世界经合组织、世界劳工组织、欧盟及其职业教育研究机构（CEDEFOP），以及德国高校职业教育研究机构、德国联邦职教所和德国劳动市场与职业研究所的相关资料，在现有基础上的梳理，使思路逐渐清晰起来，最终提出了四个冠以"重大"概念的世界职业教育发展的主体脉络：其一为"一个重大的共识：确立需求导向及可持续发展的职教观念"；其二为"一个重大的定位：构建多元化开放式的职教运行体系"；其三为"一个重大的突破：开展创新驱动的应用性职教研究"；其四为"一个重大的进展：建设互动的国际化合作职教网络"。

提纲挈领，整体框架的设计，是构思一篇"宏大叙事"文章的前提。

2. 文章论述的细节：四个"重大"的解读

四个"重大"虽然是从浩瀚的信息资料归纳出来的概念，但还需要选择与其对应的具体内容，否则仅有结构无内容，乃是空洞之说。为此，对四个"重大"加以解读，是一个在数量上不要挂一漏万，在内容上必须做到逻辑自洽的过程。

这篇文章的具体诠释是这样的：

一是关于确立需求导向及可持续发展的职教观念的共识，涉及宏观层面的职业教育发展的战略考量、大政方针和国家措施等等；文章提出的职业教育是促进就业的教育、职业教育是强化创业的教育、职业教育是有利环保的教育、职业教育是贯穿终身的教育、职业教育是面向全民的教育。关于职业教育五大功能的提出，具有一定的前瞻性。

二是关于构建多元化开放式的职教运行体系的定位，既涉及宏观层面机制问题，包括职业教育模式、管理部门、资格框架、立法权力等等；又涉及中观层面和微观层面的机构问题，包括办学模式、办学功能、办学层次、机构设置等等。文章介绍了一些有益的具体做法和相应的措施，可以通过模仿、参照、借鉴进行本土化的转换应用。

三是关于开展创新驱动的应用性职教研究的突破，其一涉及研究机构的专业性，包括国际、国家、地方、高校和社会层面的专业职教机构的设立；其二涉及研究课题的创新性，包括职业综合能力的概念和培养、教学组织和课程开发的工作过程导向；其三涉及研究成果的应用性，包括通过大型职业教育论坛、教育博览会、国际职业教育会议等，使得职业教育研究成果更具广泛性、群众性和应用性。在这方面，文章扩展了职教研究的视野。

四是关于建设互动的国际化合作职教网络的进展，涉及多边国际组织开拓的新的国际合作领域，有利于增强职教国际合作网络的作用；也涉及双边政府部门和有关机构、民间和社会团体寻求的新的国际合作模式，有利于丰富职教国际合作网络的内涵。这就不仅扩展了国际职业教育合作网络的规模，而且也提升了各国间职业教育合作的质量。文章为拓展职业教育的国际合作，提供了新思考。

这篇文章也为笔者后来承担的全国教育科学"十一五"规划教育部重点课题"当代世界职业教育发展趋势研究"，奠定了一定的基础和铺垫。该课题有30多位职教同仁参加，成果专著由电子工业出版社出版，文字达80万字，对职业教育发展的规律做了比较深入的研究，已成为许多职教工作者的案头书。

## 四、反思

尽管这篇文章受到了比较广泛的关注，但世纪之初的我，对职业教育规律的认识，世界职业教育的发展轨迹，还十分肤浅，很不成熟。因此，现在看来，可以说，作为一个综述性的文章，存在着许多的遗憾和不足。这主要表现为四个"欠缺"：

一是理论探索欠缺，涉及现象与本质的关系问题。文章梳理出来的主体脉络，实际上只是解决了"是什么"和"怎么样"的问题，而没有解决"为什么"的问题。也就是说，所归纳出的世界职业教育发展主体脉络，其背后的职业教育原理和发展规律的理论支撑是什么？没有进一步地深究。

二是对策建议欠缺，涉及职教与经济的关系问题。文章突显了职业教育发达国家的经验成果，但如何使其为我所用，文章没有明确提出对我国职业教育发展的相应建议和对策。特别是如何借鉴职业教育发达国家的经济界、工业界，在产教融合、校企合作领域的做法，没有做进一步分析。

三是国别分析欠缺，涉及共性与个性的关系问题。文章没有对相关国家职业教育的政策和措施的背景进行研究，因为各个国家的政治制度、经济水平、教育体系和文化传统不同，所制定的法律、政策和措施的普适性与特殊性与之紧密相关，探讨这方面的差别，有益于我们结合中国国情实现"洋为中用"。

四是格式规范欠缺，涉及形式与内容的关系问题。由于当时对学术文章发表的格式要求还不甚严格，所以这篇文章发表时没有摘要、没有参考文献、没有英文简介，包括一些文字表述以及标点、符号等，都有许多需要斟酌之处。期刊文章遵循整体的写作规范和要求，才能让编辑以及读者了解文章所表达的思想。

与23年前相比，当今世界正经历百年未有之大变局，以及世纪疫情对人类命运的威胁。为此，要克服单边主义，建立多边主义的世界秩序，我国提出建立人类命运共同体的主张，以及进一步改革开放的国策。基于此，职业教育也要为此做出自己的贡献，要继续采取一直以来行之有效的"走出去，请进来"的方针。但是，与23年前相比，这一方针的内涵要适应新发展格局。作为一个拥有世界最大规模职业教育的国家，其伴随中国改革开放的成功而发展起来的中国职业教育，其自身发展的经验，可为建立世界职业教育共同体承担历史使命。

为此，一是"走出去"，就是要充分利用《世界职业技术教育发展联盟》平台，尤其是要重点关注"一带一路"国家的职业教育，走出去讲好中国职业教育故事，将我国职业教育的经验和成果，传递出去；二是"请进来"，就是要充分关注人工智能技术发展对职业教育的影响，继续借鉴人工智能发达国家在智慧教育上的成果，请进来以提升我国职业教育的质量，培养更多适应智能社会所需要的高质量职业人才。

# 10.1 "宽基础、活模块"课程结构研究①

蒋乃平　等

结构是事物或客体内部各要素、各成分合乎规律的组织形式。课程结构是指课程内部各种科目和各种活动合乎教学规律的组织形式。课程结构是一种课程模式是否存在的重要标志，也是区分各种课程模式的重要依据。

由"宽基础"与"活模块"组成的两段式课程结构，是"宽基础、活模块"课程的主要特征。课程结构分为两个相互联系又有区别的阶段。"宽基础"阶段的内容并不针对某一特定职业，而是集合了一群相关职业所必备的知识和技能；"活模块"阶段的内容不但针对某一特定职业所必备的知识和技能，而且以技能为主。两个阶段又都以综合职业能力的形成为目标，并分别侧重于关键能力、从业能力的培养和强化。

1. 课程结构框架（见图10.1.1）

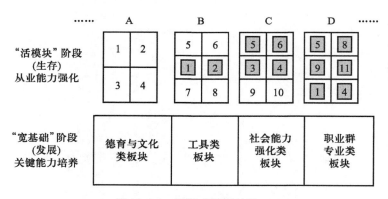

图10.1.1　两段式课程结构

"宽基础、活模块"课程中集合一群相关职业或几个相关职业群，根据职业群的实际需要和职业学校培养目标，按两段选择和组织教学内容。

"宽基础"面对职业群整体需要，按目标侧重点和设计思想的区别，把教学内容分为四大板块。板块实际是"模块组合"，每一板块都有各自的目标，由于内容

---

① 本文发表于2002年第3期，作者单位为北京市朝阳区教研中心职成教研室研究员。

相对稳定，因此称之为板块。

"活模块"面对职业群中的一个个职业，分为若干个"大模块"（即图中的A、B、C、D…），职业群有多少个职业，就有多少个"大模块"。每个"大模块"又由若干"小模块"组成，每个"小模块"针对一个个具体能力、技能或知识，有明确的行为目标和训练标准，内容相对独立，可以灵活组合。

学校根据劳动力市场需求变化，为同一专业不同届学生选择不同的若干个"大模块"，划定学生选择的范围。学生在学校提供的范围内，根据个人条件选择一个或几个"大模块"。由于是相关职业，除"宽基础"共同的内容外，组成各"大模块"的"小模块"亦有重叠，选学的"大模块"越多，免修的部分就越多。即连续或同时学习若干个"大模块"所需的时间，少于单独学习这些"大模块"的时间之和，在学习所需时间上，有 $1+1<2$ 之效。

2. 课程结构与传统课程模式的主要区别

（1）两段而不是三段。传统的"三段式"课程模式由文化课、专业基础课、专业课（或技能课）组成，而"宽基础、活模块"课程模式则由"宽基础""活模块"两段构成。

"宽基础、活模块"课程模式的两段式结构，既是其区分于传统课程模式的重要特征，也是其区分于其他模块式课程的重要特征。其结构和设计思想，不但符合教育部教职成〔2000〕1号和〔2000〕2号文件要求的"可以实行按专业大类招生，学习一段时间后根据学生个人愿望和条件以及就业需要再确定专业方向"和"使学生能够根据社会需要和个人兴趣、条件选择课程与学习时间"，以及"积极探索学分制等弹性学习制度"和"教学计划的课程设置中应设立选修课程"的要求，而且与教育部教职成〔2000〕8号文件《中等职业学校专业设置管理的原则意见》强调的"通过及时更新教学内容、拓宽专业业务范围和设置专门化，满足社会需求和职业变化的需要"一致。

（2）分段的依据不同。传统课程模式的三段是以学科性质为依据的，因此从本质上归属于学科课程。而"宽基础、活模块"课程不仅分段数量与传统课程模式不同，更重要的是分段的依据不同，属于多元整合型课程。"宽基础、活模块"课程不按学科性质区分，而是将培养目标具体化，并按具体化后的培养重点组织教学内容，即按设计思想分段。

"宽基础"的教学内容面对一群相关职业甚至几个相关职业群，既有文化课，也有专业理论课和通用技能课，侧重于关键能力培养，重视综合职业能力的形成，强调为学生拓宽择业面、适应职业变化、继续学习奠定基础，着重于今后发展。

"活模块"的教学内容针对从事某一职业、某一岗位的必备知识、技能，甚至是一个岗位的一个技术等级的应知、应会，侧重于属于从业能力层次的专业能力强化，强调针对性、应用性、现实性，着重于当前生存。

传统课程模式从分段依据上体现了学科本位，"宽基础、活模块"课程模式从分段依据上体现了能力本位。分段依据的不同，既反映了课程观的区别，也体现了设计思想的差异。

（3）两段安排的时间并不截然分开。无论"宽基础"，还是"活模块"，主要是指课程设计思想及其开发方法，即教学内容的选择和组织。在制定专业课程方案（教学计划）时，"宽基础"与"活模块"有关内容的具体安排时间是可以互相交叉的。即低年级以"宽基础"为主，但可以安排少量"活模块"的教学内容；高年级以"活模块"为主，但也可以安排少量"宽基础"的教学内容。

（4）两段中均有选修内容。"宽基础"中以必修为主，但也有选修内容。如文化课的提高模块、社会能力训练中的众多二级能力模块、职业群专业类中的提高或拓展模块等。"活模块"中以选修为主，但又有主修、辅修和限选、任选之分。

3. 课程结构是课程模式的主要特征

课程结构是课程模式及其相应课程观念的外在表现形式，是一种课程模式区别于其他课程模式的重要标志。"宽基础、活模块"课程模式的两段结构，呈现出与其他职教课程模式不同的结构特征，体现其特定的课程目标，控制其课程功能并反映其课程观念。

（1）课程结构体现课程目标。课程是对育人目标、教学内容、教学活动方式的规划和设计，是教学计划、教学大纲和教材全部内容及其实施过程的总和。课程目标不同于国家制定的培养目标，而是某一课程模式的课程观念在育人方面的反映，并制约使用这一模式开发出来的专业课程方案的育人目标。

对于中等职业学校教育，国家制定的培养目标有四个层级：一是国家教育方针对育人的总要求；二是国家对职业教育的育人要求；三是国家对中等职业学校教育的育人要求；四是国家对中等职业学校教育具体专业的育人要求。前一个层级制约后一个层级，后一个层级是前一个层级的具体化。课程目标不低于乃至吻合于国家制定的中等职业学校培养目标，特别是能否吻合第三个层级即中等职业学校教育的培养目标，是衡量一种课程模式是否符合国情和职业学校实际的重要指标。

"宽基础、活模块"课程模式将课程目标定位于培养中等复合型应用人才，并强调综合职业能力的形成和全面素质的提高，强调发展后劲与就业能力的培养，重视以社会能力和情商为基础的创业能力的形成。从目标上，将中等职业学校教育区别于职业培训和基础教育。对于"复合型"专门提出了"四要素"：一是从事某一个或几个职业岗位的专项技能；二是跨职业的通用职业技能；三是在一个职业群或相关职业群中转岗的基础；四是继续学习的基础。对于综合职业能力，则将其分解为关键能力和从业能力，并安排在"宽基础"和"活模块"两个阶段有所侧重地给予培养或强化。此外，"宽基础、活模块"模式还特别重视以社会能力和情商为基础的创业精神的培养，专门安排一个板块，通过课程综合化，将几门相关学科融合为以社会能力形成为主线的能力训练科目。"宽基础、活模块"模式强调学生在"学会求知、学会做事、学会共处、学会做人"的过程中，"学会生存、学会发展"。既追求"有后劲、重发展"，也重视"多资格、宽就业"。"宽基础、活模块"模式的课程目标，是根据影响职教课程发展最重要的两个因素确定的，即"双向选择、竞争上岗"的就业市场机制与科技进步对职业演变的影响，是"宽基础、活模块"模式的课程目标形成的社会背景。由于"宽基础、活模块"模式的课程目标与国家制定的培养目标产生的基点相同，其本质内涵就必然相同，而两段式的课程结构能更好地体现课程目标，这是"宽基础、活模块"模式富有生命力的重要原因之一。

（2）课程结构控制课程功能。所谓课程模式，是指课程内容和进程在时间、空间方面的特定组合形式或课程要素的时空组合方式，体现了特定的课程观念，是课程方案设计者可以照着做的标准样式，课程方案（教学计划）是某种课程模式在一个具体专业中的应用。课程模式为课程方案设计者提供开发的框架、思路和方法，为课程方案实施者提供宏观标准和要求，为课程方案管理者提供管理调控手段。

我国传统的单科分段式课程，不仅以学科性质的区别为依据分段，而且通过强调"职业高级中学以专业教育为主，着重职业技能训练，同时也要根据专业需要学习必要的文化基础知识"（教基〔1990〕017号文），强调了文化课为专业课服务的关系，而两段式的"宽基础、活模块"模式，以培养重点为主要依据分段："宽基础"阶段侧重于关键能力培养，着眼于奠定今后发展的基础，是面对职业群的；"活模块"阶段侧重于从业能力强化，着眼于就业适应性的培养，是面对一个或几个职业岗位的。"宽基础、活模块"模式并非不重视学科，而是淡化了以学科性质为依据的分段，强化了以能力培养侧重点为依据的分段。对于文化课，不仅重视其为专业课服务的作用，更强调其对于提高全民族素质和更新知识、技能的基础性，还将外语、计算机作为通用职业技能列入必修内容。两段式的"宽基础、活模块"模式，与我国传统三段式的单科分段式课程模式（将课程分为文化课、专业课、实习课或文化课、专业基础课、专业课）的区别，表面上是课程结构分段数量的减少，实质上是课程分段依据的不同。

课程功能包括课程的方向、水平、广度、深度、效果、效率等。课程的方向，即课程能否体现并落实国家的教育方针以及新时期职业学校教育的培养目标。课程的水平，即课程能否通过引导学生了解社会、了解自己，激发学生对自己所学专业及对应职业群的了解和热爱，从而主动提高自己的能力和素质，并对学习内容有选择的权利，生动活泼地发展自己。课程的广度，即课程是针对一个职业还是一个职业群，是只为就业服务还是体现了就业教育与终身教育相结合的思想。课程的深度，即课程是只着眼于职业的现实需要，还是既重视职业的现实需要又重视职业的未来需要；是只考虑受教育者生存的需要，还是既考虑受教育者生存的需要又强调受教育者的发展。课程的效果，即通过课程实施所取得的预期效果和实际效果，例如学生是否具有在一个职业群中广泛就业的竞争力并具备继续学习的基础，专业能力、方法能力、社会能力和全面素质是否得到和谐发展，就业观念和创新意识是否得到提高；学校能否通过课程既相对稳定办学，不断加强内涵建设，又及时调整内容，主动适应劳动力市场供求变化和科技进步对职业演变的影响；教育行政部门是否既能宏观调控教学质量，又能促使学校办出各自特色；毕业生能否满足用人单位和"两个根本性转变"的需要。课程的效率，即学校和受教育者在一定学段内精力、财力与实际收效的投入产出比。

"宽基础、活模块"模式通过"宽基础"四大板块与"活模块"灵活组合的课程结构特点，为上述课程功能的实现提供了可能。特别是结合学分制使用的弹性选课，使学校有可能根据就业市场供需变化，为学生提供可供选择的"大模块"，提高办学活力；使学生有可能根据个人实际，选择强化方向，提高就业竞争力并使个性得以发展，而为社会经济发展服务，为学生个性发展服务，是教育最主要的两个基本功能。

传统课程模式以学科性质分段，将实习课程作为专门的一段并规定了课时比例，为起步不久的职业高中重视技能训练提供了保证，功不可没。然而，其在实践过程中出现了难以避免的弊病：一是人为地造成专业理论与专业实践的剥离，违背职业教育强调理论与实践相结合的原则，不符合职业教育重视边讲边练的教学方法的特点；二是妨碍课程综合化的推进，而将专业理论与专业实践综合化，是职业教育课程改革的重要方向；三是课程方案设计者难以操作，除毕业前的顶岗实习外，设计者需要按专业课科目甚至按课时找出"实习"的时间，以"凑够"三类学科的比例；四是降低了职业学校的社会信誉，部分学校有"吃空额、腾教室、多招生、增收入"的动力机制，用人单位有使用廉价劳动力的动力机制，将"实习课程"变为半年、一年甚至更长时间的顶岗劳动，将实习课程应占有的比例作为短视行为的理论依据，将职业学校教育混同于单工种培训，学制上的"缺斤短两"降低了教学质量，导致学生及其家长的反感，增强了社会对职业学校教育的误解。而"宽基础、活模块"模式将课程分为两段，并在两段中都安排技能训练，通过"两类考核、两种证书"来确保技能训练的课时，既然学生已通过社会考核取得了职业资格证书，就说明他不但掌握了理论学习的"应知"，而且必然已经经过相应学时的实践训练，掌握了"应会"，完成了"活模块"阶段的学习任务。即使有些专业必须安排较长时间的顶岗实习，也应充分论证所需的课时，将其作为一个模块安排，对所用课时予以控制和限定。强调实习是教学的一个环节，必须有明确的目标，必须提高效率，强调职业学校教育必须对学生负责、对家长负责、对社会负责。

《中共中央 国务院关于深化教育改革全面推进素质教育的决定》强调"调整和改革课程体系、结构、内容"，要求基础教育"改变课程过分强调学科体系、脱离时代和社会发展以及学生实际的状况"，要求职业教育应开发"具有职业教育特色的课程与教材"。如果基础教育应该"改变课程过分强调学科体系"，那么职业教育就更应该如此。"宽基础、活模块"模式属于多元整合型课程，既继承学科课程的优点，又不受其约束，更重视对核心课程、活动课程的借鉴，并以能力培养的侧重点为分段依据，从课程结构上体现了能力为本位的指导思想，在"宽基础"的一些板块或科目中强调以能力形成为主线组织教学内容，在"活模块"阶段则强调运用 CBE、MES 的思路，十分重视职业分析对课程设计的作用，以使课程功能符合新时期对劳动者素质的要求。

（3）课程结构体现课程观念。每一种课程模式，都通过由课程结构控制的课程功能，体现了这种课程模式特定的课程观念，即对"教什么、怎么教、为什么教"的价值取向。"宽基础、活模块"模式是以生存观、发展观、基础观、能力观和质量观等价值观念为指导思想的。

课程模式来自于某种课程原型，并以其课程观念为主要指导思想。课程原型的分类，实质也是以课程观念的区别为主要依据的，理论界对课程原型（有的学者称其为课程形态）有多种分类方法。

多元整合型课程实际上是综合了各课程原型而形成的一种课程原型，是当今世界课程改革的趋势。"宽基础、活模块"模式继承和借鉴了多种职教课程模式，是根据我国经济实行"两个根本性转变"的需要和中等职业学校实际推出的课程模式，并以其特有的课程结构反映了多元整合型课程的价值取向。

近年来，学术界对"本位"的讨论已成热点，结论主要有三：一是就"本位"而言，有个渐进的发展过程，职业教育的所谓"本位"，是按"学科本位—技能本位—能力本位—人本位"的顺序演变的，我国职教发展历程已经历了前两个阶段，进入了第三阶段；二是"本位"不要有排他性，学科本位并非不进行技能训练，而只是以学科为中心而已，能力本位的能力也是以知识学习和技能训练为载体的；三是教育的本质在于促进人的全面发展，人本位是个方向，但就目前而言，从综合职业能力入手来带动人的全面素质提高，既便于理解，又便于操作，符合现阶段的实际。属于多元整合型课程的"宽基础、活模块"模式，以综合职业能力的分解为依据，将课程结构分为两段，并十分重视将从业能力和关键能力的培养作为切入点，强化素质教育，促进受教育者生动、活泼、全面地发展。

（4）"宽基础、活模块"模式的结构特点。"宽基础、活模块"模式不同于其他模块式课程的主要特点在于"集群",即课程是面对课程方案设计者集合的一群相关职业（一个职业群或几个相关职业群），强调课程方案设计者集合一群职业的主观能动性。此外，"宽基础"和"活模块"阶段虽然均由模块组成，但"宽基础"由模块组成的四大板块相对稳定，"活模块"阶段又有"大模块""小模块"之分，也是与其他模块式课程的不同之处。

"集群"主要有横向集群和纵向集群两种形式，此外，还有以用人单位提出一个职业为主体集群和以学校原有专业为主体集群两种辅助形式。"宽基础、活模块"模式以集群的思路，来适应"大专业、多专门化"的专业设置改革趋势。

"宽基础、活模块"模式是为了便于推广使用的通俗名称，此"俗名"概括地说明了该模式的结构特点。课程结构是一种课程模式区别于其他课程模式的主要标志，用结构特点做"俗名"，便于一线职教同仁的理解和使用。实践证明，在"宽基础、活模块"模式研究和实验的近十年中，逐年滚动发展的参研单位，大多从课程结构的理解入手，并在此基础上加深了对课程目标、课程标准、课程功能、课程开发方法的理解，最后深化为对课程观念的理解和创造性地运用，使"宽基础、活模块"模式得以在多种专业、多类学校中百花盛开，并使其理论框架得以进一步提炼和升华。"宽基础、活模块"模式是在20世纪80年代末已出现的"两年打基础、一年定方向"的成功做法的基础上，"站在巨人的肩膀上"形成的，并在此经验的基础上借鉴了国内外多种职教课程模式，通过比较研究进行了理论框架的构建和操作方法的提炼。虽然"宽基础、活模块"只有六个字，但它却是该模式富有生命力的重要原因，是该模式的精华。

"宽口径、多方向"与"宽基础、活模块"是专业与课程两类事物的特点，前者是专业设置的改革方向，后者是与此改革方向相配套的课程结构特点，两者密切相关，又分属两个系列。至于基础的"宽"与"厚"，在同一学制中两者相互制约，是一对必须处理好的辩证关系。"宽"主要是针对以往课程的六个问题提出的：一是原有课程多半围绕单一职业（工种）组织，要拓宽；二是原有课程中的文化课强调为专业课服务，而文化课的作用不仅此一项，要拓宽；三是原有课程没有把外语和计算机列为必修课，要拓宽；四是原有课程虽然重视专业能力，然而只是针对单一工种的技能训练，忽视综合能力特别是方法能力、社会能力的培养，要拓宽；五是原有课程重视动作技能，而忽视心智技能、就业观念、创业意识和情商的培养，要拓宽；六是原有课程只重视就业教育，忽视职业教育在终身教育中的地位，忽视为学生奠定继续学习的基础，要拓宽。"宽"不是无限的"宽"，是面对一个或几个相关职业群的"宽"，是通过课程综合化等手段实现的"宽"，是为"厚"留有余地的"宽"。从上述六方面可以看出，"宽"已涵盖了"厚"的部分含义，而且是对以往课程存在的问题进行改革指向性很强的提法。此外，职业教育毕竟不是基础教育，要在拓宽学生就业面的前提下，在国家规定的学制中，适度地增"厚"基础。

　　总之，"宽基础、活模块"是该模式的结构特点，并通过这一特有的课程结构体现课程目标，控制课程功能，体现课程观念，为建立面向21世纪的职教课程新体系，为落实《行动计划》和《中共中央　国务院关于深化教育改革全面推进素质教育的决定》做出贡献。

# 10.2 对《"宽基础、活模块"课程结构研究》的回忆和再思考

蒋乃平[①]

《"宽基础、活模块"课程结构研究》原为我写的一份课题研究报告中的内容，是教育部组织的《面向21世纪中等职业学校课程与教材体系改革的研究与实验》总结的一部分，发表于《中国职业技术教育》2002年第3期。此文不但是对我有关课程模式研究系列论文的概括性总结，更是我与分布于23个省、自治区、直辖市上千位一线校长、中层干部、教师和教研员，参加三轮国家教育部级科研相关课题研究和实验的成果。发表于《中国职业技术教育》2002年第11期的《职业资格比较法——入世后课程开发的思路》，反映了此项研究问世的时代背景及其与课程开发的关系。

## 一、《"宽基础、活模块"课程结构研究》是多篇论述的提炼

"宽基础、活模块"一词首见于1994年1月《职教论坛》，其理论初步框架首发于1994年11月《教育与职业》的《集群式模块课程的理论探索》一文。1999年连续12个月，在《教育与职业》发表系列论文，初步完善了通俗用名的"宽基础、活模块"课程模式（学名：集群式模块课程，以下简称KH模式）的理论体系。连载于《职业技术教育》（2007—2008年）的16篇论文，则进一步完善了KH模式的理论，丰富了课程开发应用方面的内容。几篇自认为有分量的文章，则发稿给《中国职业技术教育》。

有关KH模式的文章，除上面提及的杂志外，还发表于《比较教育研究》《职教论坛》《职教通讯》《中国教育报》《北京教育报》等报刊。1999年10月，在时任宁波职教教研室主任俞建文的鼎力相助下，由宁波出版社出版的74.4万字的《"宽基础、活模块"的理论与实践》一书问世，此书由我主编并执笔总论，俞建文、邓永伦任副主编，分论收入了10位专家、44篇参研单位实验负责人对此项目研究的评价和体会，还有14大类专业63所参研学校运用KH模式的教学计划，既有理论，又有实践。

---

① 蒋乃平，原北京市朝阳区教研中心教研员。

我对KH模式的有关论述，还有幸被俞立和郭杨主编的《现代职教课程论研究》（中国科学技术出版社，1996）、黄克孝和严雪怡主编的《职教课程改革研究》（科学普及出版社，1997）、孙震瀚主编的《21世纪中国职业技术教育前瞻》（高等教育出版社，1997）、孟广平主编的《我的教育观》（职教卷）（广东教育出版社，2000）等著作收录。

课程设置、课程内容是动态的社会现象，需要不断研究与开发，这是职业教育与普通教育最大区别之一。普通教育课程设置、课程内容相对稳定，而职业教育不但应该不断有新科目出现，而且原有课程设置和教材的内容，也必须依据科技进步和经济社会发展需要及时调整。职业教育与普通教育的课程改革最大的区别，在于专业课设置与内容的经常性调整或更新，而且应该鼓励和支持地方和学校编写地方性专业课教材。

## 二、KH 模式重视行业介入和学生职业生涯持续发展

职业高中是20世纪七八十年代的产物，其产生背景是当年经济发展急需补充有一技之长的职工，特别是三产的人才缺口较大。当年，中专、技校包分配，大多为一、二产专业。许多普通初中"戴帽"办的职高，虽然毕业不包分配，但是多数开办的是三产类专业，既很受当时兴起的三产企业欢迎，也受家长和学生的青睐。再加上职高学校大多会主动与企业联系，动员企业通过职业教育变招工为招生。企业也有积极性，不少企业不但按毕业人数付给学校培养费，还帮助职业学校建设实习室，而且蔚然成风。

职业教育课程改革最大的特点是行业介入，要落实于课程特别是专业课的课程设置和教材编写。职业分析和职业资格标准是职教课程设置、教材编制即课程改革的重要依据，必须有行业参加。在KH模式推出时，原劳动部的职业资格标准还未完善，因此职业分析十分重要。到了21世纪，劳动部门管理的工种、职业资格标准已相当完善，职业资格标准成为课程设置、课程改革的重要依据。1994年我在《职业技术教育》上发表的《职业资格证书制：职高教改的契机》一文，是职教课程开发对职业资格证书进入社会使用后的体会。

然而，随着科技进步和经济社会发展，不但新职业、新工种不断出现，原有职业、工种的要求也会增加或调整，而且有些职业岗位不属于劳动部门管理，因此职业分析仍然是课程设置、课程内容调整的必要手段。尤其在科技进步推动职业演变的速度越来越快，新产生的职业用人量少，劳动部门不可能很快编制出相应的职业资格标准，而用人单位又需要职业院校及时培养相关人才，因而职业分析仍然是职业院校开发新课程必不可少的手段。社会发展需求、行业需求即劳务市场需求

分析，是使用KH模式开发课程的起点；职业分析是培养新职业从业者不可或缺的前提。

KH模式的"宽基础"有四大板块，即德育文化类板块、工具类板块、社会能力类板块和职业群专业类板块。

职业群专业类板块的开发离不开职业分析，而工具类板块即外语、计算机两门课，应该也必须有行业特色，因而也需要职业分析。不同专业应选择有专业特色的外语、计算机教材，或自编有专业或地方特色的补充教材。

职业群专业类板块由一组针对一个职业群必备的专业基础知识和技能的模块构成，是毕业生在一个职业群中就业、转岗和晋升的基础。简言之，是一个专业甚至一个专业大类中相近工种共同需要的必修专业课。此类科目的教材编制和发行，是教育部和出版社的重点工作。

社会能力板块。社会能力包括交往与合作能力、沟通能力、塑造自我形象的能力、抗挫折能力、自我控制能力、组织和执行任务的能力、适应变化的能力、反省能力、推销自我的能力、谈判能力、竞争能力、收集和处理信息的能力、创新能力等，是成长成才的重要能力。

由我主编的模块化的《社会能力训练教程》（高等教育出版社，2001）一书，通过丰富的案例和训练项目引导学生，各单元均由节首案例引入，其余案例分散安排在知识要点中，着重于能力训练，实施案例教学。社会能力实际是适应社会、融入社会的能力，是学校人转化为职业人、社会人必备的能力。遗憾的是，此能力的训练至今还没有得到有关方面应有的重视。

《社会能力训练教程》是国家教育科研规划"八五""九五"有关职业教育课程改革课题的创新性成果，针对"宽基础、活模块"课程模式第三板块，即社会能力板块强化的教学需要编写。有关内容分别在21个省、自治区、直辖市的140余个参研单位的教学实践中予以尝试。在编写过程中，不但结合我国职业学校实际，创造性地借鉴了DACUM方法，而且吸收了英国BTEC课程证书体系的通用能力的思路。

《社会能力训练教程》全部编写人员均为中国联合国教科文组织协会全国联合会立项课题"'宽基础、活模块'课程模式的理论与实践研究"课题组成员，也是国家教育科研规划"九五"课题"面向21世纪的职业学校课程与教材体系改革的研究与实验"课题组成员。

"活模块"面向具体工作岗位，侧重强化从业能力，注重针对性、实用性，追求教学内容与职业资格对应，强调以"问题为中心"的课程综合化。学习内容的选择，既考虑就业方向，也注重学生个性，更着重对应职业资格标准的强化训练。一所学校或多所有相同专业的学校合作，对每个专业设计一个"宽基础"，多个针对具体职业甚至工种的大模块即"活模块"，以便根据就业市场需求和学生个性发展，推出相应模块供学生选择，鼓励学习能力强的学生多学一两个模块，以提高就业、转岗的竞争力。

我在《教育与职业》杂志连续发表的两篇"大特写"（不是论文），《乡下人 城里人 边缘人》（1994.12）、《乡下人 城里人 国际人》（1995.1），谈及了市场经济带来了农民工进城和农村职校学生进城的就业，回忆了当年农村职业高中的毕业生挺着胸进城的场景，阐述了改革开放让中国百姓走向了世界，讨论了市场经济对城市化的促进以及经济社会的大变革，用"大特写"的笔法展现、讨论了平民百姓尤其是"乡下人"身份的变化趋势。

市场经济对职业学校的课程体系改革提出了更高的要求。仅从"跳槽"状况而言，可以从一个侧面反映目前从业者，特别是以职业院校毕业生为主力军的企业雇员工作的不稳定，如果学生只接受单一工种培训，没有"宽基础"，特别是缺乏更新知识、更新技能所必备的文化水平和学习能力，就难以面对工作流动性强的现实，更难以面对科技进步不断淘汰一些职业、不断引发新职业诞生的形势。

1990年联合国研究机构提出了"知识经济"这一概念，强调这种新型经济意味着"人类正在步入一个以智力资源的占有、配置，以及知识的产生、分配、使用（消费）为最重要因素的经济时代"。

1994年，我在《职教论坛》发表了《市场经济对课程体系改革的导向》，讨论了五个方面：经济体制改革引导着职业教育改革的方向，主动适应市场需求是职业教育深化改革的关键，课程体系改革必须解决的两对矛盾，借鉴国际先进经验探索符合国情的课程体系，职业资格将成为职业教育课程体系的重要依据。这五方面，其实是从KH模式的视角，审视课程改革持续深化应走的路径。我据此提出了："职业教育课程体系必须加快改革步伐，探索符合我国国情的职业教育课程体系的理论，解放思想，敢于创新，认真实践，主动适应社会主义市场经济的需要。"

在我国就业市场体制逐渐完善的过程中，铁饭碗、终身制逐渐弱化，除公务员、事业单位专业人员等稳定性较高的职业外，职业院校毕业生以在企业就业为主，其工作的稳定性不高成为必须重视的课题。因此，职业院校的课程设置应该从提升学生继续学习、拓宽就业面的角度，加强"宽基础"的课程设置、教材建设，提高毕业生在一个职业群甚至几个相关职业群内择业或转换职业的能力。

我在20世纪90年代，呼吁面向21世纪的职业教育必须进一步深化改革，以适应我国经济体制改革面临的新形势和新任务，提出了课程体系改革是职业教育深化改革的重要组成部分，强调了经济体制改革必将引导职业教育改革的方向，由此表明21世纪将是知识经济时代。所谓知识经济，即指区别于以前的以传统工业为支柱产业，转为以高科学、高技术产业为支柱产业，以智力资源为首要依托的经济，是可持续发展的经济。这一经济时代的到来，必将对全世界经济产生重大影响，必将对职业教育提出更高要求。

我在那个阶段发表过一些与行业介入课程改革、职教与市场经济密切相关的文章。例如《为职业高中提供行业性系列化服务》（教育与职业，1992.2）、《市场经济对课程体系改革的导向》（职教论坛，1994.1）、《怎样理解对市场经济的"主动适应"》（教育与职业，1994.3）、《从用人单位和学生需求角度开发课程》（职业技术教育，2007.10）、《职场流动性日益增强 中职生转岗基础需夯实》（人民政协报，2008—4—23）。

## 三、通过三轮科研课题持续深化 KH 模式的内涵

1989年经北京市朝阳区教科所批准，KH 模式作为区级科研正式启动，1992年又在北京市科研规划办公室正式立项。

有关 KH 模式的研究，自"八五"开始，经过"九五"，到"十五"结束，作为子课题挂靠在相关教育部国家级课题下，通过三轮不同侧面的研究，持之以恒，不断深化。由于我只是北京市朝阳区教研部门的教研员，难以申领教育部级国家课题，又无经费保证，在申领北京市课题成功以后，我每五年都申领一个区级课题，作为上海职教研究所黄克孝教授、高等教育出版社王军伟副社长主持的教育部国家级课题的子课题，保证了科研三个五年之间的连续性。教育科研急不得，想创新，没有两三个周期的实践循环，难以验证和完善。

"八五"期间，我于1993年初提出了"宽基础、活模块"的课程设计思想，并在朝阳区部分职高、中专开展了实验。黄克孝教授知道我在组织课程实验后，赴京专程到我的工作单位邀请我的课题成为他主持的"八五"部级国家科研课题的子课题，增加了外地参研校，有五十余所学校作为实验校参加子课题研究。

"九五"期间，该课题在作为黄克孝主持的教育部"九五"课题的子课题的同时，又受邀成为王军伟主持的"九五"课题的子课题，参加子课题研究的学校达230余所，我执笔了主课题结题报告初稿。这两位课题主持人有各自的优势，黄克孝原为华东师大教授，到上海职教研究所工作后，在课程理论上有优势，王军伟调入高等教育出版社后，专抓职教口教材，对职业教育课程很熟悉。

"十五"期间，黄克孝退休，我的研究作为王军伟主持的"十五"课题的子课题，参研校达450余所。

研究过程中，我写的论文从不同侧面强调了对 KH 模式研究的着力点。例如：发表于1988年第11期《教育与职业》的《北京市朝阳区职业高中新生入学的心理调查》，说明了 KH 模式研究重视课程使用者即职业学校的生源特点；发表于1995年第1期《比较教育研究》的《MES、CBE 中的西方现代教育思想印痕》，说明了研

究要重视借鉴发达国家课程开发的出发点和操作方法；发表于2003年第11期《教育与职业》的《与国际接轨的几种课程模式——对北京市课程体系整体改革中涌现的课程模式解析》，借助担任北京市职教重点专业专家组组长的机遇，考察了多所中专、职高的课程改革动向，展示了专业课内容与国际接轨后，学校一线具体操作中的创新点；发表于2008年4月23日人民政协报的《职场流动性日益增强 中职生转岗基础需夯实》，强调了"宽基础"的重要性、必要性，希望政协中热心职教的委员能提出相关提案。

集群式模块课程即KH模式，集群的概念很重要。集群中的"宽基础"是发展个人具备多个相关职业入门能力，而非导向特定单一的职业专深能力。从职业准备的角度，集群重"广"而不重"深"，使学习者具备广泛的就业能力即就业面宽。而学生毕业前，则着重强化就业岗位所需要的技能，重"深"而不重"广"。在学生就业后，职业院校应创造条件进行企校合作，在企业支持下，为学生就业后的在职培训提供服务，深化企校合作。

简言之，职业院校学生时代尤其是前期，专业课讲究广博，以扩大求职面；实习前要强调训练专深，以便顺利就业顶岗；就业后训练是企校合作的深化，职业院校如能介入成人教育，通过组织技术工人短期培训，就能引导企校合作进入深化阶段。

在推出KH模式后，我有幸执笔了《中国教育大百科全书》中"模块课程"词条。此书由上海教育出版社出版（2012.12），被原国家新闻出版总署列为"十五"期间国家图书规划重点图书，是我国第一部大型教育专业百科全书，由中国教育学会名誉会长顾明远主编，全书共四卷，附有索引检索光盘。

## 四、KH 模式的学术价值与实践价值

1. KH模式及其相关论述的理论价值

第一方面，出于我国职教课程改革的实际需要，通过职教一线工作者的努力，推出了一个自主创新、结构清晰、便于管理、适用面广、易于操作、具有中国特色的职教课程模式，并形成了自身的理论框架。此框架既借鉴了众多发达国家职教课程模式的长处，继承了我国传统模式的优势，吸纳了我国大陆和台湾地区职教课程改革的成果，又创新性地构建了"宽基础、活模块"课程模式的课程观念、课程目标、课程结构、课程开发、课程实施、课程评价有关理论。

在我国职教课程改革的热潮中，涌现出数十个课程模式，但KH课程模式以其比较成熟的理论框架，形成了区别于其他模式的标志，也使KH模式具有了衍生出多种变式的可能，提高了模式的适应性。

第二方面，在"宽基础、活模块"课程模式的研发过程中，没有局限在应用研究的范围内，还对职教课程论的构建做了探索。例如，对职业教育课程改革的理论探索包括课程形态、课程模式、课程方案三个层级的探讨，对课程模式理论构建是职教课程学科建设的重要特点的探讨，对职教课程论怎样从以基础教育为主要对象的一般课程论中分支出来的探讨，对课程模式的主要特征是课程结构的探讨，是对实践能力、职业能力的比较以及职业能力所包含的社会能力内涵的探讨。

2. KH模式及其相关论述的实践价值

主要表现为以下三方面：

首先，本成果拉动了职教一线的课程改革。对活跃在第一线的职教课程改革队伍建设发挥了重要作用，对20世纪90年代以及21世纪初我国出现的群众性职教课程改革热潮有广泛影响，在一些问题上还起到了引领作用。

本成果问题的提出，前期源于计划经济向市场经济转轨时期的职教课程改革实践的需要，中后期源于经济全球化趋势的加快和全面建成小康社会对高素质劳动者的需要和学生个性发展的需要。在比较研究的基础上，着力于引进理念本土化后的应用，推出了便于国人理解的推广用名和便于一线职教工作者操作的课程结构、开发方法。

通过主要由各级职教教研员、学校干部和教师组成的研究队伍，紧密结合职业学校课程改革实际，使研究具有参与面广、坚持时间长、理论紧密结合实际的特征，成果具有操作性强、便于理解、易于推广的特点。KH模式不但在职教课改一线有广泛影响，而且也引起了职教理论界的重视。

其次，本成果影响了教育行政部门决策。这种影响体现在两个层面：一是国家层面，教育部职成司于2001年组织编写的83个重点建设专业教学改革综合指导方案中，有近1/3的方案直接运用了本成果即"宽基础、活模块"课程模式，有更多的方案运用了"宽基础、活模块"的结构特点和开发方法；二是地方层面，本成果对行业、地区、学校开发的非重点建设专业的教学计划，特别是专门化方向实施性教学计划的制订有重大影响。

不少省、地区的教育行政部门和教研部门，或者发了文件，要求运用KH模式开发地区性实施性教学计划，或者组织研讨会、培训班推广KH模式及其在学校实施性教学计划开发上的应用，对地方课程、校本课程的改革和一线干部、教师参加科研起了推动作用。

最后，本成果适应"以就业为导向"的要求。KH模式开发课程的根本理念在于从职业岗位对从业者素质需要，即从"为什么学，为什么教"的角度来筛选"学什么，教什么"，拉动"怎样学，怎样教"。明确了职教课程是为课程的学习者构建通向就业的桥梁，并为学习者职业生涯可持续发展奠定基础。

KH模式的"宽基础""活模块"两个阶段均为模块结构，"宽基础"着力于职业群对从业者的素质要求，"活模块"着力于一个职业岗位对从业者的能力要求。前者着眼于职业群需要而相对稳定，后者着眼于职业岗位而更加灵活。

只有重视并引导学生重视自己的职业生涯发展，才能调动学生的学习自觉性、积极性。课程设计再好，学生不学，课改实效就无法落地。这也是我自20世纪90年代开始，就把研究精力逐渐转向职业生涯教育的原因。值得欣慰的是，在有关领导的支持下，职业生涯教育不但成为中职德育大纲里认定的德育要素，而且成为独立设置的德育必修课至今已有14年了。《职业生涯规划》教材陆续推出了五个版本，使其内容既紧跟中央精神，又紧贴职校生实际，成为学生爱学、教师爱教的一门德育课（思想政治课）。其实，这门课的大纲、教材里就隐埋着KH模式的身影。

## 五、组织国际研讨会扩大课题成果的试验范围

KH模式的研究，得到了时任北京市人大常委会副主任陶西平的重视，他多次找我了解研究的进程，并决定以联合国教科文组织协会世界联合会副主席的身份，组织亚太地区的国际研究会。把"宽基础、活模块"模式简称为KH模式，就是陶西平主任建议的。时任朝阳区教育局局长的李观政特批了5万元支持，市教育局外事办也拨款支援。研讨会于1999年12月召开，第一天有来自我国23个省、自治区、直辖市的三百多位参研单位代表和二十余位亚太地区的代表参加，安排了同声翻译。由我做了主题报告，有四位亚太地区的代表发言，有市领导讲话。第二天由国内代表发言和讨论。每位代表都得到了一本我主编的《"宽基础、活模块"的理论与实践》。《中国职业技术教育》《中国教育报》等报刊均用大量篇幅并配照片报道了这次研讨会。研讨会规格高，内容丰富，进一步促进了职教同仁参与职教科研和课程改革的积极性。

会议结束后，陶西平主任还同意参研校挂上"中国联合国教科文组织协会立项课题"的铜牌，大大调动了学校参研的积极性，提高了KH模式的影响力。参研校所在地区的教研室成为当地参研校的牵头单位，使本成果在一、二、三产业的多种专业和不同经济发展水平地区得到检验。

我参加了中华职业教育社组织的赴台交流，在由台湾师范大学承办、在台北召开的2000年两岸职教学术交流会上介绍了KH模式，引起台湾同仁的强烈反响，带去的材料被争抢一空。

在各级领导的支持下，KH模式研究在职教课程改革的热潮中，通过成千上万职教同仁的实践检验，为完善此模式做出了贡献，也为通过群众性科研进行课程改革做了尝试。然而，课程改革尤其是与经济社会联系紧密的职教课程改革，永远是

职教发展必不可少的课题。在网上还能看到一些研究生撰写的有关中职、高职课改的研究报告，是以"宽基础、活模块"课程模式或集群式模块课程为内容的，感谢这些年轻朋友和他们的导师对 KH 模式的关注。长江后浪催前浪，已经退休 20 年的我，期待着更多正当年的同仁投入到职教课程改革大潮之中，为职业教育的健康发展做出贡献！

  我是以北京市朝阳区教研中心职教教研室教研员的身份于 2003 年退休的。感谢《中国职业技术教育》杂志社在贵刊成立 30 周年之际，给我以《"宽基础、活模块"课程结构研究》为载体，写这篇拙文的机会，令已经 80 岁的我回想起当年为职业教育拼搏的往事。那时我给别的杂志投稿多，不太敢给职教界级别最高的贵刊投稿，却是《中国职业技术教育》的忠实读者。期盼杂志能更上一层楼，成为更多职教同仁离不开的良师益友。

2023 年 5 月 9 日

# 11.1　我国本科教育的分类问题[①]

杨金土

经过20多年艰难曲折的探索，我国高等专科层次终于明确有一个新的教育类型存在，这就是高等职业教育。我国的高职教育在现阶段应该以专科层次为主，不能盲目升格，更不能不讲条件、不作规范地一哄而起。然而在我国本科教育层次是否也应该划分不同的类型？划定的新类型应该是什么类型？至今尚未形成共识。

教育类型和学校类型密切联系，却又是两个不同的概念，教育类型的核心是具有一定结构和内容特点的课程计划，不同的教育类型可以在不同学校实施；学校类型是具有一定功能的办学机构，同一所学校可以实施一种或几种教育类型。

教育类型的划分标准和方法虽然仁者见仁，智者见智，但总不能离开人才类型的划分，即以基本的培养目标为主要依据。我国教育系统现在已经基本达成共识的一点是：高等职业技术教育主要培养"技术应用型"人才。因此，关于本科及本科以上要不要划分不同类型的问题，讨论的现实焦点在于：本科教育到底是否应该承担培养"技术应用型"人才的任务？即本科教育层次是否也包含着职业技术教育类型并应有合理的类型结构？这不能凭主观臆断，而要做客观分析。

## 一、值得关注的两个世界性变化

20世纪，人类的科学发现以及在科学基础上的技术创新，是此前任何历史时期无法比拟的。与此同时，技术与科学的关系出现了新的内涵，技术人才在人才结构中异军突起，这是值得我们关注的两个世界性变化。

科学和技术是人与自然关系的两个方面，科学是人类认识自然的产物，技术是人类改造自然的工具。科学与技术两者之间的联系日益密切，同时也存在着不可磨灭的区别。技术以科学为基础，科学又以技术为手段，所以"技术依靠科学又促进科学"。而且，技术还经常领先于甚至孕育着科学发现。例如，生物技术正有力地推动着生命科学的发展，显微技术促进着物理学的新发现。如果全球的科技发展在

---

① 本文发表于2003年第17期，作者时任中国职业技术教育学会副会长、学术委员会主任。

20世纪前半叶重在科学，那么20世纪后半叶则重在技术，这种趋势还将持续数十年。正如诺贝尔物理学奖获得者杨振宁教授所说："我认为今后三四十年全球科技发展的重点将继续向技术方面倾斜。虽然从1950年到2000年，基础、发展与应用研究三者都有增加，但增加的幅度却以后二者尤其是第三者为大。这个大趋势是源于以下一个历史事实：20世纪上半叶基础研究的成果大大增加了人类对物理世界与生物世界的了解与控制能力，从而使得新应用、新产品可以层出不穷，造成了今天应用研究欣欣向荣的趋势，而此趋势在以后三四十年还会持续下去"。

在技术发展的过程中，从事技术工作的人员也出现了分工，有的侧重技术科学的研究和新技术的设计，有的侧重于技术的开发与应用，这种侧重技术开发与应用的人才，逐步形成自己特有的知识能力结构，成为一类独立的人才群体，并逐步形成培养这类人才的课程体系，实施这类课程体系的教育后来被联合国教科文组织定义为"技术教育"。正如美国学者B. R. Shoemaker先生在他的《论技术教育的发展和设施》一文中写道：第二次世界大战以后，技术革命的变化带来了工程和其他职业的变化。工程师在理论领域不断深入，迫使他们丢下一些原先要做的工作，于是在商业、工业和农业中，出现了一种新水平的职业去填补由于工程专家升级而造成的真空，而且在教育上出现一个新的水平去培养这种人才。这种新水平的教育称为技术教育。随着技术人才队伍的壮大和技术教育的发展，技术教育的层次逐步向上延伸，并出现技术人才的不同层次。1981年，联合国教科文组织出版了H. W. French所著《工程技术员命名和分类的几个问题》一书，该书通过对一些主要工业化国家的分析，特别强调了当代技术型人才已经有"技术工程师"或"技术师"与"技术员"两个层次，其中"技术员"一般由高中阶段教育和高等教育的初级阶段培养，"技术师"由本科教育培养。

## ❋ 二、我国本科教育的实情分析 ❋

2000年，我国共有普通本科院校599所，在校学生240万人。如包括各种成人教育在内的本科教育在校生总数为414.24万人，是1996年的2倍，占全国本专科学生总数的45%。

在我国的教育统计中，普通高等学校本科与专科学生所学的专业，按哲学、文学、历史学、教育学、理学、经济学、法学、工学、农学、医学十个科类划分。从学科内容看，有的科类偏重科学或偏重基础，有的科类偏重技术或偏重应用；从培养目标看，有些科类以培养研究型人才为主，有些科类则以培养应用型人才为主。

据本人计算，2000年普通高校本科与专科在校生各大科类的数量比例分布情况如表11.1.1所示。为明晰起见，将文学、历史学和哲学合为"文史哲"一个项目。

表11.1.1 2000年普通高校本科与专科在校生各大科类数量比例分布情况

| 教育层次 | 本科 | 专科 |
|---|---|---|
| 学生总数（人） | 3 400 181 | 2 160 719 |
| 文史哲 | 14.0% | 19.8% |
| 教育学 | 3.8% | 4.9% |
| 理学 | 10.5% | 8.0% |
| 经济学 | 14.2% | 18.1% |
| 法学 | 4.3% | 5.7% |
| 工学 | 40.6% | 35.5% |
| 农学 | 3.6% | 2.5% |
| 医学 | 9.0% | 5.5% |

考察表中的数据，至少可以得到如下两个印象：

（1）在专科教育中，包含了相当比例偏重科学的、基础的学科，说明专科教育不等于职业技术教育；

（2）在本科教育中，学习技术应用学科为主的学生占大多数，其中绝大部分应该属于技术应用型人才，与高等职业技术教育的基本培养目标一致。

现在，人们常常把高职教育与本科教育作为相互比较的双方，试图在培养的人才类型和培养过程方面严格地加以区别，其前提是高职教育只能限制在专科层次，而将专科教育等同于高职教育。然而高职教育与本科教育、高职教育与专科教育都是不同质的概念，前者说的是教育类型，后者指的是教育层次。但在目前的宏观政策导向上，并没有作如此明确的界定，更没有在本科层次作明确的类型区分，教育评估体系中也几乎只有偏重研究型的标准。本人认为，如果不从理论上和政策上明确本科教育的类型差别，势必导致所有的本科教育都向研究型方向发展，违背社会对本科教育的实际需要。

## 三、世界本科技术教育发展的共同趋势

随着社会的进步和教育普及化水平的提高，社会对教育提出了多样化的需求，促使教育逐步产生类型的分化。这种分化，是第二次世界大战以来全世界多数国家和地区教育发展的共同趋势，这种趋势，较典型地反映在联合国教科文组织1997年修订的《国际教育标准分类》中。这是该组织为统计各国教育情况而制定的"教育统计标准"，反映了世界多数国家教育体系的共性部分。该标准按教育体系的"发

展阶梯"划分为 7 个层次，其中第 5 层次是包含专科、本科、硕士研究生在内的一个层次，值得我们特别关注的是该标准把这第 5 层次划分为"5A"和"5B"两种类型，"5A"是"面向理论基础、研究准备、进入高技术要求的专业课程"；"5B"是一种"定向于某个特定职业的课程计划"，是"实际的、技术的、具体职业的特殊专业课程"，与我国高职教育目标基本一致。

联合国教科文组织于 1998 年在巴黎召开了"世界高等教育大会"，形成了《关于高等教育的变革与发展的政策性文件》，该组织总干事马约尔说：这个文件可以作为会员国和高等教育负责人"制定政策时的'参考坐标'"。这份政策性文件在题为"高等教育的趋势"一章中，提供了大量的数据证明世界高等教育的"结构与形式的多样化"趋势，认为已经出现了教育类型的"两元现象"，但"未必是两极现象"。该文件还着重指出："创造高质量的工作有赖于高质量的劳动大军，而高质量的劳动大军的培养正是由高等教育与'技术和职业教育'一起来完成的"。

早在 1965 年，美国教育专家 H. A. Foechek 预言："在将来某一时候，大学本科水平上可能至少有四种基本类型的学士学位教学计划——科学类、工程科学类、工程类和工程技术类。"美国从 1945 年开始培养技术员，当初主要通过高中阶段和高中后两年制的技术学院和社区学院培养中级水平的技术员。20 世纪 60 年代后期开始创办本科水平的技术教育，培养技术师。至 1978 年，全美国已有 300 多所院校设立了这类专业，1979 年已有这类学生 43 000 人；20 世纪 80 年代以后专科的增长幅度减小，四年制技术教育迅速发展，现在，二年制技术教育和四年制技术教育并存，如在密尔沃基地区技术学院中，同时有二年制和四年制；在普渡大学的学士学位课程中同时设置工程类和技术类专业。1960 年，全美四年制技术教育毕业生 2 858 人，1982 年有 8 325 人，到 1990 年，全国约有技术师 20 万人。

我国台湾地区高等职业技术教育的发展轨迹，证实了 H. A. Foechek 的预见。台湾地区在 1974 年 8 月建立第一所四年制技术学院，1979 年开始在技术学院培养研究生，但在 20 世纪 70 年代—80 年代，高中后的职业技术教育仍以二年制的高等专科为主。直到 20 世纪 90 年代的后期，本科层次的职业技术教育机构才获得突飞猛进的发展，1995—1999 年，四年制技术学院从 7 所猛增到 40 所，大学设置的技术学院从 2 所增加到 22 所，同属职业技术教育系列的"科技大学"则从无到有，新建了 7 所。

由此可见，在本科层次分化出职业技术教育类型，是 20 世纪后期世界高等教育发展的共同趋势。

## 四、国内学者观点举例

我国过去进行人才预测、制定教育规划，多注重不同的层次需求，很少注意不同类型的区别，改革开放以来特别在最近几年，关注人才类型和教育类型的学者逐渐多起来了，不乏真知灼见。现举几例如下：

（1）1998年5月，中国工程院以朱高峰、张维为组长，张光斗、路甬祥、韦钰为顾问，以"工程教育改革与发展咨询项目组"名义形成一份《我国工程教育改革与发展咨询报告》。该咨询报告指出："我国的工程教育与技术教育的培养目标定位不准"，"工程教育与技术教育，在我国尚未形成具有不同特点的两大系列。存在的轻视技术与工艺，这也是造成我国工业产品质量差、缺乏竞争力的主要原因之一。为此，建议逐步地把工程和技术分为两个系列。技术系列应有独立的职称体系和院校体系（包括本科、大专、中专等）……按不同系列的特点，确定教育目标，组织教学。这将有利于不同类型、层次的学校办出各自特色；有利于不同领域的专业人才有各自的奋斗目标，按各自的技术体系和业务特点不断进取，提倡'行行出状元'，改变目前的'千军万马过独木桥'的畸形"。建议"正规的技术型本科和专科学校应得到加强"。

（2）中国工程院副院长、中国工程院教育委员会主任朱高峰在"中国工程院教育委员会2000年学术年会"上说："工程教育的多样性问题也越来越严重——以培养实用操作层面的技术型人才的教育始终未能成型，大专在萎缩，中专、职业学校不受欢迎。出现这种现象，一方面，主要是社会对人才需求的多样性缺乏认识和了解，人们的思想观念上始终摆脱不了'一刀切'、否定社会分工的阴影，这说明了社会的幼稚；另一方面，教育本身探索不同需求、不同层次、不同特点的努力也显得很不够。"

（3）中国科学院院士贺贤土指出："在科技快速发展的今天……既需要大量的科学技术研究人才，又需要更大量的技术开发、应用和管理高级专门人才。前者主要通过研究型大学来培养，后者则成为高等职业技术教育的重要任务"。"如果大多数大学都要成为研究型大学，而培养技术型人才的大学很少，中国今后能快速发展吗？我认为地方大学除了培养一部分毕业生输送到研究型大学和研究部门外，更多地应当定位为培养技术开发、应用和管理型人才，其数量要比研究型人才多很多，高职教育面临着更大的发展"。

（4）中国工程院院士、农学家盖钧镒指出："农业科学主要为应用型科学。"他主张农科人才分为应用型和研究型两大类，"学位层次上，应用型人才的培养包括大专、本科及专业硕士三个层次，研究型人才的培养包括本科、硕士、博士三个层次"。

（5）同济大学校长吴启迪教授2000年12月在全国本科院校高职教育协会的学术年会上说："高等职业技术教育绝不是一种低水平教育，绝不是一种低成本教育，也绝不仅仅是一种低层次教育。但是现实情况是，高等职业技术教育确实被认为是一种低水平、低成本、低层次的教育。"

上述各位专家所阐述的观点，出于不同的行业和角度，虽然具体表述不尽一致，但都主张本科教育应该划分不同的类型，都认为亟须加强技术类、应用类人才培养，并将培养此类人才的教育类型单独形成系列。至于这类教育的称谓，并不是最重要的问题，我们不妨根据我国的法律，参照国际惯例进行论证。

## 五、培养技术应用型人才的教育类型定位

教育部明确我国高职教育的基本培养目标是"技术应用型"人才。我个人对此作如下理解：

（1）"技术应用性"人才与"技术应用型"人才在实质上没有什么区别，为了突出"类型"概念，所以本文概称"技术应用型"人才。

（2）高职教育的基本培养目标涉及面很广，不完全是"技术应用型"人才，但主要是"技术应用型"人才。

（3）现代"技术"的内涵已经扩展到管理、服务等非物质生产领域，"技术应用型"人才的职能范围、工作边界在拓宽，对此类人才的培养要求相应提高。

（4）随着高新技术在技术应用领域的不断渗透，对"技术应用型"人才的知识能力要求相应提高，培养这类人才的难度加大。

（5）"技术应用型"人才等同于国际上通常所称的"技术员类人才"，包括技术员、高级技术员、技术师、工艺工程师、现场工程师，等等。

如果上述理解被基本认可，那么根据联合国教科文组织的界定，培养这类人才的教育应该属于"技术教育"。该组织对"技术教育"做了如下解释：技术教育是"设置在中等教育后期或第三级教育（高中后教育）初期以培养中等水平人员（技术员、中级管理人员等）以及大学水平的，培养在高级管理岗位的工程师和技术师。技术教育包括普通教育、理论的科学的和技术学科的学习以及相关的技能训练"。根据这个术语定义，技术教育可以在三个层次的教育中实施，一是"中等教育后期"（高中阶段）；二是"第三级教育初期"（专科层次）；三是"设置在大学水平"（本科层次）的技术教育，"培养在高级管理岗位的工程师和技术师"。说明在本科层次培养技术应用型人才是高等技术教育的应有之义。

在联合国教科文组织的文件中，"职业教育"和"技术教育"是作为两个条目解释的，同时有一个"技术与职业教育"的条目，明确说明这是包括"职业教育"和"技术教育"在内的综合术语。在我国，如果把高等层次培养技术应用型人才的教育称为"高等技术教育"应该是名正言顺的，但鉴于"职业教育"是我国的法律称谓，它的实际内涵包括了技术教育，实质上与联合国教科文组织的"技术与职业

教育"同义，因此，我国本科教育层次所实施的高等技术教育，还是应该定位于高等职业教育范畴，但不应避讳高等技术教育这一名称的使用。

联合国教科文组织的文件对任何国家都不具有法律意义的约束力，但联合国教科文组织作为教科文领域的国际组织，它提出的概念和标准反映了世界多数国家的共同趋势，我国是联合国教科文组织的成员国，特别是我国加入WTO之后，理应认真研究并结合本国情况尽可能地与之衔接。

## 六、结论

本科教育类型的多样化并追求教育类型结构的合理化，是20世纪下半叶世界高等教育改革和发展的共同趋势，是社会发展的必然，它不以任何主观意志而转移。确立高等职业技术教育在我国本科层次的应有地位，是我国实现现代化建设目标的客观需求，既忽视不得，也延误不得。目前应有少量试点，今后根据社会实际需要逐步发展。也许不同类型的本科教育今后又将趋向综合，但那是更高水平的合，没有今天的分，就没有明天的合。

# 11.2 分类和我国职业教育的发展
## ——从《我国本科教育的分类问题》说开去

庄西真[①]

　　北宋知名教育家胡瑗在《松滋儒学记》里讲到"致天下之治者在人才，成天下之才者在教化，而教化之所本者在学校。"意思是，能够使国家繁荣稳定的在人才，而能够培育成国家人才的在教育，而教育的基础是学校。在现代社会中，社会分工产生了形形色色的职业，不同的职业对从业者的知识、能力要求不同，有的职业要求从业者接受基本的教育、掌握基础性的读写算即可；还有的职业要求从业者在接受了基础教育后继续接受更长时间的专业教育，掌握更多的专业知识、更加复杂的职业技能后才能就业，正所谓"人以职分、教以类别"，与需求多样性对应的是教育的多类型，教育必须分类发展。

　　分类发展、理念先行。现代职业教育，自诞生之日起，在教育对象、培养目标、教学内容、教学方式等方面都有异于普通教育的学校，其作为一种独立的教育类型既是一种客观的存在，也是社会公众头脑中的一种主观认知。但由于理论层面对其规律认识相对不足，实践层面对其贯通体系建设力度不够，使得职业教育在整个教育体系中易被人们视为一种依附于普通教育体系的较低等级的学历层次，缺少应有的类型教育属性认同感。[②]职业教育真正彻底由之前的"层次教育"转变为"类型教育"，确立了自身在国民教育体系中的战略地位，在不同层次的教育中争得一席之地，是近几年才做到的事情。能够走到这一步，还真不容易。追根溯源，与很多专家、学者、领导坚持不懈地鼓与呼密切相关。最近因为撰写中国式职业教育现代化的文章，看了大量的文献，又读到了（之前在写职教本科的系列文章时学习过）国家教委职业技术教育司（现教育部职业教育与成人教育司）原司长、中国职业技术教育学会原副会长杨金土先生于20年前，在《中国职业技术教育》杂志发表的《我国本科教育的分类问题》一文，这篇文章是较早探讨本科教育分类的文章，文章按照科学技术进步—职业分化—教育分类—职业教育类型定位的逻辑展开，先是指出了当今世界出现的技术在科技发展中日益凸显和技术人才的分化这两个变

---

① 庄西真，江苏理工学院职教研究院院长、中国职业教育现代化研究中心主任，博士，教授。

② 刘晶晶，和震. 现代职业教育体系建设的中国方案［N］. 中国教育报，2019-10-22（10）.

化，在分析了我国本科教育的科类分布现状和部分国家（地区）本科层次技术教育情况的基础上，借鉴联合国教科文组织有关文件内容和国内学者的相关论述，得出"本科教育类型的多样化并追求教育类型结构的合理化，是20世纪下半叶世界高等教育改革和发展的共同趋势，是社会发展的必然"的结论，明确了"确立高等职业技术教育在我国本科层次的应有地位，是我国实现现代化建设目标的客观需求，既忽视不得，也延误不得"的观点，进而提出"目前应有少量试点，今后根据社会实际需要逐步发展"的建议。[①]文章说的是本科教育分类，关切的是职业教育长远发展问题。20年过去了，虽世殊时异，文章中谈到的高等教育、本科教育、职业教育发展的观点都一一应验，科技迭代加速、职业分化迅猛、讨论变成结论、趋势变为定势、建议成为现实，令人不得不感慨系之，佩服杨金土先生对高等职业教育发展规律的深刻把握以及建基于上面的前瞻性和预见性。

## 一、科学技术迭代加快、职业分化继续

现代社会中，教育是手段，不是目的。发展教育是为了满足国家或者区域经济社会发展和个人职业生涯发展的需要。发展什么样的教育、如何发展教育都受到经济社会、科学技术发展的影响。《我国本科教育的分类问题》文章提到"20世纪的科学发现以及在科学基础上的技术创新，是此前任何历史时期无法比拟的。与此同时，技术与科学的关系出现了新的内涵，技术人才在人才结构中的异军突起，这是值得我们关注的两个世界性变化。"[②]这句话涉及两个方面的内容：第一个方面讲的是现代社会中科学技术的快速发展，科学发展意味着不断有新知识、新理论、新事实、新规律被发现，技术进步意味着在科学发展基础上不断地有新发明、新创造、新技术、新工艺产生。实际上，这就是我们通常讲到的科技革命。科技革命是在特定时段里科学技术进行的全面的、深入的、根本性变革，近代历史上已经发生过三次重大的科技革命。18世纪末，蒸汽机的发明和使用，引起了第一次科技革命；19世纪末，电力的发现和使用引起了第二次科技革命；第二次世界大战后，先后出现了计算机、能源、新材料、空间、生物等新兴技术，引起了第三次科技革命。近些年，按照某些专家的说法，我们正在迎来以人工智能、石墨烯、虚拟现实、量子信息技术、区块链、可控核聚变、物联网、脑科学、清洁能源以及生物技术为标志的第四次科技革命。纵观人类科技发展史，科技革命技术扩散和转移周期大约为60年（现在似乎有周期缩短的趋势），且新技术革新、应用和全面普及，都会影响世

---

①　杨金土. 我国本科教育的分类问题［J］. 中国职业技术教育，2003（6）中：11-14.

②　杨金土. 我国本科教育的分类问题［J］. 中国职业技术教育，2003（6）中：11-14.

界经济格局的变化，哪一个国家抓住了科技革命的机遇，哪一个国家的经济社会就有一个大的发展。美国经济学家布莱恩·阿瑟在《技术的本质：技术是什么，它是如何进化的》一书中提出："众多的技术集合在一起，创造了一种我们称之为'经济'的东西。经济从其技术中泛现，并不断从它的技术中创造自己，决定哪种新的技术将会进入其中。经济是技术的一种表达，并随着这些技术的进化而进化"①。党的二十大报告提出："加快发展数字经济，促进数字经济和实体经济深度融合"。这就是抢抓世界科技革命和产业变革的机遇、抢占未来发展制高点的客观要求和有力举措。

第二个方面的内容讲的是分工基础上的职业分化。《我国本科教育的分类问题》提到"从事技术工作的人员也出现了分工，有的侧重技术科学的研究和新技术的设计，有的侧重于技术的开发与应用，这种侧重技术开发与应用的人才逐步形成自己特有的知识能力结构，成为一类独立的人才群体。"这说的就是分工导致的职业分化现象。

分工是一个普遍的现象，也是历史悠久的现象。宏观上看，分工是指社会不同部门（如工业、农业、商业等）之间和各部门内部（如工业内部又分为金属冶炼、机器制造、纺织、食品加工等）的分工。②追溯过往，大约在公元前4000年，随着牧业和农业的发展，出现了专门从事农业和牧业的部落，这是第一次社会大分工。在牧业和农业发展的同时，手工业也有了一定的发展，并逐渐从农业、牧业中分离出来，形成了专门的行业，这是第二次社会大分工。在社会大分工出现以后，由于出现了农业、牧业、手工业，人们的生产已经不仅仅是为自己需要，也是为了同别人交换，商品交换成为必要，出现了专门从事商品交换的商人，使商业从农业、牧业、手工业中分离出来，形成了第三次社会大分工。随后，社会分工仍在继续，交通运输业、文化娱乐业、金融业等行业相继出现，形成了社会生产部门的基本格局，但这并不意味着社会分工已经结束，这些基本的社会生产部门内部的社会分工从来没有停止过。需要指出的是，在近现代历史上，几乎每一次重要的科技革命，都会导致新的社会分工。例如，电被发明以后，就出现了电气设备制造业、发电业、电气产品制造业；电子计算机技术产生以后，出现了计算机制造业、软件制造业、计算机服务业等。

分工在中观层面就是组织间分工和组织内分工。组织间分工指不同性质组织之间的分工，也包括同一性质组织之间的分工。前者说的是不同的组织承担不同的职能，经济组织负责生产产品、提供服务，教育组织负责人才培养，医药组织负责

---

① 布莱恩·阿瑟. 技术的本质：技术是什么，它是如何进化的［M］. 杭州：浙江人民出版社，2014.

② 《辞海》［Z］. 上海：上海辞书出版社，1999：1911.

治病救人，政府机构负责公共服务和社会治理，军事组织负责抗击侵略和国家安全等；后者说的是同一性质的组织之间的分工，比如同为经济组织的企业，这个企业生产汽车（或者生产组装汽车的某些零部件）、那个企业生产洗衣机（或者生产组装洗衣机的某些零部件），我们可以称之为产品间分工。组织内分工是指组织内部的任务（岗位）分置，每个组织都有自己的目标，要达成这些目标，就必须完成一系列的工作任务。那么，应该完成哪些工作任务，以什么方式来完成这些任务，什么样的人能够完成这样的任务，这些就是组织内分工，比如格兰仕集团除了管理岗位外，在生产岗位上有普通技工、关键岗位技工、产业技工和工程师的区分。可以预料，分工永无止境，且越来越深入、越来越细化。

分工是促进社会进步和经济增长的动力和源泉，也是决定和制约职业消长更替的重要因素。科学技术的进步、生产工具的改进和生产的社会化，使分工愈益发达，专业化程度越来越高，职业也越来越多。每一次大的技术进步在淘汰一些就业岗位的同时，在其他相关领域必然要创造更多新的就业岗位。这一点从1999、2015、2022年三个版本的《中华人民共和国职业分类大典》的变化中可见一斑。

## 二、回应多样人才需求、教育分类发展

有人说，中国教育重层次划分、轻类型区别，存在一定的道理。如果说我国的教育不分类型，是不客观的。其实，成人教育、继续教育、基础教育、高等教育、正式教育、正规教育、休闲教育等也是分类。就高等教育来说，其分类标准与体系是20世纪50年代以来逐渐形成的，主要是根据学科布局和学科覆盖面来划分，这种高等教育精英时代的划分依据理论上认为所有高校都是平等的，都是以培养理论型、研究型人才为目标，只是存在学科差异和学科覆盖面的不同。[①]《我国本科教育的分类问题》指出，"随着社会的进步和教育普及化水平的提高，社会对教育提出了多样化的需求，促使教育逐步产生类型的分化"。又指出，"在本科层次分化出职业技术教育类型，是20世纪后期世界高等教育发展的共同趋势"。[②]即多样化的教育才能满足经济社会和个人发展对教育的多样化需求，教育的多样化不是某一个层次教育的多样化，而是在每一个层次的教育都应该是多样化的，比如初等教育、中等教育、高等教育的多样化。因为社会和人对教育的需求既是多层次的、也是多样化

---

① 李立国，薛新龙. 建立以人才培养定位为基础的高等教育分类体系［J］. 教育研究，2018（3）：62-69.

② 杨金土. 我国本科教育的分类问题［J］. 中国职业技术教育，2003（6）中：11-14.

的。教育多样化决定于人的基础不同以及发展方向不同，也决定于经济社会发展对人才的需求不同。

先从个人发展的角度看。在横向上，不同个体之间在先天禀赋、后天成长、家庭状况、阶层（收入多寡）位置等方面皆有不同，正所谓"龙生九子、各有不同"。不同的人从主观和客观上对多样化教育提出了要求。一方面，心理学研究早已证实，智力是由多种同样重要的能力构成，而不是仅有一两种核心能力，各种智力是多维度地、相对独立地表现出来的，这是多元智力理论的本质所在。[①]考虑到个体特征的多种面向，小的时候接受基础教育就需要多种不同的教育教学模式，等到年长，去接受中等教育、高等教育，也应该如此。中等教育（比如高中）类型需要多样化，高等教育（比如本科）类型也需要多样化。

再从经济社会发展的角度看。前文已经述及，职业的多样性（所谓三百六十行）决定了从业人员的多样性，经济社会发展表现为各行各业的发展，各行各业需要具备不同知识、能力和素养的从业者来做事，不同的从业者应该由不同的教育培养。根据2022年版的国家职业分类大典，我国职业包括8个大类、79个中类、449个小类、1 636个细类（职业）。每一个职业都规定了从业人员的知识、能力要求。就职业技能等级体系来说，技能人才的能力水平也存在多个层级。在计划经济时代，我国技术工人评价体系广泛实行"八级工"制度。1990年，原劳动部颁布实施的《工人考核条例》确立了初级工、中级工、高级工、技师和高级技师5个等级的技术工人考核体系。2022年，人力资源和社会保障部（以下简称人社部）出台的《关于健全完善新时代技能人才职业技能等级制度的意见（试行）》开始试行新的"八级工"制度，特级技师、首席技师、学徒工等等级序列[②]。

人才的多样性决定了教育的多样性。当前，新一轮科技革命和产业变革正在加速演进，人才成为国际战略博弈和国内区域竞争的主战场。高水平科技自立自强离不开大师、战略科学家、一流科技创新人才、青年科技人才、卓越工程师、现场工程师、能工巧匠、大国工匠和高素质技术技能人才的支撑和保障。技术技能人才是支撑中国制造、中国创造的重要力量。中共中央政治局2023年5月29日下午就建设教育强国进行第五次集体学习。中共中央总书记习近平在主持学习时强调，系统分析我国各方面人才发展趋势及缺口状况，有的放矢培养国家战略人才和急需紧缺人才，源源不断培养高素质技术技能人才、大国工匠、能工巧匠。

人才的多样性需要教育的多样性，要构建符合社会发展需求和人才多样化的教育类型体系，就要深入考察各类职业对人才的知识、技术、技能的要求，从而开发

---

① 霍力岩. 多元智力理论及其对我们的启示［J］. 教育研究，2000（09）：71-76.

② 人力资源和社会保障部. 我国技能人才职业技能等级制度的历史演变［EB/OL］.［2022-05-31］.

相应的专业课程体系和各类教育项目，其中就包括发展多样化的本科高等教育。本科教育是我国高等教育的主体，在高等教育结构中居中心地位。从世界高等教育的发展趋势、我国社会经济发展的需要以及我国高等教育自身的结构来看，目前的这种结构状况仍然存在不少问题。我们的本科教育没有形成多样化的样态，其定位趋同和培养理念类似。离我国高等教育要"在不同领域、不同层次办出特色、办出水平，形成各自的办学风格和亮点"的目标还有很大差距。①本科教育的办学模式"千校一面"、学校规模的"大而全"、办学目标的"趋同现象"等问题突出。一个国家（或地区）的本科教育应该是由不同类型的大学（学院）组成的系统，这样的话，高等教育才能在各级各类高校相互竞争和优势互补中达到高质量发展，也才能满足经济社会发展对多样化人才的需求。经济发达的国家都是高等教育强国，高等教育发达的国家也都是本科教育多样化、异质化的国家。

### 米 三、发展职教本科、建设职教体系 米

《我国本科教育的分类问题》指出，"本科教育类型的多样化并追求教育类型结构的合理化，是20世纪下半叶世界高等教育改革和发展的共同趋势，是社会发展的必然，它不以任何主观意志而转移。确立高等职业技术教育在我国本科层次的应有地位，是我国实现现代化建设目标的客观需求，既忽视不得，也延误不得。目前应有少量试点，今后根据社会实际需要逐步发展。"②经过多年的理论和舆论准备，以人才多样性培养为基础进行高等教育分类，包括本科教育分类的理念已经在各级政府得以确认，逐步"飞入历年政策中"，而且政策优先的选项是鼓励现有本科院校转型办职教本科。

1999年国务院颁布的《面向21世纪教育振兴行动计划》明确提出了本专科在校生的增长目标，并提出在过去"三改一补"的基础上允许部分本科院校设立高等职业技术学院，将本科职业教育推向了规模化发展的时代。计划的出台刺激了一大批高职院校合并和升格为本科院校（严格意义上这不是我们期待的职教本科），从1999年到2006年的短短7年时间全国新建本科院校200余所，占当时全国高校总数的1/3。③

---

① 庄西真. 普通本科院校转型：为何转、转什么、怎么转［J］. 中国职业技术教育，2014（21）：84-89.

② 杨金土. 我国本科教育的分类问题［J］. 中国职业技术教育，2003（6）中：11-14.

③ 李泽彧，陈杰斌. 关于我国新建本科院校研究动态的探讨——基于1999—2006年"中国知网"的统计与分析［J］. 教育研究，2008（03）：95-99.

2010年发布的《国家中长期教育改革和发展规划纲要（2010—2020年）》指出，要不断优化高校学科专业、类型、层次结构，特别是要鼓励和扩大应用型、复合型、技能型人才的培养，为高校转型和分类发展指明了方向。

2014年，国务院印发了《关于加快发展现代职业教育的决定》，其中第六条"引导普通本科高等学校转型发展"。强调"采取试点推动、示范引领等方式，引导一批普通本科高等学校向应用技术类型高等学校转型，重点举办本科职业教育。"2015年10月，教育部、国家发展改革委和财政部联合印发的《关于引导部分地方普通本科高校向应用型转变的指导意见》明确了试点先行、示范引领的转型思路，按照"试点一批、带动一片"的要求，确定一批有条件、有意愿的试点高校率先探索应用型（含应用技术大学、学院）发展模式，推动更多本科学校向应用型转型发展。

2017年，教育部印发《关于"十三五"时期高等学校设置工作的意见》，提出以人才培养定位为依据，将我国高校分为研究型、应用型和职业技能型三大类型。这是我国高等教育管理部门首次就高校分类设置标准作出具体规划，标志着我国高校分类体系的基本形成。

虽然高等学校设置有了分类，几乎年年有政策提出普通本科转型职业教育，但是效果并不明显，那就只好另辟蹊径。2019年《国家职业教育改革实施方案》明确提出"推动具备条件的普通本科高校向应用型转变，鼓励有条件的普通高校开办应用技术类型专业或课程。开展本科层次职业教育试点。"2019年5月教育部批准了首批15所本科层次职业教育试点院校，本科层次职业教育从"纸上谈兵"变为现实；在2020年进行的职业教育专业目录修订中，除原有的中高职专业目录外，还新增了本科层次的专业目录。2021年3月教育部印发《本科层次职业学校设置标准（试行）》，2021年4月，习近平总书记在对职业教育工作的指示中强调"稳步发展职业教育本科"。

2021年12月，国务院学位委员会办公室印发的《关于做好本科层次职业学校学士学位授权与授予工作的意见》明确普通本科和职业本科都按照《中华人民共和国学位条例》《中华人民共和国学位条例暂行实施办法》《学士学位授权和授予管理办法》进行学士学位授权、授予、管理和质量监督；在证书效用方面，两者价值等同，在就业、考研、考公等方面具有同样的效力。《2021年全国教育事业发展统计公报》显示，2021年全国已建设本科层次职业学校33所，比上年增加11所，本科层次职业学校校均规模18 403人。2021年，全国职业本科招生4.14万人，比上一年增加2 946人，增长7.66%，职业本科在校生12.93万人，比上一年增长76.18%。

形势发展到今天，稳步发展职业本科教育已经成为下一阶段职业教育工作的重心。我理解，稳步发展的"稳"，意味着发展本科层次职业教育速度不能太快、规模不能太大，关键的是质量不能不高。本科层次职业教育既要有鲜明的职业教育特点，更要有本科层次的高等教育特征，"职教本科"就要有职教本科的样子。任何事情都不会是一蹴而就的，教育事业更是如此，培养创新型技术技能人才的职业本科教育不是随便哪个学校想办就能办好的，而需要遵循规律、长期积累、久久为功。①

从对本科教育分类发展问题的讨论，延伸到职业教育类型定位的讨论，由点到线，顺理成章。2019年《国家职业教育改革实施方案》明确指出"职业教育与普通教育是两种不同教育类型，具有同等重要地位。"2021年全国职业教育大会提出优化职业教育类型定位，加快构建现代职业教育体系。2022年5月1日开始施行的《中华人民共和国职业教育法》将相关内容描述为："国家优化教育结构，科学配置教育资源，在义务教育后的不同阶段因地制宜、统筹推进职业教育与普通教育协调发展。"这是我国首次在法律层面明确，职业教育是与普通教育具有同等重要地位的教育类型。党的二十大报告指出，"统筹职业教育、高等教育、继续教育协同创新，推进职普融通、产教融合、科教融汇，优化职业教育类型定位"。

由职业教育的类型定位，推衍到整个教育的分类发展。分类发展不仅仅是教育自身发展的需要，更重要的是教育所要服务的经济社会和人的生涯发展的需要。经济社会和人的生涯发展需要有基础教育、职业教育、高等教育之分，基础教育要根据人的个性差异提供不同类型的教育、职业教育要根据职业的分类提供不同的教育、高等教育要根据人才的划分提供不同类型的教育。分门别类地发展可能是教育高质量发展的不二法门，过去是、现在是、将来还是。

杨金土先生的《我国本科教育的分类问题》一文张弛有度、举重若轻、文简意赅、言浅理深，是我学习的榜样。

---

①　庄西真. 职教本科就要有职教本科的样子 [J]. 职业技术教育，2012（12）：8–13.

# 12.1 完善职业教育体系条件保障的思考[①]

马树超

## 一、构建职业教育体系应具有相匹配的保障条件

职业教育体系的正常运行，必须具有与其相适应的保障条件。德国在双元制职业教育体系的发展过程中，逐步完善其运行的保障条件，主要表现在四个方面。一是德国构建了职业教育的双重法律的保障机制。作为公共机构的职业学校，按照所在联邦的州学校法运行；而企业的学徒培训则拥有专门的职业教育法。二是形成了私营企业与公共财政的双元投入经费保障机制。在双元制职业教育体系中，企业雇主主要承担企业学徒期的培训经费，并给予其生活补贴，这部分经费占年轻人接受双元制职业教育总经费的2/3以上；而作为公共职业学校的经费，主要由其所在联邦州的公共财政投入。三是建立了多元的科研保障条件。在德国，职业教育的科研力量十分强大，主要来自五个方面，即联邦职业教育研究所、联邦劳动总署研究所、经济研究机构中的职业教育研究人员、大学从事职业教育学的科研人员，以及各联邦州教育研究所中的职业教育研究者。其中，仅联邦职业教育研究所就拥有研究人员400余人。四是形成了企业学徒培训与职业学校教育的双重管理体制。作为公共职业学校，其学校运行主要由各联邦州的文化教育部管理；作为企业的学徒培训，则由其相应的行会（例如，工商行会、手工业行会、农业行会等）主管。联邦政府在职业教育中的咨询功能由联邦职业教育研究所的总委员会实施，该委员会的成员由雇主代表、雇员代表、联邦州代表以及联邦政府的代表共同组成。与此相对应，行会对企业学徒培训的质量实施监控与职业资格证书考核发证，而联邦州的文化教育部门则主要监控职业学校的教学过程与教学质量。在这样的条件保障下，德国双元制职业教育体系得以正常运行，并对德国经济社会发展做出了重要的贡献。

---

① 本文发表于2004年第2期，作者时任上海教科院职成教研究所所长、研究员。

## 二、我国现行职业教育体系保障条件的主要问题

我国的职业教育体系在社会经济发展中发挥了巨大的作用，具有明显的成效。但是，在社会主义市场经济体制逐步完善的过程中，国家在职业教育发展方面的宏观调控力度减弱，职业教育体系与保障条件出现了较大的矛盾，主要表现在以下几个方面。

第一，作为投资主体的财政投入弱化，差异显著。据统计，2000年至2002年，全国教育经费总投入由3 849.1亿元增加到5 480.0亿元，年均递增19%。其中财政预算内教育拨款由2 085.7亿元增加到3 114.24亿元，年均递增超过21%，呈现较大幅度的上升趋势。但是，我国中等职业教育经费投入面临困境，主要表现在五个方面。一是中等职业教育财政预算内投入增长缓慢，2002年为197.7亿元，比上年的187.6亿元仅增长5.4%，远低于全国财政预算内教育拨款20.6%的增长幅度。二是中等职业教育占财政预算内教育拨款总数的比例下降，2002年为6.35%，比2001年的7.27%减少了0.92个百分点。三是财政预算内教育拨款投入各类职业教育的差异较大，其职业高中与技工学校的财政预算内拨款数增加，而中专学校则下降2.89%。四是公用经费不足，地区差异显著，2004年全国职业中学的生均财政预算内公用经费仅为220.4元，其中北京、上海2个地区超过了1 000元，而安徽、江西、山东、河南、湖北和新疆等6个地区不足100元，最高地区与最低地区的差异高达31倍。五是全国企业办学经费投入水平大幅度下降，由2000年的135.82亿元下降为88.10亿元，降幅达35.1%。在财政性投入增长缓慢和企业办学投入大幅度下降的双重压力下，中等职业教育办学面临很大的困难。

第二，《职业教育法》执行不力。自1996年9月1日起，我国正式实施《职业教育法》，在法律上确立了职业教育的地位。2001年9月，全国人大教科文卫委员会对各地实施《职业教育法》的情况进行检查，提出主要存在的问题，一是职业学校教育在校生规模滑坡、生源质量下降和职业学校资源流失；二是对职业教育认识不足，政府的作用没有充分发挥；三是职业学校主动适应市场变化进行改革的力度还不够。《职业教育法》第六条明确规定，"各级人民政府应当将发展职业教育纳入国民经济和社会发展规划"，第二十七条规定，"省、自治区、直辖市人民政府应当制定本地区职业学校学生人数平均经费标准；国务院有关部门应当会同国务院财政部门制定本部门职业学校学生人数平均经费标准。职业学校举办者应当按照学生人数平均经费标准足额拨付职业教育经费。各级人民政府、国务院有关部门用于举办职业学校和职业培训机构的财政性经费应当逐步增长。任何组织和个人不得挪用、克扣职业教育的经费。"但是，据了解，目前少有省（直辖市、自治区）确实将发展职业教育纳入国民经济和社会发展规划，也少有省（直辖市、自治区）人民政府制

定本地区职业学校学生人数平均经费标准，而职业学校举办者应当按照学生人数平均经费标准定额拨付职业教育经费更难以实施，导致职业学校经费投入困难重重，教学质量难以保证。

第三，我国的职业教育科研力量薄弱，也严重影响了职业教育体系的正常运行。据资料分析，德国 8 200 万余人口，联邦职业教育研究所拥有 400 余名科研人员，法国近 6 000 万人口，其国家职教研究所有 200 余名科研人员；韩国 4 700 万人口，其国家职教研究院拥有 100 多名科研人员；而我国近 13 亿人口，但是教育部职教中心研究所仅有科研人员 20 多人，难以为职业教育体系的改革与发展提供有效的科研保障。

第四，行业企业参与度不高，制约了职业教育体系的发展。《国务院关于大力推进职业教育改革与发展的决定》明确，"要充分依靠企业举办职业教育"，"行业主管部门要继续办好职业学校和培训机构"。但是，在社会转型过程中，不少国有企业片面理解职业学校资源为非生产性资源，在国企改革中剥离职业学校资源，弱化了企业的职业培训功能，使职业学校资源流失现象日趋严重。此外，从就业制度的角度分析还有就业准入制度执行不力等。

## 三、完善职业教育体系的条件保障的思考

我国的职业教育体系与保障条件发生矛盾有多方面的原因，其中最为关键的是在社会转型过程中，忽视了国家对职业教育规模发展的主导，过于强调了市场机制的调节作用，使政府的作用弱化。我国的职业教育体系是真正为最广泛的居民阶层构建的体系，我国的职业教育应基于学历教育，又必须超越学历教育，这就要从单一的全日制职业学校教育的模式中走出来，实施学制灵活、职业学校教育与职业培训互认衔接、开放性与终身性的现代职业教育。在这一体系下，职业教育要坚持以就业为导向，在继续发挥传授知识功能的同时，强化就业技能培训。

我国的职业教育体系尤其需要国家的主导，需要政府在发展政策上的宏观调控保障。作为"责任政府"，应该对职业教育体系提供应有的条件，保障其正常的运行。职业教育具有经济社会发展和个人的双重需求主体特征，因此，当前更加需要强化政府对需求矛盾进行强有力的调控，保证我国职业教育体系的运行。

必须进一步强化我国职业教育体系的经费保障。在分配的原则上，财政性经费应注重向职业教育投入倾斜，加大职业教育的投入，确保用于职业教育的财政性经费占财政性教育经费的比例逐步回升。建议各地区加快改革财政性职业教育经费的拨款方式，逐步按照职业学校人数平均成本进行拨款，加大对贫困学生的直接资助力度，使职业学校学生能在财政性教育经费中受益，提高职业教育的吸引力。同

时，教育财政部门应组织专家对职业学校使用财政性经费的情况进行检查，确保财政性职业教育经费的使用效益。

要切实加大职业教育的执法力度，完善职业教育法律法规建设。一方面，建议全国人大常委会加强《职业教育法》的执法检查，加大监督执法的力度，积极推进职业教育的改革发展。另一方面，由于职业教育具有教育与培训的双重功能，职业教育体系既从属于教育体系又从属于"劳动与就业系统"的特征，建议由全国人民代表大会重新修订《职业教育法》，以进一步提高其法律地位。同时，要强化劳动预备制度，规范就业准入，为保障职业教育体系正常运行提供良好的就业环境。

# 12.2　重读《完善职业教育体系条件保障的思考》的再思考

马树超[1]　口述　郭文富[2]　整理

2004年年初，《中国职业技术教育》杂志发表过我写的一篇文章《完善职业教育体系条件保障的思考》，这是一篇以我在中国职业技术教育学会2003年学术年会上的发言为主整理形成的专访专稿，今天再读这篇文章，并与年轻学人交流，抚今追昔、继往开来，我们期待在新时代改革发展大潮中，现代职业教育实现更高质量发展。

## 一、文章写作背景

建设现代职业教育体系是2002年《国务院关于大力推进职业教育改革与发展的决定》中提出的重要任务，它具有鲜明的时代特征。党的十六大指出，21世纪的头20年是我国发展的重要机遇期，要全面建成小康社会。实现这一宏伟目标，关键在人才，要造就数以亿计的高素质劳动者，数以千万计的专门人才和一大批拔尖创新人才。为此，中央提出要大力实施人才强国战略。十六届三中全会关于完善社会主义市场经济体制的决定中，又明确提出了要建立现代国民教育体系和终身教育体系。现代职业教育体系是现代国民教育体系和终身教育体系的重要组成部分，是实施人才强国战略的重要基础建设。教育部和中国职业技术教育学会都高度重视职业教育体系建设并部署研究任务，推动了职业教育体系研究工作。写作背景主要如下：

一是2002年国务院第四次全国职业教育工作会议提出建设现代职业教育体系的重要任务，这次会议也是我国首次以国务院名义召开的专门研究部署职教工作的会议，时任国务院总理朱镕基出席会议并作大会报告，称德国现代学徒制是世界上最先进的职业教育制度体系。

二是2003年中国职业技术教育学会布置给学术委员会的研究任务，我当时是学

---

①　马树超，上海市教育科学研究院原副院长，上海市职业教育协会会长，研究员。

②　郭文富，上海市教育科学研究院职业技术教育研究所副所长，博士。

术委员会委员，也是中国职业技术教育学会科研规划项目办公室负责人。学会科研规划项目办公室当时设在上海职业技术教育研究所（简称"上海职教所"），其是做好学术委员会研究项目的一个重要机构。

三是当时"上海职教论坛"也接受了相关研究任务，负责"上海职教论坛"的杨金土老司长是中国职业技术教育学会学术委员会主任，时任上海市教委副主任薛喜民、上海职教所前任所长成永林、副所长黄克孝等都是"上海职教论坛"的专家，举行了多次研讨。

1999年，我从上海市政府研究室被调任当时中德政府合作的上海职教所担任所长，具备了职业教育发展研究的重要平台，为开展职教科研提供了更好的契机。

这是中德政府合作的现代职业教育研究平台，兼有德国职业教育体系模式顾问资金与中国职业教育领导专家院校支持等多重优势。1990年开始，中德政府合作的上海职教所率先建立，此后，教育部职教中心所（现教育部职业教育发展中心）、辽宁职教所先后成立，三个职教所吸引了当时我国职业教育研究为数不多的专家学者与政府官员。我担任上海职教所所长期间，教育部职教中心所所长是黄尧司长（时任教育部职成司司长），副所长是余祖光研究员、刘京辉博士，姜大源研究员是职教中心所学术委员会秘书长，还有赵志群等一批优秀的中青年职业教育研究人员；辽宁职教所所长是张传义，还有徐涵、高鸿、董新伟等一批优秀的中青年职业教育研究人员；上海职教所汇集了黄克孝、杨黎明、雷正光、郭扬等一批优秀的职教研究人员，他们在开展职业教育学术研究尤其是发展政策研究方面都对我有很大的帮助。

因为有这个平台，我有机会多次到德国进修和考察交流，例如1999年我去德国进修两个多月，中德双方精心设计了"德国双元制职业教育体系模式和运行机制"的学习主题，并邀请联邦时任德国职业教育研究所所长匹尔兹教授、不来梅大学劳耐尔教授、中国驻德国大使馆姜大源教授等著名职业教育专家为我授课。

因为有这个平台，上海职教所前任所长成永林联合教育部职成司原司长孟广平、杨金土等，以及上海市教委老领导薛喜民和严雪怡、黄克孝等组建的学术研究组织"上海职教论坛"经常开展学术沙龙，使我有机会领悟职业教育老领导、老专家努力推动职业教育发展的使命感、责任感和学术风范。

因为有这个平台，当时上海职教研究所有3位德国专家长驻所里上班，他们还负责每年邀请德国职业教育专家到职教所短期访问和指导，开展"双元制"教学改革实验等。由于经常和德国专家在一起工作，使我有机会熟悉中德政府职业教育合作项目的工作流程、经费使用比例、采购询价及报销程序规则与执行要求等，更有机会了解德国职业教育专家对规则的敬畏与对工作的严谨态度。融入这样的研究平台，就必须珍惜这样的机会，努力工作。

（郭文富：作为一名年轻学人，跟随马老师学习多年，如今再读这篇文章，仍然感受到鲜明的问题导向、目标导向和效果导向，体现了他一贯的科研作风，"视野开阔、贴近实际、富有创见性和可操作性"。实际上，我理解这是马老师学术发展脉络的必然体现，丰富的阅历和多学科的积淀，成为他从事职业教育研究至为关键的基础。

1970年到黑龙江下乡，马老师在黑龙江兵团的造纸厂工作了八年多，做过制浆工人、工段长和车间副主任，积累了德国专家认为的做职业教育研究需要的企业工作经历，使他对生产流程、岗位规范和职业能力要求有了较好的理解与认识；恢复高考后，他进入全国理工科类重点大学学习天气动力学，并留校担任天气动力专业实习教师、中层管理干部，对高水平研究应用型大学的教学、管理、科研过程等有了基本的认识；1987年他开始在全国重点师范大学的高等教育管理专业攻读全日制研究生，进一步加深了对高等教育管理的理解；1989年他毕业后在上海智力开发研究所从事教育发展政策等的研究，以及参与世界银行、联合国教科文组织、联合国开发计划署的中国教育发展项目研究；1996年他被调到上海市人民政府研究室开展有关上海经济、社会、城市、教育、再就业工程等相关项目调研与报告起草工作，进一步拓展了系统性研究能力，实践、体会了问题导向及其提出问题与解决问题的重要性等。可以说，马老师丰富的学习、实践和研究经历，都为日后他从事职业教育发展政策与教学改革研究奠定了重要的学术发展基础。）

## 二、针对的问题

建设现代职业教育体系涉及的内容广泛，是一项复杂的系统工程。它需要从内涵界定、教育目标、层次结构、教育形式、办学机制、办学模式、就业制度、社会环境、管理体制、评价方式等各方面深入研究。既要关注当前的现实问题，也要有长远的战略思考；既要有总体规划，也要有分阶段的具体目标；既要关注世界范围职业教育的发展趋势，更要紧密结合我国各地区各部门的实际。这是国家任务，政府要加强领导，明确责任，还要运用市场机制，调动行业、企业和社会各方面积极参与。教育、劳动人事、经济部门更要紧密配合，才能更有效地推进现代职业教育体系的建设。

郭文富：基于上述全局性、战略性、系统性的考虑，马老师在文章中提出，在社会主义市场经济体制逐步完善的过程中，国家在职业教育发展方面的宏观调控力度减弱，职业教育体系与保障条件出现了较大的矛盾，突出表现出四个方面的问题。一是财政投入弱化，差异显著。中等职业教育经费投入面临困境，财政预算内投入增长缓慢，远低于全国财政预算内教育拨款的增长幅度；中等职业教育占财政预算内教育拨款总数的比例下降；财政预算内教育拨款投入各类职业教育的差异较大；公用经费不足，全国职业中学的生均财政预算内公用经费地区差异显著，最高地区与最低地区的差异高达31倍；全国企业办学经费投入水平大幅度下降。二是《职业教育法》执行不力。2001年全国人大教科文卫委员会对各地实施《职业教育法》的情况进行检查，提出主要存在的问题，比如，职业学校教育在校生规模滑坡、生源质量下降和职业学校资源流失；对职业教育认识不足，政府的作用没有充分发挥；职业学校主动适应市场变化进行改革的力度还不够等。三是职业教育科研力量薄弱，难以为职业教育体系的改革与发展提供有效的科研保障，影响了职业教育体系的正常运行。四是行业企业参与度不高，制约了职业教育体系的发展等。

## 三、提出的建议

改革开放四十五年来，伴随着不同历史阶段经济社会发展的客观需求，职业教育体系建设具有明显的阶段性特征。文章提出的对策建议，也是阶段性的具体表现。我国职业教育体系进程的不断推进，很大程度上得益于国家基于发展的需要，提出合理的政策安排，并因时因地进行动态调整，推进制度创新，充分体现了政府的统筹和引导作用。比如1985年《中共中央关于教育体制改革的决定》提出逐步建立职业技术教育体系，1991年《国务院关于大力发展职业技术教育的决定》进一步提出要初步建立有中国特色的职业技术教育体系。2002年《国务院关于大力推进职业教育改革与发展的决定》首次提出建立起"现代职业教育体系"，并且强调适应社会主义市场经济体制。2005年《国务院关于大力发展职业教育的决定》再次强调"中国特色的现代职业教育体系""适应社会主义市场经济体制"，同时提出"满足人民群众终身学习需要"。2010年《国家中长期教育改革和发展规划纲要（2010—2020年）》进一步指出了现代职业教育体系的3个重要特性，即适应经济发展方式转变和产业结构调整要求、体现终身教育理念、中等和高等职业教育协调发展。2014年《国务院关于加快发展现代职业教育的决定》提出现代职业教育体系建设的5个重要目标，就是"适应经济社会发展需求、产教深度融合、中职高职衔接、职业教育与普通教育相互沟通，体现终身教育理念"。2022年，新修订的《职业教育法》将职业教育改革实践经验上升到立法层面，明确了职业教育的类型教育定位，强调职业教育是国民教育体系和人力资源开发的重要组成部分，并规定了现代职业教育体系的6大任务，适应经济社会发展需要、产教深度融合、职业学校教育和职业培训并重、职业教育与普通教育相互融通、不同层次职业教育有效贯通、服务全民终身学习。中办、国办印发《关于深化现代职业教育体系建设改革的意见》，进一步推出"一体、两翼、五重点"的系列重大举措，体现了系统化设计、工程化推进、协同化作战的总体思路，现代职业教育体系建设进入通过更好发挥制度优势、组织优势，统筹兼顾、以点带面推动职业教育高质量发展的新阶段。

## 四、反思与展望

总体上看，国家有关推进职业教育体系建设的重要文件，都是一脉相承的，其根本目的都是推动职业教育高质量发展，只不过是针对不同历史发展阶段所面临的主要任务，采取一些不同的做法及要求。党的二十大要求加快建设高质量教育体系，高质量职业教育体系是高质量教育体系建设重要组成部分，但职业教育体系高质量发展还面临瓶颈难题。近年来职业教育缺乏吸引力、不受社会认可问题更加突显，中职学校办学基础薄弱，"空、小、散、弱"问题突出，高职学校三年扩招413万人，严重稀释了教学资源。发展职业教育缺乏动力的主要原因是，地方政府、学校、家长、企业和社会等尚未充分认识职业教育的价值，高技能人才的重要作用和战略地位未被重视，职业教育难以得到认同和支持。学历型社会下的学历、能力与贡献的价值不同，严重影响各级部门重视技能、社会崇尚技能、人人拥有技能的技能型社会建设。正如《国家职业教育改革实施方案》所指出的，技能人才成长的配套政策不够完善是职业教育发展面临的重大问题之一。职业教育有没有前途，关键就在能不能撬动技术工人的社会待遇和社会地位。

职业教育发展不仅需要法律、制度和政策推进，很大程度上还决定于社会对职业教育的价值认同、情感认同和心理期待。新时期加快构建新发展格局、建设现代化产业体系、全面推进乡村振兴、促进区域协调发展尤其是推动革命老区和边疆地区加快建设等任务要求，都对发展高质量职业教育体系提出更高期待。2022年人社部《关于健全完善新时代技能人才职业技能等级制度的意见（试行）》已出台"新八级工"制度，在原有的"五级"基础上，往下补设学徒工，往上增设特级技师和首席技师。中办、国办《关于加强新时代高技能人才队伍建设的意见》进一步要求完善技能要素参与分配制度，强调用人单位在聘的高技能人才比照相应层级专业技术人员享受同等待遇。这些政策的推进和落实，进一步完善了职业教育体系的条件保障，将有效推动职业教育高质量发展，使其成为国家扩大内需战略的重要支撑。

新百年新征程，完善职业教育体系更加需要统筹职业教育、高等教育、继续教育协同创新，推进职普融通、产教融合、科教融汇，优化职业教育类型定位，引导社会价值认同，缩小三类教育的价值认同差异，这是加快建设高质量教育体系的要求，也是弥补职业教育高质量发展短板的需要。完善职业教育体系条件保障永远在路上，期待新时期职业教育体系不断有更好的条件保障和社会环境。

# 13.1　职业教育基本问题初探[①]

欧阳河

　　问题是研究的起点，也是学科发展的生长点。重大问题、热点问题、前沿问题、基本问题都需要下大力气研究。而基本问题则是根本的、主要的需要研究讨论并加以解决的矛盾。研究职业教育的基本问题无疑是充满风险的，因为这种研究既要根植于现实又要超越现实，基本的东西是很难把握很容易引起争议的。但是，这些问题又有着重要的研究价值，吸引着无数决策者、研究者、实践者探索它。本次研究不可能全面地准确地回答职业教育基本问题，只是想不断地理解这些问题，从而不断地深化对整个职业教育理论的领悟。

　　职业教育基本问题是职业教育中自在的、原生的、能够派生和决定其他问题的问题。非基本问题由基本问题派生和决定，相对基本问题而存在。基本问题也是学科研究的总出发点，它能揭示学科全部研究内容的本质联系，可以导出学科的范畴体系和概念体系。从职业教育本身引申出有研究价值的问题作为确定基本问题的依据，就可以将职业教育本质属性问题、地位作用问题、与外部世界的关系问题作为基本问题来研究。第一个问题主要研究职业教育自身的本质属性和存在形式，主要回答什么是职业教育？以澄清职业教育的存在形态，找回职业教育生长的"家园"。第二个问题主要研究职业教育的地位和作用，回答职业教育有什么用，明确职业教育本体的价值。第三个问题研究职业教育与外部世界的关系，主要回答职业教育与职业、技术、其他教育的关系，揭示职业教育与相关要素相互作用的规律。

## 一、职业教育的本质属性

　　职业教育的本质属性是什么？先得弄清楚什么是职业教育。只有界定了职业教育，才有可能揭示职业教育的本质属性。那么，什么是职业教育呢？这是一个充满歧义的问题。本文界定职业教育的前提是"立定一个基础和坚持三个为主"。所谓立定一个基础，就是立定职业教育客观存在这个基础，因为职业教育的社会存在是

---

[①]　本文发表于2005年第12期，作者时任湖南省教育科学研究院职成教所所长。

第一性的。概念只是反映职业教育社会存在特有属性的一种思维形式。所谓坚持三个为主，即坚持以当代为主、中国为主、主流做法为主和兼顾其他。如果这个前提变了，后面分析的结论就应当修改。

职业教育是什么？时代不同，所指有所不同。职业教育作为人类社会活动的一种存在，有着历史存在和现实存在之分。在历史长河中，人类经历了原始社会、农业社会、工业社会、知识社会的变迁，教育和职业教育都发生过许多重大变化。古代职业教育的存在形式是学徒制。现代职业教育作为一类教育现象存在，产生于18世纪末欧洲对技术技能人才的需求，是工业化的产物。联合国教科文组织对职业教育的界定也是与时俱进的。1962年，联合国教科文组织成员国一致通过的《关于技术与职业教育的建议》指出：职业教育是"由学校或其他教育机构提供的旨在为工业、农业、商业和相关的服务业等领域提供人才准备的所有教育形式"。职业教育分为技术工人层次的教育、技术员层次的教育、工程师或工艺师层次的教育。1974年又修订了这个建议，职业教育内涵发生了变化："职业教育"是作为一个涉及教育过程方面的综合术语来使用的，所包括的除了普通教育外，还包括技术和相关科学的学习，以及与经济和社会生活各部门的职业有关的实际技能、态度、理解力和知识。进一步理解为：普通教育的一个组成部分；为某一职业领域做准备的一种手段；继续教育的一个方面。2001年再次修订了《关于技术与职业教育的建议》，职业教育的内涵更加丰富：普通教育的一个组成部分；准备进入某一就业领域以及有效加入职业的一种手段；终身学习的一个方面以及成为负责任的公民的一种准备；有利于环境可持续发展的一种手段；促进消除贫困的一种方法。

职业教育是什么？国家不同，所指亦有所不同。对任何一个国家来说，仅文化传统、教育制度、经济社会条件之间的相互作用，就足以产生一个在许多方面都是这个国家特有的职业教育形态。现在大多数国家安排至少4年的初级教育，所有学生都要上初级的或基础的学校，然后多数学生继续接受普通教育，但在很多国家，学生在接受4~8年普通教育后分流到学术学校或职业学校。中学生被分流到职业学校的比例，一些国家（如丹麦）低于1/10，而德国及周边国家则高于1/5。国际职业教育存在着影响较大的三个体系，即德国体系、美国体系和苏联体系。一个国家在一定时期如何界定什么是职业教育？具有人为决定性，有时带有很强的人为色彩。比如，俄罗斯的职业教育包括了高等教育；澳大利亚将教育分为学校教育、职业教育与继续教育、高等教育；南非的职业技术教育机构——技术大学可授予技术学士、技术硕士、技术博士文凭。但是，并不是说人们对职业教育的界定可以为所欲为。许多国家成功的职业教育实践，往往为多数国家所接受，就成为界定职业教育的主流观点，这就为我们界定什么是职业教育提供了客观基础。当前我国所称职业教育，与联合国教科文组织（UNESCO）和多数国家的"技术与职业教育

（Technical and Vocational Education，TVE）"是一致的。在实践中，对职业教育的界定一般不是由某个决策者、研究者或实践者说了算，而是经立法或行政程序批准的。因此，国家的教育制度和战略不同，同一国家不同历史时期的教育制度不同，职业教育的界定往往就不同。

正因为职业教育的社会存在很复杂，国家之间差别很大，过去和现在也有所不同，将来还会发展和变化，因此，试图用一两句话来界定什么是职业教育，是相当困难的。或者给出一个定义让各国都来接受，也是不现实的。但是我们不能放弃什么是职业教育的追问和回答。事实上，什么是职业教育？无定论的是抽象问题，具体问题是有定论的。在抽象问题上，什么是职业教育？无论是教科书还是辞典，无论国内还是国际，至今都没有定论。顾明远教授主编的《教育大辞典》（第三卷）认为，职业教育是"传授某种职业或生产劳动所需要的知识和技能的教育"。《澳大利亚教育辞典》的定义是："给学生提供与某一领域特定工作相关技能的课程和各种活动，旨在发展个人特定的职业技能。"约旦教育和高等教育大臣蒙齐尔·W. 马斯里认为："职业教育和培训旨在培养青年人作为技术工人在基本职业一级就业。"孟广平研究员认为："就是联合国教科文组织的定义，也不是科学研究的成果，不过是世界上多数国家可以接受的概念。"高奇教授认为："对职业教育我也曾下过定义，但这定义也未必正确。"但是在具体问题上，某个国家特定时期，职业教育是什么则是有定论的。比如，韩国1990年颁布的《产业教育振兴法》，就对产业教育进行了明确界定："产业教育是指技术高级中学、职业高中、专门大学、实业系统的大学，或经教育部长官认可并设有实业系统的学科及课程的普通高级中学或普通大学，为使学生能够从事农业、工业、商业及其他产业，而进行的知识、技术及态度的教育（包括家庭科）而言。"

职业教育作为教育体系中的一种类型，其区别性特征，周济院士认为："职业教育就是就业教育。"以就业为导向是职业教育一大特点。高奇教授认为："与职业教育直接相关的是什么呢？这值得研究，我觉得是职业资格，获得职业资格是职业教育的一大特点。"孟广平研究员认为是课程。杨金土教授认为："教育类型最核心的问题是课程，所以探索本质属性时，建议从课程来考虑。"他还指出："教育类型最根本的问题，还是培养什么人。"袁振国教授则将目标和教学内容作为区别性特征。他指出："普通教育是以升学为主要目标、以基础知识为主要教学内容的教育，职业教育是以就业为主要目标、以从事现代职业所需的知识和技能为主要教学内容的教育。"他们从不同视角来观察职业教育，见解都很精辟。我赞成把培养目标作为区分专门教育的主要依据。因为教育是培养人的社会活动。教育类型不同，所承担培养人的任务就不同。教育类型的划分是分层级的。首先，我们可以将教育划分普通教育和专门教育两大类。专门教育都面向职业培养专门人才。有人将专门人才大致分为学术型、工程型、技术型、技能型四种。除俄罗斯外，多数国家对专门教育进行第二次分类，分为专业教育和职业教育。专业教育为学术性工程性教育，培养专业性职业的人才。职业教育为技术技能性教育，培养技术技能型专门人才。因此，就职业教育社会存在的主流而言，从培养目标的角度来界定，我认为："职业教育是为想要成为技术应用型技能型人才的人提供的一种教育服务。"

这个定义，有六个要点：第一，职业教育是教育的一种类型，在我国和绝大多数国家，与基础教育、高等教育并存。它们既相互联系，又相互区别。第二，职业教育是培养技术应用型技能型职业人才的，而不承担培养所有职业人才的任务，避免了职业教育与本科教育、研究生教育的重叠。第三，职业教育是一种服务业，为想要成为技术技能人才的人提供教育或学习服务。第四，职业教育是培养人才的，在一定普通教育的基础上进行。文盲无法直接接受现代职业教育，成为技术应用型技能型人才。第五，职业教育具有层次性，有初等、中等、高等之分，培养技术应用型、技能型两大类人才。因而也有把培养技术型人才的叫技术教育，把培养技能型人才的叫职业教育。故职业教育又称技术和职业教育、技术职业教育、职业技术教育。第六，为想要成为技术应用型技能型人才的人提供的服务，可以是职前的教育，也可以是职后的培训。

在职业教育类型特征的关系上，应强调类型，淡化层次。国际劳工局顾问弗雷德·弗卢伊特曼（Fred Fluitman）认为，职业教育是一个完全不同于普通教育的领域：两者有着不同的目的、参与者、方法和手段，是截然不同的两种体系。技术技能人才学历处于何种层次，不同国家和历史时期有所不同。国际教育分类法标准中（1997年版），将职业教育课程分为第二级B类、C类，第三级B类、C类，第四级B类，第五级B类，共4个层次。5B类学制2～3年，没有限定是专科层次还是本科层次。杨金土教授认为："不要在层次问题上说得太死，把这种教育类型限定层次是不妥当的，客观实际也不是这样。这一类人才在一定历史阶段是低层次，随着历史的发展会慢慢提高，实际上已在提高，现在从世界各国的情况看，有很多层次。从低到高到什么程度不好说，但如限定在某一层次，恐怕不可行。"我很赞成这个观点。比如，护士、小学教师属于技术技能型职业，我国过去由中等职业教育来培养，现在为高等职业教育。将来培养这种人才的职业教育就会有本科学历甚至研究生学历层次。在一些发达国家，现在就有本科层次。因此，评价一个国家或地区的职业教育是否发达，不能光看中等职业教育的比例，还要把高等职业教育结合起来看。德国及其周边国家中等职业教育很发达，日本、新西兰、美国则高等职业教育发达。

按照上述定义，什么是职业教育的本质属性呢？黄炎培先生认为："职业教育从其本质说来，就是社会性。"也有论者认为是以就业为导向，等等。本人认为，本质和本质属性是既有联系又有区别的两个层次的问题。"质是使事物成为它自身的内在规定性"。职业教育质的完整含义应有两个层次。一是构成职业教育要素的质，这是职业教育质的基础和依托，具有潜在性，如职业教育教师、学生、课程、设施、管理、制度等。这些组成要素的质是职业教育系统存在的依据或实体性基础，而这个组成要素的量和结构则是职业教育系统质的关系性基础。二是职业教育系统的质，包括特殊的质、共同的质和本质。特殊的质是职业教育借以区别于其他教育的特殊规定性。主要传授技术技能是职业教育特殊的质。它是职业教育独立存在的区别于其他教育的质的规定性，也规定着职业教育的外部特征。人们认识职业教育，首先要区别职业教育。主要传授技术技能，是人们感知职业教育的直接客体。正因为传授技术技能这种外部特征，所以职业教育又称"手工教育""技术教育"。把接受职业教育俗称为"拜师学艺"。由于传授技术技能与发展实业、振兴产业密切相关，职业教育又称"实业教育""产业教育"。共同的质是指职业教育内在的类的规定性，它是职业教育构成要素的共同点，决定着职业教育矛盾的共性和普遍性。以技术技能职业就业为导向是职业教育共同的质，构成了职业教育质的中间层次。弗雷德·弗卢伊特曼指出，"从根本上说，职业教育是为了就业……为了让人们获得某种就业机会"。它是职业教育特殊的质和本质之间的联系环节。本质是职业教育占统治地位的质或根本的质。职业教育的本质是帮助人们获得技术应用型技能型职业的能力和资格。它是职业教育存在和发展的决定性的东西，贯穿于职业教育发展全过程，并对职业教育其他矛盾起着根本的支配作用，成为整个职业教育的核心。

　　职业教育的本质属性问题，同样也是一个充满歧义和无从定论的问题。按照《辞海》的解释，属性"在西方哲学中，一般指实体的本性，即属于实体的本质方面的特性"。国内一些学者多以职业性、生产性、社会性、大众性等属性来概括。但是，用任何一种或几种特征来揭示职业教育的本质属性都是相当困难的。因为职业教育的本质属性实际上具有"属"和"性"这样不同层次而又相互联系的两个方面。有"属"才有"性"只有先揭示其"属"，然后才能揭示其"性"。只有把两者结合起来分析，才能比较全面地揭示其本质属性。就职业教育的归属或隶属而言，职业教育归属于教育，它具备教育的属性，是培养人的活动。此外，它还属于专门教育，面向职业，按专业组织教学，培养专门人才。它的本质归属，就是培养技术应用型技能型人才。技术技能型人才在社会十大阶层中大多数属中低社会阶层，因此职业教育是面向大众的，是造福于平民的事业。在揭示职业教育的本质归属之后，就可以揭示其"性"。职业教育作为一种教育，它具有教育所具的共同属性：如阶级性。职业教育作为专门教育，它具有专门教育所具有的一些共同属性：如职业性。职业教育作为培养技术应用型技能型人才的教育，它还具有为技术技能人才培养所特有的技术技能职业性等属性。技术技能职业性是职业教育的本质属性。职业教育的大众性、实践性是职业教育的"从属"属性。由于职业教育的归属具有多元性，先揭示职业教育多元的"属"，然后揭示多元的"性"，这可能是比较全面揭示职业教育本质属性的一种可行途径。

## 二、职业教育的地位作用

职业教育在教育体系中处于不可替代的地位。《中华人民共和国职业教育法》（1996年）指出："职业教育是国家教育事业的重要组成部分。"《中国教育改革和发展纲要》也指出："职业教育是现代教育的重要组成部分。"职业教育不可替代具有三重性。一是职业教育类型的不可替代性。职业教育以培养技术应用型技能型人才为己任。随着社会进步，这两类人才培养的规模越来越大，这么大的任务基础教育无法完成，成人教育、本科高等教育和研究生教育也无法完成，必须由与之相适应的独立的教育体系来承担。因此，英国早在1562年就颁布《工匠、徒弟法》，采取了对学徒制度实行监督的政策。从工业化开始，世界各国都将职业教育列入国家学制体系，在教育行政部门设立专门机构，通过立法和行政等手段，把它作为国民教育事业加以推动和发展。二是职业院校和培训机构主体的不可替代性。职业教育源于学徒制，以程序性知识教学为主，以工作过程为导向组织教学，注重"手脑并用""从做中学"，属于技术型教学体系。虽然本科院校、成人学校和普通中学也可以举办职业教育，但学科型教学体系很难做到学校教育和职业岗位训练两者的有效结合。因此，各国发展职业教育的主体都是举办专门的职业教育院校和培训机构，政府一般还举办示范院校和机构。三是职业教育地域主体的不可替代性。一个地方的高级人才可以引进。比如，1999年德国有5%的高级人才是外国人；欧盟有4%的高级人才是外国人；也有部分职业技术人才通过异地流动来满足。但是，技术技能人才需求量大，又属于中低社会阶层，流动较为困难。技术应用型技能型人才主要靠本地区培养。实践证明，无论哪个国家，哪个地方，哪个行业，只要有技术应用型技能型人才的需求，就必须发展职业教育；无论谁，只要想成为技术应用型技能型人才，就必须接受职业教育。职业教育的作用是使经济、社会和个人都受益。

首先，职业教育能促进经济发展。人力资本理论奠基人西奥多·W.舒尔茨（Theodore W. Schultz）认为，人们拥有的知识和技能是资本的一种形式，即人力资本，是投资的结果。人力资本理论学者认为，在各种人力投资形式中，教育投资是最有价值的，能够促进经济社会发展。职业教育是教育与经济的结合部，它是人力资本投资的一种重要形式，可以提高从业者的工作熟练程度、技术等级、敬业精神和责任感，增加员工人力资本的技术技能存量，提高物质资本的使用率，提高劳动生产率，提高私人收益和社会收益。人们对职业教育的重视程度与经济发展水平成正比。1996年，全世界接受中等教育的学生中，有13%接受技术和职业教育，但是地区之间的差别很大，在拉丁美洲和欧洲，接受中等职业教育的占26%；阿拉伯和远东分别占15%和14%；撒哈拉以南非洲地区只占5%。按国家类别和发展水平分析表明，经济发达国家接受中等职业教育的学生的比例超过18%；发展中国家为9%左右；而欠发达国家则略低于5%。从历史进程看，1960—1996年，全球中等职业教育占中等教育的比例稳定在13%左右，波动幅度相当低，仅20世纪70年代有所下降，1980年以后总体上呈现出一种上升趋势。而以发展中国家发展最快。但是，职业教育的重要性和按人均国内生产总值计算的发展水平之间并不能建立统计上的联系，因为有些发达国家，如美国和日本，传统上并不太重视职业教育。

国内外近期对发展中国家所作的有关职业教育回报率研究的27篇文献表明：职业教育经济回报率高于普通教育的研究结果为12篇，低于普通教育的10篇，无法确定的5篇。某些回报率低的原因之一是职业教育课程成本通常较高。在所有发展中国家，职业教育的成本是普通教育的153%。回报率高低与课程类型也有关系。非正规的、企业内的职业教育回报率较高。正规职业学校社会回报率案例中，哥伦比亚职业学校平均：商科为9.9%，工科是12.3%，农科是7%，而学术性课程是9.1%，表明农科的回报率低于普通教育。回报率高低还与培训前受教育水平有关，受过较高层次学校教育的人，更易于从企业内的职业培训中受益。回报率高低与劳动力市场需求也有关系。社会就业率高时，回报率相对较高，就业率下降时，回报率也低。职业教育毕业生对口就业时，回报率比普通教育高，不对口就业时，回报率低于普通教育毕业生。

"双元制"职业教育被誉为第二次世界大战后德国经济腾飞的秘密武器。德国前总理科尔曾深刻地指出：这种我们称之为"双元制"，即实训和学校相结合的制度，已成为德国质量的标志并非偶然之事。法国前总统戴高乐在访问德国时曾感慨地说，德国每年要向西欧出口很多产品，看来还应该出口另一种产品，这就是职业教育和职业培训制度。

其次，职业教育能促进社会发展。就业乃民生之本。职业教育能促进就业，使无业者有业，有业者乐业。"双元制"职业教育下的德国青年失业率比其他国家低得多。2004年德国失业率为9.7%，法国为20.76%，西班牙为22.4%，意大利为26.5%。1995年，德国受过教育的人的平均失业率为8.2%，其中没有受过职业训练的为20.0%，大学学位的为4.0%，应用科技大学的为3.4%，受过高等职业训练的为2.9%，受过职业训练的为6.2%。史达文指出，职业教育在以色列有把新移民整合到劳动力市场的作用。做好工作准备并不是任何一种特定教育形式的专利，所有教育都应为学生将来的工作做准备。在各种教育中，职业教育几乎占了30%的时间。

职业教育能促进消除贫困。联合国教科文组织在定义职业教育时指出（2001

年），职业教育还可以进一步理解为："促进消除贫困的一种方法。"2004年我国七部门召开全国职业教育工作会议，其中就有国务院扶贫办。夸美纽斯（J. A. Comennius）认为，技术教育是拯救他亲历的因长达30年战争给人们带来的疲惫和贫困的重要手段。美国1965年开发相对不发达的阿巴拉契亚地区时，共投资15亿美元，其中3.3亿美元投资了1 000多个职业教育项目。

职业教育能保持和平与稳定、防止社会失调。出席第二届国际技术与职业教育大会的代表致联合国教科文组织总干事的建议中指出：国际财政当局应当认识到教育，特别是技术与职业教育对保持和平与稳定、防止社会失调的贡献，从而应把支持技术和职业教育纳入受援助的条件之中。弗雷德·弗卢伊特曼认为，"让一部分人接受职业教育，会使社会实现某种平衡"。许多研究都证明，职业学校的学生通常来自社会经济地位较低的家庭，大量投资职业教育，最终给它的毕业生带来较高的收入，调节着社会的公平。职业教育从实质上说是实用性的，这种教育更适合学术科目成绩较差的学生。在许多国家，职业教育承担的是一项社会任务，即接纳谋生艰难的学生。

再次，职业教育促进技术应用型技能型人才的职业发展和全面发展。职业教育向所有人开放，但接受职业教育的只是想要成为技术应用型技能型人才的人。它为在职的、失业的和处于边缘境地的人进行培训和再培训，改善他们就业所需的技能。职业教育主要促进这部分人的全面发展和职业发展。杜威（John Dewey）眼中的"职业教育"是以科学与社会为轴心，在此基础之上掌握技能和知识，在与科学、艺术、社会的关系中理解工作的意义、价值，形成良好的工作态度。技术技能人才的发展有利于社会其他阶层人士的发展，使整个社会和人类发展更和谐。对接受职业教育的这部分人而言，职业教育既促进他们的全面发展，又促进他们的职业发展，满足他们为就业做准备，为成为合格公民做准备，为全面发展甚至升学做准备的教育需求。职业教育能帮助他们获得或提高技术技能类职业的从业能力和资格。具有这种能力和资格的人更容易获得这类职业。从事这类职业的人就成为社会特定的阶层，使他们成为职业化、社会化的人士。近几十年来，职业要求的变化、个人的职业更换、行业的兴衰，是个不断的时快时慢的过程。从事职业工作，对于个人地位和身份，对于家庭的安定。都起着举足轻重的作用。保尔朗格朗在其代表作《终身教育引论》中说："教育的真正对象是全面的人……必须与对日常生活、职业生涯、政治、社会生活条件的改善产生强烈兴趣联系起来。"他认为个人在发展方面的教育具有整体性。一是人的个性和生活的整体性。二是普通教育和职业教育的整体性。职业教育不限于青少年时代，或者职前培训，而是伴随一个人职业生涯的全过程。"所谓普通教育，也就是学会使用科学知识和表达思想的工具，只有在它培养了人们从事职业的能力时才能获得其充分的意义，也才能获得最强大的动力"。

鉴于职业教育上述的三重作用，英国经济学家巴洛夫（Thomas Balogh）在20世纪60年代初，在《非洲的大灾难》和《非洲需要什么样的学校》两文中认为，发展中国家的职业教育与经济发展是相辅相成、相互促进的。职业教育规划做好了，就能推进经济发展和社会进步；而经济发展了，社会进步了，又能使职业教育有更大的发展空间。巴洛夫的这一理论在一些发展中国家，也确实得到了印证。

美国著名管理学家彼得·杜拉克（Peter F. Drucker）认为："技术人员可能是知识工作者中最大的一群，同时也可能是成长最快的一群。""技术人员也是发达国家所能拥有的最实际、最能带给他们最长远竞争优势的一群。"他认为：任何一个国家都可训练出具有高深学问的人才，都可以训练出与先进国家一样的体力工作者，"只有在技术人员的培育上，发达国家仍然可以享有一段相当长时间的竞争优势"，"美国是唯一真正充分利用了这个优势的国家"，"我深深相信，这就是今天美国经济能有强大生产力，拥有独特能力，能迅速地创造新的、不同的产业的真正秘诀"。德国前总理施罗德认为："我们的未来在于技术领先，也就是在创新能力方面的优势显著。"

因此，许多国家立法保障职业教育的发展，许多国际性组织将它列为宣言、公约中的条款。《世界人权宣言》（1950年）第二十六条规定："技术和职业教育应普遍设立。"《经济、社会、文化权利公约》（1966年）第十三条规定："各种形式的中等教育，包括中等技术和职业教育，应以一切适当方法普遍设立，并对一切人开放，特别要逐渐做到免费。"《儿童权利公约》（1989年）第二十九条规定："鼓励发展不同形式的中学教育，包括普通和职业教育，使所有儿童均能享有和接受这种教育，并采取适当措施，诸如实行免费教育和对有需要的人提供津贴。""使所有儿童均能得到教育和职业方面的资料和指导。"

联合国教科文组织视技术与职业教育为重点工作之一。1962年，其成员国一致通过了《关于技术与职业教育的建议》的文件，认为"技术与职业教育是整个教育的一个组成部分"。"认识到技术与职业教育是支撑现代文明和经济不断进步这个复杂结构的一个先决条件"。建议成员国"应在其各自的国家内采取立法或其他措施，使本建议提出的原则产生效率"。1974年又修订了这个建议：认识到"技术与职业教育必须对维护和平及不同国家间友好的理解做出贡献"，"认识到技术与职业教育是支撑现代文明和经济与社会发展复杂结构的前提条件"。15年后，也就是1989年，联合国教科文组织的成员国又通过了《关于技术与职业教育的公约》。"认识到技术与职业教育符合个人和社会发展这个总目标"。1999年在汉城（今为首尔）召开了"第二届国际技术与职业教育大会"，提出技术与职业教育和培训是通向未来的桥梁。"我们得出结论：技术与职业教育（TVE）作为终身学习的组成部分，在此新时代中应发挥至关重要的作用，因为它是实现和平文化、有益于环境的可持续发展、实现社会和谐和国际的公民意识的有效手段"。2001年再次修订的《关于技术与职业教育的建议》指出"技术与职业教育应是各国教育过程的一个极为重要的方面"，"技术与职业教育应作为适应每个具体国家以及世界技术发展需要的一种终身学习制度的一部分"。"技术与职业教育不是消耗，而是一种投资，有很大的回报，包括工人的福利、生产率的提高以及国际竞争力的增强"。

但是，我们也应当看到，国家之间的职业教育重视程度差异很大。职业教育在中等教育中的重要性，长期以来一直都是诸多学术和政治辩论的主题。"学校提供的职业教育和普通教育各应达到何种程度，是一个有争议的问题"。从历史上说，职业教育这种特定教育类型的出现，往往是适应某个阶段对于熟练劳动力的需求，尤其是在工业化或战后重建阶段，或者是在一个国家赢得独立之后。反对意见主要来自发展中国家，尤其是比较贫穷的国家。在许多工业化国家，职业教育也曾经遭遇目标和特色的危机（经合组织，1994年）。杜威反对单独设置"特别的学校"来施行职业教育，反对专门学校形态的职业教育实施模式，反对"过早地""直接地"进行职业定向。认为专门的学校形态的职业教育实施模式，"要损害现在发展的可能性，从而削弱对将来适当职业的充分准备"。1965年，非洲教育问题专家福斯特（Phlip J. Foster）发表《发展规划中的职业学校谬误》一文，认为职业教育供给的劳动力与社会经济需求的劳动力严重失衡，职业学校难以培养受用人单位欢迎的劳动者，"学非所用"和"结构失业"现象广泛存在，职业教育的重点是非正规的在职培训，反对普通教育职业化。受其影响，世界银行对职业学校教育的立场也发生了转变。1992年，世界银行提出："私立部门——要么在公司内部，要么在私立培训机构内——进行的培训也许是使劳动力取得资格的一种最有成效且效率最高的方法。"据查，1960—1970年，发展中国家都热衷于职业教育。从1964—1969年，中等职业教育成了世界银行发放教育贷款的第二大领域，占全部贷款的20%，到20世纪70年代末，此类贷款下降到10%左右，1993—1998年下降为6%。职业教育虽然受到严厉批评，但政府却继续支持，期望它既提高劳动大众的教育水平，又使年轻人就业，还要照顾到学龄人口中社会地位低的人的利益。因此，20世纪90年代职业教育受到猛烈批评似乎并没有影响到它在教育制度中的地位，目前没有证据证明职业教育的相对重要性已趋于减弱。但是，在过去10年中，澳大利亚、法国、新西兰、英国、美国等大多数经济发达国家的职业教育已经历了彻底的改革。

## 三、职业教育与外部世界的关系

职业教育作为一种教育类型，与周围事物发生着千丝万缕的联系。职业教育作为教育的组成部分，和其他教育一样，与政治、经济、文化、科技等发生着密切关系。但是，决定职业教育存在和发展的还有更紧密相关的因素，这些因素可以称之为"相关要素"。

职业教育与相关要素的关系可以从两个视角来观察。一是职业教育与单一相关要素的互动关系。我认为，职业、技术和教育是影响职业教育的三元素，类似于红、黄、蓝是色彩的三原色，三原色的组合和变化，可以产生绚丽的色彩，职业、技术、教育的组合和变化，可以形成丰富多彩的职业教育。二是职业教育与多个相关要素的联动关系，就是从原始社会、农业社会、工业社会、知识社会等不同历史阶段观察职业、技术、教育与职业教育的综合关系。

（1）职业教育与职业的关系极为密切。职业源于社会分工，职业的载体是人。职业决定着职业教育，职业教育应以职业为核心，或者说职业教育应以岗为纲。职业教育与社会林林总总的职业之间，关系最为密切的是技术技能类职业。技术技能类职业产生是职业教育产生的客观条件。技术技能新职业的产生也是职业教育开设新专业的必要条件。职业结构升级是职业教育重心高移的原动力。职业结构升级由科技进步、工业化、城市化、全球化、经济转型、组织结构转型、政府职能转型等因素推动。1982—2000年我国三次人口普查资料表明，职业结构出现了升级形态，全部职业中处于中高层级的职业类型（企事业管理者、专业技术人员、办事人员、商业人员、服务人员）比重上升了7.2%，而低层的职业类型（生产工人、农业劳动者）比重下降了8.1%。整个社会职业的位序得到了提升。相应地，我国职业教育由中低重心向中高重心转移。职业结构变化是职业教育结构调整的依据。技术技能职业增长规模和速度决定职业教育发展规模和速度。1978—2001年，中国人口的年均增长率为1.36%，职业岗位的增长率为3.41%，职业规模从4亿个岗位增加为2001年的7.3亿个岗位。相应地，我国职业教育的规模从98万人增加为2001年的1 219.1万人。职业流动和从业人员素质要求的变化，决定职业教育内容、课程体系和教育质量评价。在我国，1949—1979年职业流动率为13.3%；1980—1989年为30.2%；1990—2001年为54.2%。在确定职业教育目标和内容的时候，最重要的是使学员能够进入职业生活。为了保持尽可能长时间的职业持久性，还要注意培养学员适应各个职业领域表现出来的要求变化的趋势，适应跨职业范围的领域。社会的职业流动率增加，要求职业教育增强毕业生转岗能力。反之，职业教育发展规模、速度、结构和质量又反作用于社会职业的变化和发展。

（2）职业教育与技术的关系极为密切。技术源于人对自然的改造，技术的载体包括人与物。职业分化的基础是技术进步。技术进步推动新职业的产生和职业结构升级，实现对于人的劳动的解放。在经验技术为主时期，出于经验技术传递的需要，产生了父子相传、师徒相传的师徒制职业教育，培养集设计和操作于一身的工匠。技术科学的出现，生产由手工业阶段向机器大工业生产过渡，培养技术工人的现代意义的职业教育便应运而生。理论技术的出现，使现代生产的复杂程度增加，在工程师和技术工人之间产生了技术员类人才，培养技术员类人才的技术教育便得以产生和迅速发展。1982—2000年，我国专业技术人员数量增加了43%，净增了1 149万人。新技术的发展替代了手工劳动和重体力劳动，由此完成资本—技术—劳动之间的替代，简单体力劳动者数量不断减少，知识工作者数量不断增加。据法国学者安德列·高兹统计，1961—1988年，英国的工业工人减少了44%，法国为30%，瑞士为24%。同时，技术进步影响劳动组织方式、劳动制度与劳资关系。这些都会影响职业教育发展的类别、层次、规模、课程、策略，等等。

（3）职业教育与其他教育的关系极为密切。职业教育与其他教育存在着相互联系、相互独立、相互制约甚至相互重叠的关系。所谓相互联系，一是指职业教育是教育的一个组成部分，具有教育所具有的一切共性。同时，基础教育是职业教育的基础。基础教育的规模是职业教育发展的基数。基础教育的水平是职业教育教学的起点。基础教育的普及程度影响职业教育层次高移。职业教育与基础教育的比例关系是教育内部的一种重要关系，实践证明，讲合理的比例有利于职业教育发展。高等教育是中等职业教育向上衔接的对象。在我国，高等教育包含高等职业教育。高等教育扩招，刺激普通高中教育发展，中等职业教育发展受到冷落。成人的职业教育既是职后的职业教育，又是成人教育。二是在一些院校中，实行多类型多层次办学，普通高等学校设有成人教育学院、职业技术学院，中职高职院校也办有普通本科教育、成人教育班，实行一校多制，职业教育与其他教育的联系则更为广泛和紧密。所谓相互独立，是指职业教育与其他教育具有不可替代性，有着自己的特点和规律，充满了自己的个性。所谓相互制约，是指在职业教育发展的某些时期、某些地方、某些教育制度和政策背景下，与其他教育竞争，出现重普通教育，轻职业教育，重学术，轻技术，与经济社会发展不适应，各类教育发展不协调。在发展中国家，各类教育之间出现竞争时，由于职业教育个人收益率较低，又主要面向平民，往往处于竞争弱势，使职业教育成为教育事业的薄弱环节，需要政府推动和促进职业教育发展。所谓相互重叠，是指教育分类采用多重标准时，职业教育与其他教育便会出现重叠。在我国，将教育分为基础教育、高等教育、职业教育、成人教育四大类，采用了年龄、层次和功能三重标准，职业教育便与高等教育、成人教育出现部分重叠。

（4）在农业社会，职业、技术、其他教育与职业教育的联动关系相对简单。农业社会中的社会分工比较简单，制造家用器具和兵器的手工业，是人类最早的有组织的生产活动。手工业从自给自足的家庭作坊进一步发展，引起了职业分工，如石匠、铁匠、皮匠、陶瓷工、泥瓦匠、理发、制钉、鞋匠、印染师、医师、乐师、雕刻师等。劳动组织由徒弟、工匠、师傅三种不同身份的人组成。生产规模扩大，工匠不能只靠自己的孩子去干活，还需要向别的孩子传授技艺，以保证有数量足够的熟练工人，职业教育的最初形式——学徒制便应运而生。柏拉图（Platon）的《国家篇》中就有"他的儿子和徒弟"这样的词句。技术主要依靠工匠的经验积累而成。随着中世纪行会的建立，学徒制度逐渐从私人性质的制度过渡为公共性质的制度。学徒制中师徒一起劳动，师傅直接向徒弟传授技艺，徒弟人数少，可以全面照顾徒弟的学习。加之生产作业不是分工进行的，徒弟可以学到整个生产过程所有工序的技能。而且学徒期长，一般3~4年，有的6~7年，可以使徒弟的技艺达到相当高的水平。从古代豪华壮丽的建筑和巧夺天工的工艺品，可以看出古代学徒制是成功的职业教育制度。学徒制职业教育与课堂形式的其他教育各行其道，相互作用不明显。1999年，中非等六国仍处于农业文明时代。世界现代化背景下某些农业国的职业、技术和其他教育已不同于古代农业社会，职业、技术、其他教育相互作用下的职业教育已不同于旧学徒制。

（5）在工业社会，职业、技术和其他教育与职业教育的联动关系较为复杂。工业革命带来了人类社会生产组织方式和社会制度根本性变革。18世纪蒸汽机的发明和应用，引起了第二产业的就业结构和生产结构比重上升。车工、钳工、铣工等技术工人培养，成为职业教育的新领域。19世纪电力技术的推广应用，促进了劳动生产率的极大提高，也锻炼了一支人数众多的新兴产业工人队伍。第二次世界大战以来，以原子能、电子计算机技术和网络技术、空间技术为主的现代技术，为全球化提供了技术支持。技术虽然离不开经验，但已不再是主要依靠经验的积累，而是以科学理论为基础来发展技术。产业工人划分为一般技术工人、监督一般技术工人的骨干技术工人、监督人员和管理人员三个阶层。工业革命大大加速了旧的学徒制度的崩溃。新生的产业工人教育机构——学校取代了旧学徒制。废弃了学徒制中那种通过向师父模仿来学习技术的方法，采用班级授课制，把产品的生产过程划分为几个部分进行训练，把技术加以分解并排列成教学程序，一个教师可以同时向很多学生传授技术。教学不再用很长时间去训练手工技艺，而是要使学生具备能够理解不断变化着的和复杂化了的生产过程所需智力和知识，必须进行理论知识的教育。对产业工人知识水平的要求提高，延长义务教育年限被提上议事日程，职业教育要在一定普通教育的基础上进行，使得职业教育和普通教育的关系密切起来，两者的组织或教学计划成为相互依存的关系。职业教育发展处于初等和中等职业教育驱动时期。

（6）在知识社会，职业、技术和其他教育与职业教育的联动关系更为复杂。知识社会人类的劳动方式和劳动组织正在发生着重大变化。全球化和技术空前发展结合在一起以不同方式和不同程度影响着世界，影响着职业教育。第一次技术大变革,机械力替代了人力和畜力。现在的信息化和自动化则代替着人的部分脑力,"人工智能"将在各个领域代替人的劳动和工作。劳动分工向着国际分工发展,国际采购和专业小组成为劳动分工方式,知识密集型工作将产生一批"符号分析者"。技术的科学化、理论化成为知识时代技术的最大特征。技术的范围也由生产工艺等物质领域扩展到营销、管理、服务等非物质领域。据劳动保障部门统计,上海每年有四五十种新职业产生,2004 年上海又有 65 种新职业亮相。社工、呼叫服务员、美甲师、茶艺师、养老护理员、宠物健康护理员、房地产经营中介员、汽车美容装潢工、电子商务师、网页制作设计员、多媒体制作员、数码影像技术员、动画绘制员、商务策划师、企业咨询师、职业指导师、信用管理师等,已成为职业教育新的领域。技术迅速发展,复杂性和精度越来越高,标准化、大型化、组合化、高速化、一体化、集约化程度提高,要求从业者有更高层次的职业能力和更经常的进修学习,也使人们在职业生涯中要变换几次工作。终身教育、终身学习被提上议事日程,职业教育与其他教育的渗透、衔接和沟通进一步加强。职业教育进入高等职业教育驱动时期,并向终身职业教育驱动过渡。

# 13.2　对职业教育基本问题的再认识

欧阳河[①]

"职业教育基本问题初探"一文，是国家社会科学基金"十五"规划国家一般课题（教育学）——职业教育几个基本问题研究的阶段性成果。在课题组顾问杨金土、蒋作斌、冯象钦的指导下，与子课题组组长成立争、刘育锋、徐涵、张志增、蒋莉等老师合作，并访谈了国内著名职业教育人士王明达、孟广平、杨金土、刘来泉、余祖光、高奇、钱景舫，以及德国、美国、澳大利亚和我国台湾地区的职业教育专家。可以说，此文是集体智慧的结晶，也是课题专著《职业教育基本问题研究》的奠基之作。

《中国职业技术教育》杂志（2005年第12期）刊出该文时，正处于新世纪初我国职业教育大发展大改革时期。发展中遇到的一些重大现实问题，比如，以就业为导向是职业教育的本质吗？职业教育能否作为一个独立的教育类型并延伸至本科、研究生层次？应用型大学属不属于职业教育？职业教育的地位和作用能不能用其他教育替代？职业教育与普通教育、成人教育是什么关系？职业教育的本质属性是什么？等等，迫切需要更科学更具有解释性的理论予以回答。由于当时对职业教育基本问题这个根本性的问题没有深入研究，职业教育学科的理论大厦的基石就不稳固，人们对职业教育改革和发展的一些重大现实问题也很难取得共识。既影响着职业教育事业的科学决策和健康发展，也影响着职业教育学科走向成熟、走向丰富、走向独立。在此背景下，笔者根据中国职业技术教育学会副会长、湖南省教育厅厅长蒋作斌的建议，将职业教育基本问题作为一个科学命题进行研究。"十五"期间，全国教育科学规划职业教育学科总共只有3个国家一般课题的情况下，职业教育基本问题被批准立项，进而把职业教育基本问题这样一个鲜为人及的领域转变成一个众人关注的话题。

这是一项极富挑战性的工作。综观林林总总的职业教育著作、论文和研究报

---

① 欧阳河，湖南省教育科学研究院研究员，博士生导师。

告，其中不乏涉及基本问题的观点。但是，这些观点多是"碎片化"的，往往是从某个角度、某个方面进行论述。总体而言，职业教育基本问题的理论框架、核心观点和话语体系尚未形成。课题组成员在对已有的理论成果进行全面梳理与反思的基础上，从"本体—功能"角度，将职业教育的本质属性、地位作用、与外部世界的关系作为职业教育的基本问题。研究策略主要是对前人已经做出回答的观点进行分析扬弃，对前人已经回答但不够完善的观点进行补充研究与完善，对前人尚未回答的问题进行专门研究和实证分析，最后形成了以下主要观点：

（1）职业教育基本问题是职业教育中自在的、原生的、能够支配和决定其他问题的问题。非基本问题由基本问题派生和决定，相对基本问题而存在。基本问题与非基本问题是本与末、源与流、本源与派生、决定与被决定的关系。

（2）职业教育的本质属性、地位作用、与外部世界的关系是职业教育的基本问题。这三个基本问题可以进一步抽象为人与职业的关系问题。

（3）职业教育是培养技术型、技能型人才的一类教育和培训服务。它的本质是帮助人们获得技术型技能型职业的能力和资格，本质属性是技术技能职业性。

（4）职业教育的发展动力是工业化和教育大众化，在教育体系中处于不可替代的地位，在教育事业中处于战略重点地位。它的作用是维持社会生产和生活正常运转，使社会和个人都受益，是造福平民的崇高事业。

（5）职业教育与人、政治、经济、科技、文化和其他教育等发生着密切关系。职业、技术和人是影响职业教育发展的三要素。同时，职业教育发展也影响着职业、技术和人。三者在农业社会、工业社会、知识社会不同阶段的变化与组合，演绎出多彩多姿的职业教育形态。

全国教育科学规划领导小组办公室发布的成果述评认为：该文的学术价值在于首次提出了职业教育基本问题的科学命题，第一次比较系统地回答了职业教育基本问题，初步形成了职业教育基本问题理论的框架，丰富了职业教育基本理论体系，能为行政部门决策提供理论依据，为职业教育实践提供理论指导，把人们对职业教育基本问题的认识带入了一个新阶段[①]。

本文发表以后，引发职业教育决策者、实践者和研究者的广泛关注。2005年全文入编由中国教育学会编纂的大型学术年刊《中国教育科学 2005》[②]。2009年全文编入《制定国家教育改革和发展规划纲要参考资料》[③]，供国家教育规划纲要文件起草人员参考。作为成果主件之一，获得第四届全国教育科学优秀成果奖三等奖，中国

---

① 全国教育科学规划领导小组办公室. 国家一般课题"职业教育几个基本问题研究"研究成果述评 [J]. 当代教育论坛，2006（10上）：13.

② 中国教育学会. 中国教育科学 2005 [M]. 北京，人民教育出版社，2006（12）.

③ 中央教育科学研究所《规划纲要》数据组，制定国家教育改革和发展规划纲要参考资料.

职业技术教育学会首届优秀职业教育研究成果一等奖。原国家教育委员会副主任、中国职业技术教育学会会长王明达认为，"研究职业教育基本问题是很有意义的，明确职业教育的一些基本特征，对指导办学实践有重要作用。"由教育部职业教育与成人教育司时任司长黄尧任组长，中国职业技术教育学会时任常务副会长刘来泉任副组长，教育部职业技术教育中心研究所时任常务副所长余祖光研究员、北京师范大学高奇教授、中央教育科学研究所曾天山研究员（现教育部职业教育发展中心副主任）为成员的鉴定专家组认为，"第一次把职业教育基本问题作为一个科学命题从整体上进行研究，为职业教育科学研究提供了一个新视角。""比较系统地回答了什么是职业教育基本问题，论证了职业教育的本质属性、地位作用，以及职业教育与相关要素的关系，初步构建出职业教育基本问题理论体系。""把人们对职业教育基本问题的认识推进到一个新的阶段。"杨金土先生认为，"其中不乏新的认识、新的发现或新的概括。"华东师范大学钱景舫先生认为，"职业教育基本问题初探是一篇集大成且有创新之作，凝集了近20年来我国专家学者对职业教育基本问题探讨的成果。"

## 二、对基本问题的再认识

文章发表近20年来，这个课题也早已结题，笔者的研究重心无疑转移到了别的方面，无暇对职业教育基本问题做后续研究。但是，对职业教育基本问题的思考并没有停止，尤其是什么是职业教育基本问题，时常在脑海中浮现。思考中也有一些新的收获。借《中国职业技术教育》杂志创刊30周年的机会，谈一谈对职业教育基本问题的再认识。

1. "人与职业的教育关系"才是职业教育的基本问题

职业教育基本问题初探一文提出，如果对职业教育本质属性、地位作用和与外部世界的关系这三个基本问题做进一步抽象，职业教育的基本问题是人与职业的关系问题。但是，该文对此没有做进一步讨论。几个月之后，笔者在湖南农业大学职业教育硕士点开设了"职业教育基本理论"专题课，涉及职业教育的基本问题、基本假设、基本概念、基本特征、基本范畴、基本原理、基本模式、基本方法等八个方面，其中对职业教育基本问题进行了两次研讨。在此基础上，由当时参与讨论的2004级硕士研究生唐智彬执笔，就人与职业的关系问题做了进一步讨论，包括人与职业何为本位，人职关系的不平衡性与职业教育的相互关系问题，发表在《职教论坛》上[①]。

---

① 唐智彬，欧阳河. 职业教育基本问题：人与职业的关系［J］. 职教论坛，2005（10上）：7-10.

现在看来，职业教育的基本问题是人与职业的关系问题的观点，认识上也许有一个否定之否定的过程。主要是在理论上还不彻底。马克思指出："理论只要彻底，就能说服人。所谓彻底，就是抓住事物的根本"[①]。从根本上看，人与职业的关系问题不是职业教育所独有。也就是说，这个问题不具有唯一性。因为职业学、职业指导、创业教育等也存在人与职业的关系问题。杨静波在评《职业学》一文中就讨论了人与职业的关系问题[②]。从职业教育基本问题的唯一性分析，职业教育的基本问题是"人与职业的教育关系"。这个问题既是职业教育特有的，又能满足基本问题功能发挥的条件：

（1）人与职业的教育关系问题，能贯穿职业教育学科的全部历史，并且能够推动学科发展，是始终无法解决的问题。人们只能不断地理解和感悟人与职业的教育关系，但是始终无法解决人与职业的教育关系。

（2）人与职业的教育关系问题在逻辑顺序上是职业教育学科首先提出和需要解决的问题，它既是提出职业教育学其他问题的基础和前提，又是解决问题的基础和前提。

（3）人与职业的教育关系属于职业教育学科研究对象最根本、最核心的范畴，是职业教育研究的总结出发点，它能揭示学科全部研究内容的本质联系，可以导出职业教育学科的范畴体系和概念体系，学科的其他问题都围绕它而展开和取舍，受它的支配和制约。

（4）人与职业的教育关系问题，是职业教育学科的中心和灵魂，对这个问题的不同回答，是划分职业教育学科基本派别的标准。

2. 人与职业的教育关系的内涵

对人与职业的教育关系问题的理解，可以先采用排除的方法。一是人与职业的教育关系问题，不是指人与职业的问题，因为对这个问题理解，只要知道什么是人，什么是职业就行了。二是不是指人与职业的关系问题，因为对这个问题的理解，只要知道人与职业是什么关系就可以了。

理解人与职业的教育关系，有三个要点。一是人，是指人类，主要是学龄人口、学习者、接受职业教育的人，暂不讨论机器人。二是职业（occupation），是性质相近的工作的总称，通常指个人服务社会并作为主要生活来源的工作。在特定组织内它表现为职位（岗位，position），每一个具体岗位都会对应着一组任务（task），作为任职者的岗位职责。此处讨论的职业，主要是技术型技能型职业，或者应用型

---

① 马克思，恩格斯. 马克思恩格斯文集（第1卷）[M]. 中共中央马克思恩格斯列宁斯大林著作编译局，译. 北京：人民出版社，2009.

② 杨静波. 高屋建瓴，独辟蹊径——评《职业学》[J]. 学术交流，1992（05）：146.

职业。三是教育关系。教育关系是一个联合词组。其中关系是事物间相互作用、相互联系的状态，包括人与人之间，人与事物之间，事物与事物之间的相互联系。人与职业之间是人与事物之间的二元关系。一般来说，两类事物之间，或者说甲事物与乙事物之间，存在多种逻辑关系，如因果关系、充分必要关系、对比关系、包容关系、并列关系、矛盾关系、比例关系、递进关系等。关系判断的逻辑形式是 $R$（$A$、$B$、$C \cdots n$），其中 $A$、$B$、$C$ 等表示关系主项，$R$ 表示关系，$n$ 表示主项的数目。一般来说，关系判断有对称性关系、传递性关系和自返性关系等。对称性关系中有对称关系、反对称关系、半对称关系；传递性关系中有传递关系、反传递关系和半传递关系；自返性关系中有自返关系和非自返性关系。教育关系是指在教育过程中产生的各种关系。包括教师与学生、学生与学生、教师与家长、人与职业、学校与社会之间的关系。这些关系在教育中起着重要作用。人与职业的教育关系在职业教育中处于支配和决定地位。

3. 人与职业的教育关系问题

人与职业之间的关系十分密切。职业是人们在社会中生产、工作、生活和发展的一种必要形式。人与职业之间的关系是相互依存、相互影响的，职业发展对人的发展和生命意义重大。人的职业既是其生活的来源，也是体现其人生价值、实现个人成长的重要途径。人所从事的职业，一方面反映了其自身的资质、特长和爱好，另一方面也受到社会、经济、政治等外部环境因素的制约和影响。一个人的职业选择，不仅涉及其个人发展的问题，还决定了其在社会中所扮演的角色和地位。同时，职业也为人们提供了实现自我价值和成就感的机会，使其在工作和生活中找到了归属感和安全感。

人与职业的教育关系是密切的。教育可以为个人提供相应的技能和知识，使其更加适应不同职业的要求，并为其未来的职业发展做好准备。同时，教育也可以提供个人需要的与职业无关的技能和知识，如决策力、解决问题的能力、沟通技巧和领导才能等，这些都是在任何职业中都非常重要的素质。因此，教育与职业密切相关，对于个体的职业发展和社会的经济发展都具有重要意义。

在人与职业的教育多种多样关系中，以谁为本？如何匹配？是两个最具争议最难统一的问题。

（1）人与职业以谁为本？这是一个极具争议的大问题。对这个问题的不同认识和价值取向，不但会形成不同的职业教育形态、体系和制度，而且如何回答这个问题，会形成两大阵营。凡是主张人本位的，成为人本主义阵营，凡是主张职业本位的，成为职业主义阵营。

最具代表性的职业主义代表人物是美国企业家乔治·福德（George F. Johnson）。他最著名的贡献是实施了"终身雇佣制度"。职业本位是指职业在个人生活中具有主导性地位，职业的发展成为个人生活的重要目标和标准。这种观念认为，职业成功是个人成功和幸福的基础，个人的整个生活都应该围绕着职业发展来规划和安排。职业本位主张个人应该在职业上不断追求进步和发展，不断提高自己的职业技能和水平，以实现自我价值的最大化。职业本位在当代社会受到一定支持，但也面临着职业与私人生活之间的平衡问题和职业压力带来的负面影响和挑战。

职业主义教育的代表人物是美国著名的教育家詹姆斯·卡特（James H. Carter）。他在其著作《职业教育：其理想、组织和管理》中，提出了许多具体的计划和建议，以加强职业教育的实效性和就业导向。职业主义教育的基本主张是把就业能力培养作为教育的最终目标，建立以解决就业问题为中心的教育制度和教育体系，强调职业技能和职业素养的培养，使学生能够更好地适应职场需求和社会发展。职业主义教育强调对职业技能和职业竞争的培训，但是忽略了对个体素质和终身学习能力的培养。这种教育倾向于将学生视为未来就业市场的商品，而不是个体在社会中的全面发展。职业主义教育的结果是，教育过程变得功利化，以获得高薪工作为目的，忽视了人文素养和社会责任等非单一职业技能的培养。

人本主义教育以人本主义心理学为理论基础，是强调以人为本，注重发掘学生潜能，尊重和关心学生个性，培养学生自主性和创新性的教育理念。其代表人物有美国人本主义心理学家罗杰斯（Carl Rogers）、马斯洛（Abraham Maslow），以及德裔美国人本主义心理学家弗洛姆（Erich Fromm），他强调个体的自由和社会责任之间的关系，主张让人们自由地发展成为自己想要成为的人。瑞士心理学家皮亚杰（Jean Piaget）强调个体在知识、语言、逻辑和思维方面的自主发展，提出了认知发展阶段理论。美国哲学家和教育家戴尔（John Dewey），主张学生应该成为知识构建者而不是知识接受者，并提出了"体验式学习"的教育方法。

人本主义教育的基本主张是以人为中心，强调个体的发展与成长，教育的目标是培养"完整的人"，主张课程人本化，注重培养个人的能力和素质，尊重和包容不同的文化、价值观和观点。关注学生的个体差异，重视学生的心理健康和个性发展，强调自由、平等、合作和民主的教育理念。着重培养学生的创造性和实践能力，重视知识与技能的结合，倡导多元文化的教育，鼓励学生接触不同文化、价值观和观点。强调学校应该创造自由的心理气氛，让学生拥有自主思考、自主学习和自主评价的能力，注重培养学生的学习能力和自我管理能力。

（2）人与职业如何匹配？人与职业如何匹配是又一个极具争议的重大问题。对这个问题的不同认识和价值取向，不但会形成不同的职业教育形态、课程体系和体制机制，而且如何回答这个问题也分为两大派：凡是主张人职匹配的，成为人职匹配论者，凡是主张人职不完全匹配的，成为人职不完全匹配论者。

人职是能匹配的，其代表人物有弗罗曼·格拉汉姆（Frank Parsons），他发明了

"三环模型"。约翰·霍兰德（John Holland）提出了一种称为霍兰德职业兴趣代码的分类系统。戴维·托普卡特（David T. Conley）提出了一种称为"职业准备特征"的框架。卡伦·D. 费利（Karen D. Philbrick）创立了一个名为"Career Scope"的评估工具。人职可匹配论的基本观点是建立在职业匹配性理论和人力资本理论的基础上的。人职匹配教育理论认为，每个人都有自己独特的能力和兴趣爱好，社会对每个人的职业发展也有一定的期望。通过对个人的能力和兴趣进行评估，能够更好地帮助个人选择适合自己的职业，并在学习和职业发展过程中提供相应的职业教育和培训。该理论认为，学习和职业发展是相辅相成的过程，任何人的职业发展都需要学习，而学习又应该以个人的职业发展为导向。因此，人职匹配教育理论推崇个性化教育，鼓励学校和社会为个人提供不同的学习选择和机会，以满足个人的职业发展需求。人职匹配教育理论还强调职业发展的可持续性。通过教育和培训，个人应该掌握不断更新和发展自己的能力的技能，以适应职业领域的变化和发展。这样，个人的职业发展才能更持久、更成功。

罗伯特·亨德森（Robert Henderson）是认为人职匹配不可能存在的代表人物之一。他认为职位匹配是一项非常难以实现的任务，不可能完全匹配所有方面。他认为每个人都有自己的独特特质、能力、兴趣和个性，因此无法找到一个完全匹配的工作。亨德森提出了"职业公民理论"，该理论认为每个人都应该以职业公民的身份被视为组织的一部分，因此他们应该被赋予自主权和自我理解的机会，而不是被强制定位在一个特定的工作角色中。由于个人的背景、能力、经验和兴趣等因素，每个人的职业路径都是独一无二的。此外，每个职位都有其独特的特点和要求，因此即使一名候选人具备所有必要的技能和经验，他或她也可能不是该职位的完美匹配。人职匹配教育也无法预测未来的职业需求和技能。塞泽（Theodore R. Sizer）认为，人职匹配教育过于关注职业技能和就业能力，而忽略了培养学生的全面素质和成为有价值的社会成员的能力。他强调学生需要更广泛的知识和技能，以适应未来职业和社会需求。教育不能注重短期的就业和经济利益，应该致力于培养学生全面的人格和社会性能力，以帮助他们在各个方面获得成功。保罗·弗莱雷（Paulo Freire）认为，人职匹配教育是一种被剥削阶级用来控制和支配工人阶级的手段。他认为，教育应该是一种解放的力量，能够帮助工人阶级意识到自己的权利和价值，并为自己争取更好的经济和社会条件。

以上这些文字，是我对职业教育基本问题的进一步思考。虽年逾古稀，也只是破题而已。期待在《中国职业技术教育》杂志上，有更多职业教育基本问题研究的优秀成果问世，不断深化人们对人与职业的教育关系的认识，更好地处理好人与职业的教育关系。

# 14.1 我国职业教育课程改革中的问题与思路[①]

石伟平

职业教育课程已进入新一轮的改革高潮，其中既有政府统一组织的，如上海市和江苏省的课程改革，也有学校自发组织的，还有教师自己进行的。它充分说明这次课程改革有着很好的基础。面对职业教育的种种问题，教师、学校、政府、学者都已深刻认识到，从学校角度看，解决这些问题最为重要的抓手就是课程改革。只有基于我们的问题进行深入的理论探索，才可能建构中国所特有的职业教育课程模式，也才可能更好地吸收发达国家的职业教育课程思想。这么多年的"学习经历"给了我们这个基本经验。本文拟就这次改革中的几个重大问题谈点思路。

## 一、学生职业能力水平的提升与专业课程的项目化

专业课程的项目化改革方向，源于当前职业教育课程面临的大量深层问题。许多教师发现，在企业只需几个月就能熟练掌握的技能，学生在职业院校学习了三年后却仍然不会。这一现象引起了许多职业院校的巨大震动。当然我们可以认为是学校的实训设备不足所致，但许多设备充足的院校也同样存在这一问题。我们还可以寻找到慰藉，认为学校给了学生系统的专业理论知识，这些知识使得学生今后的发展充满了后劲，但学生专业理论考试的成绩似乎并没有说明这一点。虽然对企业的调查表明，他们更关注的是学生合作精神、吃苦耐劳、定位明确、规范严谨等情感因素的发展，但在具备了这些素质的前提下，职业能力水平高的学生无疑更具就业竞争力。而从学生以后将面临的复杂多变的就业环境看，发展专深的职业能力也是十分必要的。目前，许多地方出现了民工与职业院校毕业生争岗位的情况。如果职业院校毕业生在职业能力的水平上丧失了自己的竞争力，在就业时没有不可替代性，势必给职业院校发展带来重大影响，甚至会对其存在的合理性提出挑战。

总之，提升学生职业能力的紧迫心情，以及激发学生学习积极性的现实需要，促使许多院校、教师开始经验性地探索职业教育专业课程改革的新思路。而在这些

---

① 本文发表于2006年第1期，作者时任华东师范大学职业教育与成人教育研究所所长。

改革中，最具广泛性的就是项目课程。有些虽然没有用项目课程这一名称，如上海市用的是"任务引领型课程"，但其含义是基本接近的。近年来，高职院校教师发表了不少关于这一主题的论文，进行了许多很有价值的探索，并形成了项目课程的不同实施模式。例如，有的院校采取的是叠加式项目课程，即在学习了原有学科课程后，让学生通过完成几个完整项目，来获得综合实践能力；有的院校采取的是用与项目相结合的教学方法来改造原有学科课程的教学，这比前者明显进了一步；有的院校采取的则是完全打破学科课程体系，以工作项目为核心重组专业知识，这又进了一步，但处理不当，容易把工作项目变成知识项目，使得改革仍然不彻底。针对项目课程的这一发展趋势，以及实践中出现的许多问题，我国已有学者在对项目课程进行系统的理论研究，以期促进项目课程改革实践更为顺利地进行。

以上描述充分说明，这次课程改革与20世纪90年代的课程改革有质的区别。20世纪90年代的课程改革主要是学习西方模式，而这次课程改革的理念是在本土实践的基础上形成的；20世纪90年代的课程改革是从上往下的，而这次课程改革是从下往上的。我相信，项目课程应当成为当前职业教育专业课程改革的方向，因为它符合职业教育的规律，容易激发学生的学习兴趣，培养学生综合应用专业知识的能力。只要我们沿着这条路坚持不懈地走下去，把课程改革实践与理论研究有机地结合起来，形成专家引领、全员参与的课程改革机制，就一定能取得成功，一定能够形成本土化、具有中国特色的职业教育课程模式。

项目课程并不是一个全新概念，职业教育中有，高等教育、基础教育、幼儿教育中也有；今天有，过去也有；中国有，国外也有。因此在项目课程的理论与实践中，一定要注意结合职业教育的特点，结合今天技术的现状，结合中国的本土实际，发挥中国人擅长思辨的传统，探索中国的职业教育项目课程。尤其要注意区分职业教育项目课程与高等教育、基础教育、幼儿教育中的项目课程，注意区分项目课程与过去的模块课程。有学者认为，职业教育的项目课程是以工作任务为中心的、聚合式的，而高等教育、基础教育、幼儿教育中的项目课程是以课题、主题为中心的、发散式的；模块课程是高度微型化的、着眼于技能的，而项目课程是综合化的、着眼于复杂的职业行动能力的，我认为这些见解很有价值。

## 二、学生的学习准备不足与普通文化课程的服务性

无论中职还是高职，普通文化课程都是其课程体系的重要组成部分，只不过所占比重有所差异。国外关于关键能力研究的成果，更是让我们看到了开设普通文化课程的必要性。然而目前职业院校普通文化课程的教学状况普遍令人非常担忧，学生学习这类课程的积极性非常成问题。其原因是学生对这类课程的准备不足，既包

括知识上的，也包括学习心理上的。从知识上看，无疑进入职业院校的学生以往对这些课程学习的结果非常不理想，这是事实，无须遮掩，也无须赘述。从学习心理上看，多年的学习成绩不佳以及老师的责备、冷漠，已在学生心中深深地积淀了对这些课程的厌恶。

对这一状况的危害性我们应当有足够的估计，唯有如此，才能设计出解决的方法。体会最深刻的是职业院校的教师们。许多教师已开始产生了职业厌倦感，他们不愿意和学生交流，甚至上课时只看黑板、不看学生，有的教师进教室时有如临大敌之感。这些问题是基础教育遗留的。基础教育阶段的差生数远远超过了幼儿园阶段，因此可以认为这些差生是基础教育制造的。但是我们可以谴责基础教育，而能改变的只能是自己。

学生自然不是无法学习这些课程，因为我们可以看到许多通过采取一定措施后收到良好效果的实例。最为有效的方法就是对普通文化课程进行改革，采取适合职校生学习心理特点的教学方式来改造这些课程。基本思路是把普通文化课程内容与专业结合起来，强化它们为专业课程服务的功能。例如，有些学校的烹饪专业，通过拼冷盘来让学生掌握图形知识，通过名人的饮食文化来改造语文课程。国外也有这种改革趋势，他们称之为学术课程与专业课程的整合，并认为效果比较好。例如，在昂温和魏林顿对参与英国现代学徒制实验年的青年人进行的一项研究中，一个汽车制造厂的学徒解释道，他从来没有真正理解数学，直到他成为这个厂的学徒，在这里，数学是按照和汽车相关的方式被教授的。这个学徒想知道，为什么学校不能用相似的方式来教授数学（A. Fuller & L. Unwin，1998）。

关于这种改革思路目前尚存在争论。一种观点认为，既然是普通文化课程，就应当按照这些课程本身的知识形态来教学，如果与专业课程相结合，会破坏这些课程本身所特有的主旨，导致普通文化课程不普通。另一种观点则认为，面对现状，目前急于解决的问题是先让学生学起来，然后才是探讨学什么。实践表明，通过与专业相结合，能有效地提升学生学习这些课程的兴趣，同时也给学生提供了在专业中如何应用这些知识的线索。如果像普通高中那样教授这些课程，不仅不能突出职业教育的特色，反而容易进一步导致学生厌学。

这确实是一个比较棘手的问题。普通文化课程不可能像专业理论知识那样，按照工作任务完成的需要来选择这部分知识，因为我们很难在这些知识与工作任务之间找到非常直接的对应关系。设置这些课程的理论依据应当是能在不同职业之间广泛迁移的关键能力，它与专业能力是并列关系，其目标只能是依据职业教育的性质与可能分配的课时数来综合考虑。因此，普通文化课程的改造思路与专业课程不同，它只能是采用与专业活动相结合的方式教授已经编制好的知识体系。也就是说，它的改革更多的是教学方法层面的。从这个意义上看，上文所提到的那些探索有积极意义。我们不必拘泥于普通学校的教学模式，完全可以尝试、探索与专业课程相结合的灵活的教学模式。但要注意：① 并非所有的普通文化知识都能与专业课程相结合，比如法律课程，除非把它改造成专业法，否则要与专业结合是非常困难的。对于这些课程，可以考虑与生活相结合的思路。总之，无论是专业还是生活，它们的共同点都是为这些课程的教学提供情境化的途径。② 不要在普通文化知识与专业课程之间建立机械联系。相互联系的原理是值得提倡的，但如果这种联系过于机械，效果反而会适得其反。

## ❋　三、学分制实施的困境与生涯指导的全面推行　❋

学分制是当前政府倡导的一项职业教育课程改革行动，但是它在实践中遇到了困境，许多问题被反映出来。比如，教师难以开出足够的选修课，学生往往选修那些有趣而又容易通过但教育价值并不高的课程，重修时课程安排上的冲突，常规班级打破后学生难以管理，教务管理不堪重负，没课的时间学生无所事事，体制上的障碍，等等。在经历了一番精疲力竭的折腾后，教师们开始感到还是以前的按部就班好。

学分制是相对学年制的一种完全不同的课程管理制度，我们不能用学年制的眼光来评价学分制。在学分制实施初期，由于教师、学生、管理等诸方面的不适应，难免会出现某种程度的"乱"，但这种"乱"是达到新的有序的必经之路。仍然用学年制的眼光，认为学生一天到晚规规矩矩坐在教室里才是认真学习是不合适的，因为学分制所追求的恰恰正是流动的、弹性的学习制度。抱着"不放心的心态"是无法实施好学分制的。

但是在全面推行学分制之前，应当对职业教育学分制的理论基础和实践条件进行充分论证。上述问题的产生，便是由于缺乏论证所致。例如，职业教育学分制的理论基础，有研究者简单地套用普通教育学分制的理论基础，认为是为了满足学生个性发展的需要，这是不正确的。因为职业教育课程是建立在职业能力标准基础之上的，而职业能力标准是一个完整的模块体系，为了达到职业能力标准，学生不能在这些模块中根据自己的兴趣任意地进行选择。对职业教育来说，学生能选择的只是专业和专业方向。那么职业教育课程学分制的理论基础是什么呢？是对先前学习的认可，即西方学者所说的APL，即把个体在经验中获得的知识和技能换算成学分，以便节约教育资源。遗憾的是，教育改革中想当然的现象非常普遍。

如果说阐明理论基础只不过为了让我们对所采取的行动有更清醒的认识的话，那么缜密地思考学分制实施的现实条件则是这一行动能否产生实效，至少不产生负面影响的关键。从这个角度看，目前实施学分制的时机并不成熟。且不说师资、管理等条件，当前职业教育急需解决的问题是，面对这些生源，如何在职业院校建立秩序，严格规范学生行为，进而重新点燃他们学习的愿望。学分制是一项非常复杂的工程，急于推行容易转移学校工作重点。如果对学分制过分激进，不切实际地要求推行完全学分制，还很可能由于提高了学生的流动率而造成学校秩序混乱，导致教学质量滑坡。事实上，这一现象已在有些学校发生，很有必要引发我们对学分制的冷思考。还需进一步质疑的是，为什么要实施学分制？它是为了解决当前职业教育中的什么问题？不得而知！

从长远来看，推行学分制是我国职业教育发展成熟的标志，因此它是一个趋势，但它是建立在认可我国规模庞大、有着巨大生命力的民间学徒制学习成果的基础上的。为此，我们需要准备许多条件，而其中非常重要的一个条件是普遍、有效地在学生中开展职业生涯发展指导。只有帮助每一位学生明确了他们的职业生涯发展方向，在这个方向上他们通过自己的经验学习已经获得了哪些知识和技能，还需要进一步补充哪些知识和技能，学生才能具备选课的积极性和目的性，学分制也才能具备了现实基础。

## 四、教师在课程改革中的主体地位与其超负荷的工作量

这一问题虽然很具体，但很重要。目前，职业教育课程改革最大的动力来自教师，这是个很好的基础，但最大的阻力也仍然来自教师。教师的阻力主要有两方面原因，一是观念，二是工作量。多年受学科教育的经历，使得许多教师仍然面临转变课程观念的艰巨任务。他们担心打破学科体系后，职业教育会变成职业培训，而学生所获得的知识会过于零散。其实原本无所谓学科体系，它也是人为的，既然是人为的，就是可以打破的。职业教育专业课程的项目化并非要否定知识的学科逻辑，只不过它所遵循的是知识的工作逻辑。要深刻看到的是，从知识的学科逻辑到工作逻辑，并非在玩思想游戏，它是从一个结构到另一个结构的转换。如果这一转换让个体独自在自然状态下去完成，至少需要五年时间。通过比较专家的知识结构方式和新手的知识结构方式可以清楚地看到这一点，他们之间的差异不仅仅是知识的量，更为重要的是知识结构。高分低能的现象正是由此而生。

如果说通过专家学术报告、教学现场观摩、与企业专家型工人深度交流、参与课程改革等途径，转变教师的课程观念并非难事，那么目前教师工作量过于繁重，的确已成为职业教育课程改革的主要阻力。课程改革比教学改革复杂得多，它可能涉及课程体系的重新设置、课程标准的重新编制、教材的重新编写等问题，其中每一个环节都需要教师付出大量劳动。但是职业院校许多教师的周课时数超过了20，工作量非常繁重。这之间自然构成了一个矛盾。简单地通过行政命令是不能从根本

上解决这一问题的。这只会让教师觉得不被理解，甚至可能会产生逆反心理，倘若如此，就不可能真正刺激教师进行课程改革的兴趣，从而使得整个工作流于表面。

但是，课程改革过程中专家的作用只能是引领，提供职业教育课程理念与开发技术指导，改革的任务最终必须由教师自己去完成。由大学教师来开发职业教育课程是不合适的，因为职业的定势已使得他们难以理解职业教育课程理论。同时他们也难以把握职校生的学习特点、学习准备程度，甚至对工艺层面的知识也知之甚少。行业专家除了提供一些协助外，要他们承担课程开发的主体任务是不现实的，并且他们也缺乏足够的课程与教学理论。因此，要开发出富有职业教育特色的课程，就必须培训自己的课程改革师资队伍。另外，教师只有参与课程开发过程，才可能对新课程有深刻理解，从而能够更好地按照新课程的理念进行教学。当然，成为课程开发者，也是教师超越机械、重复的教学工作，向专业化发展的需要。

解决上述矛盾的途径应当是，在鼓励教师充分利用休息时间（如寒暑假、周末）的同时，对于承担课程开发主体任务的教师，职业院校有必要适当考虑降低其课时数，但要注意建立相应的激励机制。目前，职业院校教师参与课程改革尚存在不少机制上的障碍，比如对其工作量核算不足、成果不能用于评职称，等等。这必然影响教师参与课程改革的积极性。强调教师奉献是必要的，但不能以此为借口而忽视了相应机制的建立。

总之，我国职业教育课程改革已进入了新的历史时期。我们应当抓住这一有利时机，因势利导，使它不断地深入，在理论与实践交融的过程中，形成有中国特色的职业教育课程模式。这项工作确实非常艰巨，但如果不开始着手这项变革，那么一百年后我们的职业学校可能还是这个样子，而每年源源不断的学校经费投入，也将由于课程理念的错位而不能发挥其最大功能。要坚信的一点是，只要不断努力，就会向正确的方向前进一步。

# 14.2　在改革中前行，在实践中思考
## ——重读《我国职业教育课程改革中的问题与思路》

石伟平[①]

弹指一挥间，三十年倏忽而逝。回首往昔，往事历历在目。1993年，《中国职业技术教育》创刊之际，我刚从英国留学归来。海外两年的留学经历，不仅让我了解到以福斯特职业教育思想为代表的先进职业教育理念，而且让我更加深刻地认识到，对于国外职教经验要"兼容并包，择优而用，形成自我特色"。1998年，我与钟启泉、钱景舫两位教授共同承担了上海市教委"关于上海市职业教育课程与教学改革"的委托项目，并由我担任理论组组长。世纪之交，着眼全球视野，立足本土实践，我和研究团队围绕职业教育课程与教学改革主题，发表了系列学术论文。《我国职业教育课程改革中的问题与思路》正是这段时期最具代表性的文章之一，该文系统回顾了我国职业教育课程改革中存在的关键问题，并明确提出了我国职业教育课程改革的未来方向与创新之路。

## 一、在职业教育改革最艰深处砥砺前行

改革开放以后，我国重新确立了职业教育在中等教育阶段的重要地位。1985年，《中共中央关于教育体制改革的决定》明确提出，调整中等教育结构，大力发展职业技术教育。稳定中等职业教育发展规模，推进普职协调发展的基本方针得以确定。从1985年到1997年，我国中等职业教育与普通高中教育在校生比例基本维持在1：1左右。到了20世纪90年代末，随着《关于普通中等专业学校招生并轨改革的意见》的颁布，教育部、国家发展计划委员会（现国家发展和改革委员会）提出，鼓励毕业生自主择业，废除中专毕业生就业包分配制度，中专生不再包分配，所谓的"铁饭碗"逐渐成为"过去时"。与此同时，在国家政策的大力推动下，高等教育开始大规模扩招，中专学历的贬值效应日益凸显，职业院校毕业生在劳动力市场中的学历劣势也得到放大。在以上因素的综合作用下，职业教育的吸引力不断下降，职业教育逐渐沦为低于普通教育的"次等教育"，其作为类型教育的"合法

---

① 石伟平，华东师范大学职业教育与成人教育研究所名誉所长，教授，博士生导师。

性"屡屡受到质疑与排斥。受此影响，中等职业教育招生规模连年萎缩，在世纪之交进入谷底，普职比大体相当的政策底线受到极大挑战。一直到2005年以后，中等职业教育招生规模才逐渐出现恢复性增长。

为了提升职业教育的吸引力，改善职业教育的办学形象，我国在2002年颁布了《国务院关于大力推进职业教育改革与发展的决定》，并在2005年颁布了《国务院关于大力发展职业教育的决定》。彼时，在上述政策的带动之下，职业教育的招生规模开始有了一定的反弹，但与我国职业教育高质量发展预期仍然存在较大的差距，尤其是课程建设质量堪忧，未能形成具有中国特色的职业教育课程范式。

作为职业教育改革的关键环节，课程建设质量直接关乎高素质技术技能人才培养水平，深化职业教育课程改革是一个永不过时的话题。从20世纪90年代起，我就一直关注职业教育课程建设的基本理论与实践问题，并在《外国教育资料》（现更名为《全球教育展望》）发表了《英国能力本位的职业教育与培训》《职业能力与职业标准》《战后世界职教课程发展的基本走向与变革趋势》《当前职业课程开发中的设计》《职教课程内容开发研究》《职教课程目标的开发研究》《职教课程实施中的问题与趋势》等一系列文章。从世界范围来看，课程早已成为全球职业教育改革与发展所关注的重要内容。深刻把握世界职业教育课程改革的基本走向，不仅有利于了解职业教育课程改革的基本趋势，而且可以为深化我国职业教育课程改革提供科学依据。在前述研究基础上，我在世纪之交所主持的"关于上海市职业教育课程与教学改革"的委托项目中，努力将世界先进的职业教育课程改革理念融入本土实践中去。经过几年的不懈探索，形成对职业教育课程改革基本问题的系统认识，于是就有了写作的冲动。正是在上述背景下，《我国职业教育课程改革中的问题与思路》一文由此撰写而成。

## 二、直面职业教育课程改革的重大问题

世纪之交，以上海市、江苏省为代表的一批省市在职业教育课程改革方面展开一系列探索与实践，推动职业教育课程进入新一轮的改革高潮。彼时，在参与上海职业教育课程改革过程中，我发现了事关职业教育课程改革方向的四个重大问题。

一是学生专深职业能力的发展问题。作为一种典型的跨界教育，职业教育人才培养时常会面临来自产业界的挑战与质疑。由于长期以来未能形成具有中国特色的职业教育课程模式，导致技术技能人才培养水平未能很好地满足企业的用人需求。甚至有企业提出，职业院校学生三年仍学不会的技能，企业职业培训只需几个月就能熟练掌握。尽管可以从实训设备不足、理论基础不牢等方面找原因，但不可忽视的事实是，在劳动力市场工作任务日益复杂的趋势下，职业院校在培养学生专深职

业能力方面仍然较为薄弱。在劳动力市场中，职业院校毕业生的岗位竞争力并不突出，甚至出现与民工争抢岗位的情况。如果不解决职业院校学生专深职业能力的培养问题，那么很难将职业教育与职业培训真正区分开来。

二是学生学习准备的不足问题。在以分数为导向的分流制度下，进入职业院校学习的学生大多学习基础较差，尤其是在学习普通文化课程方面较为吃力。这种学习上的准备不足涉及知识和学习心理两个方面。从知识方面来看，进入职业院校的学生学习积极性普遍不高、学习结构也是非常不理想。从学习心理方面来看，多年的学习成绩不佳以及来自家长、老师的责备、冷漠，在学生心中深深地积淀了对普通文化课程的厌恶。职业院校的差生问题大多是在基础教育阶段遗留的，在分流制度不变的情况下，提升普通文化课程的学习效率无疑将持续面临艰巨挑战。

三是学分制实施的困境问题。在职业教育课程改革过程中，学分制作为对学年制的重要补充，得到广泛应用。然而，学分制的应用在实践中也遇到一系列困境，反映出不少现实问题。例如，教师难以开出足够的选修课，学生往往选修那些有趣又容易通过但教育价值不高的课程，重修时会面临课程安排上的冲突，常规班级打破后加大了学生管理的难度，教学管理不堪重负，没课的时间学生无所适从等等。在经历了学分制改革之后，甚至有教师开始质疑学分制的存在价值。

四是教师在课程改革中的主体缺失问题。作为职业教育课程改革的直接参与者，教师发挥着至关重要的作用，决定着职业教育课程改革理念能否真正落到实处。职业教育课程改革最大的动力来自教师，最大的阻力也来自教师。之所以会产生阻力，一方面源自教师的传统观念，多年受学科教育的经历使得许多教师不愿意转变传统的学科观念、不愿打破学科体系；另一方面源自工作量的计算方式，教师参与课程改革所产生的工作量未能得到科学计算，缺乏有效的激励机制，教师参与课程改革与绩效考核、岗位评聘、职称评审的联系不是很强。

## 三、探索具有中国特色的职业教育课程改革路径

彼时，作为上海职业教育课程改革的直接参与者，我逐渐认识到，只有基于我们的问题进行深入的理论探索，才能更好地吸收发达国家的职业教育课程思想，也才能建构中国所特有的职业教育课程模式。为有针对性地破解职业教育课程改革所存在的难题，文章主要从以下四个方面提出可能的破解之策。

一是开发具有本土特征的职业教育项目课程。为有效提升职业院校学生的职业能力，不少学校及教师展开经验性探索。其中，职业教育项目课程得到最为广泛的应用。所谓项目课程，即改变以知识为基础设计课程的传统，换之以工作任务为中心来组织知识和专业课程内容，以岗位能力为基础来设计课程。通过基于工作过

程的学习，提高学生的上岗能力，职业教育项目课程可以增强毕业生的就业能力。通过"真实"环境下的"做中学、做中教"，职业教育项目课程可以让学生学起来，激发学生的学习兴趣，增强学习成效，这符合职业教育的特性与职校生的认知特点。

二是探索创新普通文化课程教学模式。无论中职还是高职，普通文化课程都是其课程体系的重要组成部分，只不过比重有所差异。为解决学生学习准备不足的问题，需要改革传统的普通文化课程，采用更加符合职校生认知特点的教学模式。设置普通文化课程的理论依据应当是能在不同职业之间广泛迁移的关键能力，它与专业能力是并列关系，其目标只能是依据职业教育的性质与可能分配的课时数来综合考虑。由此，职业院校普通文化课程只能在教学方法层面改革，采用与专业活动相结合的方式教授已经编制好的知识体系。

三是广泛开展学生职业生涯发展指导。职业教育学分制的有效推进需要明确其理论基础，不能简单套用普通教育学分制满足学生个性发展需要这一理论基础，而应该将先前学习经历作为理论基础。在此基础上，需要在职业院校系统开展学生职业生涯发展指导。通过面向全体的"生涯规划"课程与面向个体的"生涯指导"服务来帮助每一位学生明确他们的职业生涯发展方向，明确学生的先前知识和技能基础，以及知识和技能的薄弱环节，进而确定选课范围，从而为学分制的推广奠定现实基础。

四是构建鼓励教师参与课程改革的制度环境。在职业教育课程改革过程中，课程专家的作用只能是引领，提供职业教育课程理念与开发技术指导，改革的任务最终必须由教师自己去完成。教师只有参与课程开发，才可能更深刻地领会课程改革精神，从而更好地贯彻新课程改革理念。对于参与职业教育课程开发的教师，要适当考虑其课时数，减轻其工作量考核压力，建立有效的激励机制，让教师有时间、有精力、有兴趣参与职业教育课程改革。

## 四、继续作好职业教育课程改革的"大文章"

这篇文章写于2005年，发表于2006年。距今已过去将近20年。应该说，文章的写作具有一定的历史背景，但其所蕴含的核心理念仍不过时。

作为能力本位职业教育课程的典型代表，经过不懈地探索，职业教育项目课程的优势得到充分发挥，也得到越来越多职业院校的关注与认可，职业教育项目课程在全国范围内得到广泛推广与应用。不少地区在普通文化课程改革方面做出不少有益的尝试，如何将普通文化课程与专业课程有机融合仍然是值得探讨的话题。文章所提出的两个"注意"——注意并非所有的普通文化知识都能与专业课程相结合，注意不要在普通文化知识与专业课程之间建立机械联系，在今天看来仍有适用价值。在推动学生进行生涯指导方面，国家、地方和职业院校均作出了不少努力，如职业教育活动周、职业院校开放日，以及各种形式的职业启蒙教育等。但职业院校学生生涯指导与其专业发展的相关性还有待提高，需要关注学生当下生涯发展的基础状况，并为学生提供更有针对性的生涯指导。相比以往，教师参与职业教育课程改革的积极性与深度都有所提高，但相关的激励机制在不同学校仍存在较大差异，激励机制还不够健全。

当然，时过境迁，当下我国职业教育课程改革所面临的挑战已经有所不同，并对职业教育课程改革的方向与思路带来较大影响。在坚持职业教育课程改革核心理念的基础上，需要直面现实挑战，不断与时俱进、开拓创新。一是直面产业结构转型升级所带来的挑战。随着人工智能的发展，智能化生产系统得到广泛应用，并对技术技能人才培养模式带来冲击，传统的以职业能力分析为核心的课程开发方法受到挑战，需要适当融入工作系统化理念以解决这一问题。二是直面职业教育高移化所带来的挑战。中等职业教育逐渐从就业导向转变为升学与就业并重的基础导向，中高职衔接、中本衔接项目得到广泛推广，但其实质仍然是课程衔接，如何做到课程的一体化设计值得在理论与实践层面深入研究。三是直面教育整体数字化转型所带来的挑战。教育数字化转型是一个系统工程，对职业教育人才培养的各个环节均带来重要冲击，要积极回应教育数字化战略行动对课程改革提出的新要求，探索构建适应数字化升级需要的职业教育课程改革新范式。

# 15.1 职业教育项目课程的几个关键问题[①]

徐国庆

项目课程或是任务引领型课程是当前职业教育课程改革的基本取向。正当实践进行得如火如荼之际，一些理论论争也随之出现。争论说明了人们的关注，而没有争论也就没有学术；但如果争论不在同一个话语平台进行，其学术与实践发展价值也是有限的。因此本文拟对改革中一些比较受关注的理论问题阐述一点浅薄之见，同时也想借机澄清一些问题，使得课程改革实践能进行得更加平稳。

## 一、项目课程的本质

什么是项目课程？它仅仅是为了解决学生厌学的现状而提出的课程模式，还是有着可靠的理论基础？这是大范围地开展项目课程改革前首先必须认真回答的问题。本文认为，项目课程广受职业院校欢迎，与其能解决现实问题密切相关，但更多的还是由职业教育的本质所决定的。项目课程的理念可概括为三个理论，即联系论、结构论和结果论。这三个理论分别涉及课程的目标、组织与实施三个层面。

### （一）联系论

职业教育课程理论必须建立在对职业能力的本质与形成机制的清楚回答上。只有清楚地回答了这两个问题，才能清楚地回答应当设计什么样的课程模式，以促使学生生成与该教学模式相应的学习模式，从而促进学生职业能力的发展。

项目课程认为，职业能力即知识与工作任务的联系。纯粹的知识不是职业能力，纯粹的工作任务也不是职业能力，只有当知识与工作任务相结合，个体能富有智慧地完成工作任务时，才能说他具备了职业能力。

按照这一定义，要有效地培养学生的职业能力，就必须帮助学生努力在与工作任务的联系过程中去学习知识，也就必须彻底改变过去与任务相脱离、单纯学习知识的学科课程模式。因此项目课程认为，不仅仅知识与技能是课程内容，而且知识

---

① 本文发表于2007年第4期，作者时为华东师范大学职业教育与成人教育研究所博士。

与工作任务的联系也是重要的课程内容；职业教育课程必须彻底打破按照知识本身的相关性组织课程的传统模式，要按照工作任务的相关性来组织课程。

### （二）结构论

课程结构指课程之间的组合关系，以及一门课程内部知识的组织方式。以上对职业能力的定义蕴涵了一个观点，即职业教育课程不仅要关注让学生获得哪些工作知识，而且要关注让学生以什么结构来获得这些知识，因为课程结构是影响学生职业能力形成的重要变量。因此，项目课程既要求课程设置反映工作体系的结构，也要求按照工作过程中的知识组织方式组织课程内容。对结构的突出强调，是项目课程的另一个重要理念。因此，本次课程改革中的核心理念是结构主义。

以工作结构为基本依据开发职业教育课程结构，不仅要求职业教育课程的宏观结构应当以工作结构为基本依据，而且其微观结构也应当以工作结构为基本依据，即教材中职业教育课程内容的组织模式应当以工作过程中的知识关系为基本依据，而不能以静态的知识关系为依据。通常认为工作过程中的知识关系是从理论到实践的线性演绎关系，这种观点把实践看作理论的延伸和应用。而事实上，在动态的工作过程中，理论与实践、知识与任务的关系是背景与焦点的关系，见图15.1.1。要有效地培养学生的职业能力，就应当按照知识与任务的焦点与背景关系重构职业教育教材模式。

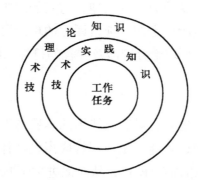

**图15.1.1　工作过程中任务与知识的焦点与背景关系**

要建立项目课程的结构，就必须寻找到每个专业所特有的工作逻辑。因此，项目课程要求打破知识的学科逻辑，并非意味着不需要逻辑，而是认为逻辑是有多种类型的，对职业教育课程来说，更应当遵循的是工作逻辑。

### （三）结果论

项目课程强调以典型产品为载体来设计教学活动，整个教学过程最终要指向让学生获得一个具有实际价值的产品，这个产品既可以理解为制作的一个物品，也可以理解为排除的一个故障，还可以理解为所提供的一项服务。这是项目课程的一条重要而富有特色的原理。

以典型产品为载体，从功能的角度看可以有效地激发职业学校学生的学习动机，从理论的角度看意味着"实践观"的重要转变。传统的实践观往往把过程与结果割裂开来，把实践仅仅理解为技能的反复训练，从而导致了实践的异化。而项目课程的实践观把实践理解为过程与结果的统一体，认为实践只有指向获得产品才具有意义，才能达到激发学生学习动机的目的。

不同的实践观会导致教材模式和教学模式的重大差异。比如"信息技术基础"这门课程中的文字处理软件的教学，通常把教学的中心视点放在各个命令中，如如何打开一个文件，如何对文字进行编辑等，并通过反复练习这些命令来让学生学会使用文字处理软件。这种教学看似非常重视实践，但事实上由于在与产品相剥离的过程中来让学生掌握软件的命令，不仅容易使学生感到枯燥无味，而且难以让学生真正体验到各命令的实际意义，因而其教学效果是有限的。按照项目课程的原理，则可以设计一些学生比较感兴趣的文档，如《个人自荐书》，让他们在学会建立这一文档的过程中来掌握文字处理软件。因此，在项目课程的教学过程中，教师要善于以作为工作任务的结果的产品为引导，激发学生的学习动机，让学生更加深刻地体验工作体系。

## ❋ 二、项目课程是否否定理论知识 ❋

项目课程是否只强调技能训练、弱化理论知识的学习？实施项目课程是否会把职业教育变为职业培训，影响学生就业适应能力的发展？这是目前对项目课程质疑比较多的问题。而正确理解项目课程对理论知识的态度与处理方式，也是准确地进行项目课程开发的关键之处。其实结构论已对这些问题做了回答，下面从另一个角度进一步阐明项目课程的态度。

事实上，项目课程并非不关注学生就业适应能力的发展，恰恰相反，提升学生的就业竞争力，培养学生的就业适应能力是项目课程的首要目标。项目课程认为，问题的关键在于如何才能提高学生的就业竞争能力、培养学生的就业适应能力。传统观点往往把它归结为大量专业理论知识或是普通文化知识的掌握，且常常以潜能挖掘、文化积淀为借口维护这些观点，却不顾一个基本事实，即大量研究发现，学生在校成绩与他们的职业成就之间的相关度很低。项目课程关于理论知识的态度与处理方式可归纳为以下几个方面。

首先，项目课程认为，就业竞争能力与就业适应能力是内在一致的。如何处理这对关系是项目课程与传统观点分歧的起源。传统观点对立地看待这对关系，而项目课程认为二者是内在一致的。个体在某一领域越熟练，从知识论的角度看，他就越容易掌握相关领域的知识与技能，因而就业适应能力也越强；从生涯发展的角度看，他所获得的就业资源会越多，因而重新获得职业的机会也会越多。"半吊子"的所谓全才，恰恰面对多变的职业世界将困难重重。

其次，项目课程认为，掌握扎实的相关理论知识是现代技术应用型人才形成的必要条件。以科学为基础的理论技术在工作情境中的广泛应用，使得工作性质发生了根本变化。在目标上，现代职业教育不能仅仅满足于重复性动作技能训练，而必须努力培养学生在复杂的工作情境中进行分析、判断，并采取行动的能力，这种能力是需要深厚的理论知识做支持的。传统观点担心以任务为课程开发出发点会导致对理论知识的忽视，是对现代职业活动的复杂性缺乏深刻认识所致。倘若真是如此，只能说明这些职业的确不需要太多理论知识，那么对学科课程的坚持，只不过是权力支持下的被强行施加于学生的教师妄想。因此，要提高学生的就业适应能力，掌握相关的理论知识是必要的，并且只要时间与学习能力允许，理论知识掌握得越多越好，但在实践中，限制这两个变量的因素往往比较多。

再次，项目课程认为，理论知识并非获得就业适应能力的充分条件。现代技术应用型人才不掌握理论知识肯定是不够的，但仅仅孤立地掌握理论知识也是不够的。项目课程强调，在传统的三段式课程体系中，确实存在专业基础课过多，理论偏深、偏难，与工作任务联系不够紧密，超过了学生的认知水平的现象。因此有必要削减一部分理论知识。但这并非项目课程改革的核心任务，其核心任务是要在任务与知识之间建立联系，按照工作体系的结构来设计课程结构。这是因为概念层面的理论知识对提高学生就业适应能力并无太多价值，只有当学生掌握的理论知识被情境化时，这一功能才能显现。

最后，项目课程认为，理论知识必须以合乎能力生长顺序的方式给学生。个体能力发展过程其实就是其生长过程，它遵循一定的生长顺序，职业教育课程展开顺序必须与其相对应。然而三段式课程基于理论为实践做准备的"课程准备说"，强调在学习深厚理论知识的基础上再发展学生的职业能力，与学生的能力生长顺序是相违背的。这种思维模式源于建筑学，即认为建好了地基，才能建上面的房子，且地基越牢，房子也越牢。但在生成与发展的意义上，我们的思维模式应当更多地源于生物学。因此，项目课程抛弃了"课程准备说"，以建构主义、情境理论为基础，强调引导学生在完成工作任务的过程中主动建构理论知识。它主张"厚理论"应当是学习的终点或目标，而不是学习的起点，"宽基础、活模块"混淆了这对关系。三段式课程看似非常重视理论知识，但由于这一课程模式不符合职校生的学习特点，教材上的理论知识学生掌握得很少，因此实际上是在忽视理论知识。

## 三、项目课程与 CBE 课程有无区别

项目课程与 CBE 课程有无区别，它是 CBE 的翻版还是有着自己特有的内涵？这是目前对项目课程质疑比较多的另一个问题。

这一问题的提出，是由于项目课程沿用了 CBE 以工作分析为课程开发起点与依据的技术。但是，当然应当看到，工作分析是世界主流职业教育课程模式的共同开发技术，在这一技术框架下，存在着多种职业教育课程模式，如 MES 课程、CBE 课程、学习领域等。项目课程相对于 CBE 课程在理论与方法上有许多发展，因此它并非 CBE 课程的简单翻版，而是在广泛吸收现代知识理论、学习理论、职业教育课程理论等相关理论的基础上，针对我国职业教育所面临的现实问题所建构的一个理论新框架，它和 CBE 课程有许多重要区别。

首先，尽管项目课程和 CBE 课程都以工作任务分析为课程开发的起点，但是二者对分析结果的处理完全不同。CBE 课程把所获得的每一个工作任务作为一个学习包，分别让学生学习，因此往往是一个专业有 100 多个学习包。但是，我国职业学校的课程管理与教学过程不太习惯国外这种过于零散的"学习包"形式，这是 CBE 课程一直未能在我国得到实际应用的重要原因。而按照"课程"形式来整合工作分析结果，是项目课程重点要解决的问题，这一步工作在项目课程开发中即是课程分析，其目的是实现两个基本转换，即工作体系到课程体系的转换、职业能力标准到课程标准的转换。

其次，CBE 课程尽管也以工作任务分析为课程开发的起点，但其关注的仅仅是工作任务中的知识、技能和态度。也就是说，工作任务在这里的价值仅仅在于获得工作过程中所需要的知识、技能和态度，而工作任务本身的价值没有得到足够重视，也没有作为重要的课程内容。而项目课程除了关注工作过程所需要的知识、技能和态度外，还关注工作任务本身，尤其关注知识与工作任务之间的联系。在项目课程中，工作任务和知识与工作任务之间的联系均是重要的课程内容，在教材中需要对之进行明确和细致的阐述。

再次，如上所述，结构论是项目课程的重要理论。项目课程非常关注工作任务之间的逻辑关系，要求寻找到不同专业面向的工作体系所特有的工作逻辑。无论是在工作分析中，还是在课程设计中，均要求充分体现这一原理。而 CBE 课程并没有对这一原理专门进行阐述，其所关注的更多的是一个个孤立的工作任务，并没有充分地重视这些任务之间的逻辑联系。

最后，在教材设计与教学过程中，CBE 课程设计的参照点是知识、技能这些过程要素，而项目课程设计的参照点是应用知识、技能所获得的结果。这一点已在阐述项目课程的结果论时做了较为详细的论述。不同的参照点，体现了完全不同的实

践观。项目课程以结果为参照点，把过程与结果统一起来，使我们脱离了把实践简单地理解为技能训练的传统狭隘观点，而是把它看作为在职业情境中进行的一种社会过程，使得实践教学得以回归本质。

## 四、我们是否具备了课程改革的条件

上述疑问均已解答，那么当我们试图将项目课程付诸实践时，立即会遇到另一个非常尖锐的问题，即我们是否具备了进行项目课程改革的条件，比如教师能力能否达到理论与实践一体化教学的要求，职业院校是否具备了实施项目课程的硬件条件。

这些问题初看似乎很有道理，而事实上其思维模式仍然是机械的准备论。我们从事活动当然需要一些条件，但问题在于，我们应当具备了这些条件再去进行活动，还是努力在活动过程中创造条件。这是一个比较难以回答的循环问题，而历史可以给予我们一些启示。

从西方国家来看，其近代职业教育课程发展是伴随着体系发展而发展的。现代职业教育一经出现，西方国家就开始探讨其课程设置与教学方法问题，且课程设置的独特性成了推动其体系发展的巨大动力。第二次世界大战结束后不久，出于经济发展需要，西方国家便着手大力发展职业教育，且课程改革是其重要内容之一。20世纪80年代以来西方发达国家出台的职业教育法案，多数是关于课程改革的。也就是说，课程已成为其政府领导职业教育的重要内容之一，课程改革是其职业教育发展的常态现象，其走的是在课程改革中建构体系的发展路径。正是通过这样一种特殊路径，西方国家建立起了强大而独特的职业教育体系。

与之相反，我们一直走的是从宏观到微观的发展路径，是"条件准备"的发展路径。即认为只有当体系完善了才能进行课程改革，以致课程建设很少被纳入到政府领导职业教育的主体内容。按照这种思维模式，我们同样认为，只有具备了足够的师资与设备、场地等条件，才能进行职业教育课程改革。自然，我们目前的这些条件不会落后于19世纪的西方国家，就是和其20世纪五六十年代相比，也不一定落后，可见，我们真正缺乏的并非这些条件，而是理念和决心。

事实上，我们永远不可能为课程改革储备好师资。课程是教师专业发展的重要载体，有什么样的课程体系，就会形成教师什么类型的能力；而如果课程体系不改革，教师也缺乏转变能力的动力。因此，我们只能在课程改革的过程中，去重建教师的能力，通过大范围地吸引教师参与课程改革，来建设项目课程所需的教师队伍。从实训条件看，的确项目课程实施对实训条件有着较高要求，但也要看到问题的另一方面，即近年来各级政府对职业教育实训基地的投入是相当大的。问题在于如此庞大的资金，该如何使用才能最大限度地发挥其人才培养功效？实训基地不仅仅是一些硬件和场地，而应当是在理念主导下的物质的综合。只有有了优质的课程体系，然后按照这一课程体系的实施要求来建设实训中心，才能最大限度地达到上述目的。

当然，课程改革毕竟是一项非常复杂的长期工程。从"复杂"来看，课程改革是牵一发而动全身的，无论是政府层面还是学校层面的课程改革，都要做到周密计划、全盘考虑，尤其要设计好配套措施。从"长期"来看，课程改革是不可能一蹴而就的，课堂中师生任何一个行为的改变都非常困难，更何况以项目课程为主导思想的根本性改革；而目前有些条件也确实不够充分，如班级规模比较大。西方国家课堂教学模式从讲授型过渡到活动型，走过了自杜威以来的100多年时间，因而期望在2~3年内课程改革取得全面成功几乎是不可能的，要有长期"作战"的心理准备，采取逐步推进的策略。需要坚信的是，只要我们在努力，就一定会离目标越来越近。

加强区域之间的沟通与合作，是加快职业教育课程改革的重要策略。尽管目前在一些省市、地区、职业院校涌现了课程改革的热潮，但也存在重复开发的现象。尤其是相同专业重复开发，造成了比较大的浪费。不同区域的技术条件、经济水平的确存在差异，但其中必然也有许多共性，如能求同存异，必将大大促进我国职业教育课程改革的进程。因此，建议通过政府、民间组织等途径，建立区域合作平台，以尽可能地使这项复杂工程能够简化。

总之，本文就当前有关项目课程的几个热点问题做了点回应。这些探讨是非常初步的，项目课程应当有着非常深厚的理论基础，从社会、文化与知识角度解读职业与工作，是挖掘这些理论基础的研究路径。这些探索只能留待后续研究去完成。

# 15.2 重温《职业教育项目课程的几个关键问题》

徐国庆①

《职业教育项目课程的几个关键问题》是我2007年2月在《中国职业技术教育》杂志发表的一篇论文。一晃16年过去了。职业教育界的同行都知道，项目课程是过去近20年来我国职业教育课程建设的主要支撑模式，对职业教育课程发展产生了广泛而深远的影响。这一点从过去10多年中出版的职业教育教材的目录就可以看出，这些教材绝大多数依据项目框架设计其目录，虽然有的教材并不适合采用项目化形式进行编写。今天重温这篇论文，颇有感想。

## 一、论文撰写的时代背景

撰写这篇论文的背景是，21世纪初职业教育课程建设如火如荼地全面展开，项目课程受到职业教育界广泛青睐，实践的深入推进需要在理论层面回答许多问题。

21世纪初，全国职业教育课程改革热潮涌起。这股改革热潮是在三大动力驱动下形成的，一是职业教育界对打破传统学科课程体系的愿望非常迫切，要求加强课程与职业的联系，培养更能符合企业用工需求的人才。"服务产业发展""就业导向"等政策概念的提出，就是反映当时职业教育人才培养模式改革需求的结果。这是职业教育课程的传统问题。二是如何真正有效地培养学生实践能力。这一问题与前一问题有相关性，但具有独立性，属于不同层面的问题。前者是课程内容层面的问题，后者是教学模式层面的问题。解决了职业教育课程内容的职业相关性，不等于就解决了教学层面如何培养学生实践能力的问题。这一问题是基于当时职业院校实践教学开展情况提出的。三是如何培养学生整体的职业能力。随着产业技术进步与工作组织扁平化发展，职业教育能力培养要求从碎片化转向整体化，原有课程模式无法支撑这一需求。这一问题是研究者在对职业能力性质变化敏锐把握的基础上提出的。

改革开放以后的职业教育课程建设始于20世纪80年代末，20世纪90年代曾达

---

① 徐国庆，华东师范大学职业教育与成人教育研究所教授，博士生导师。

到一个高潮。20世纪90年代课程建设的核心支撑模式是能力本位课程（即CBE课程），它源自欧美国家，开发的核心技术是以工作任务为纽带连接课程与职业。因此，如果只是解决第一个问题，有能力本位课程就够了。但随着课程建设深入，人们逐步意识到，应用工作任务分析技术虽然可以比较好地解决课程与职业的脱节问题，但仅有工作任务这一概念不能有效地支撑职业院校实践教学的展开，既不能培养学生真正有用的职业能力，也不能培养学生整体职业能力。这是由工作任务这一概念的抽象性内涵和分析性特征决定的。例如，烹饪专业的学生只掌握烹饪岗位的工作职责是不够的，重要的是必须学会烹饪具体的、完整的菜品；再例如，机械制造专业的学生只掌握机械制造的工作环节是不够的，重要的是必须学会加工具体的、完整的零件。如何解决这一问题？2004年，我们首先在数控技术应用专业提出"以典型产品为载体实施教学"的构想，具体地说，是以典型零件为载体训练学生的机械制造能力，并把这种课程模式称为项目课程。

"项目课程"自提出就强调一定要把项目设计与工作分析有机结合起来，在工作分析的基础上针对工作任务学习需要进行项目设计。这使得项目课程比能力本位课程有了更大优势，因为它能够同时解决以上三个问题，即一揽子解决课程内容与教学方法改革问题，这使得这一模式取得了很大成功，迅速在全国范围内传播。但它同时也带来了广大一线教师对"项目"和"任务"两个概念的关系的困惑。上海市2005年启动的以专业教学标准开发为抓手的课程深化改革便吸收了这一课程模式的理念，虽然其课程改革使用的核心概念是"任务引领型课程"，但在五大核心理念中明确提出"以典型产品（或服务）为载体组织教学"，这一理念即来自项目课程。江苏省教科院则明确以项目课程为核心支撑模式组织实施了全省范围的课程改革。2006年年底开始全面启动国家示范性高职院校建设，大多数高职院校把项目课程作为核心支撑模式进行课程建设。

可见，"职业教育项目课程"是我国职业教育课程实践探索的成果，并非简单移植杜威、克伯屈的项目课程。从2004年正式提出项目课程这一概念，至2007年，项目课程已经有了相当的实践基础。随着实践的深入，一方面许多困惑开始暴露出来，需要从理论层面进行解释，比如项目课程非常强调实践，那么是否会弱化，甚至完全否定学生对理论知识的学习？项目课程如何处理理论与实践之间的关系？项目课程与前面的能力本位课程之间是什么关系？同时人们还希望对项目课程的本质进行更加深刻的理论说明，以深入理解其内涵，更好地把握项目课程开发实践中的重要关系。在这一背景下，我在提炼项目课程实践中遇到的需要在理论层面回答的问题基础上撰写了这篇论文。

## 二、论文要解决的关键问题

本文提出了当时项目课程亟待解决的四大理论问题，即（1）项目课程的本质是什么？（2）项目课程与知识的关系是什么，项目课程的实施是否会弱化学生对理论知识的学习？（3）项目课程与能力本位课程之间是什么关系？项目课程的提出是在进行全新的课程改革，还是对20世纪90年代课程改革的深化？（4）项目课程实施需要什么条件？如何看待许多职业院校项目课程改革条件尚不成熟的问题？

首先，什么是项目课程？我把它定义为"基于工作任务的以典型产品（或服务）为教学载体的课程模式"。这一定义有点繁琐，因为它包括了两层含义，一是基于工作任务，二是以典型产品（或服务）为载体组织教学。"工作任务"这一概念旨在解决课程内容来源问题，"典型产品（或服务）"这一概念旨在解决教学策略问题。这两个方面缺一不可。实践中出现的脱离工作任务，简单依据教师个人喜好进行项目选择或设计的倾向，充分支持对项目课程进行这一界定的必要性。但是，仅仅对项目课程内涵进行定义是不够的，大范围课程改革的推进需要能更为深入解释其必要性、合理性与开发原则的理论框架。

其次，项目课程是否否定对知识的学习？学校职业教育课程建设要求处理好系统学科知识学习与职业能力培养之间的关系。对于项目课程，理论家们往往习惯性地认为它是以技能训练为取向的，其实施会降低学生对理论知识的学习，因而排斥项目课程在职业院校的实施。职业院校教师则在实践中往往容易把更多精力放在项目完成，忘记了项目课程实施的根本目的是借助项目完成过程进行理论知识与技能的学习。这一理解导致有些职业院校的确因为项目课程实施而大幅度降低了理论知识学习。因此，深入阐述项目课程对理论知识学习的态度和方法，对于项目课程的科学实施非常重要。

再次，项目课程与能力本位课程是什么关系？21世纪初的课程改革是在对20世纪90年代课程改革的反思基础上进行的，即它的实施不是零基础的。这就需要从理论上回答21世纪初的课程改革与20世纪90年代课程改革之间的关系。由于项目课程主张要在工作任务分析的基础上进行项目设计，导致许多人对二者关系的认识很模糊不清，影响了人们对项目课程价值的认识，以及对其开发框架的深入把握。

最后，如何看待项目课程实施条件不足问题？随着项目课程实施的深入，各种困难随之产生，比如实训设备不够、教师能力不够、教师课程观念难以扭转等等，有些职业院校开始对项目课程实施的可行性产生怀疑，认为项目课程实施成功的职业院校是因为具备了比它们优越得多的条件。这是课程改革中的机械条件论，它只看到了课程改革需要条件，却没有看到课程改革可以推动条件的创造，二者是相互作用的关系。这对关系处理不好，不仅会影响项目课程的实施，而且会影响学校整体发展，因而有必要对这一问题进行理论分析。

## 三、论文的实践影响

针对项目课程的本质，论文提出了三大基本理论，即联系论、结构论和结果论。联系论把职业能力的本质界定为知识与工作任务的联系；结构论强调职业教育课程结构设计要基于工作结构，确立了课程结构改革在项目课程开发中的重要性；结果论主张把工作结果的获取作为职业能力培养的抓手。这三大理论奠定了项目课程的基本理论框架，沿用至今。

针对项目课程是否否定理论知识学习这一问题，论文提出，项目课程不等于技能训练课程，项目只是一个载体，在这个载体中可以容纳各种重要的教育内容，理论知识就是其中之一，因此项目课程完全没有否定知识学习的重要性。但项目课程提出了与传统学科课程不同的知识观，强调要用实践观来看待理论知识学习在能力迁移中的作用，从而更加科学地理解理论知识在课程中的地位，同时强调在项目实践中建构知识的重要性，只有以合乎能力生长顺序给学生的知识，才能真正成为对他们有用的知识。

针对项目课程与能力本位课程的关系问题，论文从多个维度对二者的区别进行了分析，详细阐述了项目课程对能力本位课程的发展内容。项目课程不能看作为能力本位课程的翻版，但也不应把项目课程看作为完全有别于能力本位课程的一种课程模式，把它看作为能力本位课程的发展更为合适，或者看作为更为广义的能力本位课程的一种具体模式。它不仅大大细化了狭义能力本位课程的实施环节，使得能力本位课程进入课堂成为可能，而且能满足现代产业条件下对综合职业能力的培养需要。

针对项目课程实施条件是否具备问题，论文提出要从课程与职业教育体系、师资设备条件等相互作用的角度看待这一问题，一方面需要积极为项目课程实施创造条件，另一方面也要用项目课程实施来推动职业教育体系的完善，以及师资设备条件的丰富。

论文的这些分析和论述，在很大程度上解答了人们对项目课程的困惑、疑惑，澄清了项目课程实施中要把握的许多重要原则问题，对项目课程实施产生了非常重要的推进作用。读者会看到，我后面出版的专著《职业教育项目课程原理与开发》，其主体思想已在这篇论文中展现。当然，项目课程要研究的问题远不止这几个，它作为一种非常复杂的课程模式，有大量具体设计与实施问题需要研究，对这些问题的系统回答最终形成了专著《职业教育项目课程原理与开发》。但是这篇论文中阐述的几个关键问题在项目课程研究中有基础意义。

## 四、项目课程的当代意义与深化问题

经过近20年的发展，项目课程作为一种具有本土特色的职业教育课程模式已在职业院校基本生根，对职业院校课程、教学乃至办学形态产生了深远影响。比如职业院校人才培养方案中普遍能看到以工作任务，甚至直接以项目命名的课程；在教学模式方面，项目活动在职业院校已成为一种非常常见的教学活动；项目课程还深度影响了职业院校实训基地建设，以项目为单位、以理实一体化为组织方式已成为实训基地建设的主导模式。

实践性是职业教育教学的突出特征，只有在大量实践中，才能训练学生高水平的职业技能，尤其是综合性职业技能。因此把项目课程作为主导课程模式完全符合职业教育人才培养特点。随着智能化时代的来临，工作内容的综合化、技术化特征正在持续得到加强。因此项目课程作为职业教育课程的主导模式，这一方向对未来职业教育而言不会改变。

那么，在实践层面完全实现了职业院校课程的项目化改造吗？当然没有。无论是项目教学占整个教学时间的比例，还是受益过项目教学的学生占学生总数的比例都还比较小。课程改革是项长期的、极为复杂的工程。阻碍项目课程实施的主要因素有：（1）教师对项目课程的含义，尤其职业教育项目课程的含义理解不够深入，把项目课程仅仅理解为项目活动，忽视了课程目标对项目选取的规定，以及在项目活动基础上实施教学活动的重要性；（2）教师的能力不足，项目课程开发与实施要求教师既熟悉实践，又具有深厚的理论知识，能把理论与实践很好地整合起来，但能达到这一要求的教师数量非常少；（3）学校实训条件有限，尤其设备的台套数有限，使得项目教学的受益学生面不够广；（4）班级规模比较大，实施项目教学的组织工作难度很大。相信通过加强对教师的培训和指导，以及优化职业院校办学条件，项目课程实施中的这些问题会逐步得到缓解。

# 16.1　对工学结合课程一些基本概念的认识[1]

赵志群

工学结合作为职业教育的重要特征已经逐渐被大家所认识。在工学结合职业教育模式的探索和实践中，除校企合作机制和实习基地建设等宏观管理层面的问题外，在中观和微观层面上，也有必要积极探索建立适合中国国情的、符合工学结合要求的新型课程模式。工学结合课程的基本内涵是："学习的内容是工作，通过工作实现学习"。这里蕴含着丰富的现代职业教育理念、思想与方法。建立工学结合课程模式需付出巨大努力去系统解决课程领域的诸多问题。限于篇幅，本文仅对一些基本概念进行讨论。

## 一、关于学习领域的课程模式

当前技术、经济和社会正步入一个以人为中心的时代，传统精细分工的简单岗位工作正在被以解决问题为导向的"综合任务"所取代，这对技能型人才的素质提出了新的要求。职业院校学生应具备一定工作能力和基本工作经验，其前提是在校期间系统化地完成一些典型的、综合性的工作任务。将综合职业能力作为技能型人才，特别是高技能人才的培养目标，已经成为职业教育界和众多职业院校的共识。培养综合职业能力的课程需要一个特别的、合适的"内容载体"，这个载体就是"学习领域"。可以说，构建以学习领域为典型代表的理论实践一体化综合课程，已经成为我国深化职业教育课程改革的一项重要内容。

职业教育学习领域是以一个职业的典型工作任务为基础的专业教学单元，它与学科知识领域没有一一对应关系，而是从具体的"工作领域"转化而来，常表现为理论与实践一体化的综合性学习任务。通过一个学习领域的学习，学生可完成某职业的一个典型工作任务（用职业行动领域描述），处理一种典型的"问题情境"；通过若干系统化的学习领域的学习，学生可以获得某一职业的职业资格。学习领域课程的特点是：① 课程目标是综合职业能力和素质培养，在发展专业能力的同时，促

---

① 本文发表于2008年第33期，作者单位为北京师范大学技术与职业教育研究所。

进关键能力的发展；② 学习的主体是学生，在满足企业岗位要求的同时，获得职业生涯发展潜力；③ 学习内容的基础是来源于工作实践的、某一职业的典型工作任务；④ 学习过程具有工作过程的整体性，学生在综合的行动中思考和学习，完成从明确任务、制订计划、实施检查到评价反馈整个过程。

学习领域与目前很多院校实施的项目课程既有联系又有区别，主要表现在：① 学习领域常常以教学项目的形式出现，但不完全是教学项目，有时只是一些工作过程结构不完整的学习情境；② 项目课程的随意性较大，而学习领域是经过整体化的职业分析得到的一个课程系统。学习领域课程更加关注课程之间的关系，关注课程的系统化结构，是项目课程的升华。

## 二、关于工作过程

学习领域的一个基本特征是"学习过程具有工作过程的整体性"，即学生在综合的行动中思考和学习，完成从明确任务、制订计划、实施检查到评价反馈整个过程。实践证明，有效的职业学习只能通过实际工作来实现，即"做中学"。工学结合课程的主要教学形式，是让学生亲自经历结构完整的工作过程，并完成一些在所学专业（职业）中最具典型意义的综合性工作任务。因此，工学结合课程的重要特点是工作过程系统化，亦称"基于工作过程"，这已经成为我国职业教育课程改革实践的热点。

工作过程是对人的"职业行动"这一复杂系统进行科学分析的工具，是工作人员在工作情境中为完成一件工作任务并获得工作成果而进行的一个完整的工作行动程序。目前，对工作过程的一些不准确的理解，直接影响了对基于工作过程课程的探索。

首先，应当明确"工作过程"和"生产流程"之间的区别。工作是人的脑力或体力劳动，工作过程是"人"的活动过程，而不是企业的生产（工艺或服务，下同）流程。工作过程与生产流程有一定联系，但有本质的不同：① 工作过程是人的技术活动，有一定的主观个体差别；而生产流程是客观的，由世界的物质规律决定。② 复杂产品的生产流程或综合性服务流程往往包含多个工作过程，如化工厂的生产流程只有一套，而化工技术人员却需完成多个工作过程，如"中间工序产品的检测""化工设备维护与保养""新产品试制"等。③ 只有手工业特征比较明显的职业（如木工）工作流程完全由一个人完成，工作过程才有可能与生产流程一致。如果将生产流程和工作过程混为一谈，那么在很多大工业（如化工、冶金、建材等）和综合性服务（如护理、物流等）专业中，若真正采用基于工作过程的课程模式，那么一个专业就只能有一门专业课了。

其次，基于工作过程的课程应保证"工作过程结构的完整性"。在企业实践中，不同职位、教育背景和经验者从事的工作不同，扮演的角色不同，但其完成工作任务过程的基本结构却是相同的，即可分为"明确任务""制订计划""做出决策""实施""控制"和"评价反馈"6个阶段，这就是德国联邦职教所（BIBB）著名的6阶段模型。

再次，工作过程中的学习不仅是事实性知识的积累和心智技能训练，更重要的是将知识和技能进行有效的整合，这一整合过程只能在学习者个体内部以隐性的方式进行，而不可能用语言或示范的方式传授。基于工作过程的课程将学习与工作整合起来，为有效的职业学习提供一个科学的载体，它必须包含工作过程的各个要素。古希腊哲学家亚里士多德认为，工作过程有4个基本要素，即"工作目的""工作对象与材料""典型形式"以及"工作方法和工具"。基于工作过程的课程，应给学生提供一个尽量真实的工作环境（同时也是学习环境）和具体的工作任务，并要求学生取得一个特定的工作成果（产品或服务）。为此，学生必须进行满足专业要求的工作行动，这需要学习专业知识和技能，需要正确使用工具并与工作相关人员（包括顾客、同事和管理人员等）进行沟通。

有人认为，基于工作过程的课程只适合技术类职业，并不适合服务类职业，这实在是极大的误解。以护理专业为例，事实上，正是英美现代护理教育的三大理论给我们勾画出一个现代职业教育相对完美的课程体系：① 近代护理事业鼻祖、护理教育创始人南丁格尔（F. Nightingale）提出护理教育是"为我们的实践提供一个框架"，这是关于学习领域课程的最早表述；② 欧瑞姆（D. Orem）建立的护理程序直接提出并实现了工作过程系统化的教学；③ 本耐（P. Benner）在美国引入的"从初学者到专家"课程，是在现代心理学理论指导下的工作过程系统化课程最早的成功尝试。由于在所有服务行业中，无论是从技术、社会还是心理等角度来看，护理工作都是要求最为全面和苛刻的（因为人类从出生到死亡那一刻自始至终都需要高质量的护理服务所伴随），因此现代护理教育的发展对服务类乃至整个职业教育的发展都具有重要的指导意义。

## 三、关于典型工作任务分析与学习任务设计

职业教育课程的核心学习内容是"工作"，这里的工作不是一个抽象的概念，如我们常说的团队精神、质量意识等，而是指一系列可以操作、学习和传授的具体工作行动，是通过系统、科学的职业资格研究得到的典型工作任务。一个专业通常应学会10~15个典型工作任务，确定和描述一个专业（在我国针对一个职业或职业小类）的典型工作任务，是职业教育专业设置和课程开发的基础。

典型工作任务（professional tasks）是职业行动中的具体工作领域，也称为职业行动领域，它是工作过程结构完整的综合性任务，反映了该职业典型的工作内容和工作方式。完成典型工作任务的过程能够促进从业者的职业能力发展，而且完成该任务的方式方法和结果多数是开放性的。典型工作任务来源于企业实践，是针对职业而言的，如商科类专业的"采购过程的计划、控制与监督"和电子技术专业的"电子系统的设计与制作"，它们均与实际生产服务中出现频率最多的岗位工作任务不同，如"点钞"和"产品包装"等。

典型工作任务需要通过整体化的职业与工作分析获得，其过程分为两步：

（1）实践专家研讨会。即通过参与式（participative）研讨会，请实践专家（如技师、班组长等基层部门负责人等）共同回忆并陈述自己的职业成长历程，划分职业发展阶段，找出各阶段有代表性和挑战性的工作任务，并归纳出典型工作任务的框架。

（2）分析并描述典型工作任务。由教师和实践专家组成工作小组，共同确定和描述典型工作任务的详细内容，包括"工作与经营过程""工作对象""工具""工作方法""劳动组织"和"对工作的要求"等。

区分"典型工作任务"、企业真实的"岗位任务"和职业院校的"学习任务"具有重要的意义，因为不同质量的任务引领下的学习，其效果可能会完全不同。

一个典型工作任务一般可作为职业院校的一门课程，提升的空间还比较大，但要改变目前这种状况，一方面需要国家整体上增加对教育的投入，另一方面还需要政府有关部门改变对于高等职业及民办教育的态度。高等职业及民办教育在我国起步时间不长，底子较薄，办学条件普遍较差，在这种条件下要完成国家赋予的高等职业教育培育合格职业技术人才和充分挖掘民办高校潜力的任务是有相当难度的。国家和各级地方政府更应重视对高等职业教育的经费投入和民办高等教育的政策性扶持，才能适应大力发展高等职业教育形势的需要。

## 四、结论与建议

从本文的分析可以看出，由于人口生育率的不断下降，我国未来几十年高等教育的生源数量必然会越来越少，这是一个不可逆转的趋势。然而，由于未来几十年我国高等教育的入学率还有很大的提升空间，另外，国家对高等职业教育支持的力度也有很大的提升空间，因此对于高等职业院校的未来可以持一种谨慎乐观的态度。为了高等职业院校的健康发展，笔者建议：

（1）在未来几十年，应保证我国高等教育的入学率稳步提升，可以考虑每年增加1%左右。这个建议主要是出于我国建立人力资源强国的需要，而不仅是高等职业院校发展的需要。当然，客观上入学率稳步提升对高等职业教育的生存和发展具有正面、积极的作用。

（2）中央应尽快把1993年发布的《中国教育改革和发展纲要》中明确提出的"国家财政性教育经费支出占国民生产总值的比例要达到4%"落到实处，真正加大对教育的投入；另外，要改变对高等职业教育的歧视态度，加大对高等职业教育，特别是中西部地区高等职业院校的投入。

（3）高等职业院校应该意识到"大鱼吃小鱼，快鱼吃慢鱼"将是未来几年高等职业院校在生源竞争中的一个基本特征。苦练内功，培养出社会真正需要的人才，避免在未来激烈竞争中被淘汰是高职院校的当务之急。

# 16.2　厘析·扬弃·建构
## ——重读《对工学结合课程一些基本概念的认识》

张晓梅[①]

　　2008年《中国职业技术教育》杂志发表了赵志群教授《对工学结合课程一些基本概念的认识》（以下简称文章），文章厘析了工学结合课程的核心概念，阐明了工学结合课程建设的关键问题，定课程之"形"，谋长远之"势"，使读者透过课程模式的理论"窗口"，洞悉职教改革的万千气象。今天，回到"历史现场"，进行文本细读，视其所以，观其所由，察其所安，会发现，十五年来职教界依然围绕这些基本命题进行实践反思并寻求最优解。文章的这些"基本认识"扮演了课程理论"放大镜"和课程改革"望远镜"的双重角色；正是当年"赵志群们"对工学结合课程的引介推广、躬身实践，大力发展类型教育、增强职业教育适应性、促进职业教育的高质量发展起到了促进作用。

## ※ 一、"过去时"：工学结合课程"回放" ※

　　在21世纪初期职业教育改革进程中，"引进了一系列现代职业教育课程的核心概念"，工学结合课程（学习领域课程）作为职业教育领域的跨界语码，便是"进口产品"之一。学习领域课程是德国双元制课程改革的产物，2003年引入我国。文章发表之时，工学结合课程已经经历了五年的传播与实践。当时，我国职业教育课程改革正处于"挣脱"学科体系的"束缚"，突破理论与实践二元框架的转折时刻，从言之无"务"到言之有"务"，从目中无"人"到目有"全人"的发轫时期。但是，从本质论来看，对工学结合课程"是什么"还存在核心概念模糊问题；从价值论来看，将职业教育片面理解成为就业教育和技能教育，对工学结合课程"为什么"尚未形成深刻认知；从方法论来看，对工学结合"怎么做"还处在布鲁姆认知层次说中的"认知—理解—（尝试）应用"阶段。所以，如果只对这套"移栽"的话语体系做印象式的、点悟式的把握，跟风式、不系统、浅尝辄止的实践，很容

---

　　① 张晓梅，博士后，副研究员，现为中国物流与采购联合会教育培训部副主任，人社部一体化课改专家，全国技工教育和职业培训教学指导委员会委员。研究方向为职业教育课程、职业培训。

易将"淮南之橘"变为"淮北之枳",只有对工学结合课程做症候阅读(阿尔都塞语),揭示话语底层的沉默、空缺和不在场,才能彰显表层话语下面的"深意"。正因如此,赵志群教授基于当时中国职业教育的语境,以强烈的问题意识洞察到工学结合课程的误读和误用,撰文澄清工作领域与学习领域、工作过程与学习过程、典型工作任务与学习任务几组核心概念及其逻辑关系,并提要钩玄地阐发了蕴含其中理念、思想与方法,一方面历时性地揭示工学结合课程嬗变的轨迹,另一方面共时性阐明技能人才综合职业能力培养目标的获取方法和培养路径。

文章中,赵志群教授以其宏通的学术视野,严谨的学术态度和务实的学术精神,对工学结合课程进行了"定位",工学结合课程"学习的内容是工作,通过工作实现学习"。"耐心地"梳理了工学结合课程的逻辑链条和主旨问题:首先,文章重申了"学习领域"的内涵,一是与"工作领域"相对照,二是以职业的典型工作任务为基础,经过整体化的职业分析得到的一个课程系统;其次,因为学习领域基本特征是"学习过程具有工作过程的整体性",所以,文章从工作过程"是什么"和"不是什么"两个角度,辩证地阐释了工作过程的几个关键特征:工作过程结构的完整性(即"明确任务""制订计划""做出决策""实施""控制"和"评价反馈"六个阶段);工作过程要素的完整性(即工作对象、工作要求、设备工具材料、工作方法、劳动组织方式等要素);再次,学习领域课程由一个或者若干个学习任务组成,而学习任务是对典型工作任务进行的"教学化"处理,因此,文章对典型工作任务的提取与分析,学习任务的选择与设计,典型工作任务与岗位任务的区别也做了辞约义丰的阐释。

工学结合课程模式之前,加拿大"CBE模式"(能力本位模式)和国际劳工组织"MES模式"(岗位技能模块模式)已经流行了一段时间,立论基础是技能本位和就业视角,社会背景是传统大规模生产对岗位标准化技能的大量需求,技术路径侧重现有"岗位"任务。但是,由于工作世界的变化,这种"功利"的课程模式受到巨大挑战,如文章所言"当前社会,技术和经济发展正在进入一个以人为中心的时代,简单的岗位操作性工作正在被以解决问题为导向的综合性工作所取代。"工学结合课程模式建立在建构主义和情境学习理论基础上,将职业教育对经济发展和企业需求的被动适应升华为参与建构工作世界的主动追求,从"重生存"到"重发展",融合学习者从"边缘"到"中心"的学习规律和"从初学者到专家"的职业成长规律,搭建了工学结合课程模式的"问题式"。就如阿尔都塞所说:"一个给定的问题具有一个与之相适应的视界,在这个结构框架内,我们才能看清楚'失察的东西'。"[①] "把它的各种基本概念置于彼此的关系之中,并通过它在这种关系中的地

---

① 路易·阿尔都塞,艾蒂安·巴里.《读资本论》[ M ]. 北京:中央编译出版社,2017.

位和功能，决定着每个概念的本质，这样地给予每个概念以特殊意义。它不仅支配着它所能提供的解决办法，而且支配着它所能提出的问题以及它们必定要在其中被提出的方式。"①从这个意义上说，工学结合课程模式是对 CBE 和 MES 的扬弃和超越，前者是"建构性"的课程策略，而后者是"再现性"的课程策略。

## 二、"现在时"：工学结合课程的发展

"根之茂者其实遂，膏之沃者其光晔"。经过多年的不懈努力，职业教育进入高质量发展的新阶段，制度供给更加充分、条件保障愈发有力、产教融合深入推进，工学结合课程理论也从研究话语变为"国家意志"，迎来了历史上的"高光时刻"。值得大书特书的政策文件包括：《国家职业教育改革实施方案》（国发〔2019〕4号）提出职业教育必须"按照专业设置与产业需求对接、课程内容与职业标准对接、教学过程与生产过程对接的要求"，明确了工学结合课程的价值；2022年5月颁布的新《职业教育法》，"类型教育"首次以法律形式被明确，第二条指出："本法所称职业教育，是指为了培养高素质技术技能人才，使受教育者具备从事某种职业或者实现职业发展的需要的……技术技能等职业综合素质和行动能力而实施的教育。"明确规定了职业教育综合职业能力的培养目标；2022年10月两办印发的《关于加强新时代高技能人才队伍建设的意见》，两次提到工学一体化课程。

十几年来，工学结合课程不断"解压缩"，从理论走向实践，从"生硬"变得"柔性"，由"势能"转为"动能"，从最初关注专业能力的培养到如今更重视"行动导向的获得关键能力"（Reetz语，即事物意义上的行动能力、社会意义上的行动能力、价值意义上的行动能力）。同时，课程改革也从小心跟随到自觉创新，力图输出具有中国特色的本土实践。代表性的模式包括在职业院校普及的项目课程、工作过程系统化课程和技工院校力推的工学一体化课程。以赵志群教授全程指导，笔者深度参与的工学一体化课程为例，2009年起人社部在技工院校开展工学一体化课程教学改革试点，到2022年提出实施工学一体化技能人才培养模式，概括起来可以总结为"升温""升华""升格"三个层面。

一是"升温"。自2009年印发《技工院校一体化课程教学改革试点工作方案》（以下简称《一体化课程规范》），2010年、2012年、2016年，一体化课程试点工作共分三批推进，涉及31个主干专业，近200所院校，20 000余名在校生，试点开发各专业《国家技能人才培养标准》和《一体化课程规范》，通过行动导向教学模式实施课程教学，试点院校无论是在内涵建设、师资队伍、学生面貌，还是在招生情

---

① 路易·阿尔都塞.《保卫马克思》[M].北京：商务印书馆，2010.

况、教学质量等方面都有明显效果。此外，2018届、2020届、2022届三届全国技工院校教师职业能力大赛都以推进工学一体化课程为主题，以赛促改、以赛促教，竞赛成为普及一体化课程理念、推进一体化课程教学改革的有力抓手，极大激发了技工院校实施一体化课程的热情。

二是"升华"。为有效规范一体化课程开发，解决开发过程中的痛点和难点，人社部于2012年、2013年、2022年三次发布了工学一体化课程开发相关技术文件，组织编写了《一体化课程开发指导手册》（2020年）、《工学一体化课程开发指导手册》（2023年）。所谓"升华"，体现在以下两个方面：一是一体化课程开发充分吸收世界技能大赛的先进理念、技能标准、评价体系，明确了世赛在专业、课程、教学层面的转化逻辑；二是明晰了立德树人的核心要义和逻辑理路，充分落实"价值塑造、能力培养、知识传授"三位一体的育人理念，对课程思政要素进行结构化提炼，使得职业道德、职业精神的养成与专业能力的习得同频共振，提供了一体化课程、世赛转化、课程思政的融合方案。

三是"升格"。2022年3月4日，人力资源和社会保障部印发《推进技工院校工学一体化技能人才培养模式实施方案》（人社部函〔2022〕20号），在总结前期一体化课程改革经验的基础上，将课程模式"升格"为人才培养模式，开展基于"八个共同""五个一体化"（即制定工学一体化课程标准，开发工学一体化教学资源，应用工学一体化教学方法，建设工学一体化教学场地，加快工学一体化教师队伍建设）的人才培养模式探索与实践，以此作为提升技能人才培养质量的重要突破口。

正像赵志群教授文章中所言，"建立工学结合课程模式需要付出巨大的努力去系统解决课程领域的诸多问题。"首先，与传统课程模式相比，工学一体化课程模式开发和实施运行成本都很高。这不仅仅因为从理念上职业院校还不能肃清学科课程思维的"惯习"（布尔迪厄语），也因为工学一体化课程是"政、行、校、企"共同参与的系统工程，不仅需要强大的政策保障、组织保障，更是一项考验办学实力和执行耐力的持久战。工学结合课程典型工作任务的提取质量、任务的分析质量、课程转化的有效性、学习任务"真活真做"的情境要求都对课程的有效实施提出了很大的挑战，硬件条件、校企合作、管理水平、师资能力乃至学生起点等任何一个要素"掉链子"，都会掣肘一体化课程过程显性和结果显性。其次，职业教育是为了职业而教育，通过职业而教育。然而，笔者在指导国家技能人才一体化课程标准开发的过程中发现，"专业"与"职业"还未建立起有效的"映射关系"。比较典型的问题，如专业设置比较随意，专业之间边界不清晰，例如大数据技术应用、工业互联网与大数据技术、工业网络技术，数字媒体应用技术、多媒体制作、计算机动画、摄影摄像技术等专业交叉度高。再如专业口径过宽、跨度过大，给课程设置带来很大的困扰。例如有的专业对应同一大类多个职业，例如园林技术专业对应园林绿化工、草坪园艺师、盆景师、假山工、插花花艺师；有的专业对应不同大类多个职业，例如工艺美术专业对应陶瓷工艺品制作师景泰蓝制作工、工艺美术品设计师等多个职业等。

## 三、"将来时"：工学结合课程的进路

对工学结合课程"后窥"和"前瞻"，将赵志群教授一系列相关主题文章"超级链接"，不难看出，赵教授的理论研究融通了中国话语和国际视域，且始终与国家战略同频共振，其倡导的工学结合"设计导向的指导思想、综合职业能力的课程目标、工作过程导向的课程内容以及行动导向的教学原则"互文见义、一脉相承，持续彰显理论的生命力。今天，我们面向未来，不忘本来，写好工学结合课程"续集"，需做好课程建设的"混合运算题"。

一是做好"加法"。随着大数据、物联网、云计算、人工智能、区块链等新兴技术的深度应用，数字经济已成为我国构建新发展格局的重要支撑和驱动产业发展经济转型的重要变量，在 2022 年版《中华人民共和国职业分类大典》中，首次标注了 97 个数字职业，数字人才成为人力资源刚需，同时新"八级工"制度的探索实施、技术技能人才贯通发展的政策创新，高技能人才被赋予了新内涵、新定位，呈现"高移化"特征。技能替代趋势明显，脑力规则性和体力规则性的劳动正在大幅度减少。按照赵志群教授职业教育课程发展四阶段观点，课程也应该从理论与实践并行的课程 1.0、理论为实践服务的课程 2.0、理论与实践一体化的课程 3.0 进入到基于工业 4.0 的课程 4.0 阶段，实行基于工作的学习（WBL）[1]。因此，课程作为人才培养的关键载体，也要与时俱变，萃取工作现场的任务实践和案例资源的丰富典范，关注新技术、新工艺、新标准的吸纳和应用，凸显工作过程变与不变的逻辑，突出课程的"高阶性、创新性和挑战度"，避免内容"老化"。并充分运用现代信息技术，创造可视化强、吸引力强、交互性强的学习情境，实现工作过程和学习资源的数字化。

二是做好"乘法"。对人才培养做整体的、宏观的审辨，不仅关注课程的"自律"，也要统筹考虑课程的"他律"，人才培养模式、课程模式、教学模式三位一体推动课程改革，不仅夯实工学结合课程模式——"中梁"，也要兼顾"上梁"——产教融合、校企合作的人才培养模式和"下梁"——行动导向的教学模式。只有从利益相关者的视角引导和促进职业教育资源和要素有效汇聚，寻求多元主体合作的利益契合点，建立长效的利益协调与驱动机制，充分释放各方资源要素活力，才能更

---

① 赵志群. 我国职业教育课程模式的发展［J］, 职教论坛, 2018（1）: 52-57.

好发挥课程的效度，构建起技能人才培养的实践共同体。

三是做好"除法"。编筐编篓，重在收口，课程评价是检测人才培养目标达成的关键抓手。但是，课程评价一直是职业教育的"硬骨头"，从以往的经验看，课程评价还不能有效检测学生的综合职业能力。未来，需要坚持质量文化，坚守终局思维，自觉应用国际先进的职业能力测评技术，借鉴世界技能大赛的评级方式，"采用情境性的开放式题目诊断学生的职业能力发展水平、能力特征以及职业认同感和职业承诺"[①]，通过成果产出回溯、反馈和优化职业行动，检验课程的效率、效果和效益，打造"培养目标、培养过程、质量评价"逻辑闭环，实现以评促学，以评促改。

实践表明，教育是"农业"，不是"工业"，课程改革需要奉行长期主义。如果说课程理念是"灵魂"，那么，课程开发就是"骨架"，课程实施则是"血肉"。只有不断地实践，不断地反思，不断地创新，探索中国特色职教发展途径，才能不断地提升教学改革的效果，提高职业教育的适应性，促进职业教育高质量发展，满足新时代对技能人才培养的新要求。

---

① 赵志群，高帆. 综合职业能力测评（COMET）的理论与实践［J］，中国职业技术教育，2022（8）：5-11.

# 17.1 职业教育本质论[①]

俞启定，和 震等

　　对职业教育本质的探究是职业教育需要研究的核心问题。在国家大力发展职业教育的今天，尤其需要我们站在国内外丰富的职业教育实践基础上，广泛吸收职业教育理论研究成果，进一步系统深入地理解和认识职业教育的本质，增强推动职业教育发展的科学性和自觉性。

　　事物的本质是该事物不同于其他事物的内在规定性，它存在于该事物从产生直至消亡的整个过程，并跻身于该事物的各种存在形式之中。职业教育的本质是客观存在的，职业教育是什么、职业教育的特性是什么，以及职业教育的功能是什么，对这三个问题进行探究就可以揭示职业教育的本质。由于人们认识事物的差异性和相对性，以及职业教育表现形式的多样化，对职业教育本质的探究将是一个不断深化、不断逼近的过程。

## 一、职业教育的概念与特征

　　职业教育与职业有着天然的紧密联系。职业教育与人类社会获取物质生活资料的需要和人类自身再生产的需要密切相关，职业教育直接源自人类生产经验和生存技能传递的需要，以生产劳动经验之类的生存技能为主要内容的人类早期教育形式就是职业教育的前身。职业源自社会劳动分工，为从事职业活动服务是职业教育的实施前提，离开了对职业的考察，职业教育的本质便很难理解了。

### （一）职业与职业教育

1. 职业

　　对于职业内涵的研究，现有成果主要是从社会学和经济学的角度进行探究的，在此我们将着重从职业与教育的关系方面来挖掘职业的内涵。

　　首先，职业所蕴含的丰富的教育性元素，例如人力、知识、技术、技艺、工作

① 本文发表于2009年第27期，作者单位为北京师范大学职业教育研究所。

的任务与过程及行动、道德、价值、精神等，构成为一个综合的整体，从中衍生出并且共同作用于职业教育的本质与规律。通过职业的工作活动，不仅使从事这种职业的人的职业技能得以成长，而且使其智力和道德也得以成长。在现代科学技术和工业进步的时代，职业无疑已含有更多的理智、技术、道德和文化因素。其次，职业是使个人发展与才能发挥及社会需要之间取得平衡的独特机制。我们不赞同狭义地把职业理解为仅仅和身体有关的、为获得报酬或获得产品的操作活动。这种狭义的理解实质上是劳动与闲暇的对立、理论与实践的对立、身体与精神的对立的陈旧观念，这些陈旧观念进而在职业教育领域内表现为操作训练与心智活动的对立、重复与创新的对立、教育与训练的对立、就业导向与以人为本的对立。再次，职业活动本身就是实施职业教育的途径和方式。职业本身是最富有生命力和主动性的知识信息的组织原则，也是人的能力发展的最佳组织原则。在职业教育实施与开展的途径中，通过职业的典型作业或工作过程的任务进行的职业教育是为职业做准备而进行的最适当的教育。

职业对个人、社会具有多重功能。职业对从业者不仅具有经济性功能、社会性功能，而且还具有教育性功能，同时也是个人获得非经济收入（心理和精神上的满足）的主要渠道。

职业不等同于产业、行业。产业是按劳动对象和劳动产品的不同对国民经济部门的总的类别划分；行业是按劳动对象和劳动产品的不同对国民经济部门的具体类别的划分。我国第一部《中华人民共和国职业分类大典》颁布实施于1999年，其参照国际标准，把社会职业共分为8个大类、66个中类、413个小类、1 838个职业。

职业是不断发展、演变的。技术分工、新旧职业更替、原有职业的工作内容或工作条件变化是影响职业结构变化的主要因素。从世界发达国家的发展过程来看，即使是最发达的社会，体力型的、重复性劳动的职业虽然所占份额不断减少，但依然不可缺少，其价值依然不能被低估。职业的变化也为职业教育带来了困扰。职业教育的课程更新困难，学生的持续发展又需要在课程中扩展其面向的职业群。此外，个人选择其欲从事的职业的择业需求与社会为其占据的职业位置所要求的教育准备之间的矛盾也越来越突出。

2. 职业教育的概念

（1）广义的职业教育概念认为：

① 所有的教育和培训都具有职业性，均是职业导向的，因为所有的教育都影响着个人的职业生涯；

② 职业教育和培训包含了所有类型的技术传授；

③ 职业技术既可以在家庭中传授，也可以在工作单位和正规院校传授。

（2）狭义的职业教育概念认为：

① 职业教育就是培养技术工人（工匠）的教育；

② 职业教育和培训仅包含操作性技能之类的传授和训练；

③ 职业教育是同普通教育相对的以专门培养中级专业技术人才为目的的学校教育，处于大学层次之下，反映了教育体系内部的结构与分工。

显然，广义的职业教育概念混淆了职业教育与其他类型教育的差异性，未区分出职业教育所传授的特定技术类型；而狭义的职业教育概念又把职业教育局限于操作技能训练和中等层次的程度上。因此二者都没有真实、全面地反映出现代职业教育的真谛。

下面从职业教育的外部关系来界定职业教育的定义。

2001 年联合国教科文组织修订的《关于技术与职业教育的建议》认为，"技术与职业教育"是作为一个综合术语来使用的，它所指的教育过程除涉及普通教育外，还涉及学习与经济和社会生活的各部门的职业有关的技术和各门科学，以及获得相关的实际技能、态度、理解力和知识。技术与职业教育进一步被理解为：① 普通教育的一个组成部分；② 准备进入某一就业领域以及有效加入职业界的一种手段；③ 终身学习的一个方面以及成为负责任公民的一种准备；④ 有利于环境可持续发展的一种手段；⑤ 促进消除贫困的一种方法。

联合国教科文组织所提出的上述概念，主要是从职业教育的外部关系阐述了职业教育的外延和作用，这样的表述更易于让大多数国家的政府接受和重视职业教育，这正是其用意所在。

职业教育还需要从其内部来审视它的内涵。职业教育是一种有别于普通教育的特色"教育类型"，应该把职业学校真正办成遵循职业教育规律和特性、体现职业教育价值的教育机构，而不是作为低于普通学校的二流学校。

有学者将职业教育的概念表述为，"职业教育是培养技术应用型、技能型人才的一种教育或培训服务"，并将其理解为五个要点：第一，职业教育是教育的一种类型；第二，职业教育是培养技术应用型、技能型职业人才的，而不是培养所有职业的人才；第三，职业教育是一种服务业，为准备成为技术技能型人才提供教育服务；第四，职业教育培养的是人才，是在普通教育基础上进行的；第五，职业教育具有层次之分，培养技术应用型、技能型两类人才。

我们认为，作为独特教育类型的职业教育，在课程方面，是以就业能力为导向的能力本位课程或工作过程课程；在教学方面，实施行动导向教学，实行工学结合的人才培养模式；教师的素质要求是"职业实践能力＋专业素养"并且掌握职业教育理论的"双师型"教师；学生评价方面，要求以学生获得职业胜任能力和职业资格为依据，重行而不唯知；教师评价方面，要从重升学率和学术成果转向重就业导向的课程开发与教学应用与转化；管理制度方面，要建立符合职业教育规律与特色的内部与外部管理制度。

职业教育的正式称谓在中国几经变动。1999年，在韩国汉城（现首尔）召开的第二届国际技术与职业教育大会上，联合国教科文组织在正式文件中首次使用了"技术和职业教育与培训"（TVET）的提法。这一称谓得到了联合国教科文组织、国际劳工组织等国际组织的认可。"技术和职业教育与培训"这一概念的使用，标志着国际上已逐步替代了那个与普通教育相对立、与培训相分离的"职业教育"的观念，反映了国际上对大职业教育观念的普遍认同。[①]

职业教育是以培养符合职业或劳动环境所需要的技能型人才为目标的一种教育类型，它以职业需要为导向，以实践应用性技术和技艺为主要内容，传授职业活动必需的职业技能、知识和态度，并使学习者获得或者扩展职业行动能力，进而获得相应的职业资格。职业教育是以技能为中心的综合职业能力的教育，这是职业教育的本质所在。在职业学校中，思想道德是方向和灵魂，文化知识是基础，职业技能是本质和特征。与职业直接相关的知识、技能和态度都是职业教育的内容，基础教育培养的是潜在的、未来的生产力，而职业教育培养的是直接的、现实的生产力。

## （二）职业教育的特性

职业教育的特性具有多样性，可以分为本质属性和派生属性。基于上述对职业教育的历史分析和国际比较，笔者认为，现代职业教育具有职业性、技术性、社会性、终身性和全民性，其中职业性和技术性是职业教育的本质属性，其他特性是职业教育的派生属性。有学者认为，职业教育的本质属性是"技术技能职业性"，其实还是技术性与职业性的交集，即职业教育针对的职业不是所有的职业，而是以应用技术和操作技能（职业行动能力）为主要内容的职业。

### 1. 职业教育具有职业性

职业是职业教育的基础，职业教育应该以职业活动的形式进行，职业是规范职业教育的专业、课程和评价的标准。只有充分研究职业，按照职业的规范、过程、要求和逻辑而不是按照学科来重组知识和技术，职业教育的基础才能坚固。职业教育应该以就业为导向。职业教育应该为现代职业培养生产、管理、服务所需的具有综合职业能力的应用型人才。职业性并不排斥文化修养、人文道德，而是融人力、知识、技术、技艺、工作的任务与过程及行动、道德、价值、精神等于一体。同时，职业教育的对立面既不是闲暇活动，也不是文化修养，职业教育与文化修养是可以联系起来的。

---

① 但是不能否认，教育与培训是有区别的，二者各有优势与不利之处。

### 2. 职业教育具有技术性

技术转化为现实生产力需要通过职业教育，技术通过职业教育内化到劳动者身上才能发挥出它的功能。技术的演变会影响到职业教育发展的结构、层次、规模、课程和方法等。经验型技术、实体型技术和知识型技术都是职业教育课程的主要内容。职业教育的教学过程也要充分体现技术的属性，体现技术传授的规律和要求。技术进步将推动职业教育办学模式和人才培养模式的改革。

### 3. 职业教育具有社会性

同普通教育相比，职业教育与整个社会的联系更紧密、更具体，对整个社会的服务更直接。服务社会需要是职业教育的宗旨。职业教育对社会环境的高度依存性，要求其办学必须是开放的、灵活的，职业教育只有吸纳全社会的力量才能办好。

### 4. 职业教育具有终身性

现代职业对从业者资格与能力的要求和社会竞争使得整个职业教育制度必须在终身教育原则的基础上加以重构。职业教育上延至高等教育阶段，下伸至基础教育阶段，并与成人教育和继续教育相融合。同级职教又包含众多的专业，均可相互延伸。职业教育在实现终身教育目标的过程中承担着不可或缺的重要职责。为了实现这样的目标，职业教育应以更加开放和宽阔的胸怀、更加灵活多样的课程和教学模式，为学生提供终身学习的机会和途径。

### 5. 职业教育具有全民性

基础教育面向全体青少年，高等教育面向少数人，而职业教育则面向所有人，而且是所有人的终生。职业教育在实现全民教育目标的过程中承担着不可或缺的重要职责。职业教育可以有一部分是选拔性的招生，但更多应该以非选拔的招生入学为主，更应关注弱势群体和非常态的学生。同时，随着技术进步和职业分工细化，几乎全部职业都要求从业者具有职业资格，而职业资格又须经教育和培训才能取得。开展职业教育和培训是"先培训，后就业"的职业准入制度存在的基础。不同的人可以按各自的途径和方式来接受职业教育。

## ❖ 二、职业教育的目的与功能 ❖

### （一）职业教育的目的

教育目的是职业教育最为基本的理论问题之一，人们通常将教育目的看作各级各类教育实践的出发点和归宿，也是建立学校制度、确定课程内容、选择教学方法，以及评价教育质量的主要依据。

1996年颁布的《中华人民共和国职业教育法》第四条规定："实施职业教育必

须贯彻国家教育方针，对受教育者进行思想政治教育和职业道德教育，传授职业知识，培养职业技能，进行职业指导，全面提高受教育者的素质。"从这里可以折射出职业教育的目的，即"培养一大批有一定科学文化基础和较强综合职业能力的，德、智、体、美等全面发展，在生产、技术、服务、管理等一线工作的各级各类专门人才。"以这一教育目的为指导和依据，国家对不同层次的职业学校都规定了符合各自特点的培养目标。

初等职业教育的培养目标定位在"掌握初等科学知识，有一定综合职业能力，德、智、体均衡发展，能自食其力脱贫致富，为社会主义现代化建设服务的初级劳动者"，这是与其教育层次相适应的。中等职业教育的培养目标定位为"要全面贯彻党的教育方针，转变教育思想，树立以能力为本位的观念，培养与现代化建设要求相适应、德、智、体、美等全面发展，具有综合能力，在生产、服务、技术和管理第一线工作的高素质劳动者和中初级专门人才"。高等职业教育的培养目标基本上就是高级应用型和工艺型人才。"高等职业教育要培养拥护党的基本路线，适应生产、建设、管理、服务需要的德、智、体全面发展的高等技术应用型专业人才。学生应在具有必备的基础知识和专业知识的基础上重点掌握从事本专业领域实际工作的基本能力和基本技能，具有良好的职业道德和敬业精神。"

从1996年颁布《中华人民共和国职业教育法》至今已经过去了10余年，在这些年中，国际国内形势发生了重大变化，如全球化、知识经济对知识工人的要求、学习型社会、高等教育大众化等，都在深刻影响着职业教育的人才培养。要扫除当前职业教育目的存在的"狭窄化"与"陈旧化"的弊病，职业教育的目的一定要更加充实，至少应当包含如下特征：

第一，职业教育应注重加强培养跨地区、跨国界的劳动者，使他们具备任何岗位都要求的能力，例如问题解决能力、自控能力、判断能力、人际交往能力等；

第二，职业教育应适应知识经济背景下工作性质的转变，培养灵活的、主动的、弹性的知识型或智能型劳动者；

第三，职业教育应满足学习化社会中每一个学生的发展需要，特别关注学生的生涯发展，包括就业和升学等各方面的需要；

第四，职业教育不仅应关注学生能否找到工作、能否上岗，更要培养学生的创业精神，并赋予他们一定的创业能力。

职业教育的目的必将与社会整体的教育目的融合在一起，而不是同"普通教育"或是"高等教育"的目的截然分开。

职业教育的目的也存在"社会本位"与"个人本位"价值取向之争。在目前的职业教育领域，提倡社会本位或个人本位都存在着合理的一面，也都容易出现过于激进而引致冲突的一面。在建设社会主义和谐社会新的历史时期，我们还是可以通过恰当的教育目的的表述来协调"个人本位"与"社会本位"的价值取向。即以当下而论，面临着就业压力不断增大的客观环境，职业教育既"要把关注每个学生向'社会人'转变过程中的潜能开发状况作为学校一切工作的出发点和落脚点，同时又要把满足社会的人才需求和学生毕业后的就业需求作为教学工作的主要任务。如果离开人的发展单纯地以就业为唯一目标，不仅不利于学生毕业后的长远发展，而且也无助于学生就业能力的培养，这将会使职业教育过于功利和短视；如果置就业这样的现实问题于不顾而单纯谈人的发展，则势必使职业教育脱离实际、脱离生活、脱离群众，最终必将被社会所否定"。

## （二）职业教育的功能

教育功能，亦称"教育作用"，是指"教育对整个社会系统的维持和发展所产生的作用和影响"。职业教育具有育人功能、政治功能、社会功能、经济功能及文化功能。

职业教育的育人功能说明了职业教育如何有能力实现其教育目的。人的发展既是身体的发展（肌体的正常发育和体质增强），更重要的则是心理的发展。职业教育在人的发展，特别是"意向"与"认知"的发展过程中起着主导作用，并且是通过"德育"和"智育"这两种主要手段来实现的。

职业教育的政治功能存在的基础在于，教育在受到政治影响的同时，也在发挥着自身的政治功能，运用教育的力量可以把特定的政治意识传授给下一代，使他们逐渐适应并自觉维护现存的政治制度。职业教育（尤其是中等职业教育）的学生大多数来自农村和城市低收入家庭。对于这一"边缘化"群体的"政治社会化"，职业教育承担着自己的责任。

职业教育的社会功能，主要是特指它对于优化社会阶层结构所能起到的作用。通过对"老中专"有力地改变学生社会阶层到职业教育受到二流待遇这一历史过程给予辩证的看待，以及对职业教育的内涵和外延的准确把握可以将职业教育的社会功能恰当地概括为：职业教育是现代社会分层不可缺少的推动力量，它为受教育者提供了参与社会流动的条件与机会，但对个体来说，职业教育促进向上流动的作用是有限的。

无论国际还是国内，职业教育的经济功能都是一个备受关注同时也充满争论的议题。人们在理论上或情感上往往容易接受"职业教育培养人才促进经济发展"的论点，但在实证研究中，确实还需要更多更有说服力的证据，以便更好地解答诸如"职业教育究竟能够在何种程度上发挥其作用"，以及"学校职业教育与其他类别或其他形式的教育相比究竟谁的效益更高"这类问题。

正如"文化"的概念充满歧义，文化功能也是职业教育诸多功能当中最难把握的一个。古今中外的事例充分说明：职业教育的健康发展的确需要适当的文化土壤，但一个像今天德国那样的普遍崇尚技能的社会绝非职业教育单独作用的结果。

### ❋ 三、职业教育的学理基础 ❋

职业教育的学理基础包括哲学基础、经济学基础、社会学基础、心理学基础及教育学基础。

职业教育的哲学基础：哲学是研究世界本源、价值及其规律的，是关于自然、社会和人类最一般规律的学问。职业教育作为有目的地培养人的社会实践活动，遵循教育的最一般规律；而职业教育不同于普通教育，与生产技术活动紧密相连，是社会行业性、职业性的活动，具有职业实践性。对职业教育一般规律的探索应从教育哲学①和技术哲学②两个角度出发。职业教育从萌芽阶段到职业教育制度正式确立，以及现代职业教育的发展状况和趋势，无不深刻反映了职业教育发展历史的客观性。

职业教育的经济学基础：教育经济学是研究教育和经济之间的相互作用，从劳动力培养和教育的关系，从科学知识传递、积累和发展来论述教育对社会生产发展和经济增长的作用。因此，从职业教育与经济发展的关系、职业教育的供求和就业，以及职业教育投资和效益分析三个方面可以理解职业教育的经济学基础。

职业教育的社会学基础：教育作为一种以人为主体的社会实践活动，与社会学必然有着紧密的联系。对于探讨职业教育的社会学基础，可以从社会结构的角度加以分析，或者说对社会分工和分层结构、经济结构和文化结构与职业教育发展之间的关系进行分析。

职业教育的心理学基础：在心理学发展过程中，心理学和教育的联系从未割裂。教育学家普遍把心理学视为教育学的基础之一。职业教育心理学基础的着眼点是接受职业教育的学生，研究的是接受职业教育的学生在职业选择过程中所具有的身心特征、学生在职业学习过程中的心理现象和心理规律，以及职业教育效果和学生职业素质的评价。

职业教育的教育学基础：职业教育本身必须符合教育的一般规律，以教育科学理论为指导。教育学作为职业教育的理论基础，以一般的教育规律指导研究职业教

---

① 所谓教育哲学，是运用一般哲学原理去探讨教育基本理论问题的一门学科，是人们关于教育的世界观和方法论体系。（王坤庆. 教育哲学——一种哲学价值论视角的研究 [M]. 武汉：华中师范大学出版社，2006.）

② 技术哲学是对技术的系统哲学反思，是人类寻求理解技术、摆脱技术给人类带来的困境的一种尝试；它试图对技术的性质以及技术与人、自然和社会各因素种种复杂的关联进行详细的分析与解说，以促进对技术的社会控制与技术的人道化。（高亮华. "技术转向"与技术哲学 [EB/OL]. [2008]. 士柏咨询网.）

育科学的特定对象和职业教育问题，为职业教育科学研究提供理论依据。职业教育实践和理论的发展，又能够不断丰富教育学理论的体系和内容。对于职业教育的教育学基础，可以从职业教育学的概念和研究对象、职业教育学与职业教育的关系，以及职业教育学与教育学体系的关系等角度进行探讨。

# 17.2 重读《职业教育本质论》

俞启定[①]

我国的职业教育自改革开放以来异军突起，进入21世纪后更是高速发展，已经占据了国民教育体系的"半壁江山"。在职业教育高速发展的过程中也面临着一些困难和需要解决的问题，特别是职业教育的学科建设尚处于初创阶段，理论研究相对滞后，迫切需要深入系统地开展研究，以加强对职业教育的改革发展提供支撑和引领。1996年颁布的《中华人民共和国职业教育法》第九条规定："国家鼓励并组织职业教育的科学研究。"（2022年新修订的《中华人民共和国职业教育法》第六十一条继续予以确定）。2002年《国务院关于大力推进职业教育改革与发展的决定》提出要"加强职业教育理论研究和政策研究"。2005年《国务院关于大力发展职业教育的决定》继续强调要"加强职业教育科学研究工作"。

2009年9月，《中国职业技术教育》第27期刊登了我与和震等人撰写的《职业教育本质论》一文。原文摘编于时任教育部职业教育与成人教育司司长黄尧主编的《职业教育学——原理与应用》（高等教育出版社，2009）第二章，该书于2011年9月获第四届全国教育科研优秀成果一等奖。在职业教育学的有关专著中，这篇文章是首次专章论及职业教育的本质的，作为职业教育学研究的立足之基，应该说在理论构建上是一个重要体现。据知网统计，这篇文章被2 149次下载、76次引用，还有学者专门撰文与本文作者进行商榷探讨（陈齐苗. 也谈职业教育的本质［J］. 职教论坛，2010（7））。总的来看，原文基本上把握住了职业教育的本质属性，也有一些有见地或值得关注的观点及阐述，但毕竟是初次探究，偏重职业教育概念的研究，亦囿于当时的认知水平和研究深度，数人执笔及受摘编局限，导致思路发散且某些论断尚欠通贯。今日重读，感慨之余，也有略作探究之愿。

## 一、关于职业教育的概念及本质属性

从宏观视野观察，教育与职业有着天然的密切联系，简而言之，教育是生活的

---

① 俞启定，北京师范大学国家职业教育研究院教授。

预备，职业是谋生的必要。所以黄炎培指出："凡教育，皆含职业之意味。"这当然是有针对性的泛义论断，教育毕竟还有更为顶层的目的和广泛的功能，不同类别和层级的教育与职业的关联也各有差异。正是因为教育与职业这种若即若离、涉入深浅不等的关系，才导致职业教育的界定难度很大。学界通常借鉴教育学原理中对教育的分类，也从广义和狭义两个维度定义职业教育：广义的职业教育是指凡按照社会和个人的需要，有利于培养人的职业兴趣和从业能力的教育活动，均具有职业教育的含义。它渗透于整个广义的教育（学校、家庭、社会教育及工作机构的教育和培训）之中，体现了教育的本质就具有职业性。而将狭义的职业教育限定于各级各类学校和培训机构进行的专门教育，体现了专门的职业教育与其他类型的教育有别，具有自身的特色目的和功能，应当在国民教育体系中占有一席位置。但是这种"专门教育"应该是什么样的，包括哪些，如何实施？则无法得出普遍认同的结论，分歧争论在所难免，而且倒逼职业教育的概念本身。在这个专门领域，清末民初叫"实业教育"，1922年学制改为"职业教育"，共和国成立后称为"技术（或专业）教育"，改革开放后称为"职业技术教育"，直到《中华人民共和国职业教育法》颁布才确立为"职业教育"，但"职业技术教育"的称谓仍然并行，人社部门主管领域则通用"职业培训"。中国台湾地区称为"技术与职业教育"，联合国教科文组织提出的标准称谓是"技术和职业教育与培训（TVED）"，都属于将职教概念扩大化的定位。原文指出："'技术和职业教育与培训'这一概念的使用，标志着国际上已逐步替代了那个与普通教育相对立、与培训相分离的'职业教育'的观念，反映了国际上对大职业教育观念的普遍认同。"然而概念扩张也会导致将狭义与广义的职业教育纠葛在一起，从而增加研讨职业教育本质属性的难度。特别是落实到职教实施领域，我国《职业教育法》的适用领域是职业学校教育和职业培训两大类，二者的实施显然有着相当大的差异，例如学历与非学历、直接服务就业与全面发展等，主管行政部门也不同，而教育界领属的主要是各级各类职业学校教育，研讨的着眼点一般也是在这个领域，容易受普教模式及理念的影响往往也是难免的。

必须看到，称谓不同，内涵自然有别，必然会导致其定性、定位及培养目标、规格等方面的差异甚至歧变，也影响到职业教育的本质属性的界定。既然"职业教育"是我国的法定称谓，所以还是应该立足于这个概念来研讨其本质属性，而不宜有其他的枝蔓。从概念上解读，就是职教姓"职"，职教属"教"，无论是广义的还是狭义的职业教育，都应该与职业有明显的关联，特别是专门的职业教育，更是应该以面向职业为宗旨，脱离职业谈职教，从概念上就背离了职业教育。原文从对职业的定义及内涵出发来探讨职业教育，也是力图更为符合职业教育的本质。

本质即事物本身所固有的根本属性。职业教育的本质，应当是职业教育作为一种专有的教育形态所必须具备的特征和属性，如果不具备这些特征和属性，就不是职业教育，或者仅仅是不完全职业教育。概念是事物本质特点的概括表达，是探索事物的思维逻辑起点。所以探讨职业教育本质属性的出发点应该是由职业教育的概念引出的，既有理论定性，又有实践定位。同时也要注意到，职业教育的理论溯源当属于实用主义教育流派，在中国也是黄炎培等先贤思想理论的发展脉络体现，并且与他们的办学行为相辅相成。所以对职业教育本质的探讨又不能纠葛于纯理论构建而过于抽象化和理想化，还应该体现务实，而且是体现"中国式"职业教育的本质。原文集中阐述了职业教育的目的和功能，固然未能全面涵盖职业教育的本质，但当属于职业教育本质属性的核心领域。

## ※ 二、关于职业教育类型定位 ※

原文提出："职业教育应该是一种有别于普通教育的特色'教育类型'。"虽非首创，但就与普通教育作类型对照而言，今天看还是很有前瞻性的。此观点载于《职业教育学——原理与应用》这部力作中并在《中国职业技术教育》发表，也产生了很大影响。类型和类别都是分类的体现，但不是同一种分类方式，二者的侧重点有所不同：类型是按存在形态（特征）的分类，主要是依照本类事物共通点的归类划分，类别则是基于区别（不同）的分类，例如男生和女生可视为不同类别之分，而不宜被归入不同类型之分。职业教育和普通教育都是教育类型，但也仅仅表明它们分别具有各自的形态特征而已，二者固然存在不同之处，但也完全可以你中有我、我中有你，否则"职普融通"就没有实现的基础。此外，职业教育与普通教育是在教育类型上的划分，而并不是学校类型的截然区分。职业学校可以有普通教育，普通学校也可以有职业教育。所以职普不同类型并不与职普融通相对立，关键是不管是哪类机构实施的职业教育，必须是真正的职业教育，而不在于招牌是什么。所以无须过于纠葛职业教育与普通教育的不同，但同时也要做对比区分，以彰显职业教育自身的类型定位。

近年来职教界对职业教育的类型特色进行了许多探讨，大体主要集中于两点，一是职业教育以培养应用型、技能型人才的目的，二是职业教育以"产教融合、校企合作"为办学模式。还有一些配套性的，例如双师型、现代学徒制、学历与职业资格和技术等级并重等。这些当然都是职教特色所在，但普通高校也并非没有，职业学校自身也未见得都能实施到位。原文提出职业教育的特征可分为本质属性和派生属性两个层级，这个划分还是有意义的，而上述特色恐怕只能归于后者，而且为凸显自身的这些特点，往往硬将普通教育说成是学术型的，是封闭式教学的，实属牵强武断。《中华人民共和国高等教育法》第十六条关于高等学历教育的学业标准，从专科到本科、研究生都要求"具有从事本专业实际工作的能力"，当然包括基本技能。中职与普通高中类型区别明显，其实从学历教育的整体而言，也是你中可以有我、我中也可以有你的；而高等教育领域都是专业教育，要分出职普的不同类型就比较困难。特别是工、农、医及信息类的应用型专业，说他们不重视技术技能及实际操作训练，培养出来的人只会坐而论道搞研究或坐办公室搞设计和管理，也与事实不符。普通本科和职业本科的区分究竟应该在哪里？也许根本就可以不必区分。原文中提到联合国教科文组织是将技术和职业教育视为"普通教育的一个组成部分"。民国时期的教育行政构建，专科归高等教育行政部门管理，中职归普通教育（基础教育）行政部门管理，也是体现同层次的职普均属于同一个大类别。但从探讨职业教育的本质论出发，也鉴于现在的学校类别及行政管理归属均是职普分立，故也有予以区分的理论价值和现实意义。

如果从职业教育的概念出发，那就决定了它的本质应该是面向职业的，这也是职业教育有别于其他教育类型的最为本质的体现。职业是人类社会劳动分工的结果，落实到群体和个体就是工作岗位，岗位必须有人填充，对生产和工作机构而言才能创造和产生价值，对工作者而言也就是实现就业，才谈得上进入职场。所以对于受教育者来说，职业教育面向职业首先应该是服务于就业，同时也要为今后的职业发展奠定好基础。回避或架空就业亦即忽略起点，谈何面向职业？原文也强调职业学校的人才培养要"以就业能力为导向"，这也是遵循 2005 年国务院正式提出的"以服务为宗旨，以就业为导向"的职业教育办学方针。2014 年改为"以服务发展为宗旨，以促进就业为导向"，通常的简要称谓还是"服务需求，就业导向"。特别是 2019 年两会政府工作报告，首次将"加快发展现代职业教育"从传统的教育领域抽出，放在"多管齐下稳定和扩大就业"的范围阐述，可谓高度突出职业教育作为独特类型服务就业的本质。中办、国办《关于推动现代职业教育高质量发展的意见》强调三个不变："保持职业教育办学方向不变、培养模式不变、特色发展不变。"意味着职业教育必须坚持就业导向。党的二十大报告提出要"实施就业优先战略"，强调就业是最基本的民生，如果职业教育在促进就业、提升就业质量、优化就业结构方面做出突出贡献，那么它就与包括普通教育在内的各种教育类型具有同等重要的地位，也就真正落在实处了。国家新修订的《中华人民共和国职业教育法》第四十三条规定："职业教育质量评价应当突出就业导向，把受教育者的职业道德、技术技能水平、就业质量作为重要指标。"强调就业导向是职业教育质量评价的重要原则，职业教育的质量必须体现在就业质量上。

原文指出："应该把职业学校真正办成遵循职业教育规律和特性、体现职业教育价值的教育机构，而不是作为低于普通学校的二流学校。"当时主要是因为职业学校处于普通教育体系中的"分流"，无论是中职还是高职，学生的毕业出路基本上只能是就业，继续深造的通途不畅，同时也是针对"以普教模式办职教"，既显示不出职业教育的特色优势，又达不到普通学校的办学优势，自然只能位列次等。所以文中也提出要"特别关注学生的生涯发展，包括就业和升学等各方面的需要"，带有健全职业教育培养体系的意愿。近年来随着这个意愿得以实现，各级职教衔接体制得以建立，职业学校学生的升学途径得以贯通，这对于提升职业教育的社会地位和吸引力当然是大利好，但也要警惕另一种倾向，就是淡化乃至忽略就业导向，一味朝向升学，从而堕入新瓶装旧酒的应试教育，从而失去职业教育的本质属性，也难以培养出具有良好职业素质和适应能力的技术技能人才。同时还要看到，即便就是想走"返普"的路，学生和学校的学历层次也能如愿得以提升，但如果一味因袭仿效普通学校的培养目标和办学模式，自身又缺乏相应的基础积淀和声望，也很可能会在同等层次处于低位。特别是目前职业教育对应升学的本科院校多被限制在本省而且缺乏重点院校参与，依然得不到社会的充分认可。所以"优化职业教育的类型特色"十分必要。

## 三、关于落实就业导向的本质体现要点

在培养目标上，要处理好升学与就业的关系。后义务教育阶段的学生接受各级各类教育都有就业方面的筹划，普通学校也会顾及学生的职业取向，但教育教学不会面向就业，更不会以就业为导向。职业学校现在面临传统的面向就业和越来越凸显的面向升学的双重任务，升学当然也有延缓就业和获取更佳就业的功能，所以确实不应将二者对立，但是也要重视为他们今后的就业打好基础、创造条件。特别是直接就业仍然是相当一部分学生的意愿，也是国家和社会所需要的，如果只注重应试升学的成果，而放弃就业导向，是对这部分学生的失职，也是放弃了职业教育的本质特色。应该根据专业特点和面向行业企业输送人才的需求，以及学生升学或就业的意愿，制订有针对性的合理有效的培养计划，采取相应的教学组织形式，要确保不能或不想升学的学生能够得到充分的职业技术技能的培养，能获得及占有相应的职业岗位。

在培养模式上，要恪守产教融合、校企合作、工学结合的职业教育特色，显然也是与就业直接相关的，因此如果是升学主导就很有可能被忽略。技术技能教学要扎扎实实地进行，而且要强调适用性，应与职业工作过程紧密衔接。学生去企业实习实践是职业教育教学不可或缺的关键环节，要看到即便是对于要升学的学生也是必要的能力培育和职场（工作场所）经验的积累，所以决不能削弱。校企合作育人是职业教育本质属性的重要体现，尽管校企之间可以有多个方面、多种形式的合

作，但重心一定是在"育人"上，教育部等6部门联合发布的《职业学校校企合作促进办法》对校企合作的定位，置于首位的就是"共同育人"。既要具体落实在专业培养计划中，也要在校企合作协议中得到切实贯彻，并成为评价校企合作成效的首要指标。

# 18.1　社会职业演变的六大趋势及其理论依据①

曹　晔

我国是世界上最早出现职业和职业活动的国家之一。2500年前的儒学经典就记录过当时的职业和职业活动。《春秋·谷梁传》就写道："古者有四民，有士民，有商民，有农民，有工民。"随着科技进步和社会的发展，职业演变越来越多，也越来越复杂，但从总体上来看，具有以下一些趋势或规律。

## 一、分工理论与社会职业细化

职业是社会分工的结果，社会分工是职业产生的基础，社会分工的发展决定和制约着职业的发展和变化。正如马克思所言："到目前为止，一切生产的基本形式都是分工。"②马克思、恩格斯在《德意志意识形态》中指出："一个民族的生产力发展水平，最明显地表现于该民族分工的发展程度。任何新的生产力，只要它不是已知的生产力单纯的量的扩大（例如开垦新的土地），都会引起分工的进一步发展。"③

分工理论是古典经济学家亚当·斯密提出的，他在《国民财富的性质和原因的研究》（以下简称《国富论》）一书的开篇就分析了劳动分工，指出"分工是国民财富增进的源泉"。他认为，一国国民财富的积累首要的也是最重要的原因是劳动生产率的提高，而劳动生产率的最大提高则是由于分工的结果。他认为，"劳动生产力上最大的改进，以及运用劳动时所表现的更大的熟练、技巧和判断力，似乎都是劳动分工的结果"。亚当·斯密也给出了分工提高生产率的经典解释：第一，劳动者的技巧因业专而日进；第二，节省了从一种工作转向另一种工作所丧失的时间；第三，发明了很多的机器，便利和简单化了劳动，使一个人能干许多人的活。马克思曾精辟地分析了分工是如何导致生产效率提高的：在分工条件下，每一个工人终生从事某一种简单操作，从而成为"局部工人"，他花在这一操作上的时间，比循序

---

① 本文发表于2010年第21期，作者时任河北科技师范学院职业教育研究所所长。

② 马克思，恩格斯. 马克思恩格斯选集（第3卷）[ M ]. 北京：人民出版社，1972.

③ 马克思，恩格斯. 马克思恩格斯选集（第1卷）[ M ]. 北京：人民出版社，1995.

地进行整个系列操作的手工业者要少；分工使生产过程具有很强的连续性、计划性、规划性和劳动强度；分工使局部工人终身从事某种固定操作，有助于操作经验的积累和劳动方法的完善以及劳动效率的提高。可见，社会分工的优势就是让擅长的人做自己擅长的事情，使平均社会劳动时间大大缩短。

正是由于分工的巨大作用，在一定意义上可以说劳动分工及其不断发展是整个社会文明的历史缩影，人类社会发展的过程就是社会不断分工的过程，不仅过去如此，将来也同样。马克思曾指出："机器生产用相对少量的工人所提供的原料、半成品、工具等的数量日益增加，与此相适应，对这些原料和半成品的加工就越分越细，因而社会生产部门也就越来越多样化。"① 马克思把分工分为三类，他指出："单就劳动本身来说，可以把社会生产分为农业、工业等大类，叫作一般分工，把这些大类分为种和亚种，叫作特殊分工；把工场内部的分工，叫作个别分工。"② 恩格斯把这种劳动分工简化为二类："到目前为止的一切生产的基本形式是分工，一方面是社会内部分工，另一方面是每个生产机构内部的分工。"③ 前者通常被称为社会内部分工，它包括一般分工和特殊分工；后者就是个别分工，称为企业内部分工。在社会内部，国民经济分为工业、农业、建筑业、运输业、邮电业和商业等大部门。工业又可分为重工业和轻工业；重工业再分为煤炭工业、冶金工业、机械工业等；轻工业再分为食品工业、纺织工业、造纸工业等。农业又分为种植业、畜牧业等。企业内部的分工，就是把生产过程分解为若干局部劳动，由不同的劳动者专司其职。④ 英文《职业名称词典》第三版（1965年）列出了 21 741 个岗位，比第二版（1949年）增加了 6 432 个，第四版（1977年）又比第三版增加了 2 100 个岗位。但第三版中职业岗位有 3 500 个在第四版中被淘汰。⑤

## 二、合工理论⑥ 与职业技术综合化

工业革命后，在亚当·斯密的分工理论指导下，泰勒提出了科学管理理论，美国福特汽车公司在泰勒的指导下发明了流水线作业，极大地改善了企业管理，促进了企业专业化和职能化管理，较大幅度地提高了劳动生产率，极大地促进了人类步

---

① 马克思. 资本论（第1卷）[M]. 北京：人民出版社，1975.

② 马克思，恩格斯. 马克思恩格斯全集（第23卷）[M]. 北京：人民出版社，1972.

③ 马克思，恩格斯. 马克思恩格斯选集（第3卷）[M]. 北京：人民出版社，1972.

④ 陈岱孙. 中国经济百科全书[Z]. 北京：中国经济出版社，1992：163.

⑤ 谢文静，卿中全. 对高职教育专业设置的理论探讨[J]. 职教论坛，2004，（30）：24-25.

⑥ 合工理论是国内学者为了与分工理论相对应而提出的，在国外往往称为企业流程重组或再造（BPR）。

入工业经济时代。工业经济时代企业生产的特点表现为大规模、标准化，企业的生产技术表现为品种单一、批量大、设备专用、工艺稳定、效率高。但是，随着人类社会工业经济时代的结束和信息时代的到来，其负面效应日益显露出来。从人们的需求来看，现代社会产品较工业时代大为丰富，随着生活水平的提高，人们开始追求产品的多样化和个性化。这种多品种、小批量的社会需求，使得大规模生产的设备专用性降低，在加工形式相似的情况下，频繁地调整工夹具，工艺稳定难度增大，生产效率也受到极大影响，因此，企业普遍面临着大量生产模式与快速变化的市场多元化需求之间的矛盾。其次，从管理组织来看，大规模生产采用的科层组织，片面强调分工精细和专业化，使得企业的整体协调作业过程和对过程的监控成本越来越高；同时，科层组织管理带来了官僚主义，延长了决策时间，反映不灵活，信息沟通失灵，结果致使企业整体效率低下。再次，从企业员工来看，在泰勒科学管理理论指导下的大规模生产，一方面把人分成上下级等级制的劳动分工造成的激励问题，使通过劳动过程的科学化管理来提高劳动生产率日益困难；另一方面，高度分工使劳动走向异化，分工使劳动者的生产活动越来越集中于较小的范围内会使生产活动变得越来越单调和沉闷，使人的积极性、主动性得不到充分发挥，相反却腐蚀着人的精神，摧残着人的身心健康，以至于走到了分工与协作原则初始动机的反面。"分工使人发展了某些技能，但同时使他丧失了其他方面的技能，使他成为一个片面发展的人。在工场手工业的分工中，他是一个局部工人，在大机器工业中，他是一个机器的附庸。"[①]

　　另一方面，随着科学技术的发展，尤其是自动化和信息技术的快速发展，柔性自动化生产技术便应运而生，在保证产品质量的前提下，缩短产品生产周期，降低产品成本，最终使中小批量生产能与大批量生产相抗衡。柔性自动化生产技术简称为柔性制造技术，它以工艺设计为先导，以数控技术为核心，是自动化地完成企业多品种、多批量的加工、制造、装配、检测等过程的先进生产技术。而且从整个生产过程来看，加工、检测、物流、装配过程之间，设计、材料应用、加工制造之间，其界限均逐渐淡化，逐步走向一体化。这种趋势表现在生产上是专业车间的概念逐渐淡化，将多种不同专业的技术集成在一台设备、一条生产线、一个工段或车间里的生产方式逐渐增多。如复合功能的数控机床就是在一台机床上能够完成车、铣、钻、镗、攻丝、铰孔和扩孔等多种操作工序。[②]柔性生产是全面的，不仅是设备的柔性，还包括管理、人员和软件的综合柔性，出现了一系列基于柔性生产模式的先进制造技术与管理方法，如精益生产（LP）、敏捷制造（AM）、高效快速重组

　　① 马克思. 资本论（第1卷）［M］. 北京：人民出版社，1975.

　　② 姚福生. 先进制造技术发展趋势［J］. 机械制造与制动化，2004，（3）：1-6.

（LAF）生产系统等。在传统的制造技术和方法中，由于严格细致地按部门、按专业进行分工，因此人们的工作一般是独立进行的。而在先进制造技术环境中，企业的研发、工艺、制造、维修、市场等各部门已通过计算机网络集成，为了提高企业的响应速度，很多任务和项目都由团队工作方式完成。员工不仅需要具备操作机器等传统技能，而且要掌握编制、调整计算机程序等新的技能，因此，员工具备高技能和多技能成了先进制造技术应用企业的显著特征。[①]

与分工理论相比，合工理论显示出其强大的优势，即借助信息技术，以重整企业业务流程为突破口，将原先被分割得支离破碎的业务流程再合理地"组装"回去，将几道工序合并，归一人完成，也可将分别负责不同工序的人员组合成工作小组或团队，以利于共享信息、简化交接手续、缩短时间。另外，减少管理层次，提高管理幅度，建立扁平化的组织结构，从而打破了官僚体制，减少了审核与监督程序，降低了管理成本，减少了内部冲突，增加了组织的凝聚力，大大调动了员工的积极性，促进了员工的个人发展。与此相对应，企业岗位具有综合性，员工需具备多种知识和综合技能。

## 三、三次产业的演进与职业结构变化

职业结构有狭义和广义两种。狭义的职业结构是指社会劳动力在各种职业之间分布的数量、比例及相互之间的关系。广义的职业结构除了狭义的职业结构所包含的内容外，还包括从事各种职业的劳动者的教育构成、产业分布、空间分布等。它可以反映出具有不同技术知识和技能的劳动者在不同职业、不同产业、不同行业、不同地区的分布数量及比例关系。随着产业结构的变化，各职业劳动力在第一、第二、第三产业中的分布数量也在不断变化。英国经济学家克拉克利用澳大利亚经济学家费希尔（A. G. B. Fischer）提出的三次产业分类法，总结了产业结构随着经济发展而变化的规律，即随着经济发展和人均国民收入水平的提高，劳动力首先从第一产业向第二产业转移；当人均国民收入水平进一步提高时，劳动力便向第三产业转移。由此使劳动力在各次产业间的分配形成这样的状况；第一产业减少，第二产业和第三产业逐渐增加。这是因为随着经济的发展，各次产业间出现了收入（附加值）的相对差异，由于存在这种差异，才促使劳动力由较低收入的产业向较高收入的产业流动。美国经济学家库兹涅茨（Simon Kuznets）继承了克拉克的理论成果，进一步搜集和归纳了 20 多个国家的数据，从国民收入和劳动力在三次产

---

① 梁占东，田也壮. 先进制造技术对组织结构和人力资源管理影响的实证研究［J］. 哈尔滨工业大学学报（社会科学版），2007，（6）：123-124.

业间的分布两个方面考察了产业结构的变化与经济增长。他的研究进一步表明，人均国民收入水平越低的国家，农业劳动力所占的相对比重越大，而第二、第三产业劳动力所占的相对比重越小；反之，人均国民收入水平越高的国家，农业劳动力所占的相对比重越小，而第二、第三产业劳动力所占的相对比重就越大。随着经济发展水平的提高，农业部门在整个国民收入中的比重同农业劳动力在全部劳动力中的比重一样，均处于不断下降之中；工业部门的国民收入比重，总体上是上升的，但工业部门劳动力比重，则大体不变或略微上升；服务部门劳动力比重，基本上是上升的，但其国民收入比重的上升与劳动力比重的上升并不保持速度上的同步。我国第一、第二、第三产业的产值结构从1978年的27.9：47.9：24.2发展为2008年的11.3：48.6：40.1，与此相对应，三次产业的就业结构从70.5：17.3：12.2变为40.8：26.8：32.4。就业结构从过去的"一、二、三"发展为"一、三、二"。

根据罗斯托的主导产业理论，经济的发展过程就是主导产业的演进过程。每个国家工业化进程的不同阶段总会有一个到几个主导产业在发挥作用，而后又有新的主导产业替代先前的主导产业。工业化先行国在工业化过程中出现的以主导产业为划分标志的各个阶段，基本上是按照时间顺序出现的，也就是说，主导产业是顺序更替的。到目前为止，这种更替大体分为七个阶段：以农业为主导的阶段→以轻纺工业为主导的阶段→以原料和燃料动力等基础工业为中心的重化工业阶段→以低度加工组装型重化工业为主导的阶段→以高度加工组装型工业为主导的阶段→以第三产业为主导的阶段→以信息产业为主导的阶段。经济结构和产业结构的演进过程必然使社会职业结构不断发生变化。具体如表18.1.1所示。

表18.1.1　工业化过程中以主导产业为标志划分的各个阶段

| 序号 | 主导技术 | 主导产业部门 | 主导产业群体 |
| --- | --- | --- | --- |
| 1 | 耕作 | 农业 | 农业 |
| 2 | 棉纺技术 | 纺织工业 | 纺织、日用品等轻工业 |
| 3 | 机械技术 | 原料和燃料动力等基础工业 | 原料、燃料、动力、铁路修建等基础设施 |
| 4 | 机电技术 冶金技术 | 低度加工组装型工业 | 电力、电气、钢铁、机械制造、造船、汽车、化工 |
| 5 | 精密机械技术 精密化工技术 | 高度加工组装型工业 | 耐用消费品、原子能、合成材料、飞机制造 |
| 6 | 高新技术 | 第三产业 | 服务、运输、旅游、商业、房地产业、金融保险业 |
| 7 | 信息技术 | 信息产业 | 新能源、新材料、生物工程、宇航工业、信息产业 |

## 四、产业结构调整与职业内涵演化

随着技术的进步和人民生活水平的提高，产业的发展不仅表现为数量的增长，更重要的表现在于结构的不断调整和优化，因此，社会职业构成和职业活动也相应变化，职业的更替速度明显加快，技能含量明显提高。社会职业更替包括以下几个方面：一是新职业产生，一些旧职业开始逐渐消亡。科技的迅猛发展，导致产业结构不断调整，一些新兴产业兴起，必然创造出新的职业，如近年来我国信息产业、管理咨询业和社会服务业涌现出了大量新职业；同时，由于新产业的兴起，某些旧产业将日趋萎缩甚至被完全取代，像磨刀修剪、锔锅补碗，还有无线寻呼员、铅字打字排版工、票证管理员等职业正逐步消失。在1992年颁布的《中华人民共和国工种分类目录》中，新闻出版业还有铸排工、铸字工、活版辅助工、手动照相排版工、刻铅字工等工种，随着激光照排技术的发展，这些职业已经消失。二是由于新技术和新产品的出现，虽然这个职业还存在，但已处于萎缩状态。如，汽车的普及，自行车修理的从业人员逐渐减少；电子打火机的产生，生产火柴的工人数量减少；超市的产生使得摆摊设点的小商贩数量减少等。三是一些职业越来越变成人们的基本技能。如，汽车进入家庭使司机这个职业开始局限于大型及特种运输车辆的驾驶；随着城乡居民生活质量的提高，数码相机、摄像机等悄然进入寻常百姓家庭，从事摄影的师傅越来越少；随着电脑在家庭和单位的普及，打字员数量越来越少。四是许多职业都随着技术进步而发生了一些调整和变化，其职业名称，尤其是内涵发生了变化，这必然对从业人员的素质结构和技术技能水平提出新的、更高的要求。原先在别人家帮忙干活的"保姆"职业，如今也升级为更专业的家政服务员；传统守夜打更的变成了专业化的保安人员；传统的绘图员转变为使用计算机绘图的电子绘图员；传统的理发员转变为形象设计师。仓库管理人员转变为物流配送师等。五是职业综合化，如在制造业中随着数字控制技术的不断应用，使得金属切削工艺不断革新，导致机械加工从业人员的工作内容发生了重要变化。传统的车、钳、铣、磨、刨工等横向分工；以及设计员、工艺员、操作员（即技工）等纵向分工，都逐步被现代控制技术所消弭，产生了数控加工中心技工技师和工程师等。

随着信息技术的发展，自20世纪80年代以来，全球经济开始呈现出从"工业型经济"向"服务型经济"转型的总趋势，产业发展则呈现出第三产业化的新趋势。在三大产业结构高级化、第三产业比重增加的同时，第三产业内部结构也呈现出高级化的发展趋势：随着第三产业在国民经济中比重的提高，一是流通部门在第三产业中的比重降低，生活服务和生产服务部门比重提高；二是现代服务业相对地位上升，而传统服务业相对地位下降。我国未来大量的新职业将会在第三产业产生，既可能是全新的社会群体性工作，也可能是那些由于技术更新、原有的职业内涵发生了较大变化而从业方式也发生了质的变化的更新的职业。从近年来我国公布的9批新职业来看，"创意设计类"的职业较多，如形象设计师、景观设计师、会展策划师、地毯设计师、家具设计师、房地产策划师等。另外，"顾问类""科技类""保健类"等职业也不断增加。

## 五、技术进步与职业层次高级化

职业层次是指在同一种职业或职业类型内部，由于工作活动及其对人员要求的不同而造成的区别。一般按工作所要求的技能和责任心的程度不同，把职业或工作划分为以下6个层次：

（1）非技能性工作。这种层次的工作简单、普通，不要求独立的决策和创造力。

（2）半技能性工作。要求在有限的工作范围内具有一些最低程度的技能和知识或具备一种高程度的操作技能。

（3）技能性工作。具备熟练的技能、专门知识和判断力，能完成所分配的工作。

（4）半专业性和管理性工作。是指要求具有一定的专门知识或判断力的脑力工作，对他人有低程度的责任。

（5）专业的工作。要求具备大量的知识和判断力，具有一定的责任和自主权。

（6）高级专业性和管理性工作。要求具有高水平的知识、智力和自主性，承担更多的决策和监督他人的责任。

一个人的职业层次是由他的能力水平所决定的。通常用一个人的受教育程度或培训水平来衡量他所达到的相应的能力水平。因此，不同层次的工作要求不同的受教育水平或培训水平，一个人的知识水平在相当程度上决定了其所能从事的职业层次。

随着科学技术的不断进步，尤其是人类正在步入知识经济社会，职业层次也在不断提高。自动化一方面减少了工作计划，由装备先进电脑和软件的数控机器人引领我们进入一个要求递减工人的体系，特别是重复的数字类工作；另一方面，提供了一些要求高技能的工作。随着技术变革的加速，工作机会将持续从体力产业转向知识产业，知识工作者将持续在劳动力中占主导地位。许多类型的工作将以他们为核心，知识型工作者的数量将比蓝领工人更多。40年前，制造业中30%的支出用于劳动力开销，而今已下降到了12%~15%。在自动化生产中，劳动力最为密集的能源产业，以及需要花费劳动力的最先进的公产机构占比已不到20%。[①]

以美国为例，在农业社会向工业社会和信息社会转型的过程中，其职业结构变迁的一个基本趋势是体力劳动职业大幅度减少，非体力劳动职业大幅度增加。1870年美国职业结构中农场主和农业工人的比重是53%，到1900年这一比重就下降到了37.5%，1980年下降到2.8%，1995年进一步下降到1.9%。1950年左右，操作工成为单一职业中人数最多的职业类型，所占比重达到20.4%，此后尽管制造业仍在稳步发展，但操作工的比重开始下降。在农业工人持续减少、非农业蓝领工人数量剧增又逐渐下降的过程中，白领雇员逐渐增加。到了1980年，白领雇员占全部劳动力的数量达到50%以上。专业人员、技术人员、公务员等职业都在大幅度增加，从1870—1980年，推销员和公务员的比例从4%增加到18.6%。[②]

中国社会科学院组织专家学者对中国近年来社会结构变化的研究表明，1978年以来，中国职业结构呈现渐趋高级化的变化。2000年同1992年相比，在职业结构的总量中，低层次职业（生产工人和农业劳动者）的比重下降了8.17%，而中层职业的比重则增加了7.2%。[③]

## 六、产业特性与各产业的职业数量变化存在差异化

由于不同产业的产业属性不同，因此各产业职业分工的程度也有所不同。历史地来看，许多产业发展的最初形态，都源于家庭，随着社会经济的发展，大多数产业逐渐走出了家庭，而农业却仍然以家庭经营为主。从美国来看，2002年家庭经营的农场占89.7%，农业具有适合家庭经营的特点。从早期的手工业部门到近代的机器大工业，再到现在的信息化产业，工业部门少受自然条件的约束决定了工业可以首先实行分工与专业化。相反，农业由于受自然条件的限制、动植物生命周期的限制和早期技术落后的限制，难以实现分工和专业化。亚当·斯密指出："在进步的社会中，农民一般只是农民，制造者只是制造者。而且生产一种完全制造品所必要的劳动，也往往分由许多劳动者担任。试以麻织业和毛织业为例，从亚麻及羊毛的生产到麻布的漂白和烫平或呢绒的染色和最后一道加工，各部门所使用的不同技艺是那么多啊！农业由于它的性质，不能有像制造业那样细密的分工，各种工作，不能像制造业那样判然分立。木匠的职业与铁匠的职业，通常是截然分开的，但畜牧者的业务与种稻者的业务，不能像前者那样完全分开。纺工和织工，几乎都是不同

---

① 高科技／知识化—职业趋势，职业生涯规划网／深圳路标职业规划咨询中心。

② 丹尼尔·吉尔伯特，约瑟夫·A.卡尔. 美国的阶级结构［M］. 北京：中国社会科学出版社，1992.

③ 数据来源：法制日报，2004-07-29。

的两个人，但锄耕、耙掘、播种和收割，却常由一人兼任。农业上的种种劳动，随季节推移而循回，要指定一个人只从事一种劳动，事实上绝不可能。所以，农业劳动生产力的增进，总跟不上制造业劳动生产力增进的主要原因，也许就是农业不能采用完全的分工制度。现在最富裕的国家，固然在农业和制造业上都优于邻国，但制造业方面的优越程度，必定大于农业方面的优越程度。"[①] 虽然由于受时代局限性的影响，亚当·斯密的上述论述并不完全与现实相符，但现实中各产业分工程度的差异却是普遍存在。当然，除了产业自身的特性外，各产业的技术进步快慢和市场范围等也是影响产业分工程度的重要因素。一般来说，一个产业分工程度越高，他的职业种类和数量越多；分工程度越低，它的职业种类和数量较少。

职业演变是一个复杂的问题，影响因素也是多方面的，并非如上面分析的那样简单，也非以上几种趋势，它的变化是多因素共同作用的结果，其中科学技术进步是根本性的决定因素。

---

① 　亚当·斯密. 国民财富的性质和原因的研究［M］. 杨敬年译. 西安：陕西人民出版社，2006.

# 18.2 重读《社会职业演变的六大趋势及其理论依据》

刘兴革[1]

职业教育，顾名思义是基于职业的教育，职业不是一劳永逸的，而是不断变化和更替的，不同职业的变化又有不同的变化特点，那么职业变化的根源是什么，这是搞好职业教育的逻辑起点，也就是说，寻找引起职业变化的因素是我们把握职业教育变化的重要途径。曹晔教授以其开阔的视野、哲理性的思考，洞彻了社会职业的6大变化趋势，这6大趋势揭开了职业教育发展变化的真谛，可以帮助我们更加深入地认识职业教育、理解职业教育和把握职业教育。这是跳出教育看教育、立足全局看教育的重要举措，同时也是职业教育服务经济社会发展的客观要求。

## 一、分工理论与职业细化

分工是人类社会的固有属性，可以说自从有了人类就有了分工，人类社会发展史就是一部分工发展与深化的历史。正如马克思所言："到目前为止，一切生产的基本形式都是分工。"关于分工理论，马克思和恩格斯对其有深刻全面的阐述。社会学家涂尔干将分工的概念从经济领域扩大到社会生活领域。分工一词翻译成英文是"Division of Labour"，即劳动的分割。"所谓分工就是将社会总劳动划分为相互独立又相互依存的若干部分；与此相对应，社会成员固有地分配在不同类型的劳动上。简言之，分工就是不同种类的劳动的并存。"分工也是两个或两个以上的个人或组织，将原来由一个人或一个组织所承担的生产活动中所包含的不同智能操作分开进行。与分工紧密联系的两个概念是专业化和协作。分工与专业化是一个事物的两个方面，专业化就是一个人或一个组织将其拥有的有限投入集中于一种或几种产品的生产，使其资源的经济差异得到有效发挥。人类社会之所以发展到今天，是分工和专业化发展的结果。常言道，业精于专，专业化提高了生产效率，促进了人类社会的发展。与分工相对应的另一个词是协作，分工与协作相生相伴、相互促进，有分工必然有协作。马克思认为"许多人在同一生产过程中，或在不同的但又相互

---

① 刘兴革，哈尔滨商业大学职业技术教育学院院长。

联系的生产过程中，有计划地一起协同劳动。"分工是生产者或企业只承担社会总劳动中的局部劳动，而协作是由众多生产者和企业共同完成社会总劳动。可见，协作是劳动的一种集体化、社会化形式。分工、专业化和协作三者之间关系密切，分工越发展，专业化程度越高，协作也就愈加发展和密切。随着社会生产力的发展，社会分工越来越精细，社会职业不断细化，成员之间的协作必然加强。

分工理论促进了社会职业的不断细分，生产专业化程度不断提高，极大地促进了资本主义社会生产力的发展。正如曹晔教授在文中提到的，工业革命后，在亚当·斯密的分工理论指导下，泰勒提出了科学管理理论，美国福特汽车公司在泰勒的指导下发明了流水线作业，极大地改善了企业管理，促进了企业专业化和职能化管理，较大幅度地提高了劳动生产率，极大地促进人类步入工业经济时代。工业经济时代企业生产的特点表现为大规模生产、流水线作业、专用化设备、标准化技术、劳动密集型生产方式、科层制组织形式。企业的生产技术表现为品种单一、批量大、工艺稳定、效率高。流水线生产方式，极大地提高了劳动生产效率，人类社会进入一个快速发展的时期，正如马克思所言，资产阶级在它不到100年的阶级统治中所创造的生产力，比过去一切世代创造的全部生产力还要多、还要大。

## ❋ 二、合工理论与职业综合化 ❋

随着社会生产力水平的不断提高和社会产品的极大丰富，人们对产品的需求越来越多样化、个性化，传统大规模、标准化、大批量的流水线生产模式难以适应这些变化，企业普遍面临着大量生产模式与快速变化的多元化市场需求之间的矛盾。一方面，随着科学技术的发展，尤其是自动化和信息技术的快速发展，柔性自动化生产技术应运而生，在保证产品质量的前提下，缩短了产品生产周期，降低了产品成本，最终使中小批量生产能与大批量生产相抗衡。另一方面，为应对日益变化的环境和市场需求，发达国家的现代化企业普遍开始对企业的组织结构和业务流程进行再造。一是企业的业务流程重组，"精益生产"等生产方式代替了流水线作业，专业车间的概念逐渐淡化，将多种不同专业的技术集成在一台设备、一条生产线、一个工段或车间里的生产方式逐渐增多。如复合功能的数控机床就是在一台机床上能够完成车、铣、钻、镗、攻丝、铰孔和扩孔等多种操作工序；二是企业组织方式从科层组织发展为扁平化组织管理。它较好地解决了等级式管理的层次重叠、冗员多、组织机构运转效率低下，导致难以适应快速变化的市场环境，造成决策链过长、反应缓慢等弊端。正如管理大师彼得·德鲁克所预测的："未来的企业组织将不再是一种金字塔式的等级制结构，而会逐步向扁平式结构演进。"

正如曹晔教授指出，与分工理论相比，合工理论显示出其强大的优势，即借助信息技术，以重整企业业务流程为突破口，将原先被分割得支离破碎的业务流程再合理地"组装"回去，将几道工序合并，归一人完成，也可将分别负责不同工序的人员组合成工作小组或团队，以利于信息共享，简化交接手续、缩短时间。在合工理论指导下，企业生产表现出以下特点：自动化智能化作业方式、柔性制造技术、通用性设备、技术密集型生产方式、扁平化管理方式等。

## 三、产业结构调整与职业结构变化

产业是社会分工的产物，它随着社会分工的产生而产生，并随着社会分工的发展而发展。产业也是生产力不断发展的产物，随着经济社会的不断发展变化，尤其是社会需求和科学技术的进步，产业结构也在不断调整和变化。产业结构按照不同的用途有多种分类。20世纪20年代，国际劳工局最早对产业作了比较系统的划分，即把一个国家的所有产业分为初级生产部门、次级生产部门和服务部门。1935年新西兰经济学家费希尔（A. Fisher）提出了三次产业分类法。英国经济学家克拉克（C. Clark）继承了费希尔的研究成果，总结出了产业结构随着经济发展而变化的规律，即随着经济发展和人均国民收入水平的提高，劳动力首先从第一产业向第二产业转移；当人均国民收入水平进一步提高时，劳动力便向第三产业转移。由此使劳动力在各次产业间的分配形成这样的状况：第一产业减少，第二产业和第三产业逐渐增加。

两大部类分类法。马克思按产品的最终用途把社会生产各部门划分为生产资料生产和消费资料生产两个类别。生产生产资料的部门是第Ⅰ部类，生产消费资料的部门是第Ⅱ部类。第Ⅰ部类包括各种生产工具、设备、原料、材料的生产部门，如钢铁、机器、水泥、化肥等部门，它的产品用于生产的消费。第Ⅱ部类包括生产各种消费品的部门，如纺织、食品等部门，它的产品用于生活消费。迂回生产理论认为先制造生产工具，再生产产品的"迂回生产"办法，更有利于提高劳动生产率。随着经济社会的发展和科学技术的进步，生产生产资料的部门不断增多，迂回生产的过程越长，生产效率越高，制造机器设备的社会职业不断增多。

资源密集程度分类法，即根据劳动力、资本和技术三种生产要求在各产业中的相对密集度，把产业划分为劳动密集型产业、资本密集型产业和技术密集型产业。这种分类法就是根据一个产业所投入的、占主要地位的资源的不同为标准来划分的。劳动密集型产业就是生产主要依赖大量劳动力，而对技术和设备的依赖程度低，就是马克思说的资本有机构成较低的产业；资本密集型产业就是生产中投入较多资本的行业和部门，或者说资本有机构成较高的产业；技术密集型产业也称为知识密集型产业，就是指生产过程中对技术或智力依赖大的产业。现实中，一方面，不同的产业在上述三类产业类型中的表现是不一样的，如传统农业和轻工业一般都是劳动密集型的，重工业都是资本密集型的，IT行业基本都是技术密集型的；另一方面，随着自动化和人工智能的发展，越来越多的产业向资本技术密集型产业转移。一般来说，劳动密集型产业的就业岗位多，其他两个产业的就业岗位少，但对劳动力素质的要求相对高一些。随着科技进步和经济水平的提高，机器代替人是一个必然趋势，对劳动力素质的要求将不断提高。

## 四、产业转移升级与职业内涵变迁

每一次科技革命都带来了产业转型升级。第一次科技革命，蒸汽机的发明和使用，机器替代了人力和畜力，工厂制替代了工场制，从而极大地提高了劳动生产力，也改善了交通运输手段，扩大了市场范围，进一步推动了生产力的发展。发电机、电动机、内燃机等相继被发明，标志着人类迈入第二次科技革命，电力在生产、生活中得到广泛使用，促使电气工业迅猛发展。内燃机被广泛应用，为汽车和飞机工业的发展提供了技术，同时也推动了石油工业的发展。这一时期，科学技术的飞速发展，使得工业取得了长足进步，部分西方发达国家的工业增加值超过了农业，工业重心也由工业化早期的轻纺工业转型升级为重化工业，在机械工业的基础上又产生了电气、化学、石油等新兴工业部门。以原子能、电子计算机、微电子技术、航天技术、分子生物学和遗传工程等为标志的第三次科技革命的到来，电子与信息技术的广泛应用，使得制造过程不断实现自动化，即生产不需要人直接参与操作，而由机械设备、仪表和自动化装置来完成产品的全部或部分加工的生产过程。各类机器人在生产过程中的广泛运用，提高了工业生产的自动化和工业化水平，推进了工业化进程。第四次科技革命是以互联网产业化、工业智能化，以及工业一体化为代表，以人工智能、清洁能源、无人控制技术、量子信息技术、虚拟现实以及生物技术为主的全新技术革命。可以说人工智能对人类的生产生活产生了全方位的影响。

四次科技革命带来的四次工业革命，是从纵向上反映了产业转移升级的发展历程，我们也可以从横向上看一个国家的产业发展历程或对不同国家产业进行比较来看产业转型升级。我国台湾宏碁集团创办人施振荣先生，在1992年提出了著名的"微笑曲线"（Smiling Curve）理论，该理论源于国际分工模式由产品分工向要素分工的转变，产业链上各环节创造的价值随各种要素密集度的变化而变化，全球产业链可以分为产品研发、制造加工、产品流通三个环节。产品研发和产品流通在两端，两端朝上，制造加工在中间，形状像张嘴微笑故而称为微笑曲线。在产业链中，附加值更多地体现在两端——设计和销售，处于中间环节的加工制造附加值最低。改革开放以来，我国在国际产业转移中抓住了机遇，利用廉价的劳动力发展加工制造业，从而发展成为制造业大国，但2008年随着国际金融危机的爆发，国际需求不稳定，尤其是我国劳动力工资水平不断提高、土地价格持续上升，资源约束增强，低成本的优势不再，出现了机器换人，产业开始转型升级，我国产业从中低端迈向中高端，向微笑曲线两端延伸，我国低端制造业开始向东南沿海地区转移。

## 五、技术进步与职业高级化

职业层次是指在同一种职业或职业类型内部，由于工作活动及其对人员要求的不同而造成的区别，职业高级化就是低技术的职业逐渐减少、高新技术职业不断增多；低附加值的产业在减少，高附加值的产业在增加。国际上一般按工作所要求技能和责任心的程度把职业或工作划分为6种层次：非技能性工作、半技能性工作、技能性工作、半专业性和管理性工作、专业性工作、高级专业性和管理性工作。一个人的职业层次是由他的能力水平决定的。通常基于一个人的受教育程度或培训水平来衡量他所达到的相应的能力水平。因此不同层次的工作要求不同的受教育水平或培训水平，一个人的知识水平在相当程度上决定了其所能从事的职业层次。一般来说，第5、6层次的工作要求大学或研究生学历，第3、4层次的工作需要受过大学教育或者受过中等层次的培训；而第1、2层次的工作只需要进行适当的工作培训即可。

随着新一轮科技革命和产业变革的不断推进，人工智能必将渗透到人们生产生活的方方面面，许多程序性的工作将被机器人代替，尤其是代替工人在高温、易爆、剧毒、具有腐蚀性和放射性的环境中连续工作24小时，并且成本只相当于雇佣工人的一半左右。党的十九大提出培养知识型、技能型、创新型劳动者大军。党的二十大报告提出"教育、科技、人才是全面建设社会主义现代化国家的基础性、战略性支撑。必须坚持科技是第一生产力、人才是第一资源、创新是第一动力，深入实施科教兴国战略、人才强国战略、创新驱动发展战略，开辟发展新领域新赛道，不断塑造发展新动能新优势"。科技是第一生产力，许多职业随着科学技术的发展，使其逐渐高端化。

## 六、产业特性与职业演变

正如曹晔教授指出：由于不同产业的产业属性不同，因此各产业职业分工的程度也不同。从历史角度看，许多产业发展的最初形态，都源于家庭，随着社会经济的发展，大多数产业逐渐走出了家庭，而农业却仍然以家庭经营为主。也就是说，农业适合家庭经营。亚当·斯密曾指出：农业由于它的性质，不能有像制造业那样细密的分工，各种工作，不能像制造业那样判然分立。木匠的职业与铁匠的职业，通常是截然分开的，但畜牧者的业务与种稻者的业务，不能像前者那样完全分开。纺工和织工，几乎都是不同的两个人，但锄耕、耙掘、播种和收割，却常由一人兼任。把握产业特性也是了解职业变化的重要工作。

除了产业自身的特性外，各产业的技术进步快慢和市场范围等也是影响产业分工程度的重要因素。一般来说，一个产业分工程度越高，它的职业种类和数量越多；分工程度越低，它的职业种类和数量越少。随着科学技术和社会经济的发展，许多产业表现出了不同的变化趋势，随着现代农业的发展，农业的许多职能逐渐从中分离出来，发展成为独立的产业，如饲料、兽药、农产品贮藏等，同时，农村各产业之间也存在有机联系，如近些年来现代农业的接二连三，即农村一二三产业融合发展，壮大乡村产业。还有产业集群、产业链，都对职业产生了重要影响。产业集群就是某一行业内的竞争性企业以及与这些企业互动关联的合作企业、专业化供应商、服务供应商、相关产业厂商和相关机构（如大学、科研机构、制定标准的机构、产业公会等）聚集在某特定地域的现象。产业集群越大，职业分工越细、专业化程度越高。产业链分为上游和下游，上游面向原材料加工，下游面向制成品生产。通常下游产业属于产品深加工，产品附加值高，生产效益高。故延长产业链，向下游端发展，可以提高产品附加值，创造更多职业岗位和更好的生产效益。各产业的产业链长短既取决于产业属性，也取决于科学技术等其他因素。产业链越长，表示产业的规模越大、价值越大、职业分工越细。

职业演变是一个错综复杂的问题，影响因素也是比较复杂的。尽管如此，分析社会职业的演变依然非常有意义，分析清楚并掌握其变化的规律，就能够根据这些职业特点有效地开展职业教育。上述分析仅仅是对现实的一个粗浅的描绘，仅是一些简单的勾勒，旨在起到抛砖引玉的作用，从而加强对职业发展变化规律的研究和认识，以便更好地指导职业教育的科学发展。

# 19.1 当前职业教育科学研究应处理好的五种关系[①]

朱德全

职业教育科学研究作为职业教育系统中的重要构成部分，是职业教育发展的"动力引擎"和"加速器"。加强对当前职业教育的科学研究，是深化职业教育改革、推动职业教育科学健康发展的必由之路。但就当前我国职业教育科学研究的状况来看，还客观存在着诸如"重引进轻消化""重微言轻体系""重急功轻远利""重跟风轻创新"等发展误区。要进一步促进我国职业教育科研的健康发展，有以下几种关系的处理值得我们认真思考。

## 一、职业教育研究的"国际化"与"本土化"的关系："拿来"是为了"我用"服务

教育科学研究中的"拿来主义"十分盛行，职业教育阵地莫不如此。但这并不意味着"拿来主义"的研究取向是合情合理的。我们在"拿来"的同时还必须对外来理论、实践经验移植的本土适应、修正、发展进行充分认真的求索。这就需要职业教育研究者妥善处理好借鉴过程中存在的"国际化"与"本土化"的矛盾关系。应把握这样一条核心原则，即"拿来"要为"我用"服务，并需要回答好"为什么拿"和"拿什么"的问题。"为什么拿"回答的是拿的动机。职业教育研究者要在认清我国职业教育发展状况和发展方向的基础上，"承认不足，敢于去拿，力争拿到"，要做到"为需要而拿""为发展而拿"，倘若只是为了出彩、为了出成果、为了赶先进而不加选择地照搬照抄，或是仅仅为了"拿"而"拿"，则对学术有百害而无一益。"拿什么"回答的是拿的内容。"拿来"的时候首先要拿基础，即要把国外职业教育理论与实践最基本的精髓拿过来。基础并不等于落后，基础更不等于简单和低层次。许多职业教育研究者往往认为基本理论或实践经验简单、落后，不愿意应用，而热衷于拿"先进"、拿"特色"。拿"先进"、拿"特色"固然重要，这样可以在短时间内发挥功效，但我国职业教育的发展与国外许多发达国家相比差距

---

① 本文发表于2011年第9期，作者时任西南大学教育学院副院长。

甚远，德国、美国、澳大利亚等传统职业教育强国在长期实践中所探索出的各种适合本国和本地区职业教育发展的路子，并不一定都是适用的，倘若不加分析地拿这些国家的经验，到头来只能是"邯郸学步"，可能连自己的东西都丢了。因此我们要从拿基础的东西做起，真正把国外职业教育最本质、最精华的东西吸收进来，做到为我国职业教育改革所用。其次，要拿与我国职业教育发展最适切的。国外职业教育的发展非常成熟，各个国家自成体系，经验多、范式杂，因此我国职业教育研究者在借鉴时，没有必要全部拿进来。拿多不一定就好，拿得太多就可能吃不透，甚至理解错误，这样容易导致研究走入误区，也无法深入进去。因此，拿的时候要真正为解决我国职业教育的问题而服务，有所拿、有所不拿，真正做到为"问题"而拿。

## 二、职业教育研究的"学术性"与"实践性"的关系："学术"应走在"实践"前面

职业教育学内在的发展逻辑决定了职业教育科学研究的内在学术性。作为一门已经具备"合法身份"的学科体系，职业教育学必须诉诸强大的理论基础支撑。然而当前，我国职业教育科学研究存在较为严重的功利化倾向，表现为研究者的研究旨趣大多集中于应用研究、实践研究，这也导致了当前我国职教系统理论的匮乏，阻滞了职业教育实践的健康发展。

尽管当前我国职业教育学的问题研究如火如荼，但摆在我们面前的"职业教育学"并不等同于"职业教育研究"，职业教育研究要还原其本真面目，务必经历3个转变：一是从重经验感知到理论主导的转变。发现职业教育实践过程中存在的问题固然重要，但职业教育研究绝不能仅仅满足于泛泛的就事论事或发几点感慨、喊几句口号，职业教育科研工作者不仅要关注实践的变化，更要将精力投向理论研究，力求让理论研究走在实践的前面；二是从借鉴模仿到自主建构的转变。由于长期以来我国职业教育研究偏重对其他学科领域，尤其是教育学、高等教育学研究范式的借鉴和模仿，导致当前我国职业教育学在学术领域立足未稳，缺乏真正属于自己的理论体系、研究对象、研究方法和研究主体等。因此，当前我国职业教育研究必须走自主创新之路，牢牢抓住自身研究的特性，并通过对特殊性的深入探讨，逐渐消解自身的"学科危机"，使职业教育学真正独树一帜地立于学术之林；三是从繁杂混乱到规范学术规则的转变。职业教育由于其问题域的宽泛性导致职业教育研究门槛相对较低，从而使职业教育学成为"随便进出"的研究领域——不同学术背景的研究人员均可就所关心的问题自由发表意见，这在一定程度上导致了职业教育研究的繁杂混乱，大大削弱了职业教育研究对实践的指导作用。扭转这一现象的关键在

于增强学科的独立性，形成一定的学术规则，使职业教育研究有一套独特的学术术语、研究范式和研究方法，从而增强自身的学术品性。

### 三、职业教育研究的"境界向上"与"眼睛向下"的关系："顶天"需要"立地"支撑

当前我国职业教育实践迫切需要理论的指导，但有关人们对职业教育理论的各种批评和否定声却又不绝于耳。究根而言，这与职业教育理论研究流于简单肤浅、职教研究者不能拿出更多有效的研究成果有关。科学的职业教育研究一方面要让"学术"走在"实践"的前面，另一方面又要让"学术"立于"实践"之上，这就要求广大职业教育研究者要妥善处理好"境界向上"与"眼睛向下"的关系，即职业教育研究的"形而上"与"形而下"的关系。职业教育研究者只有做到"境界向上，眼睛向下"，才有可能保障其成果既能"顶天"又能"立地"。

首先，研究者要认清当下职业教育的发展状况，正视职业教育发展过程中存在或潜在的各种问题，并以此为线索去学习、探索和研究，这样才能找出解决问题的有效策略、原则和方法，所做出来的研究成果才能指导并有益于现实职业教育的发展和改善；其次，职业教育研究应当倡导"从做中学"，研究者不仅要在思想上"仰望星空"，也要在行动上"脚踏实地"，扎扎实实地开展一些扎根研究或田野研究；最后，职业教育研究者还应该在真实的职业教育情境中去发现真实的研究问题，并尝试围绕这些问题进行观察和实验，然后提出解决这些问题的种种设想，检验这些设想的可行性和可靠性。唯有如此，职业教育研究才可以真正提高效果、效益和效能。

### 四、职业教育研究的"自系统"与"超系统"的关系："自系统"应在"超系统"中交融共生

职业教育研究的"自系统"与"超系统"之间的关系实际上是职业教育学科与其他学科之间的关系。事实上，职业教育研究具有很明显的多学科交叉性特征。然而当前，受各种主客观条件的限制和影响，在职业教育研究领域，学科交叉方面的研究并不多见，仅有的一些交叉研究也大多是把其他学科研究的知识成果直接"移植"过来并进行"简单嫁接"而已，缺乏较高层次的学科融合。因此笔者认为，职业教育研究者必须"跳出职业教育研究职业教育"，摒弃"小而全"的"自系统"，以"超系统"的多重视角来研究职业教育。

职业教育研究要处理好"自系统"与"超系统"的关系，一方面要更加有效

地借鉴其他学科范式，另一方面则要积极地将职业教育研究辐射和延伸到其他学科，概括起来就是"请进来，走出去"。"请进来"要求职业教育科研工作者怀抱多元开放的态度，敢于消除学科隔阂与阻碍，努力寻找职业教育与其他学科的"交叉点""兴奋点"，多从其他学科的理论、技术中获取"营养"和"力量"，在方法上相互借鉴、移植和改造，从而为职业教育研究提供发展动力。当然，"请进来"绝非简单地从其他学科的视角来谈论职业教育学，或仅仅是对其他学科话语的简单复述，以及对其他学科范式的复制和对其他学科理论框架的照搬和套用，而应该是一个在博取其他学科资源基础上的具有实践意义的职业教育学知识和方法的生成过程。"走出去"要求职业教育科研工作者敢于超越"学科情结"，冲破学科藩篱，怀抱学习取经的精神，不断向其他相关学科的专家和学者学习，并且在学习的过程中推介职业教育科学研究，争取让更多的人关心职业教育科学研究，并谋求与其他相关学科领域的研究者一起合作参与职业教育的科学研究工作。

## 五、职业教育研究的"前瞻性"与"现实性"的关系：以"问题"为枢纽宏观前瞻、直面现实

职业教育研究应当具有一定的前瞻性和超前性，这是研究本身固有的内在规定性。但是这种研究的前瞻性还必须具有可行性，即职业教育所研究的问题在不久的将来是必然会发生的，或者可能遇到的；所取得的成果对将来问题的解决是有效的、可行的。只有这样，研究才具有价值和意义。

职业教育研究要兼顾前瞻性与现实性，问题意识必不可少。问题应当成为通达职业教育研究现实性与前瞻性的有效枢纽。职业教育研究要做到"从问题中来，到问题中去"，并在问题的驱动下，指向3个基本问题的有效解决，即"现在在哪里？""应该走向哪里？"以及"怎样走向那里？"其中，"现在在哪里？"是对职业教育现实状况的拷问，也是通达"应该走向哪里？"的必要条件。职业教育研究者只有在立足现实、直面现实的基础上，才能够进行进一步的宏观前瞻。"应该走向哪里？"是对职业教育未来发展前景的判断，也是对"现在在哪里？"的超越。职业教育研究者还要放宽思想宏观前瞻未来可能遇到的问题以及未来条件下能够解决的问题。当然，任何前瞻性的分析必须基于现实，否则只能是一种无益的徒劳。最后，"怎样走向那里？"是研究者对所作的前瞻性分析的充分论证，也是"现在在哪里？"通达"应该走向哪里？"的具体行动路径。

# 19.2 重读《当前职业教育科学研究应处理好的五种关系》

朱德全[①]

21世纪第二个10年初，亦即2011年，《中国职业技术教育》杂志发表过笔者的一篇文章《当前职业教育科学研究应处理好的五种关系》。与12年前相比，我国的职业教育已在不断的改革中迎来了发展的"黄金时期"，取得的成绩有目共睹，职业教育科学研究也在职业教育巨大的改革洪流中卓绝地建构着自己独立的学术体系和话语体系。今天，带着对中国职业教育发展的一种特殊情感，再来重新阅读这篇文章，既有对原文的再回顾、再解读，也有对文中有些观点的新认识、新反思。

## 一、职业教育与职业教育研究的发展：职业教育科学研究五种关系的提出

文章发表的时间正处在我国职业教育发展的重要转折时期。20世纪和21世纪的世纪之交，劳动人事制度的改革使中专生的吸引力大幅下降，高等教育的扩招使得越来越多的初中毕业生选择就读普通高中，这两个因素的交织影响使得我国的职业教育遭遇到了发展中的重大危机，这一现象也受到了党和国家的广泛关注。2002年7月28日至30日，国务院在北京市召开第四次全国职业教育工作会议，会后颁发了《国务院关于大力推进职业教育改革与发展的决定》以及两个重要的配套文件：教育部、国家经济贸易委员会和劳动保障部制定的《关于进一步发挥行业组织、企业在职业教育和培训中的作用》和劳动保障部、教育部和人事部制定的《关于进一步推动职业学校实施职业资格证书制度的意见》。时间间隔不到两年，2004年6月17日，经国务院批准，第五次全国职业教育工作会议在江苏省南京市召开，会上学习贯彻党中央、国务院有关加强职业教育的重要指示精神，总结交流了各地区、各有关部门发展职业教育的经验、做法和思路，分析新形势和新任务，进一步明确了今后的工作方针、政策和措施，讨论了教育部等七部委《关于进一步加强职业教育工作的若干意见（征求意见稿）》。一年后，也就是2005年11月7日，第六次全国

---

① 朱德全，西南大学教育学部部长，教授。

职业教育工作会议在北京召开，时任国家总理温家宝做了题为"大力发展中国特色的职业教育"的讲话，会议在全面分析我国经济社会发展形势的基础上，进一步明确了职业教育在我国经济社会发展和教育工作中的重要地位和作用，提出今后一个时期我国职业教育改革发展的目标任务和政策措施。会后颁布了《国务院关于大力发展职业教育的决定》。如此高规格的职业教育会议在短短4年多的时间内召开了3次，足见党和国家对职业教育的重视，在党和国家的积极关怀下，职业教育艰难地挺过了难关。

在这段重要的转折时期，很多关心和关注职业教育发展的研究者加快了职业教育的研究，笔者也正是在这种情怀下，于2008年，和我的博士生吕红在《中国职业技术教育》杂志上发表了我们团队第一篇研究职业教育问题的文章——《试论从职业能力标准到人力培养标准的转化》，从此走进职业教育领域，投身"为职业教育研究"和"对职业教育研究"之中。2010年，党中央、国务院根据党的十七大提出的关于"优先发展教育，建设人力资源强国"的战略部署，颁布了《国家中长期教育改革和发展规划纲要（2010—2020年）》，这份纲要非常明确地规划了未来10年我国职业教育改革发展的重点和主要任务。在一系列政策的推动下，我国职业教育的发展总体呈现出一片向好的态势，受此驱动，大量的研究者、团队转而跨领域关注和研究职业教育问题，从事职业教育研究的人员和成果数量明显增加。然而就在职业教育研究表现得欣欣向荣之际，笔者察觉到，当时的职业教育科学研究客观存在着"重引进轻消化""重微言轻体系""重急功轻远利""重跟风轻创新"等发展误区，这样的研究无法对职业教育理论或实践的发展起到实质性的促进作用。困扰之余，笔者基于长期对我国职业教育发展的关注，以及对职业教育跨界融合的研究，探讨了"当前职业教育科学研究有必要处理好五种关系"。

## 二、职业教育科学研究的方法论误区：职业教育科学研究关系问题的回应

当时伴随着职业教育界大量研究成果的产出，笔者开始思考两个问题：为什么要进行职业教育研究？需要进行什么样的职业教育研究？笔者认为，如果这两个问题解决不好，职业教育研究不管多繁荣，也无法促进我国职业教育的繁荣。

笔者认为：进行职业教育研究的目的就是为了无限揭示职业教育的本质和规律，办好人民满意的职业教育。虽然，"办好人民满意的教育"是新时代以来建构的话语体系，但是中国共产党领导的社会主义教育的初心和使命决定了"办好人民满意的教育"的历史可溯源性。"为什么要进行职业教育研究"的认识论决定了"需要进行什么样的职业教育研究"的方法论。笔者通过翻阅大量职业教育研究成

果后得出，当时的职业教育研究成果在认识论层面是基本一致的，而方法论层面"需要进行什么样的职业教育研究"的问题比较突出。

大力推进职业教育改革与发展以来，职业教育的研究首先开始更加注重"放眼国际"，愈加强调国际视野，一时出现了大量的国外直译成果和很多"非本土化"的新词，但实际的结果是：这些成果和新词并未真正地深度融合中国职业教育的改革发展。其次，大量的职业教育研究表现为"对职业教育的研究"，如对职业教育政策的研究，对职业教育课程教学的研究，对职业教育产教融合、校企合作的研究，等等，缺乏一种"为职业教育研究"的主动思维。再次，一些职业教育的研究者"做的"没有"写的和说的"那样好，"行"在最高处，"心"却在最低处，"上不顶天，下不立地"。再者，部分研究缺失一种"跳出来"与"走进去"的战略性跨界思维，真正意义上的学科交叉研究并不多见。最后，笔者认为，职业教育研究务必要形成"明日走向"的理性格局，扎根现实，面向未来。于是，笔者在认真研读和剖析职业教育相关研究成果的基础上，分析和思考了我国职业教育研究的现实状况，撰写了《当前职业教育科学研究应处理好的五种关系》一文，试图回应职业教育科学研究中的几对关系问题。

## ❉ 三、职业教育科研的健康发展：职业教育科学研究五种关系的阐释 ❉

当时，笔者在文章开篇对职业教育科学研究的定位予以了明确，认为：职业教育科学研究作为职业教育系统中的重要构成部分，是职业教育发展的"动力引擎"和"加速器"，加强职业教育的科学研究，是深化职业教育改革、推动职业教育科学健康发展的必由之路。笔者指出，当时的职业教育科学研究客观存在着诸多发展误区，由此提出了职业教育科学研究有必要处理好五种关系：一为"国际化"与"本土化"的关系；二为"学术"与"实践"的关系；三为"境界向上"与"眼睛向下"的关系；四为"自系统"与"超系统"的关系；五为"前瞻性"与"现实性"的关系。时至今日，笔者依然觉得这五种关系仍应该成为当下职业教育科学研究需要观照的问题。

一是处理好职业教育研究"国际化"与"本土化"的矛盾关系，核心原则是把握好"拿来"是为了"我用"服务，就是要回答"为什么拿"和"拿什么"的问题。本人认为，"为什么拿"涉及的是拿的动机，根本的是要做到"为需要而拿""为发展而拿"；而"拿什么"回答的是拿的内容，关键需要解决好两个方面的问题：一者要拿基础，即要把国外职业教育理论与实践最本质、最精华的东西吸收进来，做到为我国职业教育改革所用；二者要拿与我国职业教育发展最适切的，真正为解决我国职业教育的问题而服务，有所拿、有所不拿，真正做到为"问题"而拿。关于"国际化"与"本土化"关系的认识，笔者认为至今都不过时，并且当下职业教育理论界也好，实务界也罢，还大量存在着不加分析就"拿来"的问题。如职业本科教育成为热词后，有些学者将国外很多与之完全不同的"本科教育"生搬硬套地嫁接在一起，这样势必造成水土不服，"拿来"没能为"我用"所服务。

二是处理好职业教育研究"学术性"与"实践性"的关系，基本主张是"学术"应走在"实践"前面。笔者认为，要处理好这对关系，职业教育研究亟须还原其本真面目，要实现3个转变，即从重经验感知到理论主导的转变、从借鉴模仿到自主建构的转变、从繁杂混乱到规范学术规则的转变。总之一句话：职业教育学要永远走在职业教育发展的前面，职业教育发展要永远走在产业发展的前面，是引领而不是跟进。

三是处理好职业教育研究"境界向上"与"眼睛向下"的关系，即职业教育研究的"形而上"与"形而下"的关系，"好"的职业教育研究一方面要让"学术"走在"实践"的前面，另一方面又要让"学术"立于"实践"之上，使得职业教育研究成果既能"顶天"又能"立地"。笔者认为，所谓"顶天"，一者站得要"高"，体现境界；二者看得要"广"，体现视野；三者谋得要"远"，体现战略；四者走得要"快"，体现步伐。所谓"立地"，一为想得要"全"，体现全局；二为写得要"是"，体现求是；三为说得要"真"，讲真话；四为做得要"实"，体现务实。根本就是职业教育的研究者不仅要在思想上"仰望星空"，更要在行动上"脚踏实地"，在真实的职业教育情境中去发现、回答真实的研究问题。关于"境界向上"与"眼睛向下"关系的辩证，扩展了职业教育研究的视野。

四是处理好职业教育研究"自系统"与"超系统"的关系，即职业教育学科与其他学科之间的关系，促进"自系统"在"超系统"中交融共生。笔者认为，职业教育研究具有很明显的多学科交叉性特征，因此职业教育研究者必须"跳出职业教育研究职业教育"，摒弃"小而全"的"自系统"，以"超系统"的多重视角来研究职业教育。关于"自系统"与"超系统"关系的提出，对于解决当下职业教育发展的问题依然具有一定的前瞻性。职业教育作为一种横跨"职业域""技术域""教育域"与"社会域"的跨界融合性教育类型，既强调自身系统的完善，更强调与社会其他系统之间的良性互动与共生发展。新时代职业教育研究既要更加有效地借鉴其他学科范式，又要积极地将职业教育研究辐射和延伸到其他学科。

五是处理好职业教育研究"前瞻性"与"现实性"的关系，以"问题"为枢纽宏观前瞻、直面现实。笔者认为，职业教育研究要兼顾前瞻性与现实性，问题意识必不可缺，要做到"从问题中来，到问题中去"，要回答好职业教育"现在在哪里"的现状拷问，"应该走向哪里"的前景判断，以及"怎样走向那里"的分析论证。关于"前瞻性"与"现实性"关系的认识，对于解决当下职业教育研究的逻辑起点问题具有一定的参考价值。

## 四、行动中反思：打造职业教育科学研究"健康发展"新生态

从文章发表至今，中国职业教育已经构建了从"层次"到"类型"的改革发展之路。伴随着职业教育学科的发展，我国从职业教育学术期刊的创办、职业教育研究学会的成立、职业教育学科"本－硕－博"人才培养体系的完整建立，为职业教育科学研究提供了沃土。在政策驱动和改革实践的推动下，职业教育科学研究取得了长足进步。然而在新的时代背景下，我国职业教育改革发展面临的问题愈加复杂和充满不确定性，使得职业教育科学研究需要面对诸多的改革实践新问题，笔者认为，当下的职业教育科学研究，还需要观照以下几个问题：

一是职业教育科学研究既要"走在今日职业教育发展的前面，走向明日的职业教育发展"，不要总是"被动适应、一味跟进"当下职业教育的发展。新时代的职业教育科学研究始终要面向世界、面向未来、面向社会、面向人人，在变革中助推中国式职业教育现代化。

二是职业教育科学研究既要"放眼国际"，更要"着眼本土"，要体现"世界眼光、国际视野、家国情怀、中国特色"，创生中国特色职业教育科学理论。着眼本土，服务本土，创生中国特色职业教育科学理论，不仅是我国经济社会发展之需，更是我国职业教育理论未来发展的根基所在。

三是面向新时代职业教育改革实践，以问题为枢纽驱动职业教育科学研究。职业教育科学研究不应该是"闭门造车"，更不能是"乌托邦"式空想，要直面改革实践，以职业教育改革实践中的问题为枢纽，驱动职业教育科学研究。一方面，职业教育科学研究要走在改革实践的前面，以科学理论研究引领职业教育改革实践方向。另一方面，职业教育科学研究要注重现实性，回应当下改革实践问题，为改革实践提供理论指导。

四是注重职业教育科学研究的"区域融通"，彰显职业教育研究的区域性特色。"区域融通"的前提是"跨界"，"跨界"的最终目的是"融通"。职业教育学科的发展最应该具有学科交叉意识，"交叉"的本意还是"跨"，而不是"转"。职业教育科学研究应该实现"三跨"：其一是要跨学科，与经济学、社会学、文化学等跨界融合；其二是跨领域，与企业、行业等深度合作，做到产教融合、校企合作、工学结合、知行合一；其三是跨地域，聚焦职业教育重大学术前沿问题和重大现实需求问题，更好地整合资源、繁荣学术、服务实践。

# 20.1 职业技术师范教育的现实、困境与发展路径[①]

孟庆国

孟庆国

## ❋ 一、我国职业技术师范教育的历史与现状 ❋

我国职业技术师范教育是伴随着中等教育结构大规模调整而发展起来的。统计资料表明，1977年，我国普通高中毕业生726.1万人，中专毕业生18.1万人，技工学校毕业生12万人，后两类仅占高中阶段毕业生总数的4%。[②] 当年高中毕业生的升学率只有3.8%。十一届三中全会提出全党工作的重心转移到经济建设上来，发展经济面临着技术技能型人才的严重短缺。为此，中央及时做出调整中等教育结构、大力发展职业教育的决定。教师是教育的第一资源和核心要素，发展职业教育不能缺少培养教师这一环节。为此，1980年国务院批转国家教委、国家劳动总局《关于中等教育结构改革的报告》和1985年《中共中央关于教育体制改革的决定》中，都明确提出积极筹办和建立职业技术师范院校，把它作为调整中等教育结构的一个重要组成部分，从此发展职业技术师范教育成为国家意志，更是国家行为。同时，国家教育委员会又在师范司设立了职业师范教育处，专门指导和管理职业技术师范教育工作，职业技术师范教育走上了既有位也有为的发展道路。

职业技术师范院校从1979年恢复发展以来，按照党中央、国务院的要求，在教育部等部门的领导下，积极培养中等职业学校，尤其是职业高中所需的专业教师，保证了国家战略的顺利实施。截止到1992年，职业技术师范院校不断成长壮大，从原来的几所发展到14所，同时还有160多所普通高校设立了职业技术师范系、专业或班。1992年本、专科在校生已达3.7万人。[③] 参与的高校占当时1 053所普通高等学校的15.2%，[④] 培养出了一大批中等职业技术教育师资，为中等教育结构战略性调整提供了强有力的师资保障。

---

① 本文发表于2012年第30期，作者时任天津职业技术师范大学校长。

② 杨明. 应试与素质——中国中等教育60年［M］. 杭州：浙江大学出版社，2009.

③ 汪元宏. 高等职业技术师范院校如何主动适应社会主义市场经济刍议［J］. 阜阳师院学报（社科版），1993.4：102-105.

④ 根据1993年《中国教育统计年鉴》数据计算。

职业技术师范院校在发展过程中，不断加大改革创新力度，探索办学特色。1984年，天津职业技术师范大学经国家劳动部批准，开始从技工学校招收掌握一定技能的优秀毕业生上大学，从此职业技术师范教育开始对口招收中等职业学校学生开展师资培养，有效地改善了生源结构，不仅弥补了自身办学条件的不足，也解决了当时职业技术师范生"下不去、留不住"的被动局面，有效缓解了基层，尤其是农村职业高中教师短缺的现状，开创了全国高考单独招生之先河，至今已坚持了近30年；同时也为高考制度改革提供了有益借鉴。从1990年开始，在原国家教委师范司职业师范教育处的领导下，独立设置的职业技术师范院校开展了教学改革和专业目录建设工作，历经5年，于1995年12月颁布了《普通高等学校本科专业目录（职业技术师范类）和专业简介》，从此彻底改变了职业技术师范教育没有自己的专业目录的尴尬局面，标志着我国职业技术师范教育迈入了正规化、科学化和规范化的发展轨道。原国家教委师范司何平处长在1991年全国职业技术师范教育农科类本科基本专业目录审定会上的讲话中指出："制定具有职业技术师范教育特色的专业目录系列是大力发展职业技术教育的需要，是职业技术师范教育院校当前必须解决的紧迫问题。它对职业技术师范教育的专业建设、教学改革、提高教育质量等都有十分重要的意义。"[1]

在制定专业目录的过程中，职业技术师范教育也形成了具有时代意义的教学改革成果，形成了不同于普通高等教育和普通高等师范教育的课程体系，由5大类课程组成，即公共课、基础课、专业技术课、实践操作技能课及教育课。基础课教学提出管用、够用、实用的"三用"原则；专业课教学突出职业性、技术性和应用性；实践操作技能及其训练强调系列化、规范化、课程化和效益化；教育课教学重在培养教师的职业意识，加强教师职业技能的训练，改善教育实践，着力打造学生的"双师"能力。

为了有效地满足职业学校对职业技术师范生的要求，不断探索人才培养规律和培养模式，1994年天津职业技术师范大学探索出人才培养的"双证书"制度，此后围绕双证书制度进行了"实行'双证书'制，培养'一体化'职教师资"的教学改革，该教学成果于1997年荣获国家级教学成果一等奖。此后，职业技术师范院校不断加大教育教学改革力度，积极探索人才培养模式，形成了多种培养模式，如"本

---

① 职教研究所. 全国职技高师农科类本科基本专业目录审订会在我校隆重召开 [J]. 浙江农村技术师专学报，1991，（5）：74.

科+技师""六三"式培养模式[①]、农科专业双"三三四"培养模式[②]、"四双"人才培养模式[③]、"3+2"人才培养模式[④]等。

为了适应职业教育发展对师资素质不断提高的要求，加快构建职业技术师范教育体系，进入 21 世纪后，职业技术师范教育加大了研究生层次的职教师资的培养。先后开展了全日制的职业技术教育硕士研究生教育和中等职业学校教师在职攻读职业技术教育硕士学位教育，有效地促进了职业学校专业带头人和教学骨干队伍的建设，为职业学校教育教学改革提供了支持，填补了人才培养的空白。目前，在全日制研究生教育中积极开展专业硕士教育，探索教育学与工学结合的"双师型"博士培养项目。

职业技术师范院校除了为国家培养了大批职业学校教师外，还积极开展职业学校校长和管理干部培训、专业骨干教师培训、上岗教师培训、教师岗位培训以及学历达标培训等工作，满足了职业学校教师专业化发展的需要，为提高职业学校教学质量起到了保驾护航的作用。此外，在研究职教、引领职教、服务职教等方面也发挥着重要的作用。

经过多年的建设，目前全国有 8 所独立设置的职业技术师范院校，30 多所普通高等院校设置了职业技术教育（师范）学院，还有 50 多所普通高等院校设有职业技术师范教育专业。由此可见，我国已初步形成了以独立设置的职业技术师范院校、普通高等院校的职业技术教育（师范）学院为骨干，以普通高等院校设置的职教师资专业为重要组成部分，以全国重点建设职业教育师资培养培训基地为纽带，与企业和职业学校相结合，积极开展本科及研究生层次"双师型"教师培养，满足中等职业学校教师队伍建设需要的、开放的职业教育师资培养体系。

## 二、我国职业技术师范教育存在的主要问题

在计划经济体制下，我国职业技术师范教育招生和就业按计划发展，进入 21 世纪以来，适应国家经济体制和就业体制的改革，毕业生面向市场就业，加上其他

---

① 刘贵富，王建华，杨晓东. 职业技术师范本科院校办学特色的探索与实践——以吉林工程技术师范学院为例 [J]. 黑龙江高教研究，2008，（12）：84-86.

② 李佩国，戴维，尹秀玲. 职技高师农科专业"三三四"实践教学体系探索与实践 [J]. 河北科技师范学院学报（社会科学版），2008，（4）：32-34.

③ 王清连. 职教师资培养培训的理论与实践 [J]. 河南职业技术师范学院学报（职业教育版），2004，（6）：24-29.

④ 罗文华. 对"3+2"职教师资人才培养模式的思考 [J]. 广东技术师范学院学报（职业教育），2010，（1）：116-118.

外界多种因素的共同作用，致使职业技术师范教育的发展环境出现了诸多变化，一些长期累积的问题开始显露。从目前来看，存在的主要问题集中体现在以下几个方面。

**1. 生源素质与人才培养质量之间的矛盾**

多年来，职业技术师范院校招收中等职业学校"三校生"作为培养职教师资的重要生源，尤其是农科类专业。但高等教育大规模扩招后，拉动了普通高中的快速发展，中等职业学校招生实行了注册制，面向了人人，生源来源多样化，职业技术师范院校对口招生的生源文化素质普遍较低。即使招收普通高中毕业生，由于人们对职业教育认识上的偏见，职业技术师范教育仍然缺乏吸引力，在同等条件下，人们报考其他学校的积极性远高于报考职业技术师范院校，因此也难以招收到优质的生源。总的来看，目前职业技术师范院校生源的素质由精英高等教育的高中端降为大众化高等教育的中低端，难以做到优者从教，在很大程度上影响了培养质量，对我国中等职业教育也会产生长远的影响。同时，受国家招生政策的限制，招生对象单一，培养形式整齐划一，招收的基本上是缺乏实践经验的高中毕业生，实行四年的全日制教育，难以把实践经验丰富、愿意从事教师职业的人通过多样化的培养模式将其培养成职教师资。

**2. 办学条件与职业学校对高素质教师要求之间的矛盾**

"十一五"期间以来，国家加强了对中等职业学校和高等职业学校基础能力的建设，加大了对其实习实训设备的投资力度，建设了国家级示范性职业学校，在很大程度上改善其办学条件，适应了企业技术进步的要求，学生动手能力有了明显的提高，极大地推动了职业学校实现校企合作、工学结合的人才培养模式。但国家没有把职业技术师范院校纳入职业教育基础能力建设的范畴，其办学条件长期得不到改善，制约了其服务职业教育的能力。"十一五"期间中等职业学校骨干教师国家级培训的一些学员反映，个别全国重点建设职业教育师资培养培训基地的实训条件还赶不上一些中职学校。目前，我国建立了60所全国重点建设职业教育师资培养培训基地，其中40多家具有职教师资培养能力，但由于长期以来国家对这些培养单位没有进行过专门的投资建设，很多专业办学条件难以满足高素质"双师型"师资培养的要求，一些院校不能有效培养职业技术教育师范生，而逐渐退出这一领域，整个队伍处于萎缩的状态。

**3. 毕业生就业与职业学校新教师招考制度之间的矛盾**

高等教育大规模扩招以来，我国大学毕业生数量不断增多，高校毕业生就业压力增大，而随着国家对职业教育的不断重视，除了农村、贫困和边远地区外，大多数职业学校教师尤其是高职院校和城市中等职业学校教师这一职业岗位，应聘的高校毕业生越来越多，各级地方政府为了体现就业公平，严把入口关，许多地方中高等职业学校新进教师必须由人事部门统一组织，采取"逢进必考"的招聘办法。由于我国没有建立起具有职业教育特点的教师资格制度，职业学校教师资格只有学历的要求，没有专业技能的要求。因此各地在新教师招聘考试中突出理论考试，有的地区甚至与普通高中招聘教师的考试内容没什么区别，致使实践教学能力较强的职业技术师范毕业生在招考中不具有优势，职业技术师范院校毕业生难以进入职业学校就业。

4. 职业学校对新进教师学历要求提高与高层次职业技术师范生数量不足之间的矛盾

一方面，高等教育大众化以来，我国高职院校成为职业教育和高等教育中的一支重要力量，培养高层次"双师型"师资提上了议事日程。另一方面，职业教育进入全面提高质量的新阶段，国家在对职业学校评估、评审过程中越来越重视对高学历教师的要求，如申报"国家中等职业教育改革发展示范校建设"项目的遴选条件中要求"具有硕士研究生学历或学位的占5%以上"。为此，许多地区或职业学校提高了新进教师的学历层次，非硕士或博士不进。由于职业技术师范院校开展研究生教育的时间短，具有培养硕士研究生资格的学校少，大多不具有"双师"素质的研究生进入职业学校从教。此外，目前我国在研究生招生工作中，许多专业采取全国统考的办法，报考职业技术师范院校的考生较少，大部分生源是从报考其他学校和专业调剂过来的，这些考生对职业教育缺乏了解，入校后思想不稳定，不仅给培养工作带来一定的难度，毕业后也不愿意到职业学校任教。上述一系列的问题致使职业教育人才培养与使用出现了脱节。

5. 多元化职教教师来源的标准缺失与师资培训工作日趋加重之间的矛盾

我国中等职业教育在20世纪80年代调整中等教育结构、大力发展职业教育的初期，为了满足短期内大量改办或新建的中等职业学校对教师的急需，当时采取了"改、调、借、兼、聘"的措施，在很大程度上缓解了教师数量不足的状况，形成了多元、开放的中等职业学校教师来源渠道。据此，一些人得出了错误的结论，似乎职业教育教师不需要专门化机构培养。20世纪末，我国一方面提出建立开放的教师教育体系，另一方面师范生就业实行"双向选择、自主择业"，职业学校进入不再局限于师范院校，但由于缺乏符合职业教育特点的准入标准和制度作保障，进入中等职业学校的教师普遍素质不高，大量不具有"双师"素质的人员进入到中等职业学校教师队伍，极大地增加了职教教师培训工作的负担，致使职教师资培训工作长期处于低水平重复的状况而难以自拔。同时，也制约了职教师资培养工作的健康发展。

6. 职业技术师范院校的教学改革与现今职业学校改革发展对新教师的能力要求之间的矛盾

"十一五"期间，国家在加强职业教育基础能力建设时没有把职业技术师范教育纳入建设的范畴，而社会上很多人却把他们看作是普通高职院校，使他们自觉没有地位。现实中职业技术师范院校基础能力较差，与职业学校日益加强的实习实训条件形成了一定的反差，也使他们在开展职业技术师范教育时缺乏自信。长期以来，国家没有明确职业技术师范教育在职业学校师资队伍建设中所处的地位和作用，致使他们办师范教育仅是一种自觉行为，而非国家意志，难免产生可干可不干的情绪。没有建立起适合职业教育特点的教师资格制度，地方政府招考新教师时不能进行分类指导，职业技术师范毕业生进入职业学校的渠道不畅，严重地打击了职业技术师范院校培养学生的积极性。在多种外部条件不确定的情况下，职业技术师范院校举办师范教育缺乏稳定的预期，存在举棋不定的心理，更多的是等待观望，有的甚至完全去师范化，致使大多数职业技术师范院校的师范教育教学改革缺乏动力，改革进程甚至滞后于示范性职业学校。目前，许多职业学校普遍采用理实一体化的教学方式，而职业技术师范院校仍采用传统的三段式培养模式，培养的学生不能很好地满足职业学校教学改革的要求。

### 三、以建立现代职业教育体系为契机，加快发展转型期的职业技术师范教育

《国家中长期教育改革和发展规划纲要（2010—2020年）》指出要建立现代职业教育体系。现代职业教育体系是我国职业教育落实科学发展观的重要举措，职业技术师范教育也属于职业教育的范畴，缺少职业技术师范教育的现代职业教育体系是不完善的。现代职业教育体系的构建，既需要国家的制度安排，更需要职业教育自我能力的提高，这种能力更多地体现在教师的能力上。可以预言，没有高素质的教师队伍是不可能建立起适应社会需求的现代职业教育体系的。建立现代职业教育体系离不开职业技术师范教育的支撑，所以必须加快发展职业技术师范教育。

1. 严格资质标准，建立职业技术师范教育的准入机制

我国职业技术师范教育虽已走过30多年的发展历程，1985年国家成立教育委员会后，设立了职业师范教育处，1998年国家教委更名为教育部，师范司不再设立职业师范教育处，虽然职业教育与成人教育司设置师资处，但主要负责中等职业学校师资培训工作，职业技术师范教育的培养工作处于真空状态，十几年来其发展处于有机构无制度、有队伍无组织、有人问无人管的状态，致使职业技术师范教育的许多工作难以跟上时代的要求。

长期以来，针对职业教育快速发展的要求，国家积极鼓励各级各类高等院校承担职业技术师范教育，但却没有设立专门的资质标准和要求。试想一个行业，如果没有标准，人人可做，一是不可能做好，二是也不可能得到社会的认可。进入21世

纪，我国积极倡导开放的教师教育体系，但开放是开放入口，绝不是放低门槛，越是开放，越需要明确准入门槛，否则必然出现鱼龙混杂的局面而影响事业健康发展。反思我国职业技术师范教育30多年的自由开放，培养学生人数并没有带来增长，反而出现了不增反减的情况，充分说明开放也应是有序、有条件的开放。为此，必须加强对职业技术师范教育的领导，加快建立培养机构准入机制，加强教师教育课程标准建设，走专业化道路，唯有这样才能提高其社会地位，促进其健康快速发展。

2. 职业技术师范教育仍有进一步发展的必要

进入21世纪，在总体上我国从传统的师范教育进入了教师教育新的历史时期，但对不同类型的教育并非完全一致。

国际经验表明，从"师范教育"走向"教师教育"是有条件的。第一，已经形成了成熟的培养培训模式、课程与方法，建立了严格而规范的质量保障体系，无论是专门的师范学院还是综合大学的教育学院都能够充分保障教师培养、培训的质量。①第二，教师培养培训工作处于高位运行。对于我国职业技术师范教育而言，从培养质量来看，目前职业技术师范教育还没有制定统一的课程培养方案、课程标准以及评价标准等质量保障体系。从职业教育教师的供求关系来看，按照《国家中长期教育改革和发展规划纲要（2010—2020年）》规定，我国中等职业学校在校生由2009年的2 179万人发展到2020年的2 350万人，按照20∶1的生师比计算（教育部颁布的《中等职业学校设置标准（2010年）》中规定的生师比），到2020年中等职业学校需要补充33.2万名教师。从现实的生师比来看，2010年普通高中生师比为15.99∶1，普通高校的生师比为17.33∶1，而中等职业学校生师比高达26.37∶1，充分说明中等职业学校教师数量不足。可见，我国职业技术师范教育走向教师教育的条件还不完全具备，仍处于从师范教育走向教师教育的过渡阶段。

3. 加大投入，加强职业技术师范教育的基础能力

人力资本理论表明，投资人力比投资物质的资本收益率更高。教育是人力资本比较集中的行业，投资人力资本的作用和意义无需赘述。从现实来看，虽然实习实训条件和教师都属于办学条件，但由于人的主观能动性不同，实习实训条件在教学中作用发挥的大小，教师起关键作用。在对职业教育投资时，要克服见物不见人的做法，必须树立人力资本的观念。近年来，国家给职业学校投资建设了许多实训基地，但由于教师对设备的开发不足、操作能力不强，同时缺乏相应的课程与之相匹配，致使实训基地的功能不能得到充分发挥，极大地影响了国家投资的效果。因

---

此，国家在对职业教育进行基础能力建设的同时必须加强职业技术师范教育的投资，否则师资会成为职业教育发展的短板，反过来制约职业教育投资的效果和教育质量的提高。职业技术师范教育虽属于职业教育，但它高于一般的职业教育，这种高不仅体现在办学层次高，更重要的是体现在办学条件要求高，从某种意义上说，比办工科成本更高。因此这种投资不应是一般性的投资，而应是大规模的投资，并相对稳定。

4. 完善相关政策，为职业技术师范教育提供良好的制度保障

近些年来，随着我国逐步建立开放的教师教育体系，不少人认为许多西方国家没有独立设置的职业技术师范院校，从而否定我国客观存在的独立设置的职业技术师范院校，甚至职业技术师范教育。殊不知英美等西方自由市场经济国家认为职业教育是企业的事情，职业教育更多的是依靠企业，即使是"双元制"的德国，也是企业主导的职业教育，企业培训基地在企业培训实践中培养了大量的优质职业教育教师。而我国是学校主导的职业教育，许多企业没有专门化的职业培训机构，企业只能提供技术人员，不可能提供掌握教育教学理论的教师。因此职业教育教师必须主要依靠学校来培养。当然，由于职业教育专业种类繁多、调整变化快，在发展学校骨干主力的同时，也需要同盟军、同路人，这样才能共同完成职业教育师资繁重而巨大的培养任务，不承认这点就是对中国国情认识的不足。由于职业教育属于技术教育，有其特殊性，普通高等教育是难以胜任的，必须由专门化的机构来进行培养。在目前校企合作还难以有效开展的情况下，应集中投入，借鉴新加坡的经验，建立"教学工厂"，实现"双师型"教师培养质的飞跃。结合现代职业教育体系建设，国家应尽快出台和完善职业教育教师国家制度体系，包括教师资格制度、培养培训制度、职务制度、机构设置标准、培养培训课程标准、教师专业标准、各专业教师标准等，来提高职业技术师范教育的专业化地位。

5. 制定职业学校新进教师招考指导意见，严格"双师型"教师入口关

职业教育有其自身的特色，教师队伍要求具有"双师型"的特点。多年来，职业技术师范院校按照职业学校"双师型"教师的要求来培养师资，培养的师范生要求持有"双证"，因此职业技术师范院校毕业生的动手能力较强。而目前许多地方在招考新教师时，没有考虑到职业学校教师"双师型"这一特性，使职业技术师范院校毕业生难以进入职业学校。为此，在国家没有出台符合职业教育特点的教师资格制度之前，应按照职业教育教师的要求，出台能够反映职业教育"双师型"教师特点的招考指导意见，加大对新进教师专业教学能力的考核，从源头上严把"双师型"教师的入口关，为职业学校提高教师队伍素质提供制度保障。

6. 适应新的形势，加大教育教学改革的力度

进入 21 世纪，职业技术师范院校面临着来自多方面的挑战，除了上面提到的入

口单一、出口不畅等问题外，在培养过程中也存在教育理念落后，培养模式单一，教育教学改革滞后，致使培养的师范生难以在职业学校中发挥示范和骨干作用，社会认可度较低等。因此，职业技术师范院校必须按照职业学校对"双师型"教师的要求，站在建立现代职业教育体系的高度，重新审视自我，从办学模式、培养模式、课程体系、教学方法等多方面进行全方位的改革，通过自身的改革来适应外界变化了的条件。改革是需要付出成本和代价的，国家应出台相应的政策承担改革成本，以支持鼓励学校改革创新。如针对职业技术师范院校招不到优秀的生源、缺乏吸引力，国家要实行职业技术师范生免费教育；针对职业教育研究生培养的生源问题，可以实行单独招考制度；针对职业学校对教师学历提高的要求，实行本硕连读招生制度，加大研究生培养单位和招生比例，对职业学校教师在职攻读硕士学位实行学费补助政策，等等。

总之，职业技术师范教育进入新的历史时期，必须站在建立现代职业教育体系的高度来重新认识和审视，应以资格和标准等制度建设为基础，以国家投入为保障，以完善职业学校用人机制为动力，以校企合作为突破口，以培养"双师型"教师为目标，加大改革创新力度，深化人才培养模式改革，形成与现代职业教育体系相适应的、开放的职业技术教育培养培训体系。

# 20.2　坚持类型教育特色
# 深化职业技术师范教育改革
## ——再读孟庆国先生的《职业技术师范教育的现实、困境与发展路径》

曹　晔[①]

师范教育是教育事业的"工作母机"，具有引领、服务、装备职业教育的功能。新《职业教育法》不仅明确了"职业教育是与普通教育具有同等重要地位的教育类型"，而且还规定了"国家建立健全职业教育教师培养培训体系。各级人民政府应当采取措施，加强职业教育教师专业化培养培训，鼓励设立专门的职业教育师范院校，支持高等学校设立相关专业，培养职业教育教师；鼓励行业组织、企业共同参与职业教育教师培养培训"。孟庆国先生撰写的《职业技术师范教育的现实、困境与发展路径》一文，以其多年的办学实践和亲身经历，以及对职业技术师范教育的深刻理解，为不断改革发展中的职业技术师范教育提供了重要的启示和参照。

## ❖　一、职业技术师范教育的办学特色　　❖

文中，孟庆国先生结合近些年的实践，对我国职业技术师范教育的产生发展和办学特色进行了系统总结，具体表现在以下 10 个方面：

一是明确了职业技术师范教育的人才培养目标，1979 年诞生了中华人民共和国成立以来的第一所职业技术师范院校——天津技工师范学院（现已更名为"天津职业技术师范大学"），因天津职业技术师范大学在 2000 年以前隶属于劳动部，所以当时对其教师统称为一体化教师（即"双师型"教师），在 1982—1985 年学校组织广大教师开展了广泛调研，明确了"双师型"教师培养目标。1989 年，劳动部印发的《关于加强职业技术培训师资队伍建设的意见》（劳培字〔1989〕1 号）中明确指出："天津职业技术师范学院的主要目标是培养既能讲授专业（工艺）理论课，又能指导生产实习操作的一体化新型教师。"

二是确立了两类生源的考试招生制度。十一届三中全会将全党工作重心转移到经济建设上来，实行了改革开放政策，各行各业均取得了快速发展，迫切需要大量

---

①　曹晔，天津职业技术师范大学职业教育教师研究院教授。

的人才。为此，20世纪80年代后期开始招收三校生来培养职业技术教育师范生，解决学生"下不去、留不住"的问题。1987年国家教委印发了《普通高等学校招收少数职业技术学校应届毕业生的暂行规定》（［87］教学字012号），学生毕业后到中等职业学校任教，从此确立了招收高中阶段职普两类生源开展职业技术师范教育的制度。

三是确立了开门办学的办学格局。1980年国务院批转教育部和国家劳动总局的《关于中等教育结构改革的报告》，以及1985年《中共中央关于教育体制改革的决定》中都确立了"调整中等教育结构，大力发展职业技术教育"的方针。职业教育的快速发展使得师资成为瓶颈。为此，一方面通过"改、借、调、兼、聘"等方式来满足眼前急需；另一方面采取两条腿走路的方针，一是按照中共中央的要求建立独立设置的职业技术师范学院，二是依托普通（师范）院校建立二级职业技术教育学院来培养职业教育师资。前者目前表现为聘请的兼职教师，后者就是目前两类培养院校。

四是颁布了职业技术师范教育的专业目录和培养方案，引领全国职业技术师范教育发展。1995年12月，国家教委颁布了《普通高等学校本科专业目录（职业技术师范类）和专业简介》，国家教委师范司何平处长在1991年全国职技高师农科类本科基本专业目录审定会上的讲话中指出："制定具有职技高师特色的专业目录系列是大力发展职业技术教育的需要，是职技高师院校当前必须解决的紧迫问题。它对高等职业技术师范教育的专业建设、教学改革、提高教育质量等都有十分重要的意义。"在研制专业目录的同时，国家教委加大了人才培养方案的探索，1994年颁布了农艺教育、机械制造工艺教育和服装设计与工艺教育的本科教学方案（试行），至此结束了职业技术师范教育没有专业的历史。

五是探讨"三性"办学特色。在长期的实践中，培养院校逐渐把职业技术师范教育的办学特色归纳为"三性"，但在对"三性"的认识上存在差异，如学术性、职业性和师范性，技术性、职业性和师范性，学术性、技术性和师范性，学术性、专业性和师范性，专业性、职业性和师范性等。为适应国家师范专业实行三级认证的需要，2019年教育部教师工作司印发的《职业技术师范教育专业认证标准（试行）》中将"三性"定格在专业性、职业性和师范性，在研究中又把"三性"之间的关系归纳为"一体两翼"，2022年职业技术师范教育"一体两翼"培养模式获天津市教学成果奖一等奖。

六是深化职业技术师范教育课程体系改革。在制定专业目录的过程中，职业技术师范教育也形成了具有划时代意义的教学改革成果，形成了不同于普通高等教育和普通高等师范教育的课程体系，由5大类课程组成，即公共课、基础课、专业技术课、实践操作技能课及教育课。基础课教学提出管用、够用、实用的"三用"原则；专业课教学，突出职业性、技术性和应用性；实践操作技能及其训练强调系列化、规范化、课程化和效益化；教育课教学重在培养教师的职业意识，加强教师职业技能的训练，改善教育实践，着力打造学生的"双师"能力。

七是培养模式的不断创新。职业技术师范教育在办学实践中围绕着培养什么样的人、怎样培养人、为谁培养人 3 个问题展开，关于培养什么样的人就是培养"双师型"教师，如何培养人涉及人才培养模式，关于人才培养模式也是各个学校积极探索和在实践中落实的，最为典型的是天津职业技术师范大学创立的"实行'双证书'制，培养'一体化'职业教育师资"培养模式，1997 年荣获国家教学成果奖一等奖，河南科技学院实施双岗实习："职业教育师资双技能培养新模式"荣获国家教学成果奖二等奖。1999 年高等教育大规模扩招，职业技术师范院校也开始综合办学，在加强职业技术师范教育人才培养的同时，开始探索应用型人才的培养，并且取得了可喜的成果。如 2005 年天津职业技术师范大学"本科 + 技师"培养模式获国家教学成果奖一等奖。各培养院校在实践中不断创新培养模式，《职业教育师资培养模式的实践与创新研究》（2020 年）一书将培养模式归纳为五大类共 16 种具体的培养模式。

八是构建职业技术师范教育培养体系。进入 21 世纪，随着产业转型升级和经济社会高质量发展，职业教育提质培优、赋能增值，对高层次教师需求增大，为此国家积极探索高层次"双师型"教师的培养，2000 年教育部与学位办联合设置了中等职业学校教师在职攻读硕士学位的研究生教育，取得了较大的成就，2016 年落实相关规定取消了这一学位制度，在教育硕士下增设了职业技术教育领域，开启了硕士层次职教师资的培养，2012 年为了服务国家特殊需求，天津职业技术师范大学获批职业教育"双师型"博士教师培养项目，10 年来招生量达到近 80 人，至此我国初步建立起本科、硕士、博士 3 个层次的"双师型"教师培养体系。

九是打造四级"双师型"教师培训体系。1999 年 1 月国务院批转教育部《面向 21 世纪教育振兴行动计划》中指出依托普通高校和高等职业技术学院，建设职业教育专业教师和实习指导教师培养培训基地。从 1999 年开始到 2003 年，国家先后建立了 56 家全国重点建设职业教育师资培养培训基地，2011 年国家又新增了 44 家全国重点建设职业教育师资培养培训基地。落实 2005 年《国务院关于大力发展职业教育的决定》中提出的实施职业学校教师素质提高计划，教育部、财政部联合实施，从 2006 年开始五年一周期颁发《职业院校教师素质提高计划》，"十一五""十二五"期间职业院校骨干教师国培和省培项目分别由国家级和省级培训基地实施，"十三五"期间落实国家"放管服"的要求，将国家项目下放到各省区市来组织实施，同时由过去的综合性、长周期（2 个月或 3 个月）培训改为短时间（1 个月）、单项培训等。通过多年努力，我国建立起国家示范引领、省级统筹实施、市县联动保障、校本特色研修的四级职教师资培训体系。

十是构建职前职后一体化教师培养培训体系。在计划经济体制下，师范生只能由师范院校培养，毕业后必须到教育领域就业。随着1993年我国开始建立社会主义市场经济体制，教育体制的改革也逐渐加快。进入21世纪，一方面，我国高等教育招生并轨制度改革开始实施，一改过去统招统配为毕业生"自主择业、双向选择"；另一方面，传统的师范教育向教师教育转型，变过去封闭的、单一的师范教育为开放的、多主体的教师教育。为适应这一新的变化，2012年教育部师范司整合多部门的职能后改为教师工作司，管理各级各类教师，变过去的管学校为管教师。

## 二、发展面临的挑战

孟庆国先生在文中提及的职业技术师范教育发展中的六大矛盾，可以说是直切问题的要害，近些年来这几个矛盾尽管有所改善，但仍然是当前我国职业技术师范教育发展面临的主要问题。

一是生源素质与人才培养质量之间的矛盾。长期以来，职业技术师范教育招收职普两类生源，普通高考的生源是主体。高等教育大众化以后，中等职业学校普遍实行注册入学制度，生源的文化素质普遍较低；从独立设置的职业技术师范院校招生来看，受传统观念对职业教育认可度较低的影响，难以实现让最优秀的学生报考师范专业的目标。2014年教育部印发了《关于实施卓越教师培养计划的意见》，教育部启动了卓越教师培养计划改革项目，一些试点学校采取遴选乐教适教的优秀学生的方式来培养职业教育师资，但培养数量有限，只能作为示范，而不能成为主流。另外，职教师范生仅花费四年的时间培养"三性"确实有难度，需要延长学制以提高培养层次。教育部等五部门印发的《教师教育振兴行动计划（2018—2022年）》中指出："支持探索普通高中、中等职业学校教师本科和教育硕士研究生阶段整体设计、分段考核、有机衔接的培养模式。延长学制、本硕一体培养提高学历在一定程度上可以增强职业技术师范教育的吸引力。"

二是办学条件与职业学校对高素质教师要求之间的矛盾。虽然说师范教育是教育工作的母机，是培养师资的主要阵地，但并没有受到足够重视。职业技术师范院校（含二级职业技术教育学院）数量少，每个省最多两所，目前全国有9个省还没有此类学校，难以产生规模效应，很难受到重视。近些年来，无论是国家还是地方政府通过各种项目增加对职业学校的投入，但不包括职业技术师范院校。总之，这类院校既没有行业背景，也难以作为一类教育形式而受到重视，办学条件长期难以改善。目前国家级培训基地越来越依托重点大学和高职院校，而最初的56个国家级职业教育师资培养培训基地，70%以上是职业技术师范类本科院校。2022年教育部公布的170组职业教育国家级"双师型"教师培训基地（2023—2025年），无论是地方教育部门申报，还是教育部最后公布的名单，职业技术师范类院校都不再是主体，差距就是实训条件难以满足职业教育师资培训的需求，职业技术师范教育服务职业教育、引领职业教育的能力在逐渐下降。

三是毕业生就业与职业学校新教师招考制度之间的矛盾。近些年来，职业技术师范院校培养的职业技术教育师范生到中等职业学校就业的比例逐渐下降，究其原因是多样的，一方面，由于到中职学校就业比例低，学校降低了对师范生培养的要求，从而进入一种恶性循环的状态；另一方面，在毕业生"逢进必考"中，由于缺乏中等职业学校教师资格考试标准，只能参照普通中学的要求进行，与其他重点大学的学生很难竞争。更为重要的是，近几年中职毕业生升学比例逐年提高，2020年全国升学率已超过了50%，个别省份甚至超过了80%，中等职业学校加大了对普通文化课教师的需求，对专业课教师的需求减少，对"双师型"教师的需求进一步弱化。

四是职业学校对新进教师学历要求提高与高层次职业技术师范生数量不足之间的矛盾。为适应新一轮科技革命和产业变革的需要，我国加快推进产业转型升级和经济高质量发展，教育部等九部门专门印发的《职业教育提质培优行动计划（2020—2023年）》提出，提质培优、增值赋能、以质图强，加快推进职业教育现代化。近些年来，中等职业学校硕士层次教师数量不断增加，但与普通高中相比差距依然在不断拉大。从数量上来看，2020年中等职业学校硕士教师比例为8.6%，而普通高中为11.47%；从硕士层次师范生培养情况来看，教育硕士有13个普通教育专业，其中学科教学论又包括12个领域，而职业教育仅仅只有一个职业技术教育领域，难以像普通师范教育那样分门别类地培养人才，所以人才培养针对性不强，导致毕业生到中等职业学校就业的比例不高。基于职业教育高质量发展的需要，2022年12月，中共中央办公厅、国务院办公厅（以下简称中办、国办）印发的《关于深化现代职业教育体系建设改革的意见》中指出"实施职业学校教师学历提升行动，开展职业学校教师专业学位研究生定向培养"。究竟如何落实中办、国办的要求，还需要系统设计、科学研究，以切实提升中等职业学校教师的学历层次和教学水平。

五是多元化职业教育教师来源的标准缺失与师资培训工作日趋加重之间的矛盾。经过多年建设，我国已基本形成了独立设置的职业技术师范院校和普通大学设立的职业技术教育（师范）学院。近年来，党和国家多次印发文件，指出由高水平大学和企业共建'双师型'教师培养培训基地，如中办、国办印发的《关于深化现代职业教育体系建设改革的意见》中指出："依托龙头企业和高水平高等学校建设一批国家级职业教育"双师型"教师培养培训基地，开展定制化、个性化培养培训。但总的来看，目前职业教育师资来源多样，有普通院校培养的、有职业技术师范院校培养的、有企业来的，也有职业院校之间流动的，等等，但因缺乏统一的准入资格制度，尤其是对企业工作经历和教学实践没有明确的要求，致使新教师在入职后需要花大量时间进行培训，因此迫切需要建立准入制度，提高入职人员企业实践和教学实践的要求。"

六是职业技术师范院校的教学改革与职业学校对新教师的能力要求之间的矛盾。如前所言，由于职业技术师范院校实习实训条件相对滞后，加上师范毕业生到中等职业学校就业比例较低，致使学校的主要精力难以放在师范性和职业性上。如当前职业教育理实一体化课程和行动导向的教学方法使用得还比较少，主要原因是许多学生还需要考研和参加普通本科教育的一些竞赛，所以职业技术师范院校以就业主体来决定课程内容和教学方法，而并非以职业技术师范教育的"三性"来培养学生，也就是说"三性"是有选择的，由于到企业和考研是主体，所以专业性和职业性是主体。如有的学校采用"3 + 1"模式，最后1年根据学生意愿开展师范教育，就是最好的例证。

## 三、国家强化现代职业技术师范教育发展

中等职业学校属于高中阶段教育，教师也需要专门化培养，职业教育作为一种类型教育，有其独特性：人才培养目标是技术技能型人才，教师是双师型教师，人才培养模式是产教融合、校企合作，教学模式是校企合作、工学结合，课程是理实一体化，教学是行动导向教学方法等，所以中等职业学校专业教师必须进行专门化培养。随着现代职业教育体系的不断完善，尤其是本科职业教育的发展，必须完善职业技术师范教育体系，有效培养本科、硕士、博士三个层次的"双师型"教师。

一是加强对职业技术师范院校的统筹规划。现代职业教育体系建设迫切需要加强职业技术师范教育体系建设。中共中央、国务院在多个文件中提出要加强职业技术师范教育建设，要求重点大学，尤其是工科院校积极参与，但收效甚微。2022年颁布的《中华人民共和国职业教育法》中规定：国家建立健全职业教育教师培养培训体系，也就是说，职业教育教师培养培训是国家事权，需要在国家层面上来加强统筹。如前所述，师范教育向教师教育转型，国家变过去的管学校为管教师，但国家可以依托第三方来加强职业技术师范院校的管理。像《国家职业教育改革实施方案》（简称"职教20条"）提出的"在政府指导下组建国家职业教育指导咨询委员会"那样，教育部教师工作司可以委托教育部高等学校中等职业学校教师培养教学指导委员会，也可以单独成立相应的机构来统筹协调全国职业技术师范院校，也可以联盟的形式成立相应的机构代表教育部来开展工作，包括标准的制定、专业布局与调整、教育教学改革，以及建设项目评审等工作，而且国家以不低于省级生均

拨款的标准拨付培养费，一方面改善职业技术师范院校的培养条件，另一方面吸收重点大学或工科院校来培养职业教育师资。

二是建立符合职业教育的资格准入机制。我国职业学校教师准入资格，只有学历的要求，没有专业方面的要求，所以实践中提出了"双师型"教师的要求来完善职业教育教师资格制度。2010年国家开始实施新的教师资格考试制度，建立国家教师资格考试标准和考试大纲来逐步推开，但国家还没有对中等职业学校专业教师制定考试标准，各地参照普通中学的教师资格考试标准来实施。2020年教育部印发《教育类研究生和公费师范生免试认定中小学教师资格改革实施方案》（教师函〔2020〕5号），2021年教育部印发了《中等职业教育专业师范生教师职业能力标准（试行）》，增加了对"双师型"教师的要求，也就是说，今后职业技术教育师范生和教育硕士（职业技术教育）、职业技术教育学研究生参加教育教学能力考核，就可以建立起对新入职教师教育教学能力的要求，再加上《国家职业教育改革实施方案》要求的新入职教师需具有3年以上的企业工作经验，这两个制度的实施就可以建立起符合职业教育的资格准入制度。

三是完善职业技术师范教育体系。首先要完善院校体系，目前职业技术师范院校没有部属院校，12所独立设置的职业技术师范院校都是地方高校，要在南北方各选一所学校，采用省（市）部合建等方式来建设，明确其功能定位，加大建设力度，在全国职业技术师范院校中发挥引领示范作用。其次，完善师范生培养体系，目前本科和硕士层次的培养体系已形成了制度，而"双师型"博士培养仅是一个特殊项目，到2023年就结束了。要尽快落实中办、国办印发的《关于深化现代职业教育体系建设改革的意见》中有关教师学历提升的要求，加快建立"双师型"博士培养制度，遴选好实施单位，提高专业课教师教学改革和实施的能力，切实增强职业学校发展的内生动力。硕士层次职业教育师资也要参照普通教育建立多种类型的培养体系。

四是加快本硕一体化培养。如前所述，用4年时间职业技术师范院校要把"三性"做强，随着人工智能的发展变得越来越难；同时随着产业转型升级和经济高质量发展，职业教育提质培优、赋能增值，也要求提高教师的学历层次，所以近年来，许多地区对高学历层次的教师需求迅速增加。2016年开始实施的教育硕士（职业技术教育）研究生培养，不仅招收学生数量少，而且招收的基本上都是普通本科院校毕业的学生，一方面实践操作能力不强，另一方面对职业教育缺乏认同感，毕业的学生很少有去中等职业学校任教的。教育部等四部门印发的《深化新时代职业教育"双师型"教师队伍建设改革实施方案》（教师〔2019〕6号）指出：支持高校扩大职业技术教育领域教育硕士专业学位研究生招生规模，探索本科与硕士教育阶段整体设计、分段考核、有机衔接的人才培养模式，推进职业技术教育领域博士研究生的培养，推动高校联合行业企业培养高层次"双师型"教师。硕士的培养要像德国一样，4年职业技术师范教育本科毕业后经过考核转入教育硕士阶段，采用一体化设计，合理分配7年的时间，通过7年的贯通培养，使"三性"做实做强，真正培养出职业学校所需的"双师型"教师。

五是规范职业技术师范教育办学行为。没有规矩不成方圆，正如孟庆国先生在原文中指出：在教师工作司成立以前，职业技术师范教育的发展处于"有机构无制度、有队伍无组织、有人问无人管的状态"，也就是说，职业技术师范教育长期处于自由生长状态，培养院校按照各自理解和自身条件来培养师范生，没有建立起统一的标准和话语体系。如体现办学特色的"三性"，不同学校和不同学者都有不同的理解和认识。为此，要以师范专业认证为契机，加强对职业技术师范专业办学的规范，确实建立起职业技术师范教育的系列标准，建立共同的话语体系，提升职业技术师范教育培养质量，提升社会认可度。

六是国家出台公费职业教育师范生制度。为了缓解贫困地区中小学教师短缺现状，国家实施了公费师范生制度，教育部直属的6所师范大学实施学费全免并且还有生活补助，毕业即入编，此举有效改善了西部地区教师短缺的现状。职业技术师范院校自发地从2010年开始探索与地方政府合作开展公费师范生教育，地方政府公费师范生招生计划纳入当地招生计划，政府出钱委托国内职业技术师范院校培养，师范生毕业后按协议回单位就业。这个举措虽然在实践中取得了很好的成效，但由于规模小、地方政府重视不够等原因，发展依然存在一定的局限性。如前所述，职业教育教师培养培训是国家事权，落实职普教育同等重要的要求，建议由国家组织实施公费职业技术教育师范生教育。

# 21.1 "现代学徒制"的实践与思考[①]

赵鹏飞　陈秀虎

我国的职业教育经过多年的探索与实践取得了丰硕的成果，为社会经济的发展做出了巨大贡献。我国人口红利逐步结束，粗放式经济发展导致生态环境和资源难以承载，转变社会经济增长方式、促进产业结构调整与技术升级，已成为我国经济建设的重要内容。经济转型、产业结构调整、企业转型与技术升级导致人才需求发生了巨大变化。如何应对这种市场人才结构需求的改变，调整职业教育人才培养模式是当前职业教育亟须解决的重要课题。现代学徒制的人才培养模式就是极佳选择之一，也是职业学校主动适应区域社会经济发展需求的重要举措。

## ※ 一、国内外现代学徒制的现状与分析 ※

现代学徒制是将传统的学徒培训与现代学校教育思想相结合的一种企业与学校合作的职业教育制度，是一种新型的职业人才培养实现形式，校企合作是前提，工学结合是核心。其鲜明的特征是校企联合双元育人和学生双重身份（学校的学生、企业的学徒）。[②]与我国现行的校企合作、工学结合育人相比，学生具有合法的企业员工身份，不但享受企业员工的待遇，还必须接受企业的管理。现代学徒制的双元育人，其主要特点是企业由单纯用人和参与育人，转化成育人的一元，其育人功能上升到法律层次，企业具有用人与育人（不仅仅为本企业育人）并举之功能，实现了产教的融合。第二次世界大战后西方经济发达国家把现代学徒制作为职业教育的主导模式，其推动了社会经济的高速发展。

### （一）国际现代学徒制现状

现代学徒制起源于联邦德国的职业培训[③]，第二次世界大战后成为职业教育的

---

① 本文发表于2013年第12期，作者时任广东省清远职业学院院长。

② 石伟平，徐国庆. 世界职业技术教育体系的比较研究［J］. 职教论坛. 2004，（1）：23–25.

③ 王丽敏. 西方国家职业教育发展趋势研究［J］. 职业时空. 2006，（12）：71–72.

主导模式，并形成了配套的国家制度和教育制度模型，推动了国内社会经济的快速发展。其成功的经验得到了世界上许多国家的认可和借鉴。西方经济发达国家政府高度重视现代学徒制，并有明确的法律、政策和制度上的支持与保障。[①] 2006年，在欧盟相关机构的支持下，来自10余个国家的高校和研究机构的专家学者在德国成立了"国际现代学徒制创新研究网络"（International Network of Innovative Apprenticeship，简称为INAP）。该机构的调查研究显示，在不同的国家体制与背景下，现代学徒制的实现形式也不同，且学徒制教育正在不断地增长与创新中。[②]

根据现代学徒制的人才培养方式和实施手段的不同，西方经济发达国家现代学徒制实现形式概括起来主要有4个典型代表。一是英国的"三明治"模式，英国早在1993年就制订了现代学徒制度计划[③]，1995年，英国现代学徒制在全国54个行业普及推广。在国家主导下，学校或培训机构自行制订教学计划，以"学习—实践—学习"的工读交替的产教结合模式实施教学计划，即学生一段时间在校学习、一段时间到工厂实习，工读交替进行。由于这一模式像一块肉夹在两片面包之中，类似于"三明治"，由此而得名。英国的学徒制与德国相比，学校与培训机构的作用得到充分发挥。二是澳大利亚模式，是始于20世纪70年代[④]的一种新型现代学徒制度，简称新学徒制。1998年成为澳大利亚的一种国家教育制度，主要特征是国家统一制定规范的教学标准或培训标准，企业或行业增设特色内容，企业与学校共同完成教学任务。这样就能够形成国家、地方和企业标准的有机衔接，从而突破了德国双元制人才培养标准的企业本位。学员80%的时间在工作现场进行工作本位学习，只有20%的时间在技术与继续教育学院（TAFE）进行学校本位学习。课程的设置注重专业性和实用性并重，教学内容是教学工作和课堂教学相结合。三是瑞士的"三元制"，即学徒培训制度由企业、职业学校和行业培训中心共同举办，企业提出培训或教学的内容要求，行业与学校制定标准，学校、企业共同实施教学，由行业监督质量。学生每周1～2天在职业学校接受通识教育和专业基础理论知识教育，3～4天在企业实习；每学期1～2周在行业培训中心学习专业的跨行业课程，以补充企业实践和职业学校学习内容的不足。与德国的双元制相比，行业也直接参与人才培养的过程，使学徒由单一的企业走向行业。四是美国的"合作教育"模式，这是

① 贺国庆，刘向荣. 西欧学徒制的历史演变及现代意义 [J]. 河北师范大学学报（教育科学版），2011，（11）：66-70.

② 冯琳娜. 德国职业教育质量保障机制研究 [D]. 陕西师范大学，2010.

③ 徐瑾劼. 英国现代学徒制和澳大利亚新学徒制比较 [J]. 云南师范大学学报（自然科学版），2007，（3）：74-77.

④ 郭晓丽. 澳大利亚新学徒制及给我国的启示 [J]. 长江大学学报（社会科学版），2010，（2）：337-338.

目前世界上较为流行的工学结合模式。它是把课堂学习与通过相关领域生产性的工作经验学习结合起来的一种结构性教育策略，其核心是从职业岗位的需要出发，确定能力目标，而能力目标由若干个子目标（子能力目标）构成，可由若干家企业承担。学徒工作的领域与其学业或职业目标是相关的，但不一定是一一对应关系。学徒可来自不同的企业，其培养方式是，学徒可根据子能力目标的不同，选择到能承担该子能力目标的育人企业学习。这种模式与德国的双元制相比，不但具有校企双元育人的典型特征和学徒的双重身份，而且学徒有更为宽广的学习与从业选择空间。在合作教育模式中，学徒、教育机构和企业之间是一种伙伴关系，参与各方有自己特定的责任。

总之，现代学徒制为西方经济发达国家职业教育的主导模式，其工学结合的实现形式具有较大的灵活性，但都遵守德国学徒制的"双重"身份、"双元"育人、产教融合，并以培养学生岗位能力为根本原则，因此，调动企业主动参与职业教育、融入人才培养全过程的积极性是实施现代学徒制的基础和前提条件，而国家的法律政策支持是根本保证。

### （二）国内的探索与分析

随着社会经济的发展和现代职业教育发展的需求，国内对"现代学徒制"进行了不同形式的探索与实践。例如，2006年，苏州健雄职业技术学院与德国企业合作，形成了本土化的"定岗双元制"高职学历人才培养模式[1]；2011年，宁波北仑职业高级中学以协议的方式开始试行中职教育学历的现代学徒制教学[2]；广州市技师学院与企业合作探索非学历技工培训教育取得了一定的成效；2010年6月，新余市委、市政府投资60亿元规划建设江西省职业教育园区，在园区内构建新余市现代学徒制实验基地[3]。以上的探索取得了一定的成效，积累了一定的经验，但我国学徒制的建设仍处于基础阶段，主要表现在以下几个方面：第一，虽然国家和地方政府高度重视职业教育，但还没有明确完善的法律、政策和制度支持，缺乏根本性的保障，而且国家层面尚未形成实施现代学徒制的顶层设计。第二，没有真正实现学徒的"双重身份"。第三，职业培训与职业学历教育没有实现有机衔接。第四，没有准确把握人才市场的需求与发展规律，没有真正找到企业参与现代学徒制的核心利益点和学徒的个人利益平衡点，没有调动起企业联合实施现代学徒制的积极性。

① 陈智强. 基于"定岗双元"的高职人才培养实践研究［J］. 职业技术教育，2010，（11）：67-70.

② 路宝利，赵友. 职业技术教育视域下"师徒"传承文化研究［J］. 职教论坛，2011，（28）：94-98.

③ 陈衍. 新余面临新考［J］. 职业技术教育，2011，（30）：6.

## 二、清远职院的探索与实践

回顾10年来走过的校企合作探索之路，清远职业技术学院（以下简称清远职院）经历了顶岗实习、订单培养、校企共建实训基地3个阶段。目前，清远职院正在积极探索与实践以现代学徒制为主导的双元育人人才培养模式，已从"松散型""合作型"向"紧密型"深化。在校企双元育人中，针对如何调动企业参与育人全过程的问题，清远职院从企业的需求、利益和合作方式等方面，与地方知名骨干企业开展了深入的调研工作。调研的结果显示，改革开放以来，随着广东地区社会经济发展转型、企业结构调整与企业技术升级，市场对人才的需求结构发生了重大的变化，为应对这种变化，很多企业采取措施对在岗员工和技术骨干实施在岗培训与学习提高计划，以提升其岗位技术技能，使之适应企业转型与技术升级的需要。一些大型企业主动与清远职院合作实施以校企双元育人和学生双重身份为基本特征的现代学徒制人才培养方式，解决在岗员工和技术骨干在岗培训与学习提高问题。社会经济的发展、企业的需求和自身内涵建设的要求，催生了清远职院对现代学徒制的探索与实践。

### （一）现代学徒制实现途径的探索与实践

根据企业需求、专业特点、招生生源和招生方式的不同，清远职院分别与高新技术、现代制造业和现代服务产业3类企业深度合作，根据企业的特点与需求，从3个不同路径探索现代学徒制人才培养模式。

1. 互渗交互培养方式（与高新企业合作）

随着产业结构的调整，近年来高新技术企业得到了快速发展，而与之配套的高校人才培养体系在质量和数量两方面都与产业需求有较大差距。造成这种局面的原因主要表现在两个方面：其一是由于高新技术企业的核心竞争力是其掌握的不向外界所公开的技术、生产工艺等商业秘密，高校作为公益性服务单位不可能培养掌握企业核心技术的人才；其二是高新技术产业的技术更新换代较快，工作具有较强的创新性，从传统高职应届毕业生中培养能掌握企业核心技术，成长为具有创新性工作能力的岗位骨干力量，至少需要1年的时间，培养的难度大、成本高。在此种情况下，国内智能手机龙头企业——宇龙计算机通信科技有限公司主动与清远职院计算机应用技术专业（手机游戏设计与开发方向）签订了校企合作育人协议，通过全国普通高考统一招生方式，招收应届高中毕业生，学生入学后，学生、企业和学校要签订三方协议，校企共同实施现代学徒制的人才培养模式培养企业急需的软件研发与测试技术人才。

清远职院的具体做法是，校企双方按照行业岗位用人的通行标准制订前两学年人才培养方案，采用交互培养的方式共同实施在岗培养。学校教师的主要任务是教授系统的理论知识和培养基本的岗位技能；企业从第一至第三学期定期委派工程师到校承担企业文化教育和岗位能力解读等教学任务，从第四学期开始按照企业岗位必需的技术技能培养。第三学年学生与企业签订顶岗实习协议书，享受企业正式员工的待遇。企业委派岗位骨干作为师傅，根据企业岗位核心技术的要求和个人的实际情况制订个性化的人才培养计划，经公司审核同意后，用一对一师带徒的方式实施培养。公司根据人才培养计划和实施效果，对师傅人才培养效果与学徒学习成效是否达到预期目标进行考核。学院派出专任教师随同学生上岗工作，针对企业岗位核心技术所需的知识和原理，利用晚上和周末对学生进行理论教学和技术研讨。同时，按照企业的管理制度实施管理，按照企业岗位考核标准和方式对学生的学业进行考核，学院认可企业的考核结果，学生毕业后留在企业工作。

经过几年的实践与探索，3 届"宇龙现代学徒制班"毕业生已成长为企业研发类岗位的主力军，一部分人已走上核心技术管理岗位，8 人次经企业审核通过后申报国家发明专利 11 项。该公司表示，现代学徒制人才培养模式解决了高新技术企业人才的选、育、用、留问题，充分调动了企业参与现代学徒制的积极性。

2. 在岗交互培养方式（与现代制造业和现代服务业合作）

随着企业转型和技术升级的不断推进，企业在人力资源方面出现了亟待解决的问题。一方面是企业急需大量高素质技术技能型的一线岗位人才；另一方面低学历、技术技能不能满足企业需求的员工面临失业，企业也不愿意让在企业发展过程中做出重要贡献的骨干员工因为缺少技术而流失。同时，企业员工出于自身可持续发展的需要也非常期望获得在岗位工作中提升专业技能和学历的机会。英德海螺水泥有限责任公司和广东伊丽莎白美容健身有限公司就是出于此种原因，主动与清远职院的机电一体化专业和医疗美容技术专业合作，采用在岗交互培养方式开展现代学徒制人才培养。

清远职院采用学院自主招生与企业招工相结合的方式，通过自主招生的方式，从合作企业员工中招收学徒，解决了学徒具有学生和员工的双重身份问题。校企双方根据企业岗位标准制订人才培养方案，按照职业标准构建专业课程体系，按照岗位任务和工作内容开发教学内容；共同委派教师采用交互训教的方式授课，实施以岗位能力培养为根本的师带徒方式教学，学徒在不脱离工作岗位的情况下，通过工学交替的方式完成学业；把企业岗位考核标准与方式和学校考核办法相结合评价学徒的学业，融合企业和学院的管理标准和管理方式，实施刚柔相济的教学管理制度。

英德海螺水泥有限责任公司认为，现代学徒制实现了企业、院校和员工的"三赢"：企业在员工提升素质的同时提升了综合竞争力，赢得了员工对企业的认同感和归属感；院校在职业教育竞争中得以开疆拓土，更好地实现服务社会的功能；员工在学习中提升技能和学历，实现自我增值。广东伊丽莎白美容健身有限公司认为，这是一种十分有效的合作方式，通过现代学徒制培养人才，企业看到了中国职业教育的希望。

3. 行业通用型交互培养方式

佛山市南海区铝型材行业协会是中国最大的区域性铝型材行业民间组织，其成员生产的铝型材产品数量占全国同类产品的30%以上，清远市美亚宝铝业有限公司是该行业协会副会长单位。作为行业内的骨干企业，出于自身技术改造的需求，同时也是把提高行业整体水平作为自身的社会责任，2012年，清远市美亚宝铝业有限公司与清远职院签订了现代学徒制人才培养合作协议，共同探索行业通用型交互培养方式。

具体做法是，采用自主招生方式从中职毕业生中招收学徒，达到录取条件的学生，通过学生、企业和学校签订三方协议，实现学徒双重身份。根据行业标准、国家职业资格标准和企业的具体需求，学院与清远市美亚宝铝业有限公司共同制订人才培养方案，并共同培养学徒。第一学年，以学院为育人主体，学生在校学习基础理论知识，训练基础技术技能，掌握生产操作必需的基本技能。学生定期到企业进行见习，企业定期委派高级管理人员和技术骨干到学校进行企业文化教育和岗位能力解读等。第二学年，美亚宝公司根据人才培养方案负责落实学徒的工作岗位，委派技术骨干作为学徒的岗位导师，采取以师带徒的方式实施在岗培养，并按照企业岗位考核的标准与方式考核学生的学业成绩。在岗培养期间，学徒享受与在岗职工一样的薪资福利待遇，学生毕业后按照双向选择的原则确定就业岗位。这种模式充分发挥了职教集团内龙头骨干企业的育人作用，对解决自身高技术技能人才问题和为行业集团内没有培训经验和能力的中小企业解决人才短缺问题具有重要的现实意义。

## （二）实行现代学徒制取得的成绩和遇到的问题

1. 探索与实践取得的成效

通过校企双方的共同探索与实践，清远职院得出了这样的初步结论，只有根据不同类型企业需求，采用不同的招生方式，招收不同生源的学徒（普通高中、中职毕业生和企业员工），采用不同的培养方式（互渗交互培养方式、在岗交互培养方式、行业通用型交互培养方式），才能培养出与企业需求相匹配的人才，初步形成具有自身特色的校企合作、以"双元育人、交互训教、在岗培养；学生双重身份、工学交替、岗位成才"为特征的工学结合人才培养模式。同时，现代学徒制的探索与实践得到了合作企业的高度认可：一是现代学徒制人才培养模式解决了高新技术企业人才的选、用、育、留问题，建立了校企合作的长效机制；二是现代学徒制实现了企业、院校和员工的"三赢"；三是通过现代学徒制培养人才，企业更加认同了中国职业教育改革的方向。

2. 探索与实践过程中遇到的问题

第一，急需解决现代学徒制自主招生的生源户籍问题。开放户籍是调动合作企业共同实施现代学徒制人才培养的一个关键因素。其原因是在岗交互培养方式的生源来自合作企业的在岗员工，根据我国自主招生政策，自主招生的生源户籍必须为当地户籍，广东省大多数企业80%左右的在岗员工和岗位技术骨干的户籍不在本地，这就意味着合作企业80%左右的员工不具备成为现代学徒制学徒的条件，因而企业想通过现代学徒制提升骨干员工的技术技能与学历，实现员工的个人价值和归属感，促进企业发展的愿望就不能实现，企业的核心利益没有得到顾及，失去了参与现代学徒制培养人才的积极性。

第二，现代学徒制学徒双重身份界定问题。在解决从非在职员工中所招学生的学徒身份问题时，清远职院采用的是学徒、企业和学校之间签订三方协议方式，这种方式与劳动法中的劳动用工合同有所区别，虽然企业承认学徒的员工身份，但从法律角度来看，学徒还不是企业正式员工。另外劳动法还规定企业不能与未满16周岁的公民签订劳动合同，未满16周岁的中职学生按照我国劳动法是不能成为企业正式员工的。在实际探索中，学徒与企业签订了类似劳动合同的三方协议，在岗学习期间享受正式员工的薪酬福利待遇，其双重身份和国际界定学徒双重身份的惯例不完全相符，急需相关部门和专家根据我国现阶段实际情况，对现代学徒制学徒的双重身份进行实事求是的界定。

第三，实施现代学徒制校企双方的积极性问题。现代学徒制在我国刚刚起步，企业、学校和学徒的根本利益没有国家法律法规和政策层面的扶持与保证。在实际探索与实践中，探索者只能按照课题项目的方式开展工作，在探索中自行解决出现的各种实际问题，这样就导致了办学成本的大幅增加、办学经费的不足，以及学校和企业办学的经济利益得不到应有的补偿，从而影响了校企双方共同探索现代学徒制的积极性。

## 三、实施现代学徒制的思考与建议

通过几年的探索与实践，清远职院深深地感受到，现代学徒制是开启企业从单纯用人、订单培养转化到企业全程参与育人之门的金钥匙，是推动校企深度合作、实现双元育人的发动机。职业教育只有植根于企业才能焕发勃勃生机，而现代学徒制就是职业教育植根于企业的极佳途径之一。同时，清远职院也深刻地认识到，社会经济转型、产业结构调整和企业的转型与技术升级，导致了劳动力市场的结构性变化与劳动力的流动，而劳动力流动和岗位技术升级对劳动力技术技能的提升需求，是实施现代学徒制的根本推动力。实施现代学徒制能促使劳动力合理有序的流动，从而能促进社会与经济的和谐发展。实施现代学徒制的核心是处理好政府、企业、学校和学徒四者利益关系的问题（如表21.1.1所示），并通过一定的方式将其利益固定，以形成长效机制。

表21.1.1　在实施现代学徒制中，政府、企业、学校与学徒的利益与作用

| 利益者 | 获得的利益 | 起到的作用 |
|---|---|---|
| 政府 | 通过现代学徒制教学与培训，满足劳动力流动和岗位技术升级对劳动力技术技能的需求，为劳动力合理有效的流动和维持社会和谐与稳定奠定基础 | 政府通过出台法律法规和政策，确保企业、学校和学徒的利益；教育主管部门出台的顶层设计，能指导现代学徒制工作的全面实施 |
| 企业 | 获得政府资助；相对低廉的劳动力（应届生）；解决企业育人、用人、留人问题（在岗员工）；得到合作学校的技术服务 | 提供学徒工位、薪酬福利；作为人才培养的一员，参与全部的内涵建设与育人过程 |
| 学校 | 获得政府资助；共享企业办学资源，拓展招生生源；推动内涵建设，提升办学质量 | 根据现代学徒制实施条件与要求，组织、协调和承担办学内涵建设与具体实施工作 |
| 学徒 | 在学习期获得政府和企业的资助；能学到更适应职业岗位的技术技能，更好地实现个人的人生价值 | 对现代学徒制的认可与积极参与，用实际成绩说服家长和社会积极支持 |

基于以上思考，实施现代学徒制必须建设两大环境条件——政策环境条件建设和内涵环境条件建设。

（一）政策环境条件建设的几点思考与建议

第一，建议借鉴德国、英国和澳大利亚等西方经济发达国家的做法，如政府划拨实施现代学徒制的专项经费；对实施现代学徒制的企业实行减免税收的优惠鼓励政策；国家统一给学徒购买劳动保险和人身意外保险等。根据我国目前推行现代学徒制的实际情况，尽快出台扶持我国实施现代学徒制的相关法律法规和政策，为推动我国现代学徒制的实施提供根本性的保障。

第二，建议教育部协同有关部门按照项目建设的方式推动现代学徒制的试点工作，在经费和政策等方面给予支持。同时引导、鼓励地方政府，特别是教育行政管理部门在职业教育经费的分配上向现代学徒试点院校倾斜，以确保现代学徒制试点工作的顺利开展。

第三，建议教育部协同相关部门和专家，根据我国现阶段实际情况，首先对现代学徒制学徒的双重身份进行实事求是的界定，最终通过相关法律条款的修订明确

学徒身份，推动我国现代学徒制的全面实施。

第四，建设各级教育主管部门，根据现代学徒制试点工作的需要，尽快放开实施现代学徒制自主招生中对考生的户籍限制，调动企业参与现代学徒制人才培养的积极性，推动现代学徒工作的不断深入。

### （二）内涵环境条件建设的几点思考与建议

内涵建设的主体是学校与企业，整个建设要以双方密切的合作为基础。根据实施现代学徒制"校企双元育人、交互训教、在岗培养；学徒双重身份、工学交替、岗位成才"的内涵要求，应考虑做好以下几点工作。

1. 解决学徒双重身份的问题

从改革现代学徒制的招生制度入手，建立学校招生与企业招工相结合的制度体系。在面向企业骨干员工招生的过程中，依据国家自主招生的相关政策和合作企业需求，对具有一定工龄、有较强的实际操作经验和持有职业资格证书的考生实行优惠政策；在应往届普高、中职、中技及同等学力自主招生和"三二分段"招生的过程中，采用择优录取的方式选择学徒，通过学徒、企业、学校签订三方协议，实现学徒双重身份。根据三方协议，学徒与企业具有劳动关系，企业为学徒提供工作岗位和相应的薪酬福利，学校全程监督，确保学徒与企业的合法权益得到保障，逐步构建现代学徒制企业招工与学校招生的互惠相融制度。

2. 解决校企双元育人、交互训教的问题

双师团队是实施现代学徒制校企双元育人、交互训教的先决必备条件。"双元育人"即学校知识导师与企业技能导师共同实施训教的制度。知识导师负责专业理论知识传授、技术与基本技能的培养；技能导师负责岗位技能传授。可见现代学徒制的师资团队应具备以下的基本能力：职业岗位分析能力、课程内容的开发与课程体系的构建能力、课程教学过程的组织、管理与考核能力。为了保证现代学徒制的人才培养质量，校企双方应根据以上基本要求建立导师基本任职标准，除考虑现代学徒制教学所需的岗位工作能力和职业教育能力外，还需考虑师资团队为企业技术升级的服务能力，同时还要构建校企互培共用的长效机制，实施现代学徒制导师的岗前培养制度和达标上岗制度。交互训教是指学校知识导师和企业技能导师通过交互授课的方式培养学徒，其中学校知识导师一般以集体授课与理论研讨为主，企业技能导师以师带徒方式授课，所以企业技能导师的数量多于学校知识导师。基于上述情况，在高职的现代学徒制工作中应适当扩大企业技能导师的比例，因此高职院校基本办学条件中关于兼职教师的比例限制应考虑做一定的调整。

3. 解决校企在岗培养，学徒工学交替、岗位成才问题

为了实现现代学徒制校企在位培养，学徒工学交替、岗位成才人才培养模式的

特色，校企双方必须在人才培养模式的选择、教学内容的开发、课程与课程体系的构建、学徒的学业考核与评价和训教过程的管理等方面进行必要的改革与创新。

第一，在人才培养模式的选择方面。按照现代学徒制校企双主体育人的基本要求，企业（单位）负责提供学徒工作岗位、学习的场所，并且确保学习时间。学校要以适应企业岗位需求为导向，确保专业理论知识与岗位技术技能的有机衔接，并实施现代学徒的"双证书制"。校企共同探索与实践弹性学习制度，兼顾学习和工作，采用以工作岗位培养为主的半工半读、工学交替的教育教学方式。

第二，训教内容的开发和课程与课程体系的构建。校企双方应以企业岗位现实需求与未来发展需求为依据，在兼顾学徒个人发展需求的前提下，从职业工作岗位任务分析入手，借鉴北美的"DACUM"分析法开发课程的方式，参照国家职业资格考试标准，开发适应岗位育人需求的专业教学内容；按照专业理论知识、专业技能与工作岗位任务相一致的原则，根据理论知识体系和学生认知规律设计课程，构建岗位群工作过程相统一的专业课程体系，以适应学徒工学交替、岗位成才的需求。

第三，创新学徒学业考核与评价体系。校企双方要将职业认证考核标准与岗位晋升等级考核标准作为课程考核的重要指标，探索课程考核与岗位资格考核贯通，工作业绩考核、师傅评价与学习成绩的互认和衔接，逐步建立以行业企业为主导，应用为目的的学校、企业、行业或顾客三方评价机制，促进中等和高等职业教育专业教学评价标准与评价主体的有效衔接。探索高职现代学徒制学生与企业培训员工技能水平评价的互认互通，推进以能力为核心的评价模式改革。建立适用于"学徒工学交替、岗位成才"的学徒自我评价、导师评价、校企评价和行业评价的质量管理体系，使现代学徒制学徒学业考核评价逐步制度化、规范化。

第四，训教过程管理的创新。校企双方要根据双方的实际情况共建现代学徒制的管理机构，负责组织、协调与管理工作。共同制定适应校企在岗训教，学徒工学交替和岗位成才需求的刚柔相济的弹性教学管理制度。对人才培养目标和结果认定标准采用"刚性"管理；对人才培养的方式、教学形式、管理方式和监控评价手段采用"柔性"管理。

总之，产业结构是人才培养模式选择的根据[1]，专业性质和企业需求是选择实现方式与途径的依据。在实施现代学徒制时，清远职院应考虑当地的产业结构和专业性质；准确把握合作企业的利益核心点；努力争取地方政府的政策扶持；积极推进校企深度合作，加强内涵建设，将职业教育植根于企业之中，这样才能推进现代学徒制顺利实施。

---

[1] 李富. 不同产业结构国家职业教育的模式选择 [J]. 教育学术月刊, 2010, (3): 74.

# 21.2 重读《"现代学徒制"的实践与思考》

赵鹏飞[1]

以2002年8月《国务院关于大力推进职业教育改革与发展的决定》提出"企业要和职业学校加强合作,实行多种形式联合办学"为标志,我国高职教育开启了由单一学校培养主体向校企合作协同育人转变的历史进程。之后的2004年《教育部关于以就业为导向深化高等职业教育改革的若干意见》提出各高职院校要"建立产学研结合的长效机制",2006年《教育部关于全面提高高等职业教育教学质量的若干意见》再次强调加强校企合作,"大力推行工学结合,突出实践能力培养,改革人才培养模式"。至此,以产教融合为基础、校企协同育人为方向的职业教育改革正式拉开了帷幕。

也就是在2004年,组织安排我从本科院校调入清远职业技术学院(以下简称清远职院)任院长,由此与产教融合、校企合作协同育人研究与探索结下了不解之缘。近20年的职业教育工作实践,使我对高职教育产教融合、校企合作育人的必要性、重要性及可行性有着深刻的认识、体会和思考,期间也有一些收获和想法发表在刊物上。在这其中,感悟最深且最令我感到欣慰的是2013年在《中国职业技术教育》杂志发表的《"现代学徒制"的实践与思考》一文,今天重温此文,有着别样感受。

## ❊ 一、背景 ❊

自"十一五"以来,我国经济社会进入了转型发展期,传统产业加速转型升级,高新技术产业快速发展,新兴产业不断涌现,这种变化无疑对劳动者的能力和素质提出了更高要求。由于职业教育单一学校主体人才培养,在一定程度上隔离了理论与实践、知识与能力,以及教学场所与实际工作场景,培养的学生其能力和素质往往难以满足企业需要,出现了企业招不到(难招到)合适的人,学生又找不到(难找到)适合的岗位,劳动力结构性短缺情况愈发严重的问题。

---

① 赵鹏飞,广东建设职业技术学院院长,教授。

　　广东省作为我国改革开放的前沿阵地，劳动力素质结构与产业需求脱节的问题更为凸显。改革职业教育人才培养模式，增强职业教育的适应性，助力全省产业结构调整、经济转型升级、企业创新发展尤为迫切。2002年以来，广东省大力推行订单培养（含订单定向培养），并于2007年开始全面开展高职院校学生顶岗（岗位）实习，在深化产教融合、校企合作育人方面，做了诸多大胆尝试，尤其是订单培养规模在全国排名前列，但总体而言，仍难以有效满足经济社会发展对人才的需求。"十二五"期间，随着广东省产业转型升级加速，广东省各类高素质技术技能人才缺口有加大的趋势，不仅是高职院校在寻求优质企业协同育人，部分先知先觉的企业也开始从坐等院校输送人才，转变到主动与学校开展合作、提前锁定人才的人力资源战略中来。

　　2009年，我们在关注经济发达国家学徒制改革实践的同时，也正着手研究我国的顶岗（岗位）实习和订单培养实践中所存在的问题，探寻产教融合不深、校企合作不紧、精准育人不足的根源，以寻求人才培养的突破口。我们走访了省内多家与清远职院有良好合作关系的企业，在交流中有两个重要发现：一是高新技术企业似乎不太愿意把核心技术技能传授给非企业员工的实习生；二是传统企业的转型升级有赖于在职员工能力的提升。比如，学生到高新技术企业进行了为期半年的顶岗实习后，部分学生毕业后回到该公司就职时，还需要再进行岗前关键技术培训。之所以会出现这种情况，主要是企业担心学生掌握了核心技术技能后并不留在公司工作，因而在培养过程中对实习生有所保留。而且涉及企业的一些保密技术，企业师傅不仅不会教给实习生，也不愿意让院校老师了解，以免造成保密技术外泄。又如，清远本地一家属于传统产业的大企业进行技术升级改造后，由于缺乏高素质技术技能员工，一些具有一定技术含量的设施维修工作，需要到广州请专业的师傅来完成，维修时间长且费用高，而且由于企业所处地理位置较为偏远，多年来一直难以吸引到合适的人才，全面提升在职员工的素质和技术技能以满足企业技术升级改造后对人才的需求，已迫在眉睫。

　　在这种背景下，清远职院选择了部分有实力且有意愿开展校企合作、协同育人的企业，就学徒制育人模式进行了深入沟通与探讨。在广东省教育厅的支持下，2012年，清远职院正式获批以自主招生方式面向企业员工及中职毕业生、普通高中毕业生招收学生，与企业紧密合作，以现代学徒制模式进行试点培养，率先在全国开启了中国特色学徒制的前期探索。

## 二、解决的问题

　　进入21世纪以来，世界各国的职业教育蓬勃发展，特别是经济发达国家的职业教育各具特色、形式多样，但校企合作、协同育人是共识、是方向。我国职业教育也极为重视校企合作、协同育人，继 2002 年国家层面提出的订单培养之后，2007 年 6 月，教育部联合财政部出台了《中等职业学校学生实习管理办法》，将岗位实习纳入教学范畴，随后又出台了《职业学校学生实习管理规定》，强化岗位实习的规范化管理。全国高职院校掀起了以岗位实习为基础，以订单培养为特色的校企协同育人实践探索的热潮。

实践表明，无论是岗位实习，还是订单培养，虽然都在一定程度上实现了校企协同育人，促进了产教融合，但效果并不太理想。企业参与动力不足、精准育人不够的情况仍然突出，究其原因，一方面是由于企业并不是法定育人主体，校企之间、学企之间的契约不牢固，学生毕业后去留自由度大，缺乏有效的就业锁定，导致企业不愿深度参与。另一方面，校企协同育人是一种育人模式变革，是一个需要重构教学内容、课程体系、师资队伍，要改革教学方法和教学形式等的系统工程，而这对院校和企业的能力以及协同有着非常高的要求。由于院校能力不足、对岗位需求把握不准，且大多数企业因缺少育人经验而难以有效参与，校企协同育人"两张皮"的情况也较为常见。

因此，如何增强企业育人的主体责任和能力，强化学生与企业之间的就业锁定，便成为了校企协同育人探索的重点。在对经济发达国家学徒制研究的基础上，我们结合学徒制试点实践，总结形成了《"现代学徒制"的实践与思考》一文，以期实现小处着手积微成著，探索出一条能够有效促进产教深度融合、校企紧密合作的新路子。

该文回答了两个基本问题：一是为什么要开展现代学徒制。通过对经济发达国家的学徒制如英国的"三明治"模式、澳大利亚的新学徒制、瑞士的"三元制"以及美国的"合作教育"模式进行比较分析，剖析了现代学徒制对经济发展的作用，总结出其基本要义，结合我国校企协同育人的历史背景与现状，提出开展现代学徒制对深化职业教育改革的重要意义。二是现代学徒制要怎么开展。以清远职院与企业共同开展的学徒制实践案例为切入口，探寻职业教育校企协同育人的有效路径。文章分析了学校与企业如何分工协作，如何有效整合二者的优质资源，以实现职业教育与企业需求的有效对接；文章阐明了学徒制实践中所要关注的重点内容、所遇到的一些问题，同时也提出了相关政策建议。

我们的实践探索表明，开展学徒制培养之后，企业对学徒制学生和专业教师敞开了大门，确保了学生高质量的企业工作本位学习，促使老师自觉融入企业技术研发中，同时也让最新的技术和工艺进到了学校，并植入人才培养方案中。清远职院以学徒制实践探索为契机，全面深化产教融合和校企合作，在专业能力建设和双师队伍建设等方面取得了长足进步，为后续成功申报"广东省示范性高等职业院校"

打下了坚实基础。而且通过创新实施“师带徒”结构化的岗位培养，合作企业员工的素质和技术技能大幅提升，部分毕业生两年内就步入企业核心技术管理岗位，实现了企业、院校和员工的“三赢”。

## 三、研究的意义

今天看来，《“现代学徒制”的实践与思考》可以说是真正以学徒制在中国的实践为基础进行探索的学术文章之一，该文章的发表，对中国特色学徒制前期探索起到了引领带动作用，受到学界高度关注，文中提出的一些重要观点，对当前深化职业教育改革、促进产教融合也有着较为重要的影响。主要体现在3个方面：一是文中提到的通过探索形成的“校企双元育人、交互训教、在岗培养；学生双重身份、工学交替、岗位成才为特征的工学结合人才培养模式”，继2014年广东省第二批现代学徒制试点探索之后，被总结凝练成“‘双元育人、双重身份，交互训教、工学交替，岗位培养、在岗成才’为特征，‘一体化育人’为核心”的广东特色现代学徒制基本内涵，至今已成为实施中国特色学徒制的参考原则。二是提出了学徒制利益分配的问题。学徒制的实施，涉及政府、企业、学校与学徒4个基本利益主体，完善基于学校、企业、学徒的支持政策和措施，构建合理的成本分担机制，在今天看来，依然十分重要。三是给出了一些政策建议。在宏观层面，提出了完善学徒制法律政策的建议，如建立学徒制专项经费、完善学徒制企业税收减免政策、建立学徒劳动保险和意外伤害保险等，尤其是建议从法律层面支持学徒制学生的员工身份，实现劳动用工制度与教育制度的结合。在中观层面，提出改革现有的学徒制招生制度，建立学校招生与企业招工相结合的制度体系。在微观层面，提出要完善校企合作培养机制，为双元育人和岗位成才创造良好的环境条件。而其中的完善支持政策、健全校企合作机制也是目前乃至未来推进中国特色学徒制所要突破的重点。

文章对清远职院试点情况进行了系统性总结，成功经验也受到了广东省教育厅的高度重视和肯定，助推了省级层面学徒制试点工作的开展。继2012年清远职院的试点之后，2014年，广东省教育厅在全国率先开展省级层面的试点工作，批准了基础较好的4所学校共12个专业招生650人试点探索现代学徒制，并在全国率先组建省级层面的现代学徒制工作指导委员会，为全省试点工作提供培训、指导、监督以及管理与咨询。而以清远职院试点探索为基础，结合广东后续的试点探索所形成的成果《广东特色现代学徒制研究与实践》，获得了2018年职业教育国家级教学成果奖一等奖。

广东的试点经验为全国现代学徒制试点提供了典型范例，也为国家试点政策的出台提供了重要依据。按照2014年《国务院关于加快发展现代职业教育的决定》提出"开展校企联合招生、联合培养的现代学徒制试点，完善支持政策，推进校企一体化育人"工作要求，教育部于2015—2018年，分三批在地方政府、行业、院校、企业4种类型主体中，共遴选出558家单位作为现代学徒制试点单位进行实践探索，并于2017年10月成立了全国现代学徒制工作专家指导委员会，开展现代学徒制的理论研究与实践探索，提供咨询、指导、培训、评估、检查、促进交流等服务。经过多年努力，形成了一大批可复制、可推广的典型经验和范例，出版了《中国特色现代学徒制试点探索与实践（第一辑）》，在我国的实践中，找到了一条校企协同育人的新路子。

## 四、反思

再次梳理我国学徒制的发展历程，不难发现，《"现代学徒制"的实践与思考》一文，也可以说是我国学徒制研究的分水岭之作。至此，学界对学徒制研究的重点，开始从学徒制的国际比较与经验介绍转向学徒制的中国实践探索。而清远职院的实践探索，无疑助推了具有中国特色的学徒制理论研究与实践探索从门外走到了门内。

从2012年的清远职院学徒制试点至今，短短11年，我国的学徒制实现了从无到有，并上升到国家人力资源战略的高度，显示出其强大的生命力。2019年，《国家职业教育改革实施方案》（即职教20条）颁布，开辟性地确立了职业教育的类型教育地位，并明确提出"坚持知行合一、工学结合""总结现代学徒制和企业新型学徒制试点经验，校企共同研究制定人才培养方案，及时将新技术、新工艺、新规范纳入教学标准和教学内容，强化学生实习实训"。2022年4月，新修订的《中华人民共和国职业教育法》颁布，"国家推行中国特色学徒制""学生学徒双重身份、学校企业共同培养、工学结合岗位成才"得到制度性确立。职教20条与新职教法的颁布，企业法定育人主体地位得以明确和强化，学徒的学生员工双重身份得到保障，真正实现了中国的教育制度与劳动用工制度的有机结合。但与此同时，仍有一些关键问题值得学界和企业界深入思考和探索：比如，还存在如何将职教法中与学徒制相关的法律条文进行落地的问题，或者说，还存在相关参与方尤其是企业参与学徒制动力不足的问题，学徒培养质量有待提升的问题、学徒制多方治理体系有待健全的问题、学徒制社会认可度有待提高的问题、学徒制工作推进协同不够的问题，等等，这些问题已成为中国特色学徒制高质量发展的瓶颈。

为落实党的二十大"加快建设高质量教育体系"的精神和职教20条"产教融合校企'双元'育人"、新修订的职教法"国家推行中国特色学徒制"，教育部于2022年12月成立了教育部职业院校中国特色学徒制教学指导委员会，指导推进中国特色学徒制的开展。目前，教育部等五部门正联合实施“职业教育现场工程师专项培养计划”，通过严格项目准入，以中国特色学徒制为主要培养形式，探索工程技术人才紧缺领域储能赋能的新机制。而以此为契机，建立省级层面学徒制管理机构，在职教法的指导下，进一步细化落实相关支持政策，统筹推进中国特色学徒制多元治理体系建设、学徒制标准体系建设、质量监管与评价体系建设，加快健全校企协同育人培养机制，借以推动中国特色学徒制高质量发展，应成为未来一段时期的探索重点。

实践证明，我国的职业教育发展与经济和产业发展相辅相成：职业教育的发展为经济和产业发展提供动力和支持，而经济和产业发展则推动职业教育转型升级，乃至革命。可以说，我国经济和产业的发展，催生了中国特色学徒制。不论是经济发达国家学徒制的改革实践，还是中国特色学徒制的前期探索，无不表明学徒制特有的强锁定（即学生的员工身份，使得企业与学生之间形成紧密的利益共同体），是激励企业深度参与培养，实现高质量培养和高质量就业的重要纽带。

实践也证明，中国特色学徒制是促进产教深度融合、校企紧密合作的落地之举，是驱动职业教育高质量发展、推动实现职业教育现代化的根本途径。在“推进职普融通、产教融合、科教融汇，优化职业教育类型定位”的大背景下，中国特色学徒制高质量发展，无疑将为中国式现代化提供强大的人力资源支持。

# 22.1 建立现代职业教育治理体系推动产教融合制度创新

和 震[①]

产教融合、校企合作培养技术技能人才是职业教育成功国家的共同经验。呼唤和渴求产教融合、校企合作培养技术技能人才在我国有着深刻的教育和经济背景。从教育方面看，近一段时期以来，我国职业教育的一大特色是以职业学校为主体培养初入职的技术技能人才，行业企业相对脱离劳动者的正规职业准备教育，出现了职业学校对产教融合、校企合作共同育人和研发的需求格外强烈，然而困难也格外多的情况。从经济领域看，我国正在进入工业化中期，努力实现产业转型升级、建立创新驱动的现代产业体系，对复合型和创新型技术技能人才的需求在倒逼行业企业作出变革。新一届政府正是在把握这些发展趋势的基础上，于2023年6月又召开了全国职业教育工作会议，面向未来提出了建立现代职业教育体系、推动产教融合培养技术技能人才的宏伟部署和整体规划。

## 一、需要从建立现代职业教育治理体系的高度，开展职业教育产教融合、校企合作制度的顶层设计

党的十八届三中全会通过的《中共中央关于全面深化改革若干重大问题的决定》指出："全面深化改革的总目标是完善和发展中国特色社会主义制度，推进国家治理体系和治理能力现代化。必须更加注重改革的系统性、整体性、协同性。"现代职业教育治理体系与治理能力现代化既是一个关乎职业教育现代化，进而影响国家现代化进程的宏观战略问题，又是一个切实解决当前中国职业教育发展所面临的体制机制困境，保障技术应用和技能人才发展的实践问题，具有重大的研究意义与价值。

党的十八届三中全会指出，全面深化改革的总目标是完善和发展中国特色社会主义制度，推进国家治理体系和治理能力现代化。职业教育作为与社会经济发展密切相关的一种教育类型，同时肩负着面向人人和培养高技能人才的重任，关乎国家的经济发展与社会和谐。职业教育治理体系与治理能力的现代化，是国家治理体系

---

① 本文发表于2014年第21期，作者时任北京师范大学教育学部教授，国家职业教育研究院副院长。

与治理能力现代化不可或缺的一部分，对全面深化改革、推进国家治理体系和治理能力的现代化具有重大意义。

改革开放以来，在政府及各部门的积极努力下，职业教育得到了很大发展。但是与目前我国经济社会的需求和人民群众的期盼相比，职业教育的发展依然面临着很多困难，许多问题表面上看在职业教育自身，但其实质是职业教育的外部制度、体制机制使然。当前职业教育的体制机制不畅、承担和参与主体缺位、相关制度不匹配、政策措施不协调、发展动力不足等问题成为制约职业教育发展的瓶颈。

推进国家治理体系和治理能力现代化，为解决上述职业教育的瓶颈问题提供了全新视角和顶层思路。从"单维"管理理念转向"多元"治理理念，在治理理论的指导下，借鉴国际比较经验，研究职业教育的多元治理主体的权责、实行管办评分离、多样化治理工具、完善的治理制度体系、治理指标体系、治理的制度包与工具包等，具有巨大的经济和社会意义。首先，完善职业教育治理体系、实现职业教育治理能力现代化，将有助于我国数以亿计的技术技能人才的培养和可持续发展，有助于职业教育突破上述瓶颈和困境，增强职业教育服务产业结构调整、经济发展方式转变的针对性和实效性。其次，对职业教育治理体系和治理能力现代化的研究，有助于促进我国社会民主与和谐发展，增强人民群众学有所教、学有所用的终身学习途径和机会，依靠职业教育提升国民素质和发展能力，提升体面就业、幸福生活的民主和谐境况。

党的十八届三中全会进一步指出："加快现代职业教育体系建设，深化产教融合、校企合作，培养高素质劳动者和技能型人才。"实行校企合作、工学结合的职业教育人才培养模式，是技术技能型人才培养的有效途径，体现了职业教育的本质特征。职业教育所肩负的培养技术技能型人才的任务需要职业院校与行业企业共同承担，日益成为职业院校、广大企业和社会各界的共识。

"十一五"以来，我国职业教育校企合作创设了"订单式"培养，工学交替，校中厂、厂中校，"政、校、企"三方联动等一批具有区域行业特色的校企合作人才培养实现形式，形成了"合作办学、合作育人、合作就业、合作发展"的校企合作人才培养理念，但是职业教育校企合作也遇到了较多的困惑、问题和困难，尤其是参与各方对职业教育校企合作的国家制度政策的缺失体会颇深，对职业教育在国家政策、制度层面的顶层设计改革有着较为迫切的诉求。

## 二、产教融合不仅应该是教育制度，更应该是经济制度、产业制度的组成部分

职业教育校企合作中存在的问题主要是企业主体缺位、行业企业参与度不够，

反映出经济领域支持产教融合的配套制度缺失，产教融合不仅应该是教育制度，而且应该是经济制度、产业制度的组成部分。我们曾经就校企合作中存在的问题以及校企合作参与各方对政策的诉求做过一次全国性的调研，主要是选取经济发展较快、地方政府认识较充分、政府政策环境较宽松、经费投入力度较大、企业参与职业教育的意识较强的地区作为样本进行调研。调研发现，职业院校的校企合作中既有老生常谈的旧问题，也有发展过程中遇到的新问题，需要政府统筹考虑解决办法，整体推进合作的发展深化。我国职业教育校企合作存在政府、行业、企业、院校、学生五大层面的问题，这些问题是系统培养高端技能型人才以适应经济发展方式转变和产业结构升级的重大障碍，是当前中国职业教育宏观政策亟待破解的焦点问题。

（一）政府作用的边界与市场机制的作用发挥

近年来，国家从认识上重视职业教育校企合作的制度和机制建设，各地不断探索实践，校企合作取得了显著成效。但国家和地方职业教育校企合作法制建设仍然十分薄弱。当前经济领域中的法律基本上没有涉及产教融合、校企合作的制度内容，教育领域的有关法律主要是1996年实施的《职业教育法》，但迄今为止还没有与其配套的下位法，只有地方制定的地方性法规以及国务院相关部门制定的部门规章，力度明显不够。国家层面上存在的相关问题表现为：第一，政府自身对如何发挥主导作用认识不足，对实现主导作用的形式和路径缺少探索和经验积累，相关校企合作的法律和政策制度不健全，协调引导作用有待加强；第二，校企合作的管理机制尚不完善，政府及其部门参与的职责分工有待明确；第三，政府主导不足，导致校企合作多方参与、沟通对话、经费投入引导和保障机制，以及监督评价机制等还不完善，资源整合力度不够，对参与职业教育的优惠政策宣传力度不够；第四，政府支持的社会化评价机制不健全，参与合作的企业资质缺乏明确规定和认定，企业参与合作的效果缺乏整体评价；第五，职业准入、职业资格证书与人才培养的关联性不够，校企合作的教育规范和标准不够成熟。

（二）行业指导能力的缺失与弥补

我国职业教育的发展对行业寄予了极大的期盼，教育部门成立了59个职业教育行业教学指导委员会，出台了发挥行业作用的政策文件，但是行业组织指导职业教育的作用还远远没有发挥出来。在我国经济领域，行业组织自身的能力和作用尚未有良好的发展，行业指导职业教育的权限不明确，支持和鼓励行业组织参与职业教育与培训的政策尚不健全。我国法律没有明确规定行业协会在职业教育发展中的地位和作用，使得行业组织的协调指导作用没有得到充分发挥，在制定行业岗位标准、课程标准中的主导作用发挥不够充分，行业组织对职业教育校企合作的监督机制尚未建立，行业协会与职业教育的交流对话制度有待进一步完善。从整体上看，我国行业自身独立发展的水平有限，指导职业教育发展的能力不足，自身能力尚需逐步培养，不具备制定标准、主持考试、颁发资格证书的权利和能力。

### （三）企业作为育人主体的作用和责任缺失

第一，企业应该成为职业教育和培养未来员工的主体，但我国职业教育处于市场机制发展的初期阶段，企业界表达意愿的机会和条件尚不成熟，参与职业教育的内驱力不够；第二，企业缺乏战略发展理念，参与校企合作的动力不足，社会责任的意识不够，合作关系大多靠感情维系；第三，现有的合作组织管理不健全，在具体专业建设、课程开发以及对实习实训的管理等环节中，企业大多处于被动状态，教育培训的标准和规范缺失，合作流于表面形式；第四，体力依赖为主而非技术技能依赖为主的企业大量存在，企业转型升级尚未完成，缺乏参与技术技能型人才培养的基本动力。

### （四）职业院校校企合作育人和研发的制度尚未到位

第一，缺乏现代学校制度理念，校企合作的治理机制、合作发展机制不健全，整合资源能力不够；第二，品牌创建意识不够，专业水平和技术技能积累不足，难以引领行业发展；第三，技术服务能力较弱，难以吸引企业参与；第四，人才培养模式创新不足，未能确立被校企双方共同尊重的教育规范和标准，难以适应产业需求；第五，学生实习监管不到位，难以保证实习质量。

### （五）学生实习活动性质错位与纠正

实习实训应该是教育环节，其活动的性质是教学活动。这一点不容置疑。实际的工作不能直接代替实习实训，也不能等同于实习实训。在我国职业教育的实际中，第一，学生岗位实习的内容和要求与企业的用人标准，以及工作岗位要求不太相符；第二，学生在企业实习的内容、场地安全和工作时间等没有明确的规定；第三，学生的责任心和吃苦耐劳能力等品质的培养尚未有清晰的标准。这3个原因最终导致当前职业学校学生的实习缺少教育性，教育效果不明显。

## 三、国家应该同时从教育领域和经济领域同时实施产教融合、校企合作制度创新

研究、探讨校企合作促进政策的制定和实施是一项重要的攻坚任务，需要深挖

现存的问题，分析其原因，并将其放在国家宏观层面来思考解决的思路和办法。我国职业教育的主体是职业学校，主要由教育部门统筹管理，但教育部等任何单一部门无法有效地解决职业教育校企合作的跨部门、跨领域问题。因此，需要国家统筹职业教育校企合作政策，进行顶层设计。

国家从教育、经济和劳动三方面建立法律性框架。目前，我国的《教育法》《劳动法》和《职业教育法》中关于教育与生产劳动相结合、教育为经济建设服务、经济建设依靠教育以及职业教育校企合作的规定，对于促进校企合作的发展发挥了一定的作用，其条款大多是宏观性规定，较建立良好的职业教育产教融合制度的需要还有很大差距。国家应从教育、经济、劳动 3 个领域修改现有法律和新增相关的法律，为加快建立国家职业教育产教融合、校企合作制度提供宏观性法律框架。职业教育实行校企合作和工学结合的人才培养模式，不仅是培养应用型、技能型人才的基本做法，而且也符合我国关于教育同生产劳动相结合、培养全面发展的人的基本教育方针，为加快制定国家职业教育校企合作促进法规提供了宏观性思想框架。

鼓励地方先行先试，吸收地方创新经验。许多地方对校企合作的认识不足，认为人才培养合作项目与产品研发等合作项目相比，回报较低而投入较大。调查显示，企业所能为职业学校提供的资源中，实训设备和资金被排在末位，因此参与职业教育的企业需要政府优惠、补偿政策的引导。2009 年，《宁波市职业教育校企合作促进条例》开始施行，这是我国第一部地方性职业教育校企合作促进法规，为明确职业学校、企业和政府部门职责，预防学生在实习期间发生意外伤害事故，保护企业商业机密等提供了法律依据，为宁波地区职业学校和企业合作培养高素质技能型人才，促进校企合作可持续、健康发展提供了法律保障，是完善我国地方校企合作法规的重要标志。

国家在制定和实施校企合作促进政策方面，做出了较大努力。在国家政策层面，首次肯定职业教育实行校企合作的育人模式的是 2005 年的《国务院关于大力发展职业教育的决定》，即"进一步建立和完善适应社会主义市场经济体制，满足人民群众终身学习需要，与市场需求和劳动就业紧密结合，校企合作、工学结合，结构合理、形式多样，灵活开放、自主发展，有中国特色的现代职业教育体系"。2006 年颁布的《中共中央办公厅、国务院办公厅关于进一步加强高技能人才工作的意见》《中共中央 国务院关于实施科技规划纲要增强自主创新能力的决定》（〔2006〕4 号），中共中央、国务院办公厅《关于进一步加强高技能人才工作的意见》（〔2006〕15 号），《财政部 国家税务总局关于企业支付学生实习报酬有关所得税政策问题的通知》（〔2006〕107 号）；2007 年颁布的《国家税务总局关于印发〈企业支付学生实习报酬税前扣除管理办法〉的通知》（〔2007〕42 号）；2010 年颁布的《国家中长期教育改革和发展规划纲要（2010—2020 年）》《中等职业教育改革创新行动计划（2010—2012年）》等，不仅使职业教育校企合作的理念深入人心，而且也促进了职业教育校企合作的创新。

综上表明，各级政府逐步通过经济、教育、劳动等多领域的法律法规创新来推进职业教育校企合作，采取措施打破行政管理部门之间的壁垒，加强协调联动，积极探索并建立促进职业教育校企合作的长效机制。个别地区尝试有效地推进行业协会参与职业教育、调动企业参与的积极性、加大职业教育投入力度、加快职业标准与专业教学标准对接、促进职业教育集团化发展等，为制定国家职业教育校企合作促进条例奠定了基础。

## 四、坚持校企合作分类建设、探索差异化校企合作政策

职业教育校企合作分类是指根据职业教育校企合作的共同点和差异点，采用一定的标准和方法，依据一定的原则，对其进行系统的划分和归类。

本研究依据参与主体、企业所依赖的人力资本类型、企业采用的生产方式，以及校企合作中涉及的专业类别等对校企合作进行了分类，并研究了各类校企合作的特征，以期发现不同类型校企合作的政策诉求。

在多样的校企合作类型中，并非所有类型的企业都积极参与校企合作。例如，知识依赖型企业，他们的合作意愿低，参与合作的面比较窄，形式比较单一，对这些参与校企合作，政府及各部门应加强引导，不过分鼓励、不强制实施。手工业生产方式下的校企合作，合作的周期长，培养学徒的技能全面，质量基本有保障。在政策上，应引导这类企业参与校企合作。

体力依赖型企业的一线工作具有简单重复、劳动的知识技术含量低、用人不分专业、计件工资制等特征，是职业院校技术技能人才培养的天敌，尽管体力依赖型企业十分需要实习生的顶岗劳动，对职业院校的学生很有热情，但是这类企业却不适合人才培养，政策上也不应该鼓励与这类企业的校企合作。

## 五、政府与市场各尽其能促进产教融合

职业教育产教融合、校企合作的实质是全社会的合作，是教育与产业的全面合作。政府和市场是推动产教融合和校企合作的两大基本力量，但是政府和市场二者的作用又各有优势和不足，因此，探索二者作用的合理边界就显得十分重要。应该尊重市场在校企合作中起决定作用的规律，并避免市场在职业教育中的失效情况。国家应尽快创新职业教育制度顶层设计，提供职业教育发展的良好环境，统筹管理校企合作中的政府、学校、企业、行业、学生等相关各方，明确参与各方的权利、

义务和责任，系统构建职业教育校企合作的国家制度和机制，完善培养高素质技术技能型人才的基本制度，应该注意避免政府主导可能会出现的职业教育脱离社会需求的情况。

**（一）政府是职业教育制度顶层设计和发展环境优化的责任者和主导者**

强化各级党委、政府统筹本区域内职业技术教育发展的职责。明确发展职业教育是各级党政主要领导的责任，要相关各方"合作"就需要"统筹"，统筹的实质是对全社会的统筹，积极打破行政部门间的壁垒，探索多个行政部门协调联动，系统整合学校、企业、行业、研究机构等多个主体、多种资源，协同推进校企合作。

建立产教融合、校企合作经费引导机制，为职业教育校企合作提供引导性的专项经费、补贴等政策保障，鼓励企业设立实习岗位和开展实习指导。如国家和地方职业教育校企合作专项经费，适当补偿行业企业参与职业教育所提供的公共服务的人力成本和物力消耗。设置必要的引导性资金，解决职业教育校企合作启动乏力、落实困难的问题，是发挥校企合作的政府主导作用的体现，但并非由财政承担校企合作所需的全部经费，而是引导校企发现和培养合作的利益共同点，逐步使行业企业成为校企合作的主要承担者。

中央和地方政府应为职业教育校企合作提供人员互聘、信息整合、交流沟通、对话交往等多种平台。如建立国家、行业和地方职业教育校企合作信息化平台；建立区域的企业用人需求、职业院校学生实习就业信息服务中心。鼓励支持产业园区与职业教育园区融合。政府设立职业教育校企合作的企业资质认证制度和企业贡献等级评级制度；设立国家、地方、学校、行业等各级"职业教育校企合作奖"，奖励对促进校企合作贡献突出的行业组织、企业、学校、研究机构等先进单位和先进个人；组织新闻媒体大力宣传促进校企合作的先进单位和先进个人，增强行业、企业及社会各界参与职业教育的意识。

中央和地方政府通过设立职业教育校企合作国家级、省市级联合科研项目，发挥科研项目载体作用，整合科研资源，引领使行业组织、企业、职业学校、研究机构等社会各界深度合作，在产品研究、课程、教材、教学标准、职业标准、评价等方面联合研究和攻关。

**（二）明确行业责任，发挥市场机制在校企合作中的决定力量**

提高行业指导能力。将行业人力需求调研、行业能力标准规划、研究制定职业资格标准和技能等级考核标准、培训指导等事宜，都纳入行业的职能范围。制定分行业的校企合作准则和指导手册。

企业合作的基本机制应该是互惠互利的市场机制，合作育人、合作研发、合作资源是校企合作的主要内容。校企合作共育人才符合企业的长远需求和利益，推动校企合作从感情机制转向利益机制和市场机制，建立长效合作机制，将主要依靠市场机制来发挥作用，使受益者承担相匹配的责任。明确企业参与职业教育的义务，企业是职业教育的主体之一。政府和行业应引导校企合作的发展方向，使职业教育校企合作朝着健康、持续的方向发展，避免个别企业的短视行为和危害学生利益、社会利益的行为。

鼓励职业学校与行业企业的人员交叉任职，担任实职。在管理层面上组成职业教育治理共同体，在师资层面上创造条件交叉任职，改变单项聘任兼职为双向兼职。对参与合作的企业进行资质认定，具有认可资质的企业方可参与职业教育校企合作。

习近平总书记曾经讲过，工业强国都是技师技工的大国，我们要有很强的技术工人队伍。他还指出技术和粮食一样，靠别人靠不住，要端自己的饭碗，自立才能自强。产教融合、校企合作是促进技术技能人才培养的基本路径，只有加强顶层设计，构建科学合理的职业教育治理体系，提高职业教育治理能力，才能保障我国高技能人才辈出，从而提升国家的整体综合竞争实力。

# 22.2 产教融合本质内涵和基本规律的洞察与把握

和 震[①]

产教融合、校企合作是职业教育成功的必由之路，也是企业提高竞争力、实现创新驱动的主要途径。深化产教融合，促进教育链、人才链与产业链、创新链有机衔接，对于全面提高教育质量、扩大就业创业、推进经济转型升级、培育经济发展新动能具有重要意义。职业教育实践层面非常关注一些问题，例如如何深化产教融合、如何破解阻碍产教深度融合的体制机制障碍，以及如何把教育教学和人才培养与行业企业更紧密对接等。解决这些问题，推进产教融合的行动，有赖于对产教融合本质内涵和基本规律的深刻认识、洞察和把握。

## 一、产教融合的本质内涵

一是把握好产教融合的基本内涵。

产教融合、校企合作是职业教育的基本办学模式，是办好职业教育的关键所在。产教融合是指教育机构与产业界在人才培养、科学研究和技术服务等领域开展的各种合作活动。产教融合是产业与职业教育之间的国家制度完善、政策配套、多元主体协商共治、产教协同规划、校企共同承担育人责任、人才育用衔接、规范而深入的产教深度合作的理想状态。规范而深入的产教融合、校企合作是职业教育取得成功的国际经验，是高质量培养大批技术技能人才的必由之路，也是依赖技术技能积累和人才驱动的行业企业保持竞争力所必需的。

职业教育的产教融合与校企合作是以人才培养核心，包括产教协同规划、校企共同承担育人责任、人才育用衔接、合作技术研发、教师实践或员工培训，以及资源共享、共同开发课程、制定教学标准和考核标准等。

推进产教融合需要多个层次的安排。政府应将职业教育发展纳入区域经济社会发展的整体规划之中，作为产业发展支撑体系的组成部分。职业教育的治理结构应吸收产业界、行业企业的参与。职业学校和企业通过共同育人、合作研究、共建机

---

① 和震，北京师范大学国家职业教育研究院院长，职业教育与成人教育所所长，教授。

构、共享资源等方式实施的合作活动，合作育人是职业教育产教融合的主要内容。职业教育的全过程应该向产业界开放，将各种有教育价值的产业要素引入职业教育中。

二是把握好产教融合的本质。

产教融合本身并非目的而是途径和手段，知识融合、技术技能积累与创新是产教融合的主线和实质，育人—兴产—强国是产教融合的目的。

产教融合的实质是不同类型的知识相互融合、技术技能的跨界积累与创新，是人才链—价值链—创新链的融合，是职业教育产教融合的主线与核心。国家支持职业教育与行业企业形成产教融合、校企合作、工学结合、知行合一的共同育人机制。

产教融合符合技术技能形成的规律。首先，关于职业教育领域内实践知识与学科知识的关系，应重视实践知识的特殊地位，将实践知识和学科知识融合到职业教育课程、教学和实习实训中；其次，技术技能专长的获得尤其依赖内隐知识的获得和迁移，应重视工作情景体验、过程观摩与实操、揣摩交流和环境浸润；其三，重视个体的认知发展规律和技能获得规律，在职业情境、工作任务、技术问题中培养其认知自动加工能力和问题解决的自动化策略，促进程序性知识的增长，构建高度整合的知识结构。

个体以复杂多样的应用性、执行性实践活动为基础，在具体的职业情境下获取并整合领域内的多重知识，形成应用性—执行性的技术技能，解决领域内新的应用性、执行性问题，基于个体丰富且高度结构化的技术知识的积累，要求个体在领域内有长时间（职业学校学习—职场实习—职场工作—基于工作的学习）、多场域（职业学校—企业工作场所—社会）的知识和技能积累、社会化浸润和专业实践参与，将陈述性知识顺利转化为程序性知识，且特别依赖于内隐知识的获得与迁移。由此在职业教育视角下产教融合促进技术技能专长的养成，符合技术技能形成的5个重要特征（如图22.2.1所示）：① 各类知识的相互依存与整合，即注重技术知识结构的积累、互动，促进个体各类知识的整合和结构化；② 情境性，即在哪里用就在哪里学。技术知识与情境高度相关，对特定专长内涵及其养成规律的探索依赖于情境学习的理论；③ 实践性，即用什么学什么，做什么学什么；④ 动态性，即技术技能是属人的，是活的，是活在人身上的，要跟会的人学；⑤ 弱迁移性，即技术技能与显性知识不同，是很难迁移的，因此，技术工人和能工巧匠的培养只能在特定情

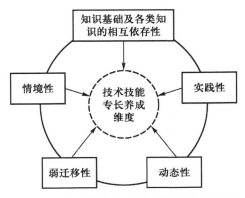

图22.2.1　技术技能的本质属性需要产教融合

境中、特定任务实践中、在师生共同体中边做边学、慢慢成长，同时对特定情境和任务的依赖性也更强。

三是把握好产教融合中的教育性。

校企合作要坚持教育的相对独立性，不能直接用企业代替学校、用工作代替学习，企业资源应经过教育化的改造，工作任务应经过教学化转化以便适应学习者的学习规律，学习的工作岗位是经过职业学校开发或认定适合的学习场所。

## 二、产教融合的制度与模式

产教融合已经提升为我国教育和产业制度改革中的建设目标。2017年，加快推进产教融合受到了国家的关注，上升成为国家政策。《国务院办公厅关于深化产教融合的若干意见》（国办发〔2017〕95号）指出："受体制机制等多种因素影响，人才培养供给侧和产业需求侧在结构、质量、水平上还不能完全适应，'两张皮'问题仍然存在。深化产教融合，促进教育链、人才链与产业链、创新链有机衔接，是当前推进人力资源供给侧结构性改革的迫切要求，对新形势下全面提高教育质量、扩大就业创业、推进经济转型升级、培育经济发展新动能具有重要意义。""深化产教融合的主要目标是，逐步提高行业企业参与办学程度，健全多元化办学体制，全面推进校企协同育人，用10年左右时间，教育和产业统筹融合、良性互动的发展格局总体形成，需求导向的人才培养模式健全完善，人才教育供给与产业需求重大结构性矛盾基本解决，职业教育、高等教育对经济发展和产业升级的贡献显著增强。"

职业教育产教融合的制度体系包括：① 工学结合的教学组织制度；② 校企合作技术技能人才培养制度；③ 以"集群合作"为基础的区域职业教育"专业—产业双集群"协调发展制度；④"国家主导、行业指导、工会参与、学校和企业双主体"的办学制度。

产教结合、校企合作的运行不仅是教育制度的内容，也应该是经济制度和产业制度的内容，需要政府、行业、企业、社会、工会等相关主体多元合作共治。国家应该在教育领域和经济领域同时实施产教融合、校企合作制度创新。职业教育产教融合涉及政府、行业、企业、院校、学生等多层面，任何单一部门都无法有效地解决职业教育产教融合的跨部门、跨领域问题，需要国家统筹职业教育产教融合政策，进行顶层设计，给国家技术技能的积累和高素质技能人才的培养提供制度保障，也需要行业、企业、工会、职业学校、中介组织等等相关各方共同参与、分工合作，积极推进各个层面的系统化、制度配套的产教融合、校企合作，以实现多赢局面和良性互动发展的格局。职业教育的全过程应该向产业界开放，将各种有教育价值的产业要素引入职业教育中。通过产教融合、校企合作，职业学校不仅成为高端技能型人才的人才源，而且成为直接面向企业发展所需的技术源，从而提升职业学校在产业链中的地位。德国将适合开展职业教育的企业认定为"教育企业"，中国也正在开展"产教融合型企业"的选培。坚持校企合作分类建设，探索差异化校企合作政策。

产教融合和校企合作的实践模式主要有3种类型：

一是以企业为本位的校企合作模式：例如美国和日本培训模式；

二是企业为主校企双主体育人模式：例如德国双元制职业培训模式；

三是以职业学校为本位的校企合作模式：例如新加坡职业教育院校模式，中国目前的职业院校校企合作育人模式。

同时，产教融合和校企合作的分类有多种形式。依据学校和企业的关系及地位的分类，如将职业教育校企合作分为学校本位模式和企业本位模式；依据学校和企业参与方式及程度的分类，如将职业教育校企合作分为企业配合模式、校企联合培养模式、校企实体合作模式；依据政府作用发挥程度的分类，如市场自发、政府引导和政府主导3种模式；依据校企合作实践操作特点的分类，如订单式、"2+1"式、学工交替式等；依据校企合作中企业所需人力资本类型分类，如技能依赖型校企合作、知识依赖型校企合作、素质依赖型校企合作、体力依赖型校企合作等；依据校企合作中企业的生产方式分类，如手工生产方式下的校企合作、福特制生产方式下的校企合作、精益生产方式下的校企合作等。

中国职业教育在实践中形成了多种产教融合和校企合作形式和模式，创设了"政、行、校、企"多方联动、"产学研用创"相结合、"订单式"培养、工学交替、校中厂、厂中校、产业学院、产教融合型企业等一批具有区域或行业特色的职业教育人才培养模式，形成了"合作办学、合作育人、合作就业、合作发展"的产教融合发展的职业教育理念。

## 三、产教融合需要持续推进职业教育治理现代化

近年来，我国加快推进职业教育向治理能力现代化、类型特色鲜明、制度完备、高水平办学、高质量发展迈进。然而职业教育治理的体系建设和能力水平与社会对职业教育的期望相比仍存在差距，表现在职业教育改革所需的配套制度政策尚需健全、产教深度融合的难点仍未突破、行业指导职业教育的能力和职业证书的公信力有待提升等方面。职业教育治理现代化是职业教育现代化进程中的关键，事关职业教育的顶层设计，需要从多个方面改革创新，攻坚克难。

第一，职业教育治理体系要发挥党的领导优势，加强党对职业教育工作的全面领导。"办好中国的事情，关键在党"。由于职业教育改革的跨界性和复杂性，只有

坚持党的领导才能切实增强职业教育改革的系统性、整体性和协同性，才能全面提高国家职业教育的治理能力和治理水平。职业教育体系应该包括职业院校系统和职业继续教育系统，是超越部委职能分工的，需要加强党的领导，改变目前双系统中一强一弱的局面，提高技术技能人才待遇，畅通职业发展通道，增强职业教育的认可度和吸引力。职业教育也是为党育人、为国育才的重要领域，要充分发挥党组织在职业院校的领导核心和政治核心作用，保证职业教育改革发展的正确方向，牢牢把握立德树人的根本，全面推进职业教育领域"三全育人"综合改革，为社会主义现代化强国建设培养合格的劳动者和接班人。

第二，深化完善政府主导、行业指导、企业参与、学校办学、社会支持的全社会合作推进职业教育的现代化治理体系。各级政府部门要深化"放管服"改革，加快推进职能转变，由注重"办职教"向"管理与服务"过渡，从直接抓项目、颁奖项、搞大赛的忙碌中解脱出来，成为职业教育治理的设计师。职业教育领域的政府职责主要是统筹规划、制定政策、支持保障、依法依规监管等。健全政府主导、多元主体参与、分工协作的职业教育培训质量保障体系，培育职业教育服务体系。明确界定相关治理主体的权责义务边界，构建协调互利的和谐关系，给地方政府和院校较为充分的自主空间。形成"政府统筹管理、学校办学、行业和社会评估"的科学治理格局。

第三，突出行业在职业教育治理中的重要主体作用。大力培育和赋能行业组织（即企业自我管理的联合组织，类似德国双元制的工商业联合会和手工业联合会两个行业组织），政府部门赋权行业组织为主体开发职业标准，认证企业培训师，组织职业证书考核、管理和颁发等，教育和人力资源等相关部门认可。开展省级行业组织培育和转型试点，健全区域内同行业内企业自我管理机制，职业教育培训评价组织融入行业组织，在政府部门的监管下，按有关规定开发职业技能等级标准，负责实施职业技能考核、评价和证书发放。应提高行业指导能力，将行业人力需求调研、行业能力标准开发、职业资格标准和技能等级考核标准的制定等工作纳入到行业的职能范围。发挥行业协会等企业自我管理组织的积极作用，支持企业深入参与职业教育的人才培养过程，推进包括行业标准、地方标准和团体标准在内的职业教育标准化建设。

第四，应明确企业参与职业教育治理的义务，推动企业和社会力量举办高质量职业教育。政府和行业应共同引导企业参与职业院校办学的发展方向；鼓励职业院校与行业企业人员交叉任职和担任实职，在管理层面上组成职业教育治理共同体。发挥企业在职业教育培训方面重要的育人主体作用，鼓励有条件的企业特别是大企业举办职业培训中心或跨企业培训中心，支持企业建立职业培训师队伍，支持和规范社会力量兴办职业教育培训，鼓励发展股份制、混合所有制等职业院校和各类职业培训机构。

第五，完善高质量"双师型"教师队伍发展保障体系。整体上应建立"职业院校教师＋企业培训师"新双师职业教育师资队伍建设体系。一方面，持续建设高素质专业化、创新型职业院校教师队伍，推行产教融合的职业教育教师培养模式。支持新建职业技术师范大学，支持综合性、行业型大学举办职业师范学院，改革职业教育教师资格考试制度，以课程学习和学分积累代替"一考定资格"的状况，突出资格考核中的职教类型特色。科研引领教师专业化发展，支持建设若干高校职业技术师范教育理论创新发展中心。可尝试单独开设职业技术师范教育国家教学成果奖项。另一方面，创新设置一支专门的培养技术技能人才的企业培训师队伍，由行业组织认定和考核企业培训师的资格和作用。发挥企业培训师的直接作用，是培养更多能工巧匠、大国工匠的必要条件，可以大大弥补现有职业院校"双师型"教师队伍的不足。

第六，形成国家统筹指导和社会多方参与的职业教育支持与服务体系。完善职业教育所需要的课程资源、教材、教学设备教具、职业证书等方面高质量的保障与供给。只有治理体系的现代化才能保障职业教育资源建设的高质量供给。以教材为例，可组织行业专家、技能人才代表、职业教育教师代表、教材建设专家等为核心编写人员，依托多家大型出版社，建立竞争性的全国性职业教育教材开发专门机构，紧跟先进的职业标准和技术前沿，合力开发权威性强、行业认可度高的教材资源，改变职业学校教材低水平重复建设的状况。

第七，构建完善的职业教育研究咨询服务体系。一方面，要加强和完善国务院职业教育工作部际联席会议制度，建立若干国家职业教育指导咨询专项委员会，建立省级职业教育工作厅际联席会议制度，促进国家政策的落实和地方实践创新；支持一批职业教育智库，在国家和区域战略规划、重大项目安排等方面形成政策合力和实践合力；鼓励第三方参与职业教育评价，健全职业教育督导制度。另一方面，支持构建中国特色职业技术教育学理论体系。支持一批职业教育科研机构开展中国特色职业教育理论体系的探索和总结，立足于中国大地，构建中国式职业教育现代化的理论。政府应出台政策，推动职业教育理论界高质量地回应国家的重大需求。

综上全文，呼唤和渴求产教融合、校企合作培养技术技能人才在我国有着深刻的教育和经济背景。从教育方面看，我国一批职业院校、本科院校的专业教育相对脱离于劳动力市场需求和产业发展要求，必须做出转型调整；从经济领域看，努力实现产业转型升级、建立创新驱动的现代产业体系，对复合型和创新型应用人才和技术技能人才的需求在倒逼行业企业提前介入学校的人才培养过程。产教融合是趋势也是难点所在，需要建设好产教融合中间体，好比把连接两根铁轨的中间枕木建设好，这比搞许多的集团、联盟和共同体等要有效得多。

# 23.1 地方本科院校转型之路：回归职业教育的本质[①]

郝天聪　庄西真

《国务院关于加快发展现代职业教育的决定》（国发〔2014〕19号）明确提出："采取试点推动、示范引领等方式，引导一批普通本科高等院校向应用技术类型高等院校转型，重点举办本科职业教育。"转型并不仅仅意味着名称上的改变，更重要的是内涵上的转型。原因在于转型从根本上讲是由内而外的，它是一个自主的、生成的、流淌的过程。推动地方本科院校转型发展应用型本科，从严格意义上讲应该是职业教育办学定位的理性回归。面临转型的多是地方本科院校，其原来的定位大多是应用型院校，只是由于现实原因与制度设计导致其错位发展，才与职业教育路线渐行渐远。职业本科教育要"名副其实"，必须回归职业教育的本质。

## 一、地方本科院校转型发展职业教育的依据

### （一）从学理来看，是完善现代职业教育体系的关键

从目前来看，我国职业教育体系的不健全已经成为制约职业教育进一步发展的瓶颈。现代职业教育体系是一个具备高度成长性的体系。职业教育没有终点，只有过程，在不同的发展阶段，职业教育应该有初等、中等和高等不同层次，在高等职业教育阶段有专科和本科层次。[②]然而，我国的职业教育主要限于专科层次，这种制度设计上的缺陷，造成了职业教育体系的不完整。在此背景下，发展应用型本科职业教育就成为完善现代职业教育体系的关键。

其一，国际教育分类标准是构建职业教育体系的参照依据。2011年，联合国教科文组织最新修订的《国际教育标准分类法》（The International Standard Classification of Education）将教育分为9级。其中，0级为学前教育，1级为初等教育，从2级（初

① 本文发表于2015年第30期，郝天聪，南京师范大学教育科学学院硕士研究生。庄西真，江苏理工学院职业教育研究院院长。

② 周建松. 关于全面构建现代职业教育体系的思考［J］. 中国高教研究，2011，（7）：76.

中教育）开始到8级（博士层次的高等教育）都有职业教育和普通教育的区分。与1997年版的国际教育分类标准相比，其主要变化在于将5、6级扩充为5、6、7、8级。5级为短线高等教育，在我国相当于专科层次的高等教育。6级、7级、8级分别为学士学位层次的高等教育。应用型本科教育应该属于6级学士学位层次的高等教育，而在类型上应当定位于职业教育。综合考虑层次和类型两种因素，在教育体系中，应用型本科职业教育处于"6B"的位置，可以表述为职业教育类学士学位层次的高等职业教育。由此可见，将应用型本科纳入现代职业教育体系是符合国际教育分类标准的，它是现代职业教育发展的一种趋势。

其二，"职业带"（Occupational Spectrum）理论可以为职业教育人才培养层次提供借鉴。近代以来，三次工业革命的发生带来了科学技术的巨大进步，也带来了现代人才结构的巨大变化。1981年，在联合国教科文组织出版的《工程技术员命名和分类的几个问题》一书中，通过对一些工业化国家的分析，Howard W·French将人才结构主要划分为3种类型，即技术工人、技术员和工程师。"职业带"理论模式见图23.1.1。

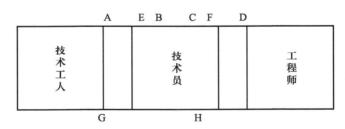

**图23.1.1　"职业带"（Occupational Spectrum）理论模式**

如图23.1.1所示，A-B表示技术工人类人才区域，B-C表示技术员类人才区域，C-D表示工程师类人才区域。对角线GD的左上方代表操作技能，对角线GD的右下方代表理论知识。按照技术工人、技术员、工程师的顺序，对人才操作技能的要求呈现出递减趋势，而对人才的理论知识要求呈现出递增趋势。对于职业教育人才培养来说，A-B与初等职业教育相对应，B-C与中等职业教育相对应，C-D与高等职业教育相对应。作为本科层次的职业教育，应用型本科的培养目标主要指向职业带中的C-F区域，即技术员与工程师的交叉区域。举例来说，应用型本科主要培养能适应高科技应用和智能化控制与管理一线工作的本科层次的技术工程师、技术师、经济师、经理等专业应用型高级专门人才。[①]因此，根据职业带理论，应用型本科职业教育是高等职业教育的重要组成部分，其发展程度对于完善现代职业教育体系至关重要。

---

① 宋伯宁，宋旭红. 山东省高等学校分类研究［M］. 济南：山东大学出版社，2012.

### （二）从历史来看，是世界职业教育发展的大势所趋

本科层次职业教育的出现与特定的历史条件密切相关。工业革命以前，由于社会分工程度较低，职业教育一直处于缓慢发展的阶段。工业革命以后，随着学校形态的职业教育的出现，现代意义上的职业教育才真正诞生。工业革命的出现，使得社会分工日益细致，间接促进了职业教育的快速发展。正如石伟平所言，职业教育是"随着经济、社会的逐步发展，工商业逐渐壮大，从业人员渐渐增加"而"随之繁荣"的。[①]除此之外，职业教育的办学层次也在不断提高，尤其是自20世纪中叶以来，随着科学技术迅猛发展以及各国之间的经济竞争日益激烈，对技术应用型人才的素质与规格要求日益提高，技术在国民经济发展中的作用日益显著，不少发达国家和地区开始重视职业教育的发展，本科层次职业教育纷纷出现，逐渐形成了层次健全的、趋于完善的现代职业教育体系。

本科层次的职业教育最早萌芽于英国。英国于1956年发布的《技术教育白皮书》、1963年的《罗宾斯报告》均强调发展本科层次的"高级工程技术学院""技术大学"；1966年颁布了《关于多科技术学院及其他学院的计划》，在全国范围内合并建立了30所多科技术学院，由此，本科层次的职业教育在英国正式确立。[②]美国从20世纪60年代开始兴办本科层次职业教育，"生计教育运动"的开展，使得包括宾夕法尼亚大学在内的近300所大学开设四年制高职专业，大大促进了普通教育与职业教育的融合。与此同时，有200多所社区学院与普通大学合作培养人才，学生通过4年的学习可以获得学士学位。作为世界职业教育的领航者，德国本科层次的职业教育起步稍晚，但质量很高。1968年，德国通过了《联邦共和国各州统一专科学校的规定》，开始组建三年制高等专科学校。随着企业对技术应用型人才素质和能力要求的提高，三年制高等专科学校逐渐改为四年制应用科技大学。应用科技大学为德国培养了大批技术应用型人才，被称为"德国工程师的摇篮"。1976年，日本建立了两所本科层次的职业大学，以高等专门学校的毕业生为主要招生对象，学制为4年，随后又开设了大学院，采取本科、硕士贯通的人才培养模式。我国台湾地区本科层次职业教育起始于20世纪70年代，以技术学院和科技大学为主体，培养目标是高级工程及管理技术人才。本科层次职业教育的发展与完善，极大地促进了发达国家和地区经济社会的发展，职业教育层次的上移俨然成为世界职业教育发展的一股潮流。

---

① 石伟平. 比较职业技术教育 [M]. 上海：华东师范大学出版社，2001.

② 任君庆，王琪. 发展本科层次职业教育：历史考察、现状分析和路径选择 [J]. 职教论坛，2013，（4）：52.

### （三）从现实来看，是适应经济社会转型发展的需要

21世纪以来，我国逐渐由"生产型社会"步入"发展型社会"，社会对高级技术应用型人才的需求大增。然而在我国长三角地区、珠三角地区，甚至一些二线城市出现了严重的"用工荒"问题，这表明职业教育培养的人才仍难以满足经济社会转型发展的需要，我国职业教育的发展水平与世界发达国家相比还存在较大差距。高级技术应用型人才的缺乏不仅严重制约了国内经济社会的转型发展，而且使得我国在激烈的国际竞争中处于劣势地位，不利于实现从人力资源大国向人力资源强国转变。

究其原因，主要在于我国职业教育培养的人才基本限于专科层次，难以提供足够的适应经济社会转型需要的高级技术应用型人才。根据经济学中的"微笑曲线"原理，在产业链中，处于中间环节的制造利润率和附加值相对比较低，而利润率和附加值最高的地方处于两端的研发设计和销售服务环节。长期以来，我国一直处于"微笑曲线"的谷底，在国际产业链中主要处于制造环节，产业的利润率和附加值都比较低。为了实现从制造大国向创造大国转变，需要走自主创新之路，产业链中的每一个环节都需要创新升级，这就对人才的素质和能力提出了更高要求。产业结构的优化和升级需要一支数量充足、结构合理、技术精湛、素质优良的技术技能人才队伍的支撑，这也是时代赋予职业教育尤其是高等职业教育的历史重任，但现有的职业教育体系却难以承载。[1] 为了能在激烈的国际竞争中取得有利的位置，必须加快高级技术应用型人才的培养，改变我国在国际产业链中的低端地位。而在现有的职业教育体系中，我国的职业教育以专科层次终结，无法为转型提供足够的高级技术应用型人才，造成我国劳动力市场中高级技术应用型人才奇缺的局面，具有职业教育属性的应用型本科势必要承担起培养高级技术应用型人才的重任。可见，发展本科层次的职业教育，将应用型本科纳入现代职业教育体系，是国家社会经济转型的战略需要。

## 二、地方本科院校回归职业教育的本质

### （一）在培养目标上，应以培养高级技术应用型人才为目标

培养目标是开展一切教育活动的出发点和归宿，也是实施特定类型教育活动的前提。地方本科院校转型发展应用型本科，首先要明确的就是培养目标。应用型本

---

[1]　聂伟. 关于将新建本科院校纳入现代职业教育体系构建的探讨——兼论职业教育的边界 [J]. 中国高教研究，2012，（11）：96.

科培养目标是本科层次职业教育教育目的的具体化，是对本科职业教育所要培养的人才质量和规格的总体要求。应用型本科必须同时满足职业教育的特殊要求与本科教育的一般要求，所以它具有不同于普通本科和专科高职的独特的人才培养目标。与普通本科相比，主要区别在于培养人才的类型不同。应用型本科培养的人才必须满足职业教育的特殊要求，面向具体的职业岗位，具备较强的技术应用和实践能力，服务社会生产生活实践，体现出职业教育人才培养的职业属性。普通本科培养的人才虽然也要面向职业，但在很大程度上是理论性的，培养的主要是学术研究型人才。与高职专科相比，主要区别在于培养的人才层次不同。虽然二者所培养的都是应用型人才，但应用型本科培养的主要是技术应用型人才，而专科高职培养的则主要是工具应用型人才。应用型本科学制为4年，与普通本科有一样的学业标准要求，严格按照本科的标准培养职业教育人才，对人才的知识、能力和素质的要求更高，所以培养的职业教育人才层次更高。综上所述，应用型本科的培养目标应是具有宽厚理论基础、较高职业素质、较强实践技能，并服务于生产、建设和管理一线的发展型、复合型、创新型高级技术应用型人才。

### （二）在专业设置上，应设置适应区域市场需求的特色专业

专业是应用型本科院校与社会相联系的重要纽带，是全面提升其人才培养质量的根本。地方本科院校转型为应用型本科，意味着从普通教育转向职业教育，专业设置应从以学科体系为基础转变为以特定或相关职业岗位需求为基础，设置适应区域市场需求的特色专业。与普通本科相比，应用型本科更加突出专业设置的区域性、适时性和应用性。应用型本科主要是为地方社会经济发展服务的，专业设置应结合行业背景，以区域市场需求为主要依据，同时随着产业结构调整带来的人才需求变化及时调整。所以，应用型本科的专业设置更加灵活。另外，由于应用型本科培养的人才大部分直接服务于地方生产、建设和管理一线，应该设置与区域转型升级密切结合的应用性专业，还要着力体现专业设置的地方特色，扶持一批符合区域经济社会发展需要的应用性特色优势本科专业。应用型本科与高职专科相比，更加强调专业设置的宽口径和高整合，同时注重学科的支撑作用。专业设置应着重拓宽专业口径，大力提高专业的整合度，同时适当地将一些窄专业并入到宽专业之中，通过专业群所形成的集群效应，实现人才的特色培养。此外，应用型本科与高职专科相比，更加突出学科建设的辅助作用，通过构建应用性的学科体系支撑专业的发展，从而有利于应用型本科打造出高水平的学科专业及良性的学科专业结构。因此，应用型本科应根据区域社会对人才的需求状况合理调整专业设置，依据专业发展现状与学校特色培育优势学科，形成专业与学科的"互育"模式，开发具有地方特色的应用性专业。

### （三）在课程开发上，应以职业过程为导向设置相应的课程

地方本科院校转型为应用型本科院校，核心问题还是课程改革。应用型本科的课程开发主要以人才培养目标为依据。为了完成高级技术应用型人才的培养任务，应用型本科院校应以职业过程为导向设置相应的课程，还要努力将人才培养能力目标与课程体系紧密结合起来。课程开发应该在考虑本科教育基础性特征的基础上，充分考虑应用型人才的一线工作要求。与普通本科相比，应用型本科更强调实践课程，实践课程的比例明显更高。而与高职专科相比，应用型本科更强调基础理论课程，突出培养学生的基本理论素养。每种职业都规定了相应的学习领域，而学习领域的不同使得应用型本科的课程不可能千篇一律，必须以相应的职业过程为导向灵活安排。应用型本科的课程类型应包括3种：基础理论课程、专业基础课程、专业课程。基础理论课程主要是指一些通识课程，包括一些与专业相关性不是很强的人文课程、科学课程等，主要是为了拓宽人才的知识面及学科视野，从而形成扎实的理论基础。专业基础课程主要是指与专业密切相关的一些基础课程，前文我们已经讲到，应用型本科的专业设置强调宽口径，相应的课程设置也需注意课程的广度，通过开发相应的专业基础课程，让学生对专业课程体系有更加深刻的认识，从而起到触类旁通的效果。如，在德国，应用科技大学的学生必须通过基础理论课程考试之后，才能进入下一阶段专业课程的学习。专业课程主要是指从事某种职业必须要学习的课程，应该严格以职业过程为导向，根据职业要求开设相关的课程。另外，从课程形态来看，应用型本科课程主要包括理论课程和实践课程两种类型，在具体实施过程中，要把握好二者比例，在重视理论课程开设的同时，也要着力加强学生实践技能的培养，适当提高实践课程的比重。

### （四）在教学方式上，应以行动为导向营造真实的教学情境

推动地方本科院校的转型，必须实现教学方式的变革。职业导向性体现在教学方式上，就是以行动为导向开展教育教学实践，力求营造真实职业的教学情境。这种教学方式强调学生的主体性及行动的完整性，将人才的培养目标和教学过程的质量监控放在同样重要的地位。由于应用型本科的培养目标是服务于一线的高级技术应用型人才，所以教学内容也是围绕实践来设计的。在相应的教学方式上，与普通本科相比，应用型本科尤其重视实践教学，重视产学研结合教育与实践教学环节的开发。在实际教学过程中，应以工学结合为主，深化校企合作形式，采取理论与实践相结合的教学方式，从而为学生营造真实的教学情境。与专科高职相比，应用型本科更加强调科学研究，通过科学研究实现技术层次的转化，进而应用于生产建设实践。以行动为导向的教学方式，解决了以教师为中心、以教材为依据的弊端，转

为以学生为中心，在教学过程中发挥学生的主体性，旨在培养学生独立思考、计划、实施与评价的能力，特别强调让学生采取"信息、计划、决策、实施、检查、评估"的"完整行动"。在这一过程中，应用型本科特别重视工作任务的分配与完成，重视每一阶段任务的评估，只有在完成上一阶段工作任务要求并考核通过之后，才能开展下一阶段的工作，在每个教学环节上，都要对教学过程的质量进行严格把关。这种以工作任务为依托的教学方式，为学生营造出真实的教学情境，体验到与真实工作相似的实践环境，有利于技术应用型高级人才适应一线工作岗位的要求。

**（五）在师资建设上，应大力加强"双师型"教师队伍培养**

教师队伍是课程改革与教学方式变革的执行群体，即地方本科院校转型的具体实施者，必须建设一支既有理论知识又有实践能力的"双师型"教师队伍。地方本科院校转型为应用型本科院校，一个重大转变就是教师队伍从以"学术研究型"为主转变为以"技术应用型"为主，"双师型"教师达到一定比例。而与专科高职相比，应用型本科的教师队伍除了同样具有实践能力之外，还具备扎实的理论基础与科研能力。资料显示，新加坡非常重视"双师型"结构师资队伍建设，80%以上的教师来自企业的经理和业务骨干。[①] 而在我国，"双师型"教师队伍的缺口仍然很大，进一步加大了发展本科层次职业教育的难度。培养一支技术过硬的"双师型"教师队伍，需要从教师的聘任方式、培训模式、考核机制等多个环节入手，逐一突破难点。在聘任方式上，不能拘泥于人才的学历，要综合考虑各方面的素质与能力，尤其要重视实践能力的考察，积极聘任具有企业一线工作经验的技术型人才。在培训模式上，要采取校内培训与校外培训相结合的模式。一方面，邀请校外专家通过理论讲座、现场指导的方式为教师提供理论与实践的指导。另一方面，通过校企合作方式让教师深入企业生产、建设和管理的一线，在与企业一线人员共同工作的过程中，深化对技术的认识，增长自身的工作经验，提高自身的职业技能水平。在考核机制上，评价不再只是依据学历和学术成果，还应包含对教师企业经历、技术开发与实践教学等方面的考核。

通过引导地方本科院校转型发展，以填补本科层次职业教育的空白绝非易事，还需要在政策引导与制度保障等方面打出改革的组合拳。地方本科院校转型发展应用型本科之路有必要借鉴普通本科和专科高职的经验，但"运用之妙，存乎一心"，将既有经验及时转化的同时，关键还在于结合自身特色灵活运用，以职业导向性为旨归，方为地方本科院校转型发展应用型本科的根本之道。

---

① 孙诚. 加大职业教育改革步伐［N］. 光明日报，2014-3-25.

# 23.2　倾听历史的回声
## ——重读《地方本科院校转型之路：回归职业教育的本质》

郝天聪[①]

"今人不见古时月，今月曾经照古人。"在创刊30周年之际，《中国职业技术教育》杂志社邀请作者站在当下的历史节点对曾经发表的文章进行回顾和再解读，以从一个侧面集中展现中国职业教育学术研究的突破与创新。拙文《地方本科院校转型之路：回归职业教育的本质》有幸忝列其中。这番"别出心裁"之举，着实让人感到惊喜。回望历史，是为了更好地出发。无论对一本杂志而言，还是对一个人的成长而言，历史都是一笔宝贵的财富。历史所蕴含的不只有往事沧桑，还有世间真谛。同时，在收到这份如历史般"沉甸甸"的邀约之后，也不由生出对《中国职业技术教育》"用心办刊""心系作者"的敬意。投之以桃，当报之以李。作为《中国职业技术教育》的忠实读者与作者，笔者期待通过"倾听历史的回声"，系统回顾文章写作的来龙去脉，明确未来的研究方向。

## 一、小荷才露尖尖角：发展本科层次职业教育的初探索

改革开放以来，伴随着经济社会的飞速发展，我国职业教育发展也取得了举世瞩目的成就，并基本建成了世界上规模最大的现代职业教育体系。从层次上讲，我国的职业教育体系分为初等职业教育、中等职业教育和高等职业教育3个层次。高等职业教育是具有中国特色的一个概念，在国际上很难找到与我国高等职业教育的内涵完全一致的名词。现代职业教育体系应该是一个生发性的、完整性的体系，以及与普通教育体系并列的一个独立体系。在现代职业教育体系构建视野下，高等职业教育不仅应该有专科层次，还应该有本科层次、研究生层次。

令人遗憾的是，虽然我国的现代职业教育体系在一定程度上展现了中国特色，但其发展水平尚未达到世界水准，尤其是长期缺乏本科层次职业教育。从规模上看，我国的职业教育已经占据了教育体系的"半壁江山"。但是，职业教育远未达到与普通教育"平起平坐"的地位。受到传统观念的影响，职业教育被看作是低于

---

① 郝天聪，南京师范大学教育科学学院副教授。

普通教育的一种教育层次，而不是独立的教育类型。对许多接受职业教育的学生而言，长期以来受困于职业教育体系的终结性。人们往往将职业教育片面地理解为一种单一的就业教育，造成许多已接受较低层次职业教育的学生很难有机会再继续接受高层次的职业教育。很长一段时间，我国职业教育办学局限在专科层次，缺乏本科层次的职业教育，这种顶层设计上的缺陷，也间接造成了职业教育体系的学生无法进一步深造。

鉴于此，我国从2014年起将发展本科职业教育提上政策议程，正式开启本科层次职业教育的实践探索之路。2014年，《国务院关于加快发展现代职业教育的决定》明确提出："采取试点推动、示范引领等方式，引导一批普通本科高等院校向应用技术类型高等院校转型，重点举办本科职业教育"。随后，《现代职业教育体系建设规划（2014—2020年）》《教育部 国家发展改革委 财政部关于引导部分地方普通本科高校向应用型转变的指导意见》进一步明确了转型方向与操作建议。按照规划，高等职业教育要由原来单一的高等职业专科演变为一个包括高等职业专科、应用技术本科和专业学位研究生教育在内的完整体系。在没有先前经验可借鉴的情况下，我国试图通过推动地方本科院校转型，走出一条中国特色的本科层次职业教育发展之路。也正是基于上述背景，笔者在2015年撰写了《地方本科院校转型之路：回归职业教育的本质》这篇文章。

## 二、拨开云雾见日出：地方本科院校转型发展职业教育之为何

2014年，是对我国现代职业教育体系建设具有极为重要历史意义的一年。在这一年，我国明确提出，通过引导地方本科院校转型，来探索发展本科层次的职业教育。从政策层面来看，虽然明确了转型的基本方向，但从现实层面来看，关于地方本科院校的转型路径并未达成一致意见。实际上，转型并不仅仅意味着名称上的改变，更重要的是内涵上的转型，转型从根本上讲是由内而外的，它是一个自主的、生成的、流淌的过程。在此，有必要深入探究地方本科院校的发展历程，从而找到可能的转型路径。

在20世纪90年代末高等教育大扩招以前，在我国的教育体系中，专科教育占据着较大规模，其中相当一部分是中等专业学校、高等专科学校等。而在高校扩招政策正式发布之后，一大批专科学校升格为本科院校。大部分地方本科院校正是在高等教育大扩招的浪潮下升格而成的。遗憾的是，升格以后，这部分地方本科院校急于摆脱原有的"职业"身份，逐渐走上一条向研究型大学看齐的道路，甚至产生较为严重的"学术漂移"现象，丢失了其原有的人才培养特色。与头部的高职院校相比，地方本科院校人才培养的实用性不足；与研究型大学相比，地方本科院校人

才培养的学术性不足。地方本科院校人才培养由此处于一个较为尴尬的位置。长此以往，导致地方本科院校培养的人才很难适应劳动力市场的用人需求，从而出现了大学生"就业难"现象。

彼时，面对上述窘境，推动地方本科院校转型无疑具有重要的现实价值与意义。从对地方本科院校发展历程的回顾不难看出，与其说是转型，不如说是回归。这些急需转型的地方本科院校，其原先的定位就是应用型院校，只不过是由于现实原因或顶层设计方面的问题，才导致其错位发展，与职业教育人才培养之路渐行渐远。在此意义上，地方本科院校转型的正确之路，也正在于对职业教育人才培养之路的回归。

而且，从学理、历史与现实来看，地方本科院校转型发展职业教育都具有重要依据。从学理来看，将地方本科院校纳入现代职业教育体系，不仅符合国际教育分类标准，而且与职业带理论相契合。从历史来看，不少职业教育发达的国家和地区在发展本科层次职业教育方面展开了先行探索与实践，如英国的多科技术学院、美国的社区学院、德国的应用科技大学等，其定位同我国地方本科院校颇为相似。从现实来看，地方本科院校转型发展职业教育比较适应经济社会转型发展的需要，有利于改善我国劳动力市场中高级技术应用型人才缺乏的局面，从而为人力资源强国建设提供人才支撑。

## 三、日出江花红胜火：地方本科院校转型发展职业教育之如何

与普通本科和高职专科相比，作为本科层次职业教育的重要组成部分，应用型本科在培养目标、专业设置、课程设置、教学方式、师资建设等方面均存在重要差异。在地方本科院校转型发展应用型本科的过程中，必须回归职业教育的本质，把握好转型的正确方向，并依照本科层次职业教育的发展规律，循序渐进地进行转型。

一是以培养高级技术应用型人才为目标。应用型本科培养的人才必须是本科层次职业教育目标的具体化，是对本科层次职业教育所培养人才质量和规格的总体要求。应用型本科的培养目标应是具有宽厚理论基础、较高职业素质、较强实践技能，并服务于生产、建设和管理一线的发展型、复合型、创新型高级技术应用型人才。

二是设置适应区域市场需求的特色专业。专业是应用型本科与社会联系的纽带，是全面提升人才培养质量的根本。应用型本科应根据区域社会对人才的需求状况合理调整专业设置，依据专业发展的现状与学校特色培育优势学科，形成专业与学科的"互育"模式，开发具有地方特色的应用性专业。

三是以职业过程为导向设置相应的课程。地方本科院校转型为应用型本科院校，核心问题还是课程改革。应用型本科课程主要包括理论课程和实践课程两种类型，要把握好二者比例，在重视理论课程开设的同时，也要着力加强学生实践技能的培养，适当提高实践课程的比重。

四是以行动为导向营造真实的教学情境。在实际教学过程中，应以工学结合为主，深化校企合作形式，采取理论与实践相结合的教学方式。还应重视工作任务的分配与完成，重视每一阶段任务的评估，并对教学质量进行严格把关。

五是大力加强双师型教师队伍培养。地方本科院校转型为应用型本科，一个重大转变就是教师队伍从以学术研究型为主转变为以技术应用型为主，双师型教师达到一定比例。为此，需要从教师的聘任方式、培训模式、考核机制等多个环节入手，逐一突破难点。

## 四、路漫漫其修远兮：本科层次职业教育的艰难探索之路

如今，距文章发表已过去了 8 年时间。在这 8 年时间里，应该说，本科层次职业教育的发展经历了颇为曲折的过程。

除了转型模式之外，实践中也探索了其他几种本科层次职业教育发展的可能模式。一是合作办学模式。2015 年，《高等职业教育创新发展行动计划》提出，探索发展本科层次职业教育专业，创新职业本科教育实现形式。不少地区开始探索以"3＋2""4＋0"学制模式，试办本科层次职业教育。二是独立升格模式。2019 年，《国家职业教育改革实施方案》印发，提出开展本科层次职业教育试点。随后，一批高职院校升格为职业本科院校。其前身绝大部分为民办高职院校，仅有南京工业职业技术学院一所公办高职院校。三是合并转设模式。2020 年，《关于加快推进独立学院转设工作的实施方案》印发，并提出，鼓励各地积极创新，可探索统筹省内高职高专教育资源合并转设，也可因地制宜提出其他形式合法合规的转设路径。

然而，与政策层面的大力推动相比，社会各界对发展本科层次职业教育的质疑一直存在，尤其是体现在转型模式、合作办学模式、合并转设模式 3 个方面。其一，地方本科院校"不愿转"的现象较为突出，出于社会声望考虑，这些学校更倾向于强调其应用性特征，而非职业性特征，其转型发展职业教育的动力不强。其二，高职院校在与普通本科院校合作办学过程中，往往处于被动地位，在本科层次职业教育人才培养方面缺乏足够的话语权。其三，除部分地区成功实现了合并转设外，由于受到来自独立学院的抵制，浙江、江苏、山东等省市相继发布通知，全面终止独立学院与高职院校合并转设职业技术大学工作，本科层次教育发展陷入前所未有的舆论危机。

相比转型模式、合作办学模式、合并转设模式，独立升格模式在发展本科层次职业教育方面具有较强的优势。相比转型模式，独立升格模式下的母体学校长期隶属于职业教育体系，对职业教育的归属感更强，更愿意自觉为本科层次职业教育事业发展而奋斗。相比合作办学模式，独立升格模式会使得本科层次职业教育办学的独立性更强一些，而不会过多地受制于合作办学单位，所培养的学生也更加符合高层次技术技能人才培养规格，学生对于本科层次职业教育的归属感也会更强。相比合并转设模式，独立升格模式所面临的社会阻力会更小一些，不会引起过多的社会舆论，也不会存在两校在管理、人才培养、科学研究等方面的磨合问题。

面向"十四五"，优先以独立升格模式为主体，遴选一批优质公办高职院校发展本科层次职业教育，无疑将成为重要选择。除此之外，还可以尝试先举办本科专业，待条件成熟后独立升格，以及高职与高职合并升格方式举办本科层次职业教育。

# 24.1 惟"何以为生":职业教育面临的问题及其消解[①]

孙长远　庞学光

## 一、"何以为生":职业教育的现实规定性

个体之所以关注"何以为生"是由人的生存本能所决定的。马克思、恩格斯在考察人类活动的历史和发展之后指出:"一切人类生存的第一个前提也就是一切历史的第一个前提,这个前提就是:人们为了能够'创造历史',必须能够生活。但是为了生活,首先就需要衣、食、住以及其他东西。因此第一个历史活动就是生产满足这些需要的资料,即生产物质生活本身"。[②]职业教育作为人类生产活动的一种方式,它的产生和发展也是由人的生存本能"促逼"(海德格尔语)而成的。从职业教育的起源来看,它正是源于人类社会有了劳动分工之后,人们为了生存、繁衍和发展,通过言传身教、口耳相传的方式进行生产和生活经验的传递。因此,从广义上讲,任何培养人的社会生存能力和职业技术能力的教育都可以称为职业教育。正如杜威所言职业教育是面向职业并为职业服务的教育,而"职业是一个表示有连续性的具体名词。它既包括专业性和事务性的职业,也包括任何一种艺术能力、特殊的科学能力以及有效的公民品德的发展,更不必说机械劳动或从事有收益的工作了""职业就是指任何形式的继续不断的活动,这种活动既能为别人服务,又能利用个人能力达到种种结果"。[③]狭义的职业教育指现代学校职业教育,即"通过学校对学生进行的一种有目的、有计划、有组织的教育活动,使学生获得一定的职业知识、技能和态度,以便为学生将来从事某种职业做准备",[④]它产生于机器大工业时代之后,原来的家庭式手工作坊已不能适应生产发展的需要,而工厂、雇主为了实现利益的最大化,对员工的素质和技能提出了更高的要求,并开始对员工培训,进而产生了现代语境中的学校职业教育。在我国,学校职业教育是国民教育体系的重要组成部分,分为初等、中等和高等3个层次。职业教育的目的包括教授给未来劳

---

① 本文发表于2016年第12期,作者单位为天津大学教育学院。

② 马克思,恩格斯. 马克思恩格斯选集(第1卷)[M]. 北京:人民出版社,1995.

③ 杜威. 民主主义与教育[M]. 王承绪,译. 北京:人民教育出版社,2001.

④ 刘春生,徐长发. 职业教育学[M]. 北京:教育科学出版社,2002.

动者以生产性知识，培训其工作技能，培养其处理复杂情形的能力。这些目的都可以理解为对未来劳动者进行"何以为生"本领的训练。

但是，如果对职业教育的理解仅止于此，那就大为不然了。职业教育适应"何以为生"这种现实的规定性，也应该否定和超越这种规定性，因为"一切现实的规定性只能是规定人的现在，而不是要去决定他的未来"。[①]职业教育首先是一种教育，它必然具有教育的基本属性，从这一角度而言，职业教育并非纯粹传习技能的"工具性"教育。职业教育不仅要授予未来的劳动者"何以为生"的本领和适应社会现实的规定性，更应该引导他们思考"为何而生"，在关注有限的生存适应教育的同时，更需要他们去思考人之为人、人性之根本。"为何而生"是对教育目的的终极追问，是关于人的生存与发展之意义与目的的终极思考。引导学习者思考"为何而生"，是职业教育义不容辞的神圣职责。

## 二、惟"何以为生"：职业教育的物化现象

当下，各个国家和地区的职业教育都在不同程度上存在着惟"何以为生"的现象，我们将这种现象理解为职业教育的物化现象。物化现象中的"物"，不是自然之物，而是指人们在当下商品经济中的物与物的交换，并在交换过程中人与人之间产生的以"利"为存在的相互关系。物化现象表现为人与人的社会关系成为物与物的关系，本质是人对物的依赖关系。对当下职业教育而言，惟"何以为生"就是职业教育的物化现象，是对职业活动的"异化"，其实质是过度强调人作为劳动者的工具性，而忽视人自身的全面发展。

### （一）职业教育惟"何以为生"教育的表现

在职业教育实践过程中，惟"何以为生"教育似乎成了主旨，然而，惟"何以为生"教育在放大学习者自身生存能力的同时，却忽视了"为何而生"的教育。职业教育惟"何以为生"教育的物化现象可归纳为以下3个方面。

1. 职业教育过早和过度的专业化倾向

职业教育办学过程中存在过早和过度的专业化倾向，这使得专业教学背负着较多的专业知识和专业技能任务。职业教育甚至将自己等同于就业教育，将就业视为根本目的，从而使自身逐渐弱化为职业培训。实践表明，职业教育是不可用职业培训所替代的。培训不同于教育，培训一般不带有终极关怀的意蕴，它是对劳动者工作过程中所需某种技术、技能的培养和训练，是针对某一工作岗位任职的条件或某

---

① 鲁洁. 论教育之适应与超越 [J]. 教育研究, 1996,（2）: 4.

种技术、技能而施予的教育影响，不一定要关心人的全面发展。职业教育过早和过度的专业化倾向使人由目的异化为手段，职业教育失去了培养全面发展和可持续发展人的价值，逐渐演变为"机械性"教育和"工具性"教育，是"治器"教育，而非"育人"教育。

2. 职业教育教学实践中主体性缺失

职业教育惟"何以为生"的教学实践更注重专业知识和专业技能的教学内容，强调教学过程的系统性、精确性和严密性，而相对忽略教学过程的选择性、自主性和创造性。同时，职业院校的教师和学习者之间缺少交流与合作，教师习惯于将既定的知识和技能传授给学习者，而学习者也相对缺乏自主思考和判断，缺乏主动学习、实践和参与教学过程的积极性。学习者及其家长普遍认为到职业学校就是为了"学技术"，以便将来在社会上"混口饭吃"，这也相对弱化了学习者的自主性和创造性。缺乏主体性的惟"何以为生"教育，势必会培养出缺乏职业情感和职业态度的人，更谈不上其生命智慧和主动发展意识的生成。长远来看，劳动者在职业学校所学的知识和技能未必能适应未来社会发展的需要，如果劳动者不能在职业学校养成主动学习和自主探索的良好习惯，就很难适应未来职业生涯中的激烈竞争。正如美国未来学研究者阿而温·托夫勒所言："21世纪的文盲将不是不能读写的人，而是不能学习、不学习和不能重新学习的人"。[1]

3. 职业学校轻视或忽视人文课程

职业学校过度注重学习者技能的培养，教学活动主要围绕专业课程而展开，人文课程被弱化为可有可无，甚至多余而无用的课程类型。当前一段时期，就业和求职压力使职业学校不得不提前进行专业化的教学，以应对就业市场对劳动者技术、技能的需要。但学习者在职业学校的时间是固定的，如果提前进行专业化的教学，就势必会削减人文课程的课时比例，因而职业学校出现轻视或忽视人文课程的现象就不足为奇了。但是必须指出的是，职业学校增加专业课程而削减人文课程课时比例的做法是短视的，这一行为只看到了即显的、短期的就业效果，而忽视了劳动者长远的、可持续的职业生涯发展的需要。职业院校弱化、轻视和忽视人文课程的行为，很难将学习者塑造成为"高素质劳动者"，因为人文课程主要是教人如何"做人"的学问。"做人"与"做事"同等重要，或"做人"比"做事"更重要已然成为人们的一种共识，也更为用工企业和单位所重视。

**(二)** 职业教育惟"何以为生"教育的成因

职业教育惟"何以为生"教育的症候群之所以出现，概言之有内外两层原因：

---

① 联合国教科文组织. 发展中国家的高等教育：危机与出路 [M]. 北京：教育科学出版社，2001.

外在原因是传统功利主义价值观影响职业院校的办学理念；内在原因是职业院校过多关注教育的外在价值。

1. 功利主义价值观影响学校的办学理念

这里的"功利主义"是指日常生活中人们的一般理解，即指一些急功近利、不择手段的思想和行为，只关注结果是否有用，为了眼前利益而不顾长远的发展，结果导致出现不良后果。功利主义价值观影响职业教育办学理念最典型的体现，就是将职业教育理解为就业教育，这一观点是一种典型的、急功近利的功利主义行为。"以就业为导向"是我国职业教育发展的阶段性选择，它是一种暂时性、针对性的政策，而非教育属性；"就业为导向"并不意味着片面地强调技能，为学生就业服务是职业教育的一般职能，而实现人的全面发展才是其本质属性；"以就业为导向"的职业教育能促进就业，但不能解决复杂的就业问题。由于学生和家长受功利主义价值观的影响，他们更为看重眼前的实际利益，虽然学生也希望成为在知识、技能和德行方面全面发展的人，但是求职、就业的压力迫使他们更多地将注意力集中于"何以为生"的本领方面。

2. 片面强调外在价值的职业教育价值取向的影响

人和社会的有机统一构成了职业教育价值的核心内容。"职业教育价值是作为价值客体的职业教育，通过对社会各种职业、各种岗位所需要的人进行职业知识、技能和态度的教育和培训，达到国家规定的各类职业资格标准，符合就业准入制度，满足作为价值主体的人的求职、就业、转业、再提高的要求，满足作为价值主体的人获得相关职业资格和人力资本提升的需求，进而最终满足人的全面发展和社会可持续发展的需要"。[①]职业教育价值是作为客体的职业教育对主体的人的一种满足关系。职业教育作为一种可持续发展性教育，作为国民教育和终身教育的重要组成部分，其外在价值（工具性价值）是满足社会经济的繁荣和发展，推进社会政治的宣传、进化和完善，促进社会文化的传承、传递和交流，并在一定程度上推动教育公平，助力社会层级流动等方面的价值；内在价值（本体性价值）是满足劳动者能力发展的需要，促进劳动者素质的全面发展。

职业教育价值的理论研究是一个批判和反思的过程。事实上，我国职业教育自改革开放以来的40余年时间里，更多地强调了满足社会经济、政治和文化等方面需要的外在价值，相对忽视了促进主体人的全面和可持续发展方面的内在价值。1985年《中共中央关于教育体制改革的决定》中指出："教育必须为社会主义建设服务。"之后的一段时期，我国各级各类教育都将精力放在了为社会主义现代化建设服务上，而对个体素质发展方面的关注相对较少。随着我国社会主义现代化进程的不断

---

① 黄尧. 职业教育学：原理与应用［M］. 北京：高等教育出版社，2009.

推进，研究者对教育价值讨论的重心也相应转移，开始对过分重视教育的外在价值（工具性价值）倾向进行反思，并讨论教育的内在价值（本体性价值），以及思考如何才能更好地促进个体素质的发展。这也为20世纪90年代提出的素质教育思想奠定了基础，并逐步发展为21世纪初"以人为本"的教育理念。对于职业教育来说，它与经济发展、科技进步的密切关系，必然决定了人们对其外在价值的关注。虽然21世纪以来在素质教育思想和"以人为本"教育理念的指导下，人们开始关注教育的内在价值，倡导教育中的人文关怀，但是在功利主义、社会效率主义、工具主义和实用主义等哲学思潮的影响下，这一转变注定是一个漫长的过程。职业教育片面强调劳动者的工具价值，忽视劳动者独立人格培养的弊病，仍然是当前亟待解决的问题。

## 三、对职业教育惟"何以为生"教育的超越

顾此不能失彼。职业教育惟"何以为生"教育带来了过度僵化的专业教学，但不能因此而否定"何以为生"教育的价值，在职业教育专业教学尚处于发展、未成熟的阶段尤其如此。因此，职业教育在办学过程中应该摒弃非此即彼的做法，以一种共生的视野审视劳动者生存能力的培养，即实现"何以为生"教育与"为何而生"教育的融通。"为何而生"教育源自人们对生存状况的本源性思考。德国文化哲学家卡西尔指出："人被宣称为应当是不断探究他自身的存在物——一个在他生存的每时每刻都必须查问和审视他的生存状况的存在物。人类生活的真正价值，恰恰就存在于这种审视中，存在于这种对人类生活的批判态度中。"[①]人类生存的世界是不断变化的，即使是"认识自我"这一哲学探究的最高目标，也要结合时代特征，用一种新的眼光来看待。因此，当前职业教育蕴含于学习化社会、教育全球化、第三次工业革命和大数据时代之中，正视和审视惟"何以为生"教育，追问和引领"为何而生"教育，更具有重要的时代意蕴。

### （一）确立物质生活与精神生活协调发展的价值取向

在社会主义市场经济的背景下，劳动者对物质生活的追求和对物质价值的关注，体现了他们与日俱增的物质生活需要，这是对现实生活的合理追求和关注。在劳动者的物质生活得到一定程度的满足之后，必然会凸显精神生活的需求，因为"只有精神才是人的真正的本质"。[②]人若没有精神生活就变成了物的存在。精神生

① 恩斯特·卡西尔. 人论 [M]. 甘阳，译. 上海：上海译文出版社，2013.
② 马克思，恩格斯. 马克思恩格斯全集（第3卷）[M]. 北京：人民出版社，2002.

活是在物质生活的基础上，与物质生活相对但又高于物质生活，它能够展现人的精神生命，体现人的精神价值，是人们对自身存在本质和存在价值的自由自觉与精神追寻。但是，马克思所指出的物质生活是精神生活的基础和前提，并不意味着二者有截然分开的先后顺序，它们是交织在一起，相互促进、不可分割、协调发展的整体。正如马克思所指出的："思想、观念、意识的产生最初是直接与人们的物质活动、与人们的物质交往、与现实生活的语言交织在一起的。人们的想象、思维、精神交往在这里还是人们物质行动的直接产物。表现在某一民族的政治、法律、道德、宗教、形而上学等的语言中的精神生产也是这样。"① 因此，职业教育的"何以为生"教育与"为何而生"教育也是相辅相成、协调发展的关系，二者共同促进劳动者的完整发展。一方面，"何以为生"教育为劳动者提供生存的本领，为其物质生活的满足提供基础；另一方面，"为何而生"教育促进学习者的精神生活需求和发展，引领他们去思考和追问生活的意义。如果我们承认精神是人的真正本质，精神生活是人存在的重要表征，那么实现人的全面发展，就必然要求职业教育确立物质生活与精神生活协调发展的价值取向。

## （二）培养兼具科学素养与人文素养的职业人

《国务院关于加快发展现代职业教育的决定》（国发〔2014〕19号）中指出：职业教育要"培养数以亿计的高素质劳动者和技术技能人才"。"技术技能人才"容易理解，主要是指在生产、建设、管理和服务等第一线生产工作的优秀劳动者。重点和难点是如何理解"高素质劳动者"。我们认为，职业教育所要培养的"高素质劳动者"是既有科学素养又有人文素养的职业人，缺少或倾向任何一方都只能造就片面发展的人。

第一，高素质的职业人应是具有基本的技术、技能的人。有研究者认为："技术技能职业性是职业教育的本质属性。职业教育的目标是针对不断变化的劳动环境，通过规范教育过程传授从事职业活动必需的职业技能、知识和能力，使人获得必要的职业经验成为可能"。② 也就是说，职业教育对学习者进行技术、技能的培训，满足劳动力市场对劳动者技术、技能的要求是其应有之义。而在当今的时代背景下，科学技术的发展可谓日新月异，如何使劳动者顺应时代发展要求也就成为了职业教育理论和实践必须予以关注的重要问题。这就要求职业教育在人才培养过程中必须有意识地培养学习者宽厚的技术、技能基础，为其以后技术、技能的学习打下坚实的基础，唯此，才能使学习者适应和满足科学技术的更迭所带来的各种复杂性

---

① 马克思，恩格斯. 马克思恩格斯选集（第1卷）[M]. 北京：人民出版社，1995.

② 欧阳河等. 职业教育基本问题研究[M]. 北京：教育科学出版社，2006.

工作要素的变化。

第二，高素质的职业人也应是具有基本人文素养的人。"人文"一词最早出现在《易经》中："刚柔交错，天文也；文明以止，人文也。观乎天文，以察时变，观乎人文，以化成天下。"由此可见，人文更多地指向于完满的人性的生成；相应地，人文素养也可以理解为人作为"人"所需要具备的素质。人文素养包括人文知识、人文精神和人文行动。这三者的辩证关系可以表述为：人文知识是形成人文精神和人文行动的基础；人文精神是人文素养的核心；人文行动是人文精神的外化。职业教育就是要在教学过程中传授学习者人文知识，如人类文明发展过程中积累下来的优秀文学作品、宗教文化、艺术作品和哲学思想等成果，并将这些人文知识内化于学习者的知识结构中，从而渗透到学习者未来的职业生涯中去。例如，学习者在阅读和理解《管仲和鲍叔牙》的故事之后，能够从中体会到诚实待人、精诚合作的精神，并逐渐在以后的工作中积极地与他人进行沟通与协作，养成敬业爱岗的品质。人文素养之所以重要，一方面，是因为人文素养是学习者走上工作岗位后"做事"的基础；另一方面，是因为它也是学习者学好专业的基础。纯粹的专业知识的教育，并不能保证学习者真正能够学好专业，有时反而扼杀了文化生活和专业精神的基础。

职业道德和职业情操是人文素养的重要内容，高素质的职业人应是具有高尚职业道德和良好职业情操的人。当今劳动力市场，尤其是以服务业为主的第三产业，对求职者职业道德的要求越来越高，因为职业道德关系到工作岗位效益的提升。虽然各行各业都规定了劳动者的工作范围，但是各行各业也存在着基本的、普遍的道德规范。帮助学习者学习这些道德规范，形成相应的道德品质，是职业学校必须承担的神圣职责。

审美素养也是人的人文素养的重要内容之一，高素质的职业人也应该是具有良好审美素养的人。一般来说，审美素养包括健康的审美情感、良好的审美情趣、优良的审美经验、崇高的艺术品位和杰出的审美理想等方面，这些都是现代社会中的职业人走向职业成功所不可或缺的。"一方面，审美素养可以为个体知识的习得、技能的获得、创造力和判断力的养成等提供'美'的基础；另一方面，它可以通过'以美储善'促使职业人道德素质的提升"。[1]促进学习者成为良好的审美素养的人，是职业教育不可推卸的责任。但是，职业教育对"工具性"教育的盲目崇尚却导致很难培养出具有审美素养的职业人，因为"唯理性教育难以培养出真正会审美的人"。[2]因此，职业教育在教学过程中不但要教授学习者审美的知识，培养学习者审

---

① 陈鹏，庞学光. 培养完满的职业人——关于现代职业教育的理论构思 [J]. 教育研究，2013，（1）：103.

② 庞学光. 一个理想的教育世界——学校教育哲学导论 [M]. 天津：天津教育出版社，2011.

美的能力，更要将审美作为一种教育意识、教育思想渗透到教学的各个环节之中。

### （三）开展价值教育的实践活动

马克思指出："'价值'这个普遍的概念是从人们对待和满足他们的需要的外界关系中产生的。"[1] 由此出发，可以将价值理解为作为客体的事物对主体的人的有用性或意义。同理，我们可以将职业教育价值理解为作为客体的职业教育对教育主体的有用性和意义。从一定意义上说，职业教育价值是开展价值教育的基础。价值教育的研究在20世纪90年代以来逐渐成为理论研究热点，西方学者莫尼卡·泰勒和海尔斯蒂德在《教育中的价值与价值中的教育》（Values in Education and Education in Values，1996）一文中对价值教育做了比较全面的论证，[2] 并且泰勒在参与"欧洲教育中的价值观项目"（The Values in Education in Europe Project，VEEP）时还指出："'价值教育'这个词语没有共同的用法，也没有清晰的界定，但是，与之对照的是，价值教育的范围和在教育中的体现能在各国具体的情境中，在各级各类学校都能得到实施。价值教育的重点所指包括道德、宗教、文化审美、公民教育、民主、国家、个人和社会、精神关怀、教与学的过程、价值观导向等方面。"[3] 我国研究者关于价值教育的研究主要集中在20世纪90年代以来的一段时间里，如王逢贤[4]（2000）、王坤庆[5]（2003）、石中英[6]（2009）等人的研究成果较好地论证了价值教育的意义及其实践。从上述学者的研究中可以发现，价值教育主要是对当代科学技术的进步和人文精神的失落这一现象的反映。科学技术的进步和人文精神的失落的强烈反差，使得价值教育成为学者们关注的热点问题。职业教育领域倡导价值教育的实践活动，从根本上来说，是为了克服惟"专业主义"倾向带来的弊病，消除职业教育惟"何以为生"的弊端而应该采取的重要策略。

马克思所指的人的全面发展是物质生活和精神生活的共同发展，而职业教育过分强调人的物质生活的充分发展，不过是"作为单纯的劳动人的抽象存在"，[7] 因而

---

[1] 马克思，恩格斯. 马克思恩格斯全集（第19卷）[M]. 北京：人民出版社，1963.

[2] J.M.Halstead.M.J.Taylor. Values in Education and Education in Values [C]. London & Washington D. C. The Falmer Press, 1996.

[3] M.J.Taylor. Values Education in Europe: A Comparative Overview of A Survey of 26 Countries in 1993 [Z]. The Consortium of Institutes for Development and Research in Education in Europe, Dundee/UNESCO. New York, 1994: 10-12.

[4] 王逢贤. 价值教育及其在新世纪面临的挑战 [J]. 高等教育研究，2000（5）：53-56.

[5] 王坤庆. 论价值、教育价值与价值教育 [J]. 华中师范大学学报（人文社会科学版），2003（4）：128-133.

[6] 石中英. 价值教育的时代使命 [J]. 中国民族教育，2009（1）：18-20.

[7] 马克思，恩格斯. 马克思恩格斯全集（第42卷）[M]. 北京：人民出版社，1979.

职业教育惟"何以为生"的教育只能培养出片面的、抽象的人。职业教育开展价值教育的实践活动有助于平衡发展劳动者的物质生活与精神生活，有助于劳动者发现真正属于自身的生命价值与文化生命，使劳动者真正成"人"，并且感受其人生的真正幸福与乐趣。因此，职业教育要培养全面发展的人，就必须正视和促进学习者精神生活的发展，重视价值教育的开展。

# 24.2 职业教育的价值取向：
## 一个需要澄明的时代命题
### ——再读《惟"何以为生"：职业教育面临的问题及其消解》

何爱霞①

职业教育在适应社会变迁而进行的创新性发展过程中，形成了社会本位价值观与个体本位价值观这两种鲜明的价值观。其中，社会本位价值观认为，职业教育的发展应该以服务社会为导向，人的需要完全受制于社会的需要，衡量职业教育的成败得失，要以它是否满足社会的需要、促进社会的发展和维持社会的繁荣为标尺。在社会本位价值观影响下，职业教育教学过程中强调教育的社会价值，认为职业教育的目的就是培养某一专业或领域所需的技术技能型人才，以传授技术为主，一旦专业教育不能培养专门人才而转之以人文教育为主，就将失去能力教育的本质内涵。个体本位价值观主张从个体生存和发展需要的角度考量职业教育的价值，认为职业教育的理想目标是授予个人谋生的知识和本领，促进个体的完善和发展。在个体本位价值观的影响下，职业教育教学过程中更加强调教育的个体价值，倡导职业教育的人文关怀，认为要学"做事"必先学"做人"，强调人文教育的价值大于技术教育，知识教育的价值大于能力教育，以知识的继承和传递为主，以既往文化与道德教化为最高价值的知识教育理念。这两种观点都有其合理之处，并且在职业教育发展的不同阶段指导着职业教育教学实践。

21世纪以来，我国职业教育主管部门及职业院校负责人已意识到单纯强调某一种价值观的弊端，并认识到个体价值和社会价值、知识教育和能力教育、人文教育和技能教育等不同类型和层次的内容，对于培养高素质劳动者来说同等重要，并通过政策法规的形式予以引导和规范。但在职业教育实际运行过程中，过度强调技术学习、强化技能教学，以传授技术为主等"重技轻文"的现象却一直存在。这一现象引起了职业教育理论界的广泛关注。2016年，孙长远、庞学光发表的《惟"何以为生"：职业教育面临的问题及其消解》一文，就是颇具代表性的探讨职业教育价值取向的文章。该文首先从理论上论证了"何以为生"是职业教育的现实规定性，辩证地指出职业教育授以"何以为生"的本领反映了它的质的规定性，职业教育实施"何以为生"的教育是由其本质决定的。紧接着，该文从职业教育实践出发，审

---

① 何爱霞，曲阜师范大学继续教育学院教授。

视惟"何以为生"职业教育的现实表征，即职业教育在办学过程中存在过早或过度的专业化、教学实践中主体性缺失，以及轻视或忽视人文课程等"物化现象"。而职业教育这种惟"何以为生"教育产生的原因就在于功利主义价值观影响着办学理念，以及片面强调职业教育外在价值（社会价值）的价值取向。在以上分析的基础上，孙长远、庞学光结合职业教育发展的现实需要，从价值取向、培养目标、课程实施等方面提出了改进建议。现在读来，文中的这些观点仍然具有一定的代表性和前瞻性。

职业教育改革与发展是问题产生与化解的交替运动并螺旋式上升的过程，这与历史唯物主义和辩证唯物主义的矛盾运动论是一致的。从根本上来看，贯穿于职业教育发展始终的"满足社会经济发展需要"或"实现个体内在发展需要"的交替演变过程，不过是一个问题的两个方面。正如孙长远、庞学光在文中所指出的："职业教育适应'何以为生'这种现实的规定性，也应该否定和超越这种规定性。职业教育首先是一种教育，它必然具有教育的基本属性，从这一角度而言，职业教育并非纯粹传习技能的'工具性'教育。职业教育不仅要授予未来的劳动者'何以为生'的本领和适应社会现实的规定性，更应该引领他们思考'为何而生'，在关注有限的生存适应教育的同时，更需要他们去思考人之为人、人性之根本。'为何而生'是对教育目的的终极追问，是关于人的生存与发展之意义与目的的终极思考。引导学习者思考'为何而生'，是职业教育不可推卸的神圣职责。"不仅如此，单纯地把社会需要的满足与否作为衡量教育价值的唯一标准的观点，实际上是把个人当作满足他人和社会需要的工具，忘记了个人在满足社会需要的同时，自身也有多种需要应当得到满足。社会价值实际上构成了个体价值赖以实现的必要前提和基础，人们所追求的个体价值只能在社会内部得到满足，个体只能在社会中并通过社会来谋求生存和发展，因而职业教育的社会效用，同时也是对于个人的效用。正如孙长远、庞学光所提出的："职业教育在办学过程中应该摒弃非此即彼的做法，以一种共生的视野审视劳动者生存能力的培养，即实现'何以为生'教育与'为何而生'教育的融通。"

马克思明确指出："辩证法在对现存事物的肯定的理解中同时包含对现存事物的否定的理解，即对现存事物的必然灭亡的理解。"传统的"二元对立""非此即彼"的形而上学的思维方式已被人们所扬弃，取而代之的是矛盾双方的有机融合或有机结合。运用辩证法的思维方式，只有从统一中去把握对立，从对立中理解统一，把对立和统一内在地统一起来，才能真正理解社会价值与个体价值之间的关系。因此，现代职业教育的社会本位与个体本位问题的解决，追求的不是折中意义上的调和状态，而是强调矛盾双方的动态平衡及其之间的协同效应。易言之，实现职业教育高质量发展，应以协调职业教育社会价值和个体价值为旨归。《惟"何以为生"：职业教育面临的问题及其消解》一文中给出的答案是：超越惟"何以为生"的教育，即职业教育办学过程中应"确立物质生活与精神生活协调发展的价值取向；培养兼具科学素养与人文素养的职业人；开展价值教育的实践活动"。这3个方面的策略虽然各有所侧重，却又彼此关联，对于改进职业教育教学过程中惟"何以为生"的问题，以及实施"为何而生"的教育都起到一定的促进作用。

党的二十大报告中强调："办好人民满意的教育""坚持以人民为中心发展教育，加快建设高质量教育体系"。这为新时代职业教育事业的发展指明了前进方向，提供了根本遵循。新时代新征程，办好人民满意的职业教育，要满足经济社会发展的需要，满足个体全面发展的需要，就要求在办学过程中融通"何以为生"的教育与"为何而生"的教育。因此，未来的职业教育理论研究和实践教学中还应进一步强化在办学理念、课程设置、资源配置等方面的措施。

其一，坚持职业教育社会价值和个体价值的辩证统一。社会价值实际上构成了个体价值赖以实现的必要前提和基础，人们所追求的个体价值只能在社会内部得到满足，个体只能在社会中并通过社会来谋求生存和发展，因而职业教育的社会效用，同时也是对于个人的效用。正如孙长远、庞学光所提出的："职业教育开展价值教育的实践活动有助于平衡发展劳动者的物质生活与精神生活，有助于劳动者发现真正属于自身的生命价值与文化生命，使劳动者真正成'人'，并且感受其人生的真正幸福与乐趣……职业教育领域倡导价值教育的实践活动，从根本上来说，是为了克服惟'专业主义'倾向带来的弊病，消除职业教育惟'何以为生'的弊端而应该采取的重要策略。"然而，理想并不是现实。就职业教育史的演变而言，职业教育自人类进入文明社会以来，还从未实现过这一理想（即同时实现教育的个体价值与社会价值）的状态，而是往往在推动社会进步的同时，伴随着部分个体价值的牺牲。因此我们看到，不管各个时代采取何种方式来解决个体价值与社会价值之间的矛盾或冲突，所采取的总原则却是大致相同的，那就是社会价值的实现往往是以个体价值的牺牲为代价。

其二，在知识教育与技能教育的选择上，规避"通而不专"与"专而不通"的左右摇摆现象。《惟"何以为生"：职业教育面临的问题及其消解》一文中指出："职业教育的'何以为生'教育与'为何而生'教育是相辅相成、协调发展的关系。'何以为生'教育为劳动者提供生存的本领，为其物质生活的满足提供基础；'为何而生'教育促进学习者的精神生活需求和发展，引领他们去思考和追问生活的意义。"这是从精神生活和物质生活角度解释了完满的职业人应该具有的发展向度，而在职业教育课程实践中，"通""专"左右摇摆现象仍然是需要进一步解决的现实问题。因为这一摇摆现象既无助于职业教育应对产业升级和产业结构调整所带来的挑战，又不利于劳动者满足社会经济发展的高度分化和高度综合化的要求。毫不夸张地说，片面地强调"通"或"专"，都会将职业教育置于功能紊乱和生存危机之中。因此，辩证地认识知识教育与能力教育之间的矛盾，并不是简单地做加法或减法，而是将融合的发展原则、教学理念和课程模式等内容全面地贯穿于职业教育的实践之中，在"专"中求"通"，在"通"上求"专"，这也是职业院校创新发展、特色发展和品牌发展的关键。

此外，我们在强调通专融合的同时，还应注重学科专业的特殊性，在实践中遵循"因科而异""因校而异"和"因人而异"的原则。以培养学生的关键能力为例，职业学校应在充分调研的基础上，开发灵活、多元的课程菜单供学生选择，在深化产教融合、校企合作理念的引导下，搭建多元、多样的实践实训平台供学生选用，以引导学生根据自身兴趣和能力做出最恰当的决策。

其三，在职业教育资源配置问题上，既要充分发挥政府的主导作用，又要积极地引导社会力量参与职业教育。解决这一问题的关键在于，要区分哪些领域和内容应该由政府主导，哪些项目和要素应该进行市场化改革。进而言之，政府主导与市场主导这一矛盾的主要方面是政府，因为政府一直是政府与市场关系的主导者。可以说，只有充分发挥政府对市场的调控和监管职能，才能有效地发挥市场在社会主义市场经济体制中应有的作用，也才能真正发挥市场调节对职业教育资源配置的独特作用。因此在职业教育资源配置问题上，完全的市场化资源配置方式既无可行性，也没必要性，但是充分运用市场机制的竞争性、灵活性和敏锐性来弥补政府主导的相对不足之处，应该成为推动职业教育资源高效配置的应然选择。

综上所述，在新时代我国社会主要矛盾发生转变的背景下，职业教育改革也必须适应新的历史定位，主动反映社会主要矛盾的变化，努力满足、承担起人民群众和经济社会对多层次、多样性、高质量职业教育的要求，为促进更加平衡和充分的发展作出新的更大贡献。正如《教育——财富蕴藏其中》一书所指出的："教育不仅仅是为了给经济界提供人才：它不是把人作为经济工具而是作为发展的目的加以对待的。"教育的任务是"毫无例外地使所有人的创造才能和创造潜力都能结出丰硕的果实，这就要求每个人都有自我负责和实现个人计划的能力"。由此，职业人的培养目标决定了职业教育人才培养实践中，不仅需要关注职业教育所处时代环境所呈现的发展需求，更需要关注个体作为人的主体性发展需求，从而避免因为发展理念中的价值指向的偏颇，而导致自身本质属性的异化。

# 25.1  实施乡村振兴战略与改革发展
## 农村职业教育[①]

张志增

    党的十九大明确提出实施乡村振兴战略，并将其列为全面建成小康社会决胜阶段坚定实施的七大战略之一，同时写入党章总则，这是史无前例的，是我党为适应新时代中国特色社会主义建设需要所做出的重大决策，为我国新时代社会主义建设注入了新的强大动力。从各地实际情况看，笔者认为，实施乡村振兴战略，实现农业强、农村美、农民富的伟大目标，必须把农业农村优先发展和农村职业教育改革发展紧密结合起来，以振兴农村职业教育为基础，积极培育新型农业经营主体，大力培养适应新时代需求的乡村各类人才，全面提高乡村各业劳动者素质。

## 一、改革发展农村职业教育是实施乡村振兴战略的重要抓手

    "农村"与"乡村"的含义并不相同。相对于城市而言，"乡村"是地域或地理空间的概念，而"农村"则是体现行政管理的概念。乡村振兴，是针对现阶段农业农村作为全面建成小康社会全局中的短板而言的。党的十九大明确指出我国社会主要矛盾已经转化为人民日益增长的美好生活需要和不平衡不充分的发展之间的矛盾。当前，我国发展不平衡不充分的问题主要是城乡发展不平衡、农村发展不充分的问题。近年来，我国城市化进程不断加快，城市化率已从1978年的18%攀升至2016年的57.4%，但由于农业积累源源不断地投入工业化、城市化建设，而对农村建设相对重视不够，导致乡村区域发展相对滞后，随之而来的乡村衰落问题逐渐显现。据统计，2010年，全国自然村数量为270万个，比2000年减少了25%，平均每天有240多个自然村落消失。与此同时，伴随着农村人口向城市迁移，特别是青壮年人口的大量迁移，乡村人口数量呈现显著下降趋势，农村老龄化、兼业化、空心化现象日益严重。这一情况不仅严重消减了农村生产发展活力，也使农村社会由于高质量人口的流失而活力不足，城乡居民收入差距明显扩大。自2002年以来，我国城乡收入比一直在3倍以上，2007年达到了改革开放以来的最高水平，扩大到

---

[①]    本文发表于2017年第34期，作者时为河北师范大学河北省职业技术教育研究所研究员。

315

3.33：1。最近几年虽有所降低，但依然处于高位，2016年城乡居民人均收入比为2.72：1。如果将教育、医疗、文化、环境等方面的内容纳入福利测算的指标体系，则城乡之间的实际差距将进一步扩大。

党的十九大对于乡村发展战略的总要求，是产业兴旺、生态宜居、乡风文明、治理有效、生活富裕。产业兴旺，意味着在过去强调生产发展的基础上，实现包括农业在内的产业更加发达和更有活力；生态宜居，意味着不仅关注村容的整洁，而且全面创造宜居的良好生态环境，建设好美丽乡村；乡风文明，意味着充分认识乡村的文化价值，要从文化自信的角度，以文化人，把乡风文明建设融入乡村建设的方方面面；治理有效，意味着要从过去的仅仅注重管理民主，转变到注重治理的效果，要把乡村民主自治、法治和德治融合成为有效的乡村治理体系，形成有序、有效治理和发展的乡村新格局；生活富裕，意味着农民收入显著提高，在过去实现生活宽裕的基础上进一步过上富足的生活。马克思主义认为，人是一切社会活动的主体，劳动者是生产力的第一要素。实施乡村振兴战略，完成乡村振兴的各项历史任务，必须充分调动人的积极性，充分发挥广大在乡劳动者的主体作用。

由于我国现代化事业起步晚、底子薄，各类有限的人才往往集中在了城市，农村人才普遍流向了城市，特别是大城市、特大城市，虽然也有一些人才从城市流到乡村，如20世纪80年代初期一些城市退休职工到农村参与乡镇企业发展，20世纪90年代以后一些城市工商企业参与新农村建设，近年来一些城市工商业者到农村流转土地、参与农业现代化建设和乡村文化旅游事业发展等，但总体上数量很少，农村人才匮乏，乡村劳动者综合素质较低。据2010年第六次全国人口普查数据，我国6岁及6岁以上乡村人口中文盲占7.25%，小学和初中文化程度的分别占40.84%和44.91%，高中阶段教育文化程度和接受过高等教育的仅占9.74%。国家统计局《2015年全国1%人口抽样调查主要数据公报》显示，当年的抽样调查与2010年的全国人口普查相比，具有大学教育程度和高中教育程度的人口数量有了明显上升，具有初中教育和小学教育程度的人口数量有了明显下降。但是，由于各地农村高中阶段教育学生毕业后绝大部分选择离开农村，因此农村成人受教育程度实际上并没有明显上升。

当前，我国人才资源从城市有序流向农业农村的战略性规划还没有正式形成，同时农村留得住、用得上、干得好的人才培育、成长机制，以及促进农村劳动者素质全面提升的机制也没有全面建立起来。改革开放以来，我国农村职业教育逐步恢复和发展，为培养农村实用人才和提高劳动者素质，促进农村社会发展做出了重要贡献，但是由于各种原因也存在许多问题，如区域发展不平衡、教学设施不适应需求、办学质量不能满足需要等，甚至有的地方已经难以为继。中央指出，实施乡村振兴战略必须大力推进体制机制创新，强化乡村振兴制度性供给。显然，改革发展农村职业教育，加快农村各类人才和高素质劳动者的供给，应是国家乡村振兴制度性供给的重要内容。对此我们一定要提高认识，坚持把改革发展农村职业教育作为实施乡村振兴战略的重要抓手，确保有关各项工作抓紧、抓实、抓出成效。

## 二、农村职业教育在实施乡村振兴战略过程中可以大有作为

### （一）培育乡村各业人才的核心基地

如前所述，要实施乡村振兴战略，解决好发展不平衡、不充分的问题，就必须培养、造就大批农村用得上、留得住、干得好的农村发展建设带头人和各类技术技能人才。多年来，我国大多数农村职业教育学校，特别是县级职教中心坚持面向当地各个产业对劳动者的需求设置相关专业，有的还与乡级和村级农民文化技术学校合作，构建了三级农村职业教育与培训网络，按照"一乡一业""一村一品"的发展需要，不断调整专业结构和优化课程体系，为当地现代农业发展、农村劳动力转移和农村城镇化建设培养了大量人才，并且积累了丰富的经验。河北省于2009年开始全面动员县级职教中心，实施中等职业教育"送教下乡"，以适应农民生产需要和提高农民综合素质为导向，实行学分制及弹性学制，根据农民学生的实际需求开发新的课程组合，通过学生走读、教师走教和学生集中学习、分组学习、自主学习、生产经营的有机结合，培养了一大批农村改革发展带头人和劳动致富带头人，受到了各界好评，也为全国做出了示范。在新时代新形势下，农村职业教育作为培养乡村各业人才的核心基地，不断深化体制机制改革，提升服务和创新能力，推动农业农村优先发展与农村职业教育优先发展紧密结合、无缝连接，充分发挥多功能作用，将对实施乡村振兴战略和决胜全面建成小康社会发挥重要的作用。

### （二）普及农村高中阶段教育的重要途径

多年来，我国普通高中教育已经有了很大发展。到2016年，全国高中阶段教育毛入学率达到87.5%，比2006年增长了27.7%。党的十九大要求"普及高中阶段教育""努力让每个孩子都能享有公平而有质量的教育"。事实证明，只靠普通高中是难以完成普及高中阶段教育这一重大历史任务的。2016年，我国中等职业教育招生593.3万人，在校生1 599.1万人，其中来自农村的学生占比80%以上，各地县级职教中心招收本县（市）初中毕业生的比例达30%～60%，有的还招收了外县（市）一些农村初中毕业生。可见，农村职业教育在我国普及高中阶段教育工作中做出了重大贡献。但是，随着农村群众接受高质量教育的需求不断提高和农村学龄人口的逐步增加，一些县（市）由于职业学校基础条件、师资队伍等还比较薄弱，为普及

高中阶段教育进一步发挥作用还存在一定困难。农村职业教育是我国中等职业教育的重要组成部分，承担着普及高中阶段教育的历史使命。在新时代、新形势下，进一步加强县级职教中心建设，采取多种措施不断提升县级职教中心的办学质量、办学水平和社会影响，必将对我国普及高中阶段教育产生良好的作用。

## （三）实现精准扶贫的迫切要求

精准扶贫是相对于过去粗放型扶贫而言的，是根据导致贫困的具体因素的不同，从实际出发，运用科学有效的方法和措施对扶贫对象实施精确识别、精确帮扶、精确管理的治贫方式。对于职业教育这个与经济社会产业联系最为紧密的教育类型，联合国教科文组织《修订的关于技术和职业教育的建议书》（2001年）全文100条中有12条专门论及扶贫助困，其中第2条明确提出应将技术和职业教育视为"有助于减轻贫困"的一种方法。2005年《国务院关于大力发展职业教育的决定》也明确要求，"把加快职业教育、特别是加快中等职业教育发展与繁荣经济、促进就业、消除贫困、维护稳定、建设先进文化紧密结合起来"。无数案例表明，农村职业教育不仅能最大限度地开发贫困地区人力资源优势，使贫困人口通过获得一技之长尽快就业创业，限时脱贫"消化存量"，还能帮助贫困家庭子女改变命运，阻断代际传递"防止增量"。党的十九大指出："让贫困人口和贫困地区同全国一道进入全面小康社会是我们党的庄严承诺。"要动员全党全国全社会力量，坚持精准扶贫、精准脱贫，坚持大扶贫格局，加大力度支持贫困地区加快发展。改革发展农村职业教育，对农村贫困人口和贫困家庭子女实行精准招生、精准资助、精准教学、精准就业。把扶贫同扶志、扶智结合起来，既是提高职业教育办学效益的重要措施，也是推进职业教育精准扶贫的迫切要求，对实施乡村振兴战略有着不可替代的作用。

## （四）开展成人教育和继续教育的牢固阵地

农村职业教育的初心，就是面向广大农村居民的需求，既开展全日制学历教育，也开展成人教育和继续教育。20多年来，许许多多的农村职业学校不仅为农村未成年人提供了初中后或高中后的职业学历教育，也为成年人提供了各种非学历短期职业培训，使学习者及时获得了相应职业知识和岗位技术技能，同时有效地引导了广大群众树立新型的教育观和学习观，重塑了传统农民的素质结构，培育了大批新型职业农民。党的十九大要求："建设知识型、技能型、创新型劳动者大军""办好继续教育，加快建设学习型社会，大力提高国民素质""大规模开展职业技能培训"。习近平总书记在江苏调研时指出："实施乡村振兴战略不能光看农民口袋里票子有多少，更要看农民精神风貌怎么样。"有人形象地比喻，如果乡村振兴需要一双翅膀，那么一翼是产业富民，另一翼就是文化精神。对农村职业学校进一步加强建设、使之继续办好各层次职业学历教育的同时，进一步巩固其各类非学历职业培训职能，特别是切实加强农村文化及农民高尚道德情操的引导和培育，把社会主义核心价值观融入社会发展各个方面，必将会更好地发挥这一成人教育和继续教育重要阵地的作用，推动国民素质与乡村建设不断跃上新的台阶。

### （五）推进产教融合和校企合作的必然举措

多年来，我国许多农村职业学校围绕当地及区域产业发展和人才需求，积极与相关行业企业、高等学校、科研院所、农业生产大户和农民生产合作社等开展密切合作，取得了良好成效。如河北省许多县（市）职教中心从20世纪90年代起就实行了"上挂、横联、下辐射""依托专业办实业，办好实业促产业"，有的还引企入校，实行了教学、科研、生产、经营、服务的相互结合，既促进了教育教学改革和人才培养质量的提升，也促进了地方主导产业和特色产业发展。经过长期建设，许多农村职业学校特别是县级职教中心现已在当地形成了人才、设施、技术、信息等各种相对优势。党的十九大提出："完善职业教育和培训体系，深化产教融合、校企合作。"吸收有关行业企业深度参与，进一步推进农村职业教育改革发展，进一步加强农村职业学校建设，必将有利于进一步促进社会有关各界的资源共享与责任共担，促进农村人才培养供给侧和农村产业需求侧结构要素全方位融合，促进人才培养领域的"供给侧结构性改革"，实现农村教育链、人才链、产业链、创新链的有机衔接，开创我国产教融合、校企合作的新局面。

## 三、新形势下推进农村职业教育改革发展的思考

### （一）不忘初心，坚持农村职业教育的办学方向和本质属性

新形势下推进农村职业教育改革发展，要全面总结改革开放以来特别是最近5年的工作，根据新时代的历史性变革趋势，系统分析我国社会主要矛盾转化在教育领域、农村地区和农民群体中的具体体现，贯彻习近平新时代中国特色社会主义思想和基本方略，按照决胜全面建成小康社会和开启全面建设社会主义现代化国家新征程的要求进行设计，既要引入新思想、新手段和新平台，又要不忘初心、牢记使命。原国家教委副主任王明达曾经说过："县、乡、村举办的各类职业教育，一般称为农村职业教育。农村职业教育主要培养两类人才：一类是进城和就近、就地转移到非农领域的务工人员，另一类是务农的农民。"1983年中共中央、国务院发布的《关于加强和改革农村学校教育若干问题的通知》指出："农村各类职业学校要以教学为主……要把教学、生产劳动与科学技术的推广应用等活动密切结合起

来。"1985年《中共中央关于教育体制改革的决定》指出："中等职业技术教育要同经济和社会发展的需要密切结合起来……在农村要适应调整产业结构和农民劳动致富的需要。"2005年《国务院关于大力发展职业教育的决定》指出：职业教育要为农村劳动力转移服务，要为建设社会主义新农村服务，"实施农村实用人才培训工程，充分发挥农村各类职业学校、成人文化技术学校以及各种农业技术推广培训机构的作用，大范围培养农村实用型人才和技能型人才，大面积普及农业先进实用技术，大力提高农民思想道德和科学文化素质"。2010年党中央、国务院转发《国家中长期教育改革和发展规划纲要（2010—2020年）》指出："把加强职业教育作为服务社会主义新农村建设的重要内容。加强基础教育、职业教育和成人教育统筹，促进农科教结合。强化省、市（地）级政府发展农村职业教育的责任，扩大农村职业教育培训覆盖面，根据需要办好县级职教中心。强化职业教育资源的统筹协调和综合利用，推进城乡、区域合作，增强服务'三农'能力。加强涉农专业建设，加大培养适应农业和农村发展需要的专业人才力度。支持各级各类学校积极参与培养有文化、懂技术、会经营的新型农民，开展进城务工人员、农村劳动力转移培训。逐步实施农村新成长劳动力免费劳动预备制培训。"在中央的政策体系中，农村职业教育从来就不是仅仅以农民子女为主要对象的中等职业学历教育和以农业实用技术为主要内容的低端农业职业教育。有些人对农村职业教育的发展历史和重要作用视而不见，甚至片面地认为"农村职业教育可以培养出合格的涉农专业的技能型人才"仅仅是"一个良好愿望"，把"办在农村"和"为农服务"作为一些农村职业学校出现办学危机的根本原因，因而大肆鼓吹农村职业教育要"离农""脱农""弃农"，这是十分错误的。我们应坚信，只要我国农村社会还存在，"三农"问题没有得到根本性的解决，农村职业教育就大有可为、大有作为，发展农村职业教育依旧任重道远。

（二）强化统筹，实行农村职业教育的因地制宜和分类指导

我国地域辽阔，乡村类型多样、复杂，改革发展农村职业教育不能"一刀切"。根据党中央、国务院《国家中长期教育改革和发展规划纲要（2010—2020年）》关于"政府切实履行发展职业教育的职责"的要求，省、市、县各级政府要对农村职业教育工作分别承担不同的责任，如，省级政府要根据行政区划、产业布局、人口流向等，将农村职业教育特别是县级职教中心的规划纳入省国民经济和社会发展总体规划，扩大省级财政对农村职业教育的转移支付力度，支持条件薄弱的农村职业学校特别是县级职教中心尽快提升基础能力，并将有关发展情况纳入省对县级党委政府实绩考核的重要内容；省级教育行政部门要牵头制定农村职业教育发展的政策体系，指导资源整合，并负责督导落实；市级政府要统筹谋划各县域农村职业学校

布局，在确保一个县（市）集中力量办好一所高水平职教中心的基础上，按区域、行业、类型等对现有职业学校进行整合或重组，支持不同的学校做大做强优质特色品牌专业；县级政府要把农村职业教育纳入县域经济社会发展规划和相关产业发展规划，统筹配置各种职业教育和培训资源，并将职业学历教育和职业技能培训等工作纳入政府相关部门和乡镇（街道）年度工作考核目标和任务，作为对相关领导干部进行政绩考核的重要指标，保证农村职业学校的办学规模、专业设置、教学条件等与当地经济社会发展水平相匹配。要鼓励农村职业学校特别是县级职教中心实现学历教育、短期培训、科学实验、技术推广、生产经营示范等多功能发展，并根据不同区域乡村发展的差异性，支持不同的农村职业学校（职教中心）在办学模式、专业设置、课程内容、教学方式等方面进行合理选择，提高教育资源投入的针对性和有效性。

### （三）完善网络，提高农村职业教育的乡村振兴服务能力

20世纪80年代，在大力实施基本普及九年义务教育、基本扫除青壮年文盲"两基"工程和深入开展农村教育综合改革实验的过程中，我国各地普遍建立了由县级职业技术学校（职教中心）和乡、村成人学校构成的县域三级农村职业教育与培训网络。到2000年，随着"两基"目标的初步实现，一些地方的乡、村成人学校有的被裁撤，有的被减编减员或并入所在学区中心学校，面向农村劳动者及成年居民的成人教育和继续教育被严重削弱。同时，由于"就业难"等原因，一些农村职业学校也开始实行封闭性办学，"两耳不闻门外事"，致使原有包括社会服务在内的多种功能逐步退化为单一的学历教育功能，有的甚至挂着职业学校的牌子举办普通高中教育，县域三级农村职业教育与培训网络名存实亡。根据党的十九大"完善职业教育和培训体系"和"实施乡村振兴战略"要求，各县（市）三级职业教育与培训网络应当尽快恢复和完善起来，并根据新的形势创新其体制机制，实行统一规划和统一领导，提高其对乡村振兴的服务能力。要加大对县域职业教育和成人教育资源的整合力度，一般总人口在五六十万以下的县（市）集中力量举办一所职业学校（职教中心），总人口在一百万左右的县（市）集中力量举办2~3所职业学校（职教中心）。县级职业学校（职教中心）和乡镇成人学校可大可小，只要能充分发挥作用、受到群众欢迎就应被认为办得好。县级职业学校（职教中心）要加强对乡、村成人学校各项工作的指导和支持，部分条件适合的乡镇成人学校可以改建为县级职业学校（职教中心）的分校，由县级职业学校（职教中心）实行垂直管理。县级职业学校（职教中心）和乡、村成人学校要加强与当地农业产业化"龙头"企业、农民专业生产合作社和农业生产大户的联系及合作，扩大服务的辐射面。

### （四）加大投入，实行涉农职业教育政府公益购买制度

改革开放后，随着工业化和城镇化的推进，我国农业兼业化、农村空心化、农民老龄化现象日益发展，同时涉农职业教育规模不断萎缩，尽管自 2009 年起国家对中等职业学校涉农专业及农村贫困家庭学生实行免学费制度，短期内有了一定效果，但政策效应未能长久持续下去。据统计，2015 年我国中等职业教育农林牧渔类专业招生人数为 34.33 万人，比 2010 年减少了 76.1 万人，仅比没有实行免学费之前的 2008 年的招生人数 29.02 万多了 5.31 万人；同年农林牧渔类专业招生人数占招生总人数的比例为 9%，比 2010 年下降了 6.52%。从以农村职业学校为主体的职业高中情况来看，也从 2005 年的学校 5 822 所、招生人数 235.24 万人，分别占中等职业学校总数和招生总数的比例为 50.14% 和 43.78%，下降到 2015 年的 3 907 所、155.2 万人、45.13% 和 32.34%。出现这种情况的原因是多方面的，如办学目标、课程内容和教学模式不符合农村农业的现代化发展需要，师资素质低下，实验实训条件简陋、落后，等等。实施乡村振兴战略的关键和重点是产业兴旺，要做到产业兴旺就必须聚集众多经济主体，大力发展现代农业，同时催生乡村新业态，延伸乡村新产业，促进乡村一二三产业融合发展。未来的涉农职业教育不能再是单一的种植、养殖、加工、营销等专业，培养的人才也必须具有系统化的知识结构和综合化的能力结构才能满足需要。为此，农村职业教育必须在调整办学目标的基础上，切实加大投入，研发新型科目课程，贯通职前与职后教育体系，设计和采用新型教学模式，全面改善办学条件。要制定和实施涉农职业教育教师外出进修的工作规划与支持办法，列支必要的专项经费，鼓励涉农职业教育教师不断提高业务水平。同时，根据涉农职业教育的属性实行政府公益购买服务制度，对农村未成年人、转业和退伍军人、在乡和返乡农民等各类受教育者参加学习均提供无偿全额财政补贴。这样涉农职业教育才可能提高吸引力，才可能适应现代农业发展和实施乡村振兴战略的需求，才可能培育出为乡村振兴真正发挥作用的各类专门人才和高素质劳动者。

### （五）优化管理，造就高素质的农村职业学校校长队伍

农村职业学校校长是学校的最高行政负责人，对外代表学校，对内全面领导学校工作。农村职业学校的校长是学校建设和发展的灵魂，从某种意义上讲，一位优秀的校长就是一所一流的学校。在新时代中国特色社会主义现代化建设的背景下，农村职业学校校长的角色、能力、素质对农村职业学校的平稳运营、革故鼎新、发展进步等都起着决定性的影响和作用。2015 年 1 月，教育部公布了专门的《中等职业学校校长专业标准》，对校长的办学理念和专业要求做出了明确要求。目前，我国农村职业学校（县级职教中心）校长的来源，大体有政府部门官员、乡镇领导干

部、普通中学及职教中心自身四个方面。他们有的懂管理，但是不懂经济、不懂教育；有的懂经济，但是不懂教育、不懂管理；有的懂教育，但是不懂经济、不懂管理。各级教育行政部门要积极组织农村职业学校（职教中心）校长学习党的十九大精神和《中等职业学校校长专业标准》，对照自己的理念、知识、能力、方法和行为，全面提升自己的素质。由于农村职业学校（职教中心）的外部环境和内部条件会随着社会经济的变迁而不断演化，因此校长们必须不断积累经验，并在实践中学会与时俱进，因地制宜、灵活、果断地应对工作中的各种问题，逐渐形成自己的管理智慧和管理风格。

# 25.2 助力乡村振兴：农村职业教育的神圣使命
## ——重读《实施乡村振兴战略与改革发展农村职业教育》

张志增①

2017年12月初，《中国职业技术教育》杂志第34期刊登了我学习党的十九大精神体会文章《实施乡村振兴战略与改革发展农村职业教育》。时光荏苒，岁月如歌。今天，重读这篇文章，忆昔抚今，心潮激荡。随着乡村振兴大潮涌动，风华竞秀，农村职业教育奋楫笃行，初心如磐，工作成果层出不穷，尽管有许多问题仍然亟待解决，但其在县域经济社会发展进程中的作用越来越重要，在广大人民群众心目中的地位越来越明显。事实将证明，农村职业教育助力乡村振兴的光辉业绩和重要贡献，必将成为中华民族伟大复兴史册上的一页绚丽篇章。

### 一、文章背景和意蕴

2017年10月，党的十九大明确提出了"实施乡村振兴战略"，并写入新修订的党章。实施乡村振兴战略，是以习近平同志为核心的党中央着眼党和国家事业全局，深刻把握现代化建设规律和城乡关系变化特征，对"三农"工作作出的重大决策部署，是决胜全面建成小康社会、全面建设社会主义现代化国家的重大历史任务，是顺应亿万农民对美好生活的向往、实现全体人民共同富裕的必然选择。推动乡村振兴，全国各行各业都必须坚决扛起这一政治担当，农村职业教育与"三农"最贴近、关系最直接，因此绝不能置身事外。

经过长期发展，我国农村职业教育尽管取得了巨大成绩，但总体上仍然很薄弱，特别是体制机制与实施乡村振兴战略的要求差距很大，难以在实施乡村振兴战略进程中有所作为。据统计，2016年，全国中等职业学校8 367所（不含技工学校，下同），招生7 113 957人，在校生19 164 447人，分别比2010年减少了23%、34.5%和33.6%。这只是其中一个方面。

基于党的十九大关于乡村振兴战略"产业兴旺、生态宜居、乡风文明、治理有效、生活富裕"的总要求，当时我的文章在总结和借鉴了一些县级职教中心及县域

---

① 张志增，河北师范大学、河北省职业技术教育研究所研究员。

职业学校成功经验的基础上，对新形势下农村职业教育的地位、功能和推进农村职业教育改革发展的任务进行了探讨。文章提出，农村职业教育在实施乡村振兴战略过程中可以大有作为，具体作用包括培育乡村各业人才、普及农村高中阶段教育、精准扶贫、开展成人教育和继续教育、推进产教融合和校企合作等。文章认为，要实现这些作用，一是要不忘初心，坚持农村职业教育的办学方向和本质属性，把农村职业教育同当地经济和社会发展的需要密切结合起来；二是要强化统筹，实行农村职业教育的因地制宜和分类指导，落实省、市、县各级政府对农村职业教育工作的不同责任；三是要完善网络，加强县级职业技术学校（职教中心）和乡、村成人学校建设，提高农村职业教育的乡村振兴服务能力；四是要加大投入，实行涉农职业教育政府公益购买制度，提高农村职业教育吸引力；五是要优化管理，对标《中等职业学校校长专业标准》，培养造就高素质的农村职业学校校长队伍。

几年来，在党中央的坚强领导下，我国农村职业教育改革发展取得了很大进展和很多突破。经教育部、国家发改委等九部门联合推进，经过5批次的创建，全国共认定261个农村职业教育和成人教育示范县，示范县创建工作得到了各级政府的高度重视，政府统筹，多部门合作，初步探索出了不同层级部门合作共建。在很多地方，改革发展农村职业教育已成为阻断代际贫困和促进共同富裕的普遍共识和重要手段，逾千万贫困家庭通过职业教育奔向小康。2019年，农业农村部启动了职业农民培育三年提质增效行动，聚焦乡村振兴人才需求，分层分类实施农业经理人、新型农业经营主体带头人、农村实用人才和现代创业创新青年等培育计划，实施专项培训1亿多人次。2021年11月至2022年5月，农业农村部、教育部联合开展了乡村振兴人才培养优质院校推介工作，经院校自荐、省级推荐、专家评审、社会公示等环节，形成了100所乡村振兴人才培养优质校和农业科研院所推介名单，河北省阜平县职教中心、吉林省双辽市职教中心、黑龙江省讷河市职教中心、江苏省南京市六合区中专、山东省寿光市职教中心、山东省平度市职业中专、湖南省五峰土家族自治县职教中心、湖南省洞口县职业中专、四川省南江县小河职业中学9所县域职业学校入选，为全国农村职业教育助力乡村人才振兴树立了样板。2018年1月由河北省职业技术教育研究所发起成立的全国县级职教中心联盟，围绕服务乡村振兴战略先后举办了专题研讨、案例推展、教师培训、参观考察等20多项活动，至今已走过近6个年头，受到各界广泛赞誉。2021年12月，中国职教学会乡村振兴与城市可持续发展工作委员会在北京昌平成立，除举办学术年会、论坛等活动，2023年还在广泛征集近200个案例的基础上精选了43个案例出版了《乡村振兴 中国职教在行动——职业教育服务乡村振兴典型案例》一书，引起社会强烈反响。

2022年4月20日十三届全国人大常委会第三十四次会议通过新《职业教育法》，规定职业教育是与普通教育具有同等重要地位的教育类型，强调"国家采取措施，支持举办面向农村的职业教育，组织开展农业技能培训、返乡创业就业培训和职业技能培训，培养高素质乡村振兴人才"。"县级人民政府可以根据县域经济社会发展的需要，设立职业教育中心学校，开展多种形式的职业教育，实施实用技术培训"。2023年中央一号文件《关于做好2023年全面推进乡村振兴重点工作的意见》把教育部、国家发改委等九部门于2011年在"农村职业教育"基础上提出的"面向农村的职业教育"进一步升级、明确为"面向乡村振兴的职业教育"，要求深化产教融合和校企合作，实施乡村振兴人才支持计划、高素质农民培育计划、青年人才开发行动等。农村职业教育改革发展进入了新阶段。

## 二、 现实问题与成因

长期以来，党和国家高度重视农村职业教育，不仅要求"加快发展"，而且要求"大力发展"，然而实际状态堪忧。

一是规模持续萎缩。2021年，全国中等职业学校数量为7 294所，比2016年进一步下降了12.8%；招生数和在校生数虽然在连续下滑后企稳，但增长分别仅为4.9%和2.8%，同时农林牧渔类招生数、在校生数则逐年下降，2021年比2016年减少了19.8%和29.3%。中等职业学校农林牧渔类招生数和在校学生数见表25.2.1。

表25.2.1 中等职业学校农林牧渔类招生数和在校学生数一览表

| 年份 | 2016 年 | 2017 年 | 2018 年 | 2019 年 | 2020 年 | 2021 年 |
|---|---|---|---|---|---|---|
| 招生数/人 | 293 260 | 272 369 | 245 910 | 238 255 | 248 112 | 235 169 |
| 同比增长率 | −14.6% | −7.5% | −9.7% | −3.1% | 4.1% | −5.2% |
| 在校生数/人 | 898 107 | 791 192 | 720 352 | 676 872 | 664 007 | 635 204 |
| 同比增长率 | −14.6% | 11.9% | −9.0% | 6.0% | −1.9% | −4.3% |

二是不平衡态势不断强化。2021年东部地区中等职业学校专任教师数为271 008人，师生比为1∶15.4，高级职称和研究生学历教师占专任教师总数比例为26.1%和10.4%；西部地区中等职业学校专任教师179 110人，师生比为1∶20.17，高级职称和研究生学历教师占专任教师总数的23.3%和6.8%。就资产而言，东部地区中等职业学校校均图书59 032册，数字终端688台，教学仪器设备值2 158.0万元；西部地区中等职业学校校均图书38 384册，数字终端395台，教学仪器设备值1 243.2万元。专任教师特别是高素质、高水平教师数量及专业设施的不足，严重制约了农村职业教育的发展。

三是升学导向现象遍及各地。很多学校片面理解职业教育纵向贯通、横向融通的含义，打着多样化发展的旗号，脱离了当地经济发展现状及产业升级愿景，将办学着力点放在升学上，漠视用人单位对技能型人才的需要和学生毕业后直接就业的需求，一门心思地研究学校所在地区的升学考试政策、方式以及参加考试的条件，升学考试考什么就设置什么专业和课程，服务"三农"、助力当地经济社会发展的思想意识和"涉农特色"不断淡化甚至消失。

四是普教化趋向进一步加剧。很多学校背离了职业教育的本质特征，沿袭普通教育课程体系和教学管理模式，注重专业理论和课堂教学，有意无意地削弱实践教学、实习实训环节和依据终结性的书面考试成绩评价人才培养质量，不推进、不深化校企合作，不面向社会开展职业培训、技术推广、成果转化等服务，封闭办学，低效运行，内生发展动力不断衰退。

上述问题的产生，既有当地政府和相关部门统筹机制不健全、经费投入不足的原因，也有学校教学思路不清、管理不善的原因。一些地方党委、政府及相关部门对农村职业教育缺乏应有的认识、重视和支持，不认真履行法定职责，没有将其纳入当地经济社会发展规划和年度绩效考核内容，相关机构、组织、制度、规则等空白或虚设，许多上级政策未能贯彻施行。一些职业学校办学定位模糊，方向迷失，在所谓"离农"还是"为农"、"就业"还是"升学"、"教育"还是"培训"等选择上犹豫彷徨，有的安于现状，有的随波逐流，特别是相关领导和管理人员的思考力、执行力、意志力不够，既不主动了解、探索农村职业教育与当地经济社会发展特别是乡村振兴的衔接耦合关系，也不配合营造、优化农村职业教育助力乡村振兴的环境与氛围。

## 三、未来方向及建议

面对各种问题，我们要认真学习贯彻落实党的二十大精神和习近平总书记关于"三农"工作、教育工作的一系列重要论述，坚持自信自立，坚持守正创新，坚持问题导向，坚持系统观念，切实把农村职业教育作为助力乡村振兴和建设农业强国、教育强国的重要抓手抓紧抓好，为中华民族伟大复兴发挥应有的作用。

一是要进一步提高对农村职业教育的认识。重农务本，国之大纲。民族要复兴，乡村必振兴，全面推进乡村振兴是全面建设社会主义现代化国家的重大任务。习近平总书记指出："乡村振兴，关键在人、关键在干。"目前，各地农村最普遍、最突出、最迫切需要弥补的"短板"是人才的匮乏，农村人才存量少，流失大，培养滞后。缺乏人才，实施乡村振兴战略就会成为一句空话。农村职业教育是"与农村经济、政治、文化、生态发展相互依存并融合共生的教育类型，是有效推进农村社会体系整体性发展的重要内生力量"，立足农村、扎根农村，助力乡村振兴是农村职业教育的神圣使命，因此改革发展农村职业教育必然是、也必须是国家解决农村问题推进乡村振兴的一个关键策略。各级单位、政府和相关部门要转变传统教育观念，提高认识，依法履责，按照《职业教育法》规定，把发展农村职业教育纳入当地国民经济和社会发展规划，与促进就业创业和推动发展方式转变、产业结构调整、技术优化升级等整体部署、统筹实施。要改进国家级农村职业教育和成人教育示范县管理机制，适时开启动态调整机制，态度不积极、工作无进展的要坚决摘牌除名。要把支持、推动农村职业教育发展纳入地方政府和相关部门"三农"及教育工作年度绩效考核内容，并与相关单位绩效工资额度和相关人员选拔任用、职级晋升等密切挂钩。只有这样，农村职业教育才能得到真正重视，才能实现快速改革发展。

二是进一步完善法规建设。依照《宪法》《职业教育法》《乡村振兴促进法》，尽快制定《农村职业教育促进法》。要践行"法法衔接"立法理念，协调处理好《农村职业教育促进法》与其他法律的关系问题，特别是要协调和完善好上位法与下位法、前定法与后定法、一般法与特别法的关系。针对农村职业教育如何校企合作、社会参与、经费保障等迫切需要规范的方面通过法律手段予以保障，如以农村职业教育涉及的关键内容为维度，出台《涉农专业产教融合实施条例》《社会力量参与农村职业教育办学条例》等，充实农村职业教育法律保障体系，打造以《职业教育法》为主，各重要维度为辅，上下有序、内容全面、形式完整、协调统一的农村职业教育法律体系。

三是进一步加强县级职教中心建设。县级职教中心是职业教育改革的产物。要通过财政经费奖补和项目、土地、师资等优先政策，引导、激励县域职业教育资源有效整合，进一步建好、办好县级职教中心。要鼓励县级职教中心聚焦国家和区域重大发展战略，围绕乡村振兴大局，实现学历教育、职业培训、科学实验、技术推广、生产经营示范服务、先进文化传承普及等多功能发展，支持不同区域、不同条件的县级职教中心在办学模式、专业设置、课程内容、教学方式方法等方面进行合理选择，提高教育资源投入的针对性和有效性。依托有条件的县级职教中心开展县域社区学院试点，适度下放高等职业教育办学权限，以服务地方为价值追求，突出产业核心地位，强化农村人才贯通培养。

四是要多渠道加大农村职业教育投入。应加大中央和省财政对农村职业教育的转移支付力度，积极扶持欠发达地区县域职业教育发展。县级政府要设立农村职业教育专项经费，统筹用于面向农村的职业教育与培训，新增经费要面向乡村振兴的职业教育予以倾斜。要落实国务院及有关部门作出的政策要求，地方教育费附加用于职业教育比例不低于30%；一般企业按照职工工资总额的15%足额提取职工教育培训经费，从业人员技术要求高、培训任务重、经济效益较好的企业按2.5%足额提取职工教育经费，列入成本开支；企业发生的职工教育经费支出，不超过工资薪金总额8%的部分准予在计算企业所得税应纳税所得额时扣除，超过部分准予在以后纳税年度结转扣除。加大地方政府债券支持县域职业教育额度，主要支持县级职教中心和职业技术学院校区建设、实训基地建设等。提高农村生源中等职业教育生活补助费标准，扩大县域职业学校涉农专业学生奖学金发放比例。优化教育经费支出结构，把县域职业学校双师型教师队伍建设和涉农专业建设作为投入重点予以优先保障，着力增强农村职业教育的适应性。

五是进一步加强中西部职业教育协作。教育部于2017年开始组织职业教育东西协作行动，取得了良好成效。在新的形势下，要积极创新协作机制，进一步做好联合招生、合作办学工作。要采取有力措施，鼓励东部地区对西部欠发达地区进一步加强区域系统援建、品牌整体输出、专业结对共建、师资轮岗培训、学生订制培养等帮扶模式，努力实现"六大转变"，即从"有什么给什么"转变为"缺什么补什么"，从"授人以鱼"转变为"授人以渔"，从"理念分享"转变为"成果共享"，从"自主行动"转变为"系统推动"，从"分散帮扶"转变为"聚力帮扶"，从"挂职支教"转变为"整体输出"，全面提高西部职业教育办学水平和人才培养质量。

# 26.1 职业启蒙教育的内涵探源与维度界分[①]

陈 鹏，李 蕾

随着《国家教育事业发展"十三五"规划》对"在义务教育阶段开展职业启蒙教育"的明确，以及《国务院办公厅关于深化产教融合的若干意见》中对"将工匠精神培育融入基础教育"的强调，职业启蒙教育的实践迫切需要职业启蒙教育相关理论的研究。职业启蒙教育作为一个本土词汇，在国外并没有严格对应的概念，相似概念在美国称为生涯教育（Career Education），在德国称为"前职业教育"或"职业教育的预备教育"（Vorberufliche Bildung/Prevocational Education），但它们并不能表达职业启蒙教育的全部含义。为此，国内部分研究者也分别对职业启蒙教育做出解释，这些概念对职业启蒙教育的对象、目的和内容都有相应的界定，但并没有凸显出职业"启蒙"教育的本质意涵。本研究在于从词语解构与词源的视角演绎职业启蒙教育的内涵，并进而框定其内涵维度和进阶维度，以期对理论研究和实践探索有所启发。

## 一、职业启蒙教育的内涵探源

"词源"即词的起源，它以解释的方式有助于对词的确切含义的理解，进而实现对事物更加明晰的洞察。"职业启蒙教育"作为一个合成词，虽不能追溯它本身的起源，但对其组成部分的探源也有助于这个词组的理解。"职业启蒙教育"起点在"职业"，关键在"启蒙"，目的在"教育"。因此，对"职业""启蒙""教育"的分别理解有助于对"职业启蒙教育"的整体把握。

### （一）职业：承载着神圣的使命

职业不仅仅是个体作为"主要生活来源"[②]的媒介，还有着更加丰富的含义，它

---

① 本文发表于2018年第27期，收录时有所删减。陈鹏，江苏师范大学教育科学学院副教授。李蕾，南京财经大学红山学院。

② 中国社会科学院语言研究所词典编辑室. 现代汉语词典（第7版）[Z]. 北京：商务印书馆，2016：1683.

承载着神圣的使命，将个体与社会紧密地联系在一起。马丁·路德认为，"履行世俗事务的责任"（职业）是"个人道德活动所采取的最高形式"，是一种"天职"。[①]为此，个人应据此"限制自己的世俗活动"。这种具有神圣使命感的"职业"超脱了那些自私自利的生活方式，是一种指向"胞爱"的外在表达，因为劳动分工使得每一个人都为他人而劳动；而且在路德的"天职观"里，职业没有贫富贵贱之分，所有正当的天职都具有完全等同的价值。[②]总体看来，路德的职业观尽管具有强烈的宗教色彩，但是在其思想中所蕴含的"胞爱""平等""虔诚"等理念却一直陪伴着"职业"这一世俗活动沿袭至今。在黑格尔看来，个体在职业中依靠自己的劳动获得生活资料，是市民社会中个人正义、正直和独立自尊的情感之根本，是市民社会的基本准则。[③]因此，当今的"职业"已经超出了其所具有的宗教含义，与"社会责任"更加紧密地联系在一起。正如杜威所言，"职业是唯一能使个人的特异才能与他的社会服务取得平衡的事情"，对于社会其他成员来讲，适宜的职业意味着他们能够得到从业者所能提供的"最好的服务"。[④]这正是职业之"使命"外在表达的最好诠释。

## （二）启蒙：开启个体的蒙昧状态

在中国，最早使用"启蒙"一词的是东汉的应劭，他在《风俗通·皇霸·六国》中写道："每辄挫衄，亦足以祛蔽启蒙矣。"许慎在《说文解字》中将"启"解释为"开也，从攴，启声"；[⑤]"蒙"则指"蒙昧"。[⑥]"启""蒙"连在一起即为对蒙昧者的教化与开导。《论语》"不愤不启，不悱不发"中的"启"即是这层含义。《辞源》定义"启蒙"为开导蒙昧，使之明白贯通。[⑦]在《现代汉语词典》中，"启蒙"有两层含义：一是使初学的人得到基本的、入门的知识，如启蒙教师、启蒙读物；二是普及新知识，使摆脱愚昧和迷信，如启蒙运动。[⑧]因此，在中文语境中，"启蒙"一方面指新知识的入门教育，另一方面指新思想的宣传教化。西文语境中的"启蒙"包括德语的 Aufklärung、拉丁语的 Illu-mina、英语的 Enlightenment，均起源于法语的

① 新教伦理与资本主义精神［M］. 北京：北京大学出版社，2012.

② 新教伦理与资本主义精神［M］. 北京：北京大学出版社，2012.

③ 黑格尔. 法哲学原理［M］. 范扬，张企泰，译. 北京：商务印书馆，1961.

④ 民主主义与教育［M］. 北京：人民教育出版社，2001.

⑤ 许慎. 说文解字［Z］. 李翰文，译. 河北：九州教育出版社，2006：113.

⑥ 许慎. 说文解字［Z］. 李翰文，译. 河北：九州教育出版社，2006：86.

⑦ 何九盈，王宁，董琨，商务印书馆编辑部. 辞源（第三版）［Z］. 北京：商务印书馆，2015：724.

⑧ 中国社会科学院语言研究所词典编辑室. 现代汉语词典（第6版）［Z］. 北京：商务印书馆，2013：1022.

Les Lumieres。Les Lumieres字面意思是指"光"或"光明"。这里的"光"并不是普通的光，而是"信仰之光"。[①] 西文语境下的"启蒙"是个体驱逐黑暗、追求光明的成长之路，带有浓厚的宗教色彩，演绎为对愚昧者、无知者的开启与解放。此外，康德还认为，"启蒙"是人类对他自己招致的不成熟状态（人们在缺乏指导时，无力运用自我理性的状态）的摆脱。[②] 这就意味着，蒙昧是一种不成熟的状态，且这种不成熟状态的解脱需要他人的指导，"他人"是光源的象征，代表智者的力量。总之，无论是新知的传播，还是新思想的教化，抑或黑暗或不成熟状态的摆脱，"启蒙"的最终目的都是通过外在力量的引导促使个体从蒙昧走向文明，在明达事理中逐步趋于成熟。

### （三）教育：养成健全发展的人格

"教育"在《说文解字》中被解释为："教，上所施，下所效也"；"育，养子使作善也"。意味着"教育"在于通过权威者的引导使受教育者得以在经验方面成长。在西语系统中，Education的拉丁文词根educare有"引出""导出"之义。希腊文παιδε（i）α的核心理念是"引导一个人成为其应该成为的样子，实现完满的人格和人性"。因此，教育关系着个体更好的生存和发展，肩负着"灵魂启蒙""人性启蒙"的重要使命，这也成为诸多西方教育家、思想家所论述的核心要义。古希腊思想家苏格拉底创立的"产婆术"教学法即具有启蒙的意涵，其在于通过智者不断地向学生的回答质疑，使对方陷入矛盾之中并认清自己的错误，然后"启发""引导"对方寻找问题的正确答案，进而掌握新的认知和判断，达到祛除遮蔽的目的。柏拉图则进一步发展了这一思想，他在《理想国》中用"洞穴寓言"诠释了教育的启蒙要义。在他的笔下，教育用来唤醒人们的智慧，使人向善，不断提升自我，即有启蒙的意蕴。近代"启蒙运动"进一步拉近了"教育"和"启蒙"的内涵同质性，使"启蒙"成为教育的精神使命。在启蒙思想家眼里，教育就是使人从"蒙昧"中牵引出来，从"未完成的人""待发展的人"走向"完满的人""成熟的人"。[③] 不过在"启蒙"的基础上，"教育"的内涵更加丰富，它不仅包括知识的增长、思想的教化，还包括能力的增长，尤其是"向善"的道德成长。赫尔巴特将"道德的秩序"作为教育的最高目的，爱因斯坦将"高尚的道德标准"置于"知识"和"技巧"之上。概而论之，教育即一个关于"未完成的人"的完整人格发展的养成活动。

---

① 黎保荣. 何为启蒙——中国现代文学启蒙内涵及其演变新论［J］. 文学评论，2013，（1）：78-87.

② 康德. 对"什么是启蒙"的回答［M］. 肖树乔，译. 北京：中译出版社，2015.

③ 陈仁，杨兆山. 教育的人性启蒙观念及其历史生成［J］. 广西社会科学，2015，（4）：206-210.

## 第 二、职业启蒙教育的内涵维度 米

通过对"职业""启蒙""教育"三词的探源论之，职业启蒙教育就是对儿童实施的关于神圣职业的入门教育，这种入门教育使得个体获得关于职业世界的基本认知，并形成初步的职业理想和向善的职业伦理，进而为未来的职业生涯发展提供最为基础的帮助。

### （一）培养基本的职业认知

职业认知即关于职业及其基本信息的认识。职业启蒙教育，应通过初步的职业入门教育，使得儿童对职业的基本信息进行了解与通达。"职业"不仅作为人们"主要生活来源"[1]的媒介，同时它还"支配着我们的整个世界"，它"治愈我们的身体，衡量我们的收益，拯救我们的灵魂"。[2]在远古社会时期，职业、教育、生活融为一体，关于职业认知的教育与生活、生产劳动同步进行着，人们无须了解职业以及职业的信息是什么，唯一的目的就是通过这种融为一体的整合式生活实现生命的存续。阶级社会以后，产生了"劳心者治人""劳力者治于人"的劳动分工，统治阶级利用其统治工具"国家机器"奴役、驯化着普通百姓，"劳力者"虽然受到所谓的"教化"，但其是一种扭曲的思想教育，仍处于对各种事物包括职业信息的蒙昧状态，关于职业的认识处于"未开启"状态。而后，随着现代大工业的发展，职业的分工越来越细，劳动者对职业的认知在不断觉醒。此时，他们在个体生活与"上天"安排之间找到一种妥协，将个体生活与集体生活融为一体。为此，马克思建议青少年在选择职业时要将"人类幸福"与"自身的完美"相结合。[3]因此，在现代社会，人们要想在以后的职业生活中达到个体与社会的整全发展，必须对职业有个清醒的认识。

处于蒙昧状态的儿童不仅对世界知之甚少，对职业世界同样如此。为此，必须通过职业启蒙教育促使他们对职业形成基本的认知。职业的认知可包括两个方面，一方面是对于职业性质的认识，明确职业在生活中的地位和作用，明晰学习与工作的关系，养成对劳动的正确认识和态度，领悟职业是人们生活中必不可少的一部分，任何一种职业都各有利弊，只有分工不同，没有高低贵贱之分，"人人皆可

---

[1]　中国社会科学院语言研究所词典编辑室. 现代汉语词典（第7版）[Z]. 北京：商务印书馆，2016：1683.

[2]　安德鲁·阿伯特. 职业系统——论专业技能的劳动分工 [M]. 李荣山，译. 北京：商务印书馆，2016.

[3]　中共中央马克思，恩格斯，列宁，斯大林著作编译局. 马克思恩格斯全集（第40卷）[M]. 北京：人民出版社，1979.

成才，人人尽展其才"；另一方面是关于职业类型、职业要素、职业素养等基本信息的初步了解，知晓社会上有哪些类型的职业，领会典型职业的劳动对象、工作场域、生产工具等职业要素，以及职业世界对普适的职业知识、技能和伦理的要求，进而形成基本的职业认知结构。职业启蒙教育并不要求学生掌握所有的职业类型及其详细的职业要素，以及专门化的职业素养。职业启蒙教育应该根据教育发生的不同阶段和学生的心理发展水平对社会上的职业类型进行逐步细化的介绍。在实施的过程中，应结合学科课程、活动课程、校外实践等不同形式诱发学生通过直观的感知、物象的察觉、抽象的认知等实现对职业要素、职业素养等信息不同程度的理解和把握。总体而言，职业启蒙教育并不是培养学生对具体职业知识、技能的掌握，而是通过某些方面的训练，获得"有关技术与生产问题的启蒙知识"，[①]以便在宏观上引导学生形成对职业世界的基本认知，渐进式地把握不同层次的职业类型，了解未来职业所必备的核心素养。

### （二）养成初步的职业理想

职业理想是个体在职业认知的基础上，结合对自我的认知以及其他主客观条件所确立的一种预期职业目标。职业启蒙教育，应通过有意识的引导教育，帮助儿童根据自我的兴趣、主体发展水平和其他客观条件做出一种合理的职业目标预选。根据美国生涯理论学者斯金伯格的描述，儿童在 11 岁之前对职业的态度大多出于好奇，在确定职业理想时往往天马行空，带有浓厚的感情色彩，不会考虑其他社会因素，有很大的盲目性和冲动性。这种对职业的盲目崇拜如果得不到正确引导的话，很容易受社会上各种不良现象的影响，而致使儿童后期的生涯发展产生畸形，从而对职业理想产生偏差。这导致很多学生到了 18 岁的时候，还不知道自己报考什么专业，或者不能清晰地分析自己的学业基础知识和能力发展水平，盲目地追求"高大上"的专业，以致到了大学里后悔莫及。科学的职业理想观是儿童未来发展的指南针，而盲目的职业理想观则犹如在大海航行时的迷雾，容易使人迷失方向，不进则退。盲目的职业理想往往由于错误的专业选择而最终导致与自己不相匹配的职业结果，最终在职业岗位上碌碌无为，于己于人无所贡献。儿童职业理想的早期追求主要建立在对职业的"好奇心"或"神秘感"之上，并伴随着对职业的"无知"与"蒙昧"，因此，缺少对职业目标选择的理性思考，不能对自身条件和其他客观条件做出辩证性分析，在选择时往往受制于"他人""环境"抑或"一时的冲动"。因此，很有必要尽早对孩子们进行职业理想的启蒙教育，帮助他们在正确认识自我、

---

① 皮亚杰. 1935 年以来的教育与教学 [A]. 卢濬，选译. 皮亚杰教育论著选 [C]. 北京：人民教育出版社，2015：178.

分析自我，掌握各种条件的基础上，实现职业理想的科学开启。

中小学时期是人生观、价值观形成的阶段，也是个人职业理想孕育的关键期，这就需要通过职业启蒙教育帮助他们建立科学的职业观，使他们在剖析自我兴趣和职业价值过程中逐步形成自身的职业理想。首先，要让学生认清自己的兴趣。赫尔巴特将个体天生的兴趣称为个性，认为其是后天发展之"朦胧的根源"，教育者的目的就是让这种个性"具有鲜明的轮廓"，乃至"明显地显露出来"。①学生的职业兴趣同样是一种发自内心的个性本能冲动，因此必须加以正确的引导。为此，加德纳建议学校应对每个学生的认知特点"给予充分的理解"，使其"得到更好的发展"，以便形成某种职业理想的可能性。②因此，职业启蒙教育最关键的是要让学生听从自己内心的召唤，结合自己的兴趣确立职业理想。其次，职业理想的确立有时也会被盲目的兴趣或一时的冲动所误导，例如受到现代媒体娱乐节目的影响，有些学生可能幻想成为一名演员或歌手。但事实上这部分学生并不一定有艺术细胞，艺术成绩也不够优秀。因此，这时的职业启蒙教育就应该引导学生参考自己的学习成绩对未来职业做出理性选择。最后，职业是一个联系个体与群体的神圣使命，成功的职业决策关系到个体与集体的共同幸福，这就使得学生对理想专业或职业的选择要结合社会或家庭的客观现实情况而定。因此，职业启蒙教育应协助学生在成就自我、关照家庭、服务社会中做出一个相对合理的职业理想选择。

### （三）训育向善的职业伦理

职业伦理是个体对职业的态度与价值观，集中表现为职业道德。职业启蒙教育，应通过初步的教育熏陶和引导，端正儿童对待职业的态度，树立健康、文明的职业价值观。文明的职业价值观表现为高尚的职业伦理，主要包括对职业的忠诚、对劳动对象的尊重、对工作过程的精益求精、对工作团队的和谐相处等核心素养。"好人""至高""至善"是古希腊学者对完满人格的诉求，"上善若水"是老子对人之为人的本然规约，这些都无不表征"德"对个人健康发展与社会和谐建构的重要意义。在此基础上，职业的胜任同样需要"至善"的伦理品格。早在中世纪以及行会时期的学徒制时代，对行业机密的保护就已成为衡量学徒工成熟的重要标志。在现代教育产生和发展的过程中，无论是洛克、卢梭、康德，还是赫尔巴特，都强调德育在教育内容中的重要性。正如赫尔巴特所言，教育的必然目的也是最高目的是道德的成长。爱因斯坦也将"高尚的道德标准和价值观"置于"知识和技巧"之上，认为前者是给人类生活带来"幸福和尊严"的决定性要素。技艺再高，也无法

---

① 赫尔巴特. 普通教育学［M］. 李其龙，译. 北京：人民教育出版社，2015.

② 霍华德·加德纳. 多元智能［M］. 沈致隆，译. 北京：新华出版社，1999.

与优良的德行相比较。因此，无论将来从事什么职业，一个健康至上的伦理品格是必需的。在新的时期，"中国学生核心素养框架"将"劳动意识"作为18个核心素养之一，[①]彰显出我国教育部门对"劳动素养"发展的重要性。在这里，"尊重劳动"的习惯、"改进创新"的劳动意识、"合法劳动创造成功"的意识行动等都可以框定为职业伦理的范畴。

处于与职业世界相对隔离的儿童，不仅对职业知识、技能了解甚少，更不知如何处理与职业世界的关系。因此，职业启蒙教育应该通过渗透式的多元形式引导儿童在模拟的职业环境中养成朴素的职业习惯，逐步拉近对职业的距离，进而培育对职业世界的认同感。凯兴斯泰纳的"劳作学校"为职业伦理的训育提供了经验借鉴，他主张通过在国民学校中开设木工、缝纫、园艺、厨艺等劳作课程，培养学生养成一丝不苟的工作习惯和艰苦奋斗的劳动意志。正如他所指出的，这些"劳作课程"并不在于介绍"劳动的过程、劳动工具、劳动器械和某种特定职业所需要的材料"，而是在于适应"公正的劳动方法"以及培养"越来越细心、越来越彻底和越来越严谨的习惯"，还在于唤起"真正的劳动热情"。[②]可见，这种早期的劳作教育并不在于具体职业的规训，而是在培养简单劳动技能的过程中，训育互助互爱、协同合作、热爱集体的高贵品质。根据凯兴斯泰纳的解释，这些在基础教育阶段养成的高贵品质将会迁移至未来其他领域的手工劳动中。事实不仅如此，这些手工劳动教育所培育的"劳动素养"其实可以适用于未来的任何职业领域，甚至凯兴斯泰纳将这种良好的劳动素养最后指向于爱国的伦理品质，这正是职业伦理的魅力所在。良好的劳动素养、高贵的职业品质在当代也可以理解为伟大的"工匠精神"，它与融通在"上下五千年""三字经""千字文"中的经典文化一起构成了中华民族的传统美德，理应在中小学阶段予以重视。

## 三、职业启蒙教育的进阶维度

职业启蒙教育往往与职业生涯教育联系在一起，但又不完全等同。职业生涯伴随人的一生，职业生涯教育即可终身进行，但职业启蒙教育仅是一种入门的职业生涯教育，处于职业生涯教育的初始阶段。同时，职业启蒙教育又区别于就业教育，高等教育和职业教育都是一种专门化的分专业的就业教育，直接面向具体的职业进行专业性的教化，不属于初级职业生涯教育的范畴。因此，职业启蒙教育定位于在

---

① 林崇德. 中国学生核心素养研究［J］. 心理与行为研究，2017，（2）：145-154.

② 凯兴斯泰纳. 劳作学校要义［A］. 郑惠卿. 凯兴斯泰纳教育论著选［C］. 北京：人民教育出版社，2003：23.

普通基础教育阶段实施的一种渗透式的初级职业生涯教育。结合学生的身心发展阶段以及我国基础教育的实际，职业启蒙教育可分为普适的职业认知教育、分流的生涯指导教育和分化的专业规划教育3个阶梯式进展阶段。

**（一）普适的职业认知教育**

普适的职业认知教育主要对应于幼儿园和小学阶段（3~12岁）。无论是幼儿园的孩子还是小学生，由于其毕业后不存在就业、普职分流或专业分化的问题，因此，对他们的职业启蒙教育不针对具体的职业或教育类型，而是一种普适的职业认识论、价值观养成的教育过程。就生涯发展的阶段而言，舒伯将4~10岁界定为幻想期、11~12岁称为兴趣期；斯金伯格将11岁之前称为空想阶段，同样将11~12岁认定为兴趣阶段。可以看出，幻想（空想）和兴趣这两个阶段正是我国幼儿园和小学所处的阶段。根据斯金伯格的描述，在空想阶段，儿童对于职业的态度大多出于好奇心，在选择未来的职业理想时往往天马行空，有很大的盲目性和冲动性，并伴有强烈的感情色彩，因此十分不稳定；在兴趣期，对职业的选择以个人的兴趣占主导。因此，在这一阶段学生无论对自己还是职业，都没有一个清醒明确的认识，处于盲目的职业崇拜和幻想时期，如果不加以正确引导的话，他们就很容易受到社会不良风气、媒体的影响，或者受到周边"伟大"人物的影响，产生对职业的曲解认识，形成不健康的职业价值观，进而影响下一阶段的发展。普适的职业认知教育正是要告知学生不能盲目地凭主观印象判断对职业的喜好，以帮助他们养成健康的职业价值观。

普适的职业认知教育，首先要为学生介绍社会上普遍存在的职业，使其认识到职业只有分工不同，没有高低贵贱之分。幼儿和小学生由于接触职业世界的机会不多，对职业种类的认识非常有限。通过职业启蒙教育，要让他们认识到社会中不仅有众所周知的科学家、医生、教师等传统职业，还有精算师、动漫设计工程师、职业规划师等现代职业；社会不仅需要"爱因斯坦"式的科学家，还需要"爱迪生"式的发明家，更需要"鲁班"式的技术工人，他们都是大国创造、大国制造的重要力量。只要匹配合理，每个行业、每种职业都能在自己的岗位上成就出彩的人生。其次，要培养学生的早期劳动习惯和普适的职业伦理。"三岁看大、七岁看老"正诠释了早期儿童习惯对后期成长的关键性作用。为此，幼儿园、小学应在日常的教学活动、校园生活中，通过手工劳动、校园区角、社区服务等不同方式，养成学生勤于工作的劳动习惯、精益求精的劳动作风、珍惜劳动成果的职业品质、协同合作的劳动精神等综合职业素养。这些职业素养不是针对任何一种职业的，但对任何一种职业都有非常重要的作用。最后，对于幼儿园和小学的学生，也可以围绕其内发的职业兴趣和好奇心，进行适当的挖掘和引导，强化发展其内在的潜能优势。但是，这一潜能的挖掘并不是以放弃非潜能优势的发展为代价，而是在均衡发展的基础上培养在某一方面的可能兴趣，否则将会发生学生过早偏好某一学科而疏离其他学科，进而失去普适教育的意义。

### （二）分流的生涯指导教育

分流的生涯指导教育主要对应于初中阶段（12~15岁）。按照我国教育体系框架，初中毕业后将面临进入普通教育还是职业教育的教育分流阶段。因此，这个时期的职业启蒙教育将围绕"教育分流"对初中生进行合理的生涯引导，帮助他们发现在知识维度或技能维度方面的潜质，引导他们不断走向符合自身发展特点的生涯方向。无论舒伯还是斯金伯格，都将13~14岁称为生涯发展的能力期，并认为在这一时期，儿童逐渐意识到个人能力对职业生涯发展和未来选择的重要性，此时孩子们将停止无边界的职业幻想进而关注能力与职业的匹配关系。皮亚杰认为，儿童正常的智力和道德的发展要到15岁才完成，只有到了这个年龄才有可能显示出"各人才能"的准确"差别"，因此本着对学生和社会负责任的立场，教育应在这个时候"帮助他们决定自己的志向"。13~15岁正是我国初中教育的核心年龄阶段，在心理上正在发生从依赖他人到独立自主的转变，同时对未来的职业幻想也逐渐拥有自己的判断力，从而会根据自己对职业知识的掌握情况并结合自身的学业水平与能力优势对职业理想做出相对理性的思考和规划。然而在现实中由于受到传统文化和周边环境的影响，初中毕业生在面临升学抉择时，并不都是尊重自己内心的诉求，很多学生仍然对职业教育另眼相看、不屑选择，最终职业教育成了教育失败者的聚集地，而不是技能优势者的福地。

根据加德纳的多元智能理论，有些人擅长数理或语言技能，有些人擅长运动或空间技能。分流的生涯指导教育就在于引导学生客观地认识自己在文化课程学习或技能操作方面的智能优势，并进一步强化其在某一方面的优势，进而为其在毕业时是选择普通高中教育还是选择直接面向就业的职业教育做出合理的指导。分流的生涯指导教育形式主要有：其一，生涯导师制。在英国初中与中职教育衔接的过程中，生涯导师制是14~16岁学生混合式学习模式学习引导的重要举措。以此为借鉴，初中班主任可以兼任学生的生涯导师，鼓励文化课程学习优异者坚定自己的人生信念和职业理想，强化他们在理论课程方面的学习，为其将来进入名牌大学而选择星级高中做引导；对于在实践活动或技能操作中表现优异的学生，可以为其搭建平台引导他们主动探究机械或工程的奥秘，例如开发一些技能操作性的校本课程，激发他们在技能操作方面的潜质和兴趣。其二，职业课程衔接。在县城的非重点高中或城市郊区的农民工子弟学校，考虑到学生的学业水平、家庭背景以及未来职业定位，建议学校可以与当地中职学校建立合作关系，由中职学校为其量身定做若干门代表性的"职业技术入门课程"，让初中学生从初一到初三根据自己的职业兴趣和技能特长渐进式地选修职业课程，引导他们通过职业或专业体验逐渐建立对职业教育和技能型职业的认同感，为毕业后选择职业教育奠定重要基础。

### （三）分化的专业规划教育

分化的专业规划教育主要对应于普通高中阶段（15～18岁）。虽然初中毕业后选择职业教育的学生也存在专业分化的问题，普通高中毕业后也存在选择普通高等教育和高等职业教育双向分流的问题，这就使得职业启蒙教育的分流生涯指导阶段和分化专业规划阶段存在前后交叉，但本研究为更加清晰地论证不同阶段的特殊性，仅取特定阶段所属群体的共同职业启蒙教育任务。普通高中毕业生无论选择接受普通高等教育还是高等职业教育，他们共同的任务都将面临专业选择的问题。生涯发展理论之斯金伯格的价值观期（15～17岁）和舒伯的试探期（15～17岁）正处于我国高中生的年龄阶段。根据斯金伯格的描述，此时学生的特点是开始考虑职业的内在价值和外在价值，在选择和确定职业理想时，往往将自己的兴趣、能力和职业的外在价值相统一。[①]可见，这种选择是一种"本能的我""现实中的我"和"社会中的我"的一种妥协，是心理动力论中"本我""自我"与"超我"相互统一的结果。因此，这一时期职业启蒙教育的任务就是，指导高中生围绕自己的智能优势、兴趣爱好、学习基础以及外在社会的客观条件如家庭条件、劳动力市场的需求、国家发展的需要等因素对自己的生涯发展方向做出合理的选择，进而在高考填报志愿时不受他人的"教唆"，做出合乎个体和社会发展需求的专业选择。

分化的专业规划教育关照点在"分化"，工作点在"规划"，关键点是协调"本我""自我"与"超我"的统一。因此，这一时期职业启蒙教育的核心工作还是要围绕如何协调"本我""自我"与"超我"三者的统一展开，以最终达成个体对专业的合理选择。首先，对于"本能的我"，是一种潜在于个体内部的生物潜能，表现为无意识的原发兴趣，在个体之间存在多元的差异性，包括语言、数理、空间、音乐、运动、人际关系和自我认识等不同维度。为此，加德纳建议，学校应该对这种不同的认知特点给予"充分的理解"，使其获得"最好的发展"，以便帮助学生发现适合其智能特点的职业。因此，高中各个学科教师应充分发掘学生们在不同学科领域中表现的相对优势，敢于创造"最近发展区"，引导学生往更高水平的方向发展。其次，对于"现实中的我"，每个学生都在课业学习中表现为不同课程成绩的结构组合，在实践活动中也彰显不同的兴趣偏好，对于他们未来专业的选择，教师

---

① 塞缪尔. H.奥西普，路易斯. F.菲茨杰拉德. 生涯发展理论［M］. 顾雪英，姜飞月，等译. 上海：上海教育出版社，2010.

应该引导学生正视现实中的自己，将个人兴趣与现有的学科水平结合起来，选择能够发挥自己学识特长又感兴趣的专业，而不是人云亦云或好高骛远。最后，对于"社会中的我"或"道德中的我"，高中教师应该超越"生涯导师"的角色，做学生的"人生导师"，让学生明白任何专业所指向的职业都是一种社会责任的重托，都能创造伟大的社会价值，职业没有高低贵贱之分，行行皆可出彩，在未来报考专业时不能一味地追求所谓的"热门专业"或"优势专业"，要结合自身兴趣、学识水平以及其他客观条件对专业做出集理性与感性于一体的最佳选择。

# 26.2　现代职业启蒙教育的基本使命与现实反思
## ——重读陈鹏教授的《职业启蒙教育的内涵探源与维度界分》

孙芳芳[①]

随着教育现代化步伐的进一步加快以及现代职业教育体系的进一步完善，职业启蒙教育逐渐成为技能型社会发展背景下教育高质量发展与改革的重要内容之一。我国当下教育实践中的种种困境和诉求要求职业启蒙教育的强劲参与，而深度参与的前提是需要一批高质量的职业启蒙教育成果支撑。对职业启蒙教育内涵开展研究的意义是多方面的，不仅有助于改变对职业和职业教育概念的片面理解，也有助于深化职业教育对"整全人"开发积极意义的理解，更有助于职业教育价值理论体系的科学构建。2018年，陈鹏教授发表的《职业启蒙教育的内涵探源与维度界分》引起了较大关注，陈鹏教授作为一直深耕于职业启蒙教育的代表性学者，以其广博的视野、明理的思辨和深刻的理解在该领域展开了系列研究，对职业启蒙教育的理论拓展和实践探索产生了重要启发作用。

## 一、本质内涵：职业启蒙教育的基本使命

关于教育目的的追问是我们理解一切教育活动的前提。无论中国还是任何一个国家，职业教育均面临着一些教育学层面的根本拷问：到底是"通过职业"进行自由人的教育，还是"为了职业"对人进行"工具化"的塑形？此乃职业教育价值取向的立场之争，也关乎职业教育的基本使命。讨论教育问题，从来不能排除教育与职业的相关性。真正的职业启蒙教育的问题不是年轻人是否要为职业做准备，而是什么样的教育最有助于培养学生在经济市场上的竞争力和他们对工作及生活的满足感和幸福感。正如美国职业教育学者勒维克指出的，职业教育的目的在于帮助个体"发展内在的自我，使学生成为具有真正人格的个体"。陈鹏教授正是基于职业启蒙教育的基本使命，对其内涵的解读超越了既有的偏狭理解和传统认知，由此职业启蒙教育的基本使命昭然若揭。

第一，起点在"职业"。我国学者对职业的理解具有很多外源性特征，我们通

---

①　孙芳芳，河北科技师范学院职业教育研究院副研究员。

常将职业教育理解为"工作教育",将"职业启蒙教育"视为向学生介绍各种不同的工作及其性质,以及为参加这些工作可能需要做的准备。这种对职业启蒙教育的朴素理解深深地影响了其具体的实践形式,如在学前教育活动和社会职业体验活动中,多以游戏为主,在创设的虚拟职业情景中,进行职业内容讲解和实践操作,忽略了个人价值、社会责任等深层内涵。对职业概念认识不足的后果有二:一是对职业院校或普通高校的专业设置问题带来诸多混乱,二是对个人的职业启蒙和择业观念造成功利性影响。

第二,关键在"启蒙"。启蒙运动是人类历史上的伟大事件,在现代教育问题上,"启蒙"话语更是提供了一笔丰厚的遗产,深刻影响着人类生活的方方面面,特别是影响着"关乎人的问题"的教育。对启蒙一词溯源发现,该词专属于西方,旨在引导人类走出"蒙昧之暗",通过职业启蒙,每一个人都有可能打开一扇通向未来的职业之门。我们今天谈论启蒙,就不能将其仅仅局限于一个简单的、具体的教育片段。长期以来,我们着眼于职业教育的社会经济发展目标,以此来衡量职业启蒙教育的价值,这种理解其实质是对职业教育整体发展的封闭性对待。虽然我国传统的启蒙概念在千百年来的历史演进过程中不断得到深化,但与职业启蒙教育观念的本义所指一直"初衷未改":通过外在力量——职业,引导促使个体从蒙昧走向文明,在明达事理中逐步趋于成熟,最终通过教育成为应然的人。这一进路构筑了关于人、职业、教育的新视野,亦开启了现代职业启蒙教育的"整全人"路向。

第三,目的在"教育"。深受启蒙观念影响的现代教育,无疑是人类的一个壮举。启蒙在生命的每一个领域和层次——教育、文化、政治等方面都为人类提供了全新的结构。在相当大的程度上,关于现代(职业)教育的种种特性、问题及危机的讨论都与启蒙相勾连,导致其根基深处存在着无法摆脱的困境。启蒙对科学的推崇,使得在制度化的学校与学习中,以"正式课程"为代表的主流知识获得了无与伦比的威望,但在科学主义的语境中充溢着对地方性知识与个人知识的排斥,它们被认为是不充分、不精确的知识,比如职业知识、劳动知识等处在知识等级体系的下层,被贬为"偏见""窄狭""执拗""冥顽"。如此,认识自己、了解世界、推进社会福祉这样的理性追求离我们越来越远,抑制了自身在"科学知识"之外更为丰富的可能,即"教育目的的初心是什么、是否有意义和价值",则不再进入公众视野被审视。陈鹏教授对职业启蒙教育研究的超越,一个重要贡献就是从职业、启蒙、教育三个层面对内涵进行了整体把握,深度丰富了职业启蒙教育的本质,给职业启蒙教育工作赋予了理论和实践的双重力量。

## 二、多元界定：职业启蒙教育的多维面向

### （一）横向之维

职业启蒙教育的横向内涵可从个人、学校和社会三个角度进行理解。第一，个人角度。千百年来，教育的主要使命都在于揭示、开启以及教化人的道德生命，从笛卡尔"我思故我在"发端，经洛克"个人权利不可侵犯"，到康德的道德本质，从爱尔维修的教育幸福论到卢梭的"自由人"，共同开启了实践领域对个体自身的觉识和反思，均旨在充分发展人的自然禀赋，成为本来的自我，这也正是职业启蒙教育值得追求的精神面貌：以职业为起点，通过教育使"偶然成为的人"朝着"认识了自己的真正本性而可能成为的人"转化，这是教育成其为教育最根本的性状。第二，学校角度。现实对双轨制教育的合理性提出了挑战，也加重了"职业教育"与"次等教育""体力劳动"等概念的联系。在杜威（J. Dewey）看来，职业学校与普通学校的分离本质上就是强权的、不民主的。二者的分离将不可避免地导致一种倾向，即职业教育和普通教育都会变得更狭隘、更微弱、更低效。当前我国的职业教育与前端基础教育和后端职业人需求之间存在明显的双断点现象，加重了校园厌学趋势和劳动力市场上结构性失业问题，也给创新型国家建设埋下了一些隐患，对职业启蒙教育的深入理解势必对弥合这一鸿沟有所助益。第三，社会角度。当今社会发展使职业具有更大的变动性和不确定性。职业划分越来越细致、严谨，数字化、绿色化、全球化时代的新兴产业、职业不断挑战人们对个人职业生涯的选择与把握，职业的变动带来的裁员、跳槽、部分职业资格证的取消等影响，使人们更加应该思考如何在变动中及时转换职业思维，应对调岗、失业、离职等带来的职业生涯挑战。以上种种问题表明，新时代的人们更加需要对职业生涯进行提早认识与规划，这便需要更加系统、科学的内容对个人职业生涯进行指引，职业启蒙教育是顺应社会时代发展的必然产物。

### （二）纵向之基

现代职业教育体系应该是贯穿于职业启蒙、职前培养、职后培训、老年职业教育全生命周期的教育体系。因此，发展职业启蒙教育是现代职业教育的根基，更是夯实中等职业教育基础性、实现普职融通的重要桥梁。当下，"教育基础"和"个人基础"双重不足的弊端逐渐暴露：中职升高职、高职升本科、本科升研究生的层次高移发展成为学界和实践领域的普遍追求，虽然这些举措对高技能人才培养提供了帮助，但由此导致的人才结构问题、人才断档现象，供需矛盾突出等问题是我国高层次教育无法解决的难题，说明职业教育的层次升格难以解决"教育—就业"的

结构性失衡问题。当下学界提倡的实现人文教育与技术教育的和谐发展，其实质就是要职业教育回归教育的人本属性。这种回归追求需要同时增强教育体系中的"基础元素和职业元素"，在一定意义上，职业启蒙教育是现代职业教育体系的出发点，探源其基本内涵，"在启蒙中回归基础，并获得基于基础的发展"，成为当下我国职业教育尤须面对与突破内在困境之关键。

## ❋ 三、国际视野：职业启蒙教育的中国镜鉴 ❋

### （一）话语体系

目前，国际上关于职业启蒙教育内涵及价值观的探讨在很多问题上取得了积极成果，但就话语体系而言，由于各国文化和研究方法迥异，对"职业"尚未形成公认的解释模型，因此，职业启蒙教育也并未形成统一的话语模式。国内外与职业启蒙教育相关的成果涉及"职业生涯规划""职业预备教育""职业选择""普职融通""职业体验"等主题，这些成果间接地影响了职业启蒙教育问题的许多方面，如从学校到职业的过渡、提高专业的机动性与灵活性、改善职业选择、避免过早的专业化等。这一现象说明学界对职业启蒙教育的本质内涵和主要功能认识不一，同时也表达了对于职业启蒙教育的研究和实践还是建立在朴素的主观感知基础上，对这一研究的不确切认识主要还是源于人们对"文化""基础""素质""职业"的理解差异所致，这往往会对教育实践，特别是职业启蒙教育工作的开展带来很多困惑。未来的研究亟待重视职业启蒙教育的基础研究，尽早形成规范和统一的话语体系，在理论的推动下设计课程、教学以及职业启蒙教育方案。

### （二）实践与理论镜鉴

国际上丰富的职业启蒙教育经验给我国的本土实践提供了借鉴。瑞士的学生在义务教育结束后进行第一次教育分流，学校与职业指导中心合作开展职业准备教育；在芬兰的基础教育中，"职业能力与创业"作为必须掌握的能力，要求每周开设2.5小时的职业规划课；瑞典的Me & My City项目将经济、社会、职业、创业确定为课程主题，曾获得"WISE世界教育创新奖""欧洲企业推广奖"，该项目针对六年级小学生开展创业教育/企业家精神课程，希望通过职业体验理解城市的运作，包括理财能力、团队合作、自我管理能力的提升；德国的职业启蒙教育常常与职业指导、劳动课以及经济教育等多种形式和内容的课程及课外活动联系在一起，旨在引导学生了解工业及工作世界，培养学生的劳动行为，帮助学生探索职业；日本的职业生涯辅导实践较为成熟，在中小学生涯教育课程目标上重视对学生劳动中的德育培养，校外的"趣志家"（Kid Zania）职业体验项目在全球范围已建或在建的项目超过12个。所有这些域外经验都为我国职业启蒙教育实践打开了新的视野。

对职业启蒙教育的关怀离不开理论的投射。斯普朗格（E. Spranger）认为职业是精神陶冶的重要载体，认识到职业与劳动对培养学生个性的意义，其职业陶冶理论构建了人文主义教育学的陶冶理论与职业教育一体化的新框架；凯兴斯泰纳（G. Kerschensteiner）和费舍（A. Fischer）从不同的角度对职业和教育的关系进行了阐释，从学理上论证职业作为教育载体的合理性；美国学者斯金伯格（E. Ginzberg）的职业生涯理论，对从童年到青少年阶段的职业心理发展过程进行了划分，曾对教育实践活动产生过重要影响；霍兰德（J. Holland）的职业兴趣理论巧妙地拉近了自我与工作世界的距离。在职业启蒙教育问题上，纷繁多样的理论既给予了各自答案，也提出了各自的问题，给我们留下了更多的选择和解答。透过职业启蒙教育的理论和实践，不难发现一个显见的事实：职业启蒙教育实则寄生在对传统命题的批评之上，即对职业启蒙教育的反思大多来自于对职业教育或教育体系不足的批评，而对自身使命、为什么、如何能够等问题鲜有论及。职业启蒙教育理论不单单是一种理论结构，作为现代职业教育体系建设的重要一环，职业启蒙教育正是从它的原初起点开始，逐渐通过在不同形式的深化和扩展，进而展示其激活职业教育乃至整个教育体系的生命力。

## 四、结语

社会的变革和发展呼吁新的教育形式，职业启蒙教育作为基础教育、职业教育和高等教育系统的交叉议题，需在变动的时代和可持续发展的"核心关切"中加以重新界定。当前职业启蒙教育权利主体单一、文化资本匮乏、教育场域不均，以及课程地位被边缘化等问题非常严重。这些问题源于20世纪90年代以来，职业教育改革只局限于中、高职层面，学界对"职业启蒙教育"的热衷程度远远滞后于"职业专业教育"，导致前者理论研究匮乏、实践改革滞后。这些难题关联教育的工具性与本体性，体现为教育者对教育的认知功能和教化功能的理解，归根结底，职业启蒙教育问题仍然需要不断的"再启蒙"来应对。陈鹏教授对职业教育启蒙内涵的深入分析，既是概念本身丰富内涵的说明性呈现，也是职业启蒙教育在整个教育体系中的内在性与普遍处境的充分明证。带着对职业启蒙教育的争论与努力，进入对个体适切发展的认识、对普职融通的教育途径探讨、对现代教育体系制度设计的反思，以及对整体教育与创新型社会发展的关注——这一切也许就是整个现代教育方案中未竟的努力和可能的选择。

# 27.1 国家资历框架的理论基础和模式建构[①]

张伟远

## 一、背景

### (一)资历框架的缘起

20世纪80年代,全球教育界都在探讨知识经济社会来临的机遇和挑战。知识经济社会是相对工业经济社会而言。在工业经济社会中,教育结构是金字塔式的,企业依靠聘用教育金字塔顶尖的精英高校毕业生,不断学习新知识、掌握新技能、设计和开发新产品。企业的员工结构是金字塔式的,只有位于最顶层的少数精英员工需要终身学习,而大部分员工终身从事简单重复的技能操作。[②]到了知识经济社会,为了增强经济竞争力,工业经济社会金字塔式的员工结构被打破,转向企业组织扁平化,组织的功能从管理和激励转向赋能,企业由上而下地释放权力,尤其是赋予员工们自主工作的权力,最大限度发挥员工的才智和潜能。知识经济社会需要的是不断学习、灵活发展、自主学习的员工,要求所有员工都持续不断地学习新知识、新技能,发展新能力,这就对所有员工提出了终身学习的要求。各国政府、教育机构、各行各业都积极回应知识经济社会的要求,为人们提供终身学习的机会。为此,资历框架作为激发全民终身学习的新举措开始出现。

从20世纪90年代开始,随着互联网的发展及其在教育中的广泛应用,终身教育和终身学习的理念和实践也随之发生了根本性的变革,传统的终身教育理念注重的是为所有人,特别是弱势群体提供教育的设备和条件,强调的是终身教育政策的制定和教育资源的供给。互联网的发展改变了人们的学习方式,从课堂学习发展到混合式学习和在线学习,终身学习的理念转向为优质和灵活的多元化学习,终身学习的评价模式从强调各类硬件转向学习的效果,即成效为本,从而促进了资历框架

---

① 本文发表于2019年第18期,北京师范大学首都学习型社会研究院院长。

② 张伟远,傅璇卿. 搭建终身学习立交桥的七大任务:基于香港的实践 [J]. 中国远程教育,2013 (19):5-10.

的兴起。通过构建终身教育资历框架，打通正规教育、非正规教育和非正式学习之间的壁垒，无论是教室学习、还是混合式学习或在线学习，无论是工作场所学习、还是社区学习或家庭学习，基于资历框架的等级和通用标准，学习者的学习成果能转换为标准学分和资历等级。

为了建立各级各类教育之间横向沟通和纵向衔接的终身教育体系，在2010年颁布的《国家中长期教育改革和发展规划纲要（2010—2020年）》、2013年发布的十八届三中全会公报、2014年8月18日习近平总书记主持召开的中央全面深化改革领导小组第四次会议上，提出和强调建立终身学习立交桥。2016年《中华人民共和国国民经济和社会发展第十三个五年规划纲要》（以下简称《"十三五"规划纲要》）正式提出建立国家资历框架。2015发布的《全国人民代表大会常务委员会关于修改〈中华人民共和国教育法〉的决定》（对1995年《中华人民共和国教育法》的修正）中，增加了"促进不同类型学习成果的互认和衔接，推动全民终身学习"的新条款。[①] 这些充分表明，建立国家资历框架已经上升到我国国家发展战略层面，受到了政府的充分重视。

### （二）资历框架的内涵

资历框架是由政府教育部门联合不同利益群体共同制定、反映各类学习成果的等级和通用标准体系，旨在建立各级各类教育系统和劳动力市场之间相互衔接的认证制度。学习成果包括通过正规教育、非正规教育和非正式学习获得的学习结果，正规教育是由政府教育部门规定的教育系统组织，以年龄划分所开展的有目的、有计划、有组织、有系统的教育活动，如初等教育、中等教育、高等教育，以学历教育为主。非正规教育是对特定学习对象开展有目的、有组织、以获得各类职业资格证书或者培训证书为主的教育活动，以各类职前培训和职后培训为典型代表。非正式学习是在没有预定目标和没有组织的情景中，个人在日常生活、工作场所、社区、家庭等环境中获得知识、技能、能力、态度、价值等的各类学习活动。

### （三）构建国家资历框架的意义

制定国家资历框架，能够推动终身教育现代化的持续和有效发展，第一，资历框架能够满足互联网时代更加开放灵活的终身学习需求，通过各类学习成果的认证、积累和转换，畅通学业提升通道、职业晋升通道、社会上升通道。第二，资历框架能够实现国际人才标准对接、扩大我国教育国际影响、实现人才的国际交流、推动教育国际化。第三，国家资历框架认可人们在工作和生活中所掌握的知识、技

---

① 中国政府网. 中华人民共和国教育法［EB/OL］，2015-12-28.

能、能力及各类业绩，实现教育和劳动力市场的有效互通和衔接。①

我国《"十三五"规划纲要》明确提出"制定国家资历框架，推进非学历教育学习成果、职业技能等级学分转换互认"。②接着，教育部在同年7月颁布的《推进共建"一带一路"教育行动》中，要求加快推动我国教育资历框架的开发。2019年2月，国务院颁布《中国教育现代化2035》，再次强调"建立全民终身学习的制度环境，建立国家资历框架"。③

2019年1月，国务院印发《国家职业教育改革实施方案》，提出普教融合，在职教院校和应用型本科高校中，开展"1+X证书"制度试点，鼓励学生在获得学历证书的同时，积极取得多类职业技能等级证书，④该项工作已于3月启动。这是推动资历框架发展、畅通职业教育和职业培训衔接和沟通的新举措。由此可见，资历框架建设已经上升为国家教育发展战略。发展国家资历框架，融合各级各类学习成果，建立起所有人在学校、工作场所、社区、家庭等学习成果互相衔接的立交桥和资历阶梯，是推动我国终身学习和学习型社会建设的重要方略，对实现伟大中国梦和建设教育强国具有重要意义。

## 二、构建国家资历框架的理论基础

资历框架构建的理论基础牵涉教育、社会、经济、管理等多个领域，是需要深入探讨的新领域。这一部分主要从学习权、终身学习理论、人力资本理论和成效为本理论探讨构建国家资历框架的理论基础。

### （一）学习权

学习权关注个人与生俱来要求通过学习发展和完善人格的权利，强调学习是个体生存和社会化所必需的本质性活动。1985年，联合国教科文组织在巴黎第四届国际成人教育会议上通过《学习权宣言》，界定了学习权的概念："学习权包括阅读和写字的权利、质疑与分析的权利、想象和创造的权利、研究自己本身的世界而撰写历史的权利、获得教育资源的权利、发展个人和集体技能的权利。"⑤

---

① 陈丽，郑勤华，林世员."互联网+"时代中国开放大学的机遇与挑战 [J]. 开放教育研究，2017，23（1）：15-20.

② 国务院. 中华人民共和国国民经济和社会发展第十三个五年规划纲要 [EB/OL]. 2016-03-17.

③ 国务院. 中国教育现代化2035 [EB/OL]. 2019-02-23.

④ 邱同保. 从高职教育文本政策的解析看高职教育的发展轨迹 [J]. 教育与职业，2008（17）：5-8.

⑤ UNESCO.Final Report of Fourth International Conference on Adult Education [EB/OL]. 1985-03-29.

2018年，联合国教科文组织在"全球2030年教育会议"上提出"赋能于人，建立开放、灵活和及时应对的教育体系，拓展知识技能"。[①]学习权让所有人都能通过学习持续地发展自己和完善自己，充分发挥个人的潜能和智慧，在资历框架构建中，为所有人提供灵活弹性和不断上升的终身学习阶梯提供了理论基础，同时，资历框架也是实现公民学习权的充分体现。

### （二）终身学习理论

终身学习指个人持续一生的、有意义的和多方面的学习，人们通过终身学习，获得不同阶段所需要的知识、技能、能力、态度和价值。终身学习可以发生在人类生活的所有空间，包括但不限于学校、企业、社区、家庭、博物馆、科技馆等，学习者利用一切教育设施和学习资源，自主选择合适的学习内容和方法进行学习。终身学习的目的是通过学习，应对社会的变化和挑战，实现人的全面发展。[②]

终身学习理论最根本的启示在于，人们从学校教育中获得的知识在一生中只是小部分，大部分知识、技能和能力都是在社会实践中通过不断地继续学习所获得的。在终身学习的框架下，学习可以通过多种途径和形式在不同的场合进行，包括正规教育、非正规教育和非正式学习。同时，"教育作为贯穿个体一生的重要事件持续进行，使不同类型的教育形成一个多维度的系统"。[③]

联合国教科文组织《2030年教育行动框架》提出："确保包容、公平、有质量的教育，使人人可以获得终身学习的机会。"[④]互联网时代的终身学习理论强调为每个人提供一生的优质和灵活的学习机会，这成为资历框架的基本准则。资历框架要建立一个包括全社会所有人在内的终身教育体系，任何人都能通过学习成果认证，在资历框架中找到自己的位置，作为学习的起点，减少重复学习，畅通个人终身学习的途径。

### （三）人力资本理论

人力资本理论把人的知识和能力作为经济增长的巨大源泉，发现劳动力的质量与劳动生产率存在着正相关，提升人的质量是经济增长的重要因素，其代表人物是舒尔茨（Schultz）和贝克尔（Becker）。人力资本理论论证了人，特别是具有专业知

---

① 尹力. 学习权保障：学习型社会教育法律与政策的价值基础［J］. 北京师范大学学报（社会科学版），2010（5）：70-78.

② UNESCO. Global Education Meeting 2018: Synthesis Report［EB/OL］. 2018-12-05.

③ 朱敏，高志敏. 终身教育、终身学习与学习型社会的全球发展回溯与未来思考［J］. 开放教育研究，2014，20（1）：50-66.

④ UNESCO. Education 2030 Incheon Declaration and Framework for Action［EB/OL］. 2015-05-21.

识和技术的人才是推动经济增长和经济发展的真正动力，全面分析了人力资本的含义、人力资本的形成途径，以及人力资本的知识效应。在知识经济社会中，知识是核心的生产要素，知识工作者的生产力是主导生产力。[①] 人力资本理论为资历框架衔接教育和培训与劳动力市场需求的重要性提供了理论基础。

### （四）成效为本理论

成效为本理论的倡导者斯巴迪（Spady）把"成效为本"定义为："教育应该聚焦清晰界定的学习成效，所有的学生都能获得成功。"[②] 成效为本的教育包括3个步骤：一是清楚地描述预期的学习成效，应用合适的行为动词描述学生需要达到的成效程度；二是为学生创造达到学习成效的学习环境，基于成效目标设计相应的学习活动；三是评价学生是否达到预期的学习成效目标，并将评价结果转换为标准的评价等级和学分。为了保证不同类型学习成果的可比性，明确可评定的学习成效目标是关键，在学习成效目标中采用相应的行为动词，学习活动和评价的设计都是基于学习成效的目标行为动词开展，以达到成效为本中的建构一致性原理。学生达到预期的学习成效目标，通过标准的学时及学分转换，学生就能获得相应的可互认和可转换的学分。成效为本强调对教育质量的重视，实施成效为本的教学模式首先要设计相应的预期学习成效，这些学习成效是可以测量的，同时能用标准的方法评估学习成果。[③]

成效为本是资历框架中保证各类学习成果公平对接的理论基础。无论学习者采用何种学习方式，只要达到相应学分的学习成效目标要求，就能获得相应的学分，这是学习成效为本理论在资历框架中应用的核心思想。

## 三、资历框架、学习成果认证和学分银行的关系

### （一）学习成果认证是实施资历框架的关键

资历框架是基于资历等级和等级通用标准，把各类学习成果统一到一个框架中，从这个角度来说，资历框架也就是学习成果框架。学习成果认证是将个人通过

---

① 王明杰，郑一山. 西方人力资本理论研究综述［J］. 中国行政管理，2006（8）：92-95.

② Spady W G.Outcome-Based Education: Critical Issues and Answers［M］. American Association of School Administrators.1801 North Moore Street，Arlington，VA 22209（Stock No.21-00488；$18.95 plus postage），1994.

③ 刘旸，刘红. 成效为本教学方法的理论与实践——以香港高校英语教学为例［J］. 现代教育管理，2009（8）：57-60.

多种学习方式获得的知识、技能、能力等，按照资历框架的等级和标准，经过权威机构的评审给予认可的机制。由于正规教育是有目的、有组织、有计划、有评价体系的教育活动，学习成果认证是以正规教育学历层次为参照系统，对非正规和非正式的学习成果进行认证。

资历框架中的学习成果认证对个人、社会和国家来说，都有着重大的经济和社会效用。2010年，在经济合作与发展组织发布的《认证非正规和非正式学习：成果、政策和实践》报告中，详细阐述了学习成果认证的经济效益、教育效益、社会效益以及对于个体学习者的心理激励作用。[1]2012年6月，在联合国教科文组织发布的《对于非正规与非正式学习成果的识别、验证和认证指南》中指出，学习成果认证对于提升个人自尊、激励终身学习、增强就业能力，以及建设灵活开放的教育培训系统具有重要意义。[2]从个人发展的角度来看，学习成果认证有助于人们制定终身学习的发展规划，朝着自己的学习目标不断努力。从社会的角度来看，学习成果认证能够减少人们的重复学习，使社会提供的学习资源能让更多的学习者受益，降低社会的平均教育成本。

**（二）学分银行是实施资历框架的管理制度**

学分银行是模拟银行的"储存—提取—转换"系统的概念，通过对学习者的学习成果进行认证，转换为统一的存储学分，并根据一定的规则，学习者可以将储存的学分兑付为资历证书。学分银行制度是基于资历框架的等级和标准，对各类学习成果以学分为计量单位进行认证、积累和转换的管理制度。

2017年1月，国务院《国家教育事业发展"十三五"规划》提出："推进国家学分银行建设，为每一位学习者提供能够记录、存储自己的学习经历和成果的个人学习账号，对学习者的各类学习成果进行统一的认证与核算，使其在各个阶段通过各种途径获得的学分可以得到积累或转换。"[3]2019年2月，国务院《国家职业教育改革实施方案》明确要求"加快推进职业教育国家'学分银行'建设，从2019年开始，探索建立职业教育个人学习账号，实现学习成果可追溯、可查询、可转换"。[4]

---

[1]　Werquin.P.Recognising Non-Formal and Informal Learning: Outcomes, Policies, and Practices [M]. OECD Publications.2010.

[2]　UNESCO.UNESCO Guidelines for The Recognition, Validation and Accreditation of The Out-comes of Non-formal and Informal Learning [EB/OL]. 2015-05-21.

[3]　国务院. 关于印发国家教育事业发展"十三五"规划的通知 [EB/OL]. 2017-01-19.

[4]　国务院. 国家职业教育改革实施方案 [EB/OL]. 2019-02-13.

学分银行对于建立全民终身学习的资历框架起着重要的作用。第一，学分银行能够保障学习者的学习权。保障学习者无所不在学习，学习者具有学习内容和学习方法的选择权。第二，学分银行能够促进教育公平，促进学习资源的共享，促进学习机会均等，促进学习成功机会均等。第三，学分银行鼓励人们参与职后培训，满足个人职业发展的需求，人们可以在工作场所或者工作的业余时间学习，学完一门功课，可将获得的学分存入学分银行，累积到规定学分总数后即可"支取"相应资历，同时学以致用，提高工作的水平和效率。第四，推动企业新的考评和激励机制，允许员工采取多样化的学习方式参与职业培训，将各类业绩和资历学分相挂钩，提升员工学习热情和内在动力。

## 四、国家资历框架系统的构建模式

### （一）国家资历框架建构的基本原则

国家资历框架建构要考虑4个基本原则：

第一，资历框架的目的性原则。资历框架旨在通过建立统一的资历等级和各等级通用标准，形成各级各类教育和培训之间衔接和沟通的终身学习立交桥，使得人们通过正规学习、非正规学习，以及非正式学习所获得的学习成果得到认可，激励和畅通人们终身学习的通道。

第二，资历框架的整体性原则。资历框架是由一整套相互联系和相互制约的标准和体制机制组合而成的有机整体，基于统一的资历等级和资历标准，学习者通过普通教育、职业教育、继续教育、职业培训、各种业绩所获得的学习成果，经过认证后的资历和学分，能够得到积累、转换和互认。

第三，资历框架的协调性原则。资历框架包括各级各类教育和培训的学习成果，是一个庞大的复杂系统，资历框架要协调所有不同类型的教育和培训系统，以保证资历和学分互认的对等性、可比性、公平性，以及透明性。

第四，资历框架的动态性原则。资历框架是一个动态系统，随着教育和培训系统的改革和变化，随着新的职业培训资格证书和业绩类型的出现，资历框架的体系和内容也随之变化、发展和更新。

### （二）国家资历框架的基本结构

国家资历框架的基本结构包括普通教育、继续教育、职业教育、职业培训、各类业绩5个门类，如图27.1.1所示。

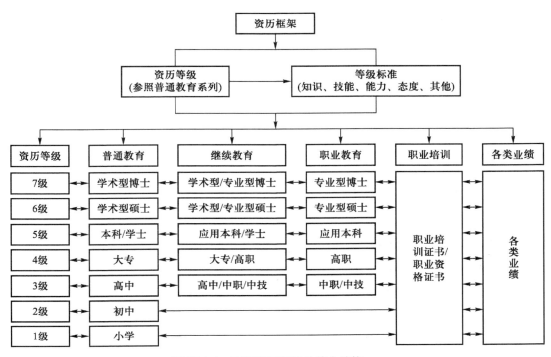

**图27.1.1　国家资历框架的基本结构**

从图27.1.1中可以看到，资历框架把各类学习成果统一到一个框架内，进行统一的资历等级划分，制定相应的等级标准。资历等级的划分以普通教育系列为参照，基于普通教育系列的学历教育等级由低到高划分为7级，包括小学、初中、高中、大专、本科、硕士和博士。然而，不同国家和地区可以根据各自的教育体系和培训特征，在7个等级中增加相应级别，如有的国家的资历框架中，本科级别又分为学士和荣誉学士两个等级，这两个等级都是对接其他国家或地区的本科等级。

在资历框架等级的基础上，为了保证各类学习成果的可比性和可转换性，需要建立资历框架中每个等级的通用标准，即图27.1.1中的等级标准。等级标准通常从知识、技能、能力三个维度表述，这三个维度是对接的核心指标。然而，不同国家和地区可以根据本地的情况，基于不同专业或职业领域的特征，增加相应的维度，如，教师行业可以增加态度和情感维度。资历框架等级标准中的知识、技能和能力的术语是狭义的概念，有特定的含义和范围：知识是指与学习或工作有关的理论、事实、技术和实践知识。技能是指与学习或工作有关的认知技能和实践技能。能力是指与学习或工作有关的自主能力和担负职责的能力。

图27.1.1显示，基于资历框架的资历等级和等级标准，通过学习成果认证机制，把普通教育、继续教育、职业教育、职业培训、各类业绩进行衔接和沟通，形成国家资历框架的基本结构。

### （三）国家资历框架的系统模式

国家资历框架由互相联系和互相制约的三大部分组成，包括资历框架、学习成果认证、学分银行，每个部分需要建立相应的标准和系统，构成资历框架的系统模式，如图27.1.2所示。

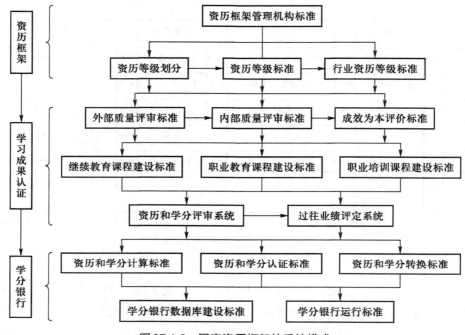

**图27.1.2　国家资历框架的系统模式**

图27.1.2的国家资历框架包括三大部分共18项内容。在资历框架部分，需要建立资历框架管理机构标准。资历框架建设是一项巨大的工程，有效的管理体系是保障资历框架实施的首要条件，包括草拟资历框架的立法或者条例、组建资历框架的管理机构、设立不同的资历框架管理和专家委员会、组建资历框架行业咨询委员会、指定第三方学术和职业质量评审机构、成立资历框架的研究部门和监督资历框架的实施等。资历框架的等级划分和等级标准是顶层设计的核心，具体内容在前面部分已经论述。建立资历框架的目的之一是为从业人员提供持续的学习机会，把在职学习获得的学习成果转换成个人的资历，帮助从业人员继续学习高一级资历的课程，这就要建立统一的行业资历等级标准。行业资历等级标准要列明各个行业中各级资历所需要达到的知识、技能、能力、态度等标准。

在学习成果认证部分，为了保证资历和学分的对等性和可比性，需要建立严格的质量保证和评审机制。质量保证包括教育和培训机构内部的质量保证机制和外部的质量评审机制。在资历框架的实施中，教育和培训机构要采用成效为本的评价方法，成效为本强调基于资历框架的等级标准，确定每门课程的学习目标，这些学习目标必须是清晰、具体和可评价的。为了保证教育和培训的质量，需要建立资历和学分评审系统。同时，过往学习认可是指通过非正规教育和非正式学习获得的知识、技能和能力，通过评审在资历框架下获得相应的资历或学分。由于企业中的员工业绩形式多种多样，要保证资历和学分认可的对等性和可比性难度很大，过往学习的认可也变得非常复杂，因此，要基于资历框架的标准，逐渐建立对过往业绩的评定标准和评定方法。

在学分银行部分，资历框架中的学习成果是用学分形式来表现的，学分是指对学习量的描述。由于不同教育和培训机构采用的学时和学分计算标准不同，要进行院校和培训机构之间的学分互认和转换，实现学分累积，需要建立学分计算、学分认证和学分转换的标准。通过建立学分银行数据库标准和学分银行运行标准，把人们通过正规学习、非正规学习、无一定学习形式的学习成果，通过认证以学分形式进行储存、积累和转换。

## 五、构建国家资历框架的政策建议

### （一）建立中国资历框架模式，推动国际资历框架的创新发展

我国虽然还没有建立国家资历框架，但在资历框架的研究和创新实践方面取得了很大的进展。国家开放大学基于资历框架建立了学分银行制度模式和技术路径，研制了以学习成果为导向的学习成果认证框架，开发了一系列具有独立知识产权的工具与方法，设计了一套完备的学分银行制度架构。广东终身教育学分银行在全球首次采用标准化方法，构建地方资历框架的等级和等级标准，以标准作为学分计算和学分转换的基础，[①] 并开始探索和尝试粤港澳资历框架的对接。重庆工商职业学院基于职业教育和培训资历框架标准，在国际上首次采用大数据和人工智能技术，智能化、动态化地自动采集不同职业岗位对人才知识、技能、能力的要求，建立了职业教育人才培养方案和企业岗位人员要求匹配的大数据平台，对46个专业在知识、技能和能力三个维度进行动态化和智能化匹配，在资历框架中把国际对接、中国创新、本土需求三者结合起来。我国最近在职业院校和应用型本科高校中启动的1＋X证书制度试点的新举措，把普通教育、职业教育和职业培训衔接起来，通过普职融合实现正规教育和非正规教育融合，满足劳动力市场的人才需求。因此，在构建我

---

① 张伟远，张璇. 推进终身学习和建立学分认证制度的最新发展与实践探索［J］. 江苏开放大学学报，2017，28（2）：11-16.

国国家资历框架中，需要总结各地已有的经验，凝聚全国力量，实现中国标准和国际标准的对接，中国标准与本土需求相匹配，中国创新和国际发展相结合，并通过持续不断的创新实践，逐渐发展具有中国特色的资历框架理论。

### （二）成立跨部门领导小组，推动国家资历框架建设

我国是一个发展中大国，也是一个学习大国，有着世界上最为纷繁复杂的多元化学习成果类型，构建国家资历框架是最为复杂、难度最大的系统工程，这就需要由教育部联合人社部、民政部、发改委、工信部、财政部等多部门领导组成"国家资历框架建设领导小组"，负责组织协调工作，制定工作路线和时间表。组建来自不同领域的专家委员会，做好国家资历框架的法规条例、管理监督、质量标准、体制机制等的顶层设计。

### （三）尽快出台国家资历框架，为学习成果认证提供标准和制度建设

在终身学习社会中，非正规教育和非正式学习逐渐成为个人掌握新知识和新技能的主要学习方式，建立国家资历框架和学习成果认证制度，既是对学习者学习活动成效的认可，也是对人们终身学习的激励，有助于实现人的学习权，推动教育公平。然而，非正规和非正式学习的学习成果认证具有复杂性、分散性和无序性的特点，如果缺乏严格的、科学的认证标准和制度，学习成果的含金量就难以评价，学习成果的认证就难以保证公平和公正，就难以获得全社会和各行各业的认可，甚至会适得其反。因此，学习成果的认证必须基于最权威的国家资历框架的等级、标准和评价体系，保证学习成果认证的公正和公平的量化及对接。

### （四）整合地方资历框架，建立国家资历框架参照标准

我国存在着不同的资历框架等级和等级标准，国家开放大学资历框架有10个等级，广东终身教育资历框架7个等级，重庆资历框架4个等级，香港资历框架7个等级。即使资历等级的数目是一样的，层次也不尽相同，如广东终身教育资历框架和香港资历框架都是7个等级，但广东资历框架的第1级相当于小学，香港资历框架第1级相当于初中。不同资历框架的资历标准维度和等级标准描述也不同。基于国际资历框架对接的标准和经验，虽然等级和标准不同，但可以通过资历等级标准的关键指标分析进行对接，这将另文阐述。在我国国家资历框架建设中，不是推翻和重建，而是要建立能把所有资历框架对接起来的国家资历参照框架，以国家资历框架为参照系，实现现有不同资历框架之间的对接，让所有人的学习成果从地方认可扩展到全国范围内的认可。

### （五）建立国家资历标准，保障与国际资历标准的对接

我国每年都有不计其数的人员出国学习、回国工作，同时有大量的国外人士来我国学习和工作，资历框架跨国对接和互认的全球趋势，对我国境外学习成果认证也提出了新的要求和挑战。在构建我国国家层面的资历框架中，我们需要打通我国资历框架标准和国际资历框架标准，我国学习者在国外获得的资历通过认证得到认可，同时认可来我国的国外人士的资历，鼓励国外人士参与到我国终身学习社会的建设中，促进我国教育国际化和人才标准的国际对接。

### （六）建立质量保证体系，保障各类学习成果互认的公平和对等

质量保证是实施各级各类教育和培训之间衔接和沟通的国家资历框架的关键，只有基于共同的可以遵循的质量保证机制，学习成果的认证才具有透明性、公平性和对等性。缺乏质量保证的资历框架只能是毫无价值的空架子。质量保证机制包括机构内部的质量保证机制和机构外部的质量评审。在我国继续教育、职业教育和职业培训领域中，内部质量保证机制和外部资历评审机制有待完善，外部尚无建立我国政府认可的第三方质量评审机构，这将成为我国建立国家层面资历框架的重要任务之一。[1] 我国职业教育领域中推动的普教融合、校企合作、产学合作、科教融合为资历框架的发展奠定了基础，但特别要注重通过保证质量机制获得企业和社会的认可。

### （七）建立公开的监管机制，成立政府认可的第三方权威认证机构

学习成果的认证需要采用公开的监管机制，做到透明、公平、公正，保证认证过程和认证结果的权威性。第三方权威机构指具有可靠的执行认证制度的能力，并在认证过程中能够客观、公正、独立地从事学习成果的认证。认证机构享有独立行使权力，可以从一个客观的角度对学习者的学习成果进行指导、评估和鉴定。第三方机构是政府认定的，有公认的认证资质和明确的认证职责，可以保证学习成果认证的权威性和公信力。

### （八）健全国家学分银行，逐步实现学分银行一站式和个性化精准服务

国家学分银行是从国家层面对各类学习成果进行学分积累和转换的电子数据库，学分银行的核心在于各类非正规教育和非正式学习成果的公平和等价的兑付。目前，我国学分银行的实践发展很快，研究和制度建设滞后，许多学习成果认证具

---

[1] 张伟远，谢青松，王晓霞. 东盟终身教育资历参照框架和质量保证系统的构建及启示 [J]. 现代远程教育研究，2017（5）：12-20.

有随意性，学分认可缺乏对等性和权威性，导致学分积累和转换的实践限制在特定的领域，难以全面推广。因此需要在国家资历框架的基础上，建立学习成果认证的标准和机制，保证学习者获得的学分可存储、可查询和可兑换。建立国家学分银行，应采用互联网、大数据、人工智能、区块链等新兴技术，为全社会提供一站式的智能化和个性化的学分银行服务。

（九）配合国家发展，同步发起研制"'一带一路'资历互认框架"

基于联合国教科文组织等机构 2017 年发布的《全球区域和国家资历框架目录》的数据，在"一带一路"的 71 个国家中，62 个国家有资历框架，占总数的 87%。[1][2] 然而，各国资历框架存在巨大的差异性，跨国资历对接仍然是全球面临的重大挑战。面临"一带一路"国家资历框架对接的重要性和迫切性，我们在构建国家资历框架的同时，建议考虑由外交部、教育部等相关部委共同发起，客观正确传达中国国家层面的共同发展信息，提出共建"'一带一路'资历参照框架"倡议，服务"一带一路"教育和培训的人才流动和共同发展。

## 六、结论

资历框架是建立学习成果框架和认证机制，通过学分银行制度，学习者获得的学分得到存储、认可和转换。我国是一个发展中的学习大国，多元化的学习成果类型庞大复杂，学习成果认证政出多门，因此，国家资历框架的建设是一个各部门联合的长期的政府工程。我国虽然还没有出台国家资历框架，但各地经过几年的研究和实践尝试，在国际标准对接、本地需求特征、中国创新引领方面取得了显著的成就。因此，在建立国家资历框架中，我们要总结分析已有的资历框架创新成果，全面研究国际资历框架的通用标准，创建具有中国特色的国家资历框架，推动全球资历框架的创新发展。

[1] CEDEFOP. Global Inventory of Regional and National Qualifications Frameworks 2017.Vol-ume II [EB/OL]. 2017-12-22.

[2] 国家信息中心"一带一路"大数据中心."一带一路"贸易合作大数据报告（2018）[EB/OL]. 2018-05-06.

# 27.2 对《国家资历框架的理论基础和模式建构》一文的解读、反思和展望

张伟远①

## ※ 一、背景回顾 ※

2006年9月，我应邀在香港大学专业进修学院创建"继续教育和终身学习研究中心"（简称研究中心），担任首席研究员和研究中心总监，当年正值我国香港特区政府制定香港资历架构（内地用语为资历框架）政策和规划之年，并计划投资10亿港元设立资历架构基金，后政府分两次共投入28亿港元。2007年设立香港资历架构秘书处，制定资历架构路线图，通过立法把原有的香港学术评审局改名为香港学术和职业评审局，以香港职业训练局为基地，统筹职业院校、普通高校、继续教育机构、各个行业协同发展，旨在构建各级各类教育和培训沟通衔接的终身教育体系。作为香港唯一的终身学习研究机构，我们理应担负起资历框架研究的职责，开展资历框架的理论和实践研究。

搭建国家各级各类教育衔接和沟通的终身教育体系，受到我国政府的高度重视。2010年7月，在国务院颁布的《国家中长期教育改革和发展规划纲要（2010—2020年）》中，提出构建灵活开放的终身教育体系，搭建终身学习"立交桥"，建立区域内普通教育、职业教育、继续教育之间的沟通机制，建立学习成果认证体系，建立学分银行制度。终身学习"立交桥"的目的与资历框架一致，旨在打破职业教育、普通教育、继续教育之间的壁垒，促进各级各类教育纵向衔接和横向沟通，实现不同类型学习成果的互认和衔接。在2016年我国颁布的《中华人民共和国国民经济和社会发展第十三个五年规划纲要》中，正式提出了建立国家资历框架。用资历框架替代"立交桥"的用语，表明了我国终身教育制度体系建设将在与国际标准对接基础上探索创新的中国模式。

为了促进我国香港地区和内地资历框架建设的互融互通和协同创新发展，共享资历框架研究和实践的成果。2013年，在香港教育局首次主办的资历框架国际研讨会上，我主持了内地"终身学习立交桥"研究和发展论坛专场，邀请了广东省教

---

① 张伟远，北京师范大学首都学习型社会研究院院长，教授。

育厅和人社厅、国家开放大学、广东开放大学、北京开放大学、上海开放大学、江苏开放大学等机构的领导和专家学者参会和分享经验。同年，《中国远程教育》开设了"资历框架专栏"，邀请我担任专栏作者，首次对全球终身学习资历框架的发展现状及对我们的启示进行了系统和全面的论述。2014 年，在专栏文章的基础上经过扩展和修订，由中央广播电视大学出版社出版了专著《搭建终身学习立交桥：国际的发展和比较》，荣获第四届中国大学出版社图书奖优秀学术著作一等奖。同年，我们促成了香港教育局、北京开放大学及清华大学团队合作开发"电子商务行业能力标准"，成为我国内地首个基于资历框架等级标准的行业资历等级标准，此标准率先在香港使用。2015 年，促成国家开放大学和香港教育局合作主办"资历框架与终身学习立交桥圆桌会议"，是我国内地首次以资历框架为主题的学术研讨会。2015 年，应邀担任由广东省省长任组长的终身教育资历框架建设项目专家组副主任委员，带领团队草拟广东省终身教育资历框架，促进粤港澳大湾区资历框架建设的全面合作；2016 年，应邀草拟重庆市职业教育和培训资历框架。从 2016 年开始，先后为广东、国家开放大学、重庆、上海、浙江、江苏、成都等地的资历框架和学分银行建设提供指导和咨询。2019 年作为中国专家代表参与联合国教科文组织的"全球区域和国家资历框架发展"项目，负责撰写终身学习资历框架建设的中国经验。

2019 年 2 月，国务院颁布了《中国教育现代化 2035》，强调建立国家资历框架；建立健全国家学分银行制度和学习成果认证制度。2019 年 3 月 27 日，教育部职成司委托教育部职业教育发展中心（原教育部职业技术教育中心研究所），启动《国家资历框架在职业教育领域的研究和实践》项目，我带领团队担任理论研究和国际比较研究部分，并起草了《国家资历框架等级标准》《国家资历框架等级标准使用手册》《行业资历等级标准制定模板》。基于这个项目的部分研究成果，撰写了《国家资历框架的理论基础和模式建构》一文，发表在《中国职业技术教育》2019 年第 18 期上，期望为我国资历框架的政策制定提供理论基础，为各地学分银行建设提供可遵循的应用模式。

## 二、问题：政策和实践脱节

基于对我国国务院、教育部等相关官网与资历框架相关政策文本的搜索，在 2010—2019 年期间，从国家层面已经出台的关于资历框架及相应学习成果认证和学分银行制度建设的政策文本达 25 项。从上述政策文本中可以看出，在数字时代建设国家资历框架是我国终身教育体系的重要基础，已经上升到国家教育发展的战略高度。通过构建国家资历框架衔接和融通职业教育、普通教育、继续教育等类型，建立起所有人在学校、家庭、社区、工作场所获得学习成果的立交桥和资历阶梯，是推动我国终身教育体系建设的重要方略，对实现伟大中国梦和建设教育强国具有重要意义。

资历框架、学习成果认证、学分银行建设的三位一体是我国终身教育的基础性制度。从终身教育的视野来看，国家资历框架是上位标准，是各类学习成果等级和标准的顶层设计，也是各个行业资历标准的母标准。学习成果认证制度是保证，以质量保障为核心，将个人在任何场所通过多种方式获得的知识、技能、能力、态度，按照资历框架的等级和标准，通过认证给予认可的制度，以保证各类学习成果互认的对等公平和实质等效，保证质量和社会公信力。学分银行是数字化平台，社会成员通过学习成果认证的资历和学分，通过学分银行进行积累、互认和转换，为所有社会成员提供更加畅通、开放灵活的终身学习通道。

从2010年开始，我国各地纷纷建立和挂牌学分银行，从最早的慈溪市市民学分银行、上海市终身教育学分银行、国家开放大学学分银行、江苏省终身教育学分银行、云南省学分银行、广西大学高等教育自学考试学分银行、广东省终身教育学分银行，到2019年挂牌的重庆市终身学习学分银行、长三角地区开放教育学分银行、江苏省建设教育学分银行、北京市学分银行、职业教育国家学分银行等，在9年时间内共有21家学分银行正式挂牌，为上亿的社会成员开设了数字学习账户。

然而从学分银行的实践来看，仅有4家正式推出了资历框架或者学习成果框架，包括广东省终身教育资历框架、国家开放大学学习成果框架、重庆市职业教育和培训资历框架、江苏省终身教育学习成果框架。同时基于质量保障的学习成果认证制度尚未完善甚至空白，大部分学分银行管理者和实践者对资历框架、学习成果认证制度、学分银行制度的理论和模式还缺乏系统的理解。

由于资历框架政策和学分银行实践的脱节，由于对资历框架作为基础性制度的认识不足，资历框架建设进展缓慢，甚至与政策初衷渐行渐远。导致我国资历框架和学分银行实践一直局限在开放大学和职业教育领域，职业教育、高等教育、继续教育的三教融合止步不前。从国际发展来看，2019年全球终身教育资历框架的发展规模达到前所未有的水平，建立和实施资历框架的国家总数达162个，覆盖联合国193个缔结国的四分之三。同时终身教育资历框架已经进入跨国资历和学分互认阶段，全球建立了7个区域资历参照框架，为126个国家提供了跨国资历和学分对接的标准，这显示出我国的"国家资历框架"建设已相对落后。

从学分银行的实践来看，由于国家层面的终身教育资历框架尚未出台，学习成果认证制度尚未清晰，学分银行制度建设尚未完善，学分银行缺乏权威性和公信力，许多学分银行只是把学习者参与过的各类学习活动进行记录，成了人们学习记录的静态数据库，难以调动学习者主动开展学分积累、互认和转换的积极性，导致虽然学分银行规模快速扩张，学分银行之间拼的是学习者账户的数量，但个人申请和受益人数比例较低。因此，从中央到地方的实践都急需系统性理论、模式、体制机制创新支持。

## 三、探索：架起政策和实践的桥梁

面临我国终身学习资历框架标准下的学习成果认证和学分银行制度建设中政策和实践脱节的现象，文章基于国际资历框架的理念和我国本土资历框架先行先试的创新经验，通过总结提炼，界定了我国资历框架的含义和意义，即资历框架是什么和为什么的问题；分析资历框架的理论基础；探讨我国资历框架的发展模式，即怎么做的问题。

### （一）界定了我国资历框架的含义和重大意义

资历框架建设是全社会的事业，需要政府部门、教育机构和各行各业等的多方协同和多元治理。文章界定了资历框架是由政府教育部门联合相应机构和各行各业共同制定、反映各类学习成果的等级和通用标准体系。建立资历框架是推动终身教育现代化的基础性制度，一是为了满足互联网时代更加开放灵活的终身学习需求，通过各类学习成果的认证、积累和转换，畅通学业提升通道、职业晋升通道、社会上升通道；二是实现国际人才标准的对接，扩大我国教育的国际影响，实现人才的国际交流，推动教育国际化。

### （二）建立了国家资历框架的理论基础

文章提出，国家资历框架的理论基础由学习权、终身学习理论、人力资本理论和成效为本理论组成。资历框架要为所有人提供灵活弹性和不断上升的终身学习阶梯，是实现公民学习权的充分体现。终身学习理论强调为每个人提供一生的高质量、灵活的学习机会，建立资历框架的目的就是建立一个包括全社会所有人在内的终身教育体系。人力资本理论认为知识是主要的生产要素，知识工作者的生产力正在成为主导生产力，人力资本理论为资历框架衔接教育和培训与劳动力市场需求的重要性提供了理论基础。成效为本理论是资历框架中保证各类学习成果公平对接的学习成果认证和学分银行制度的基础。

### （三）厘清了资历框架、学习成果认证和学分银行三者之间的关系

文章提出，资历框架是基于资历等级和各等级通用标准，把各类学习成果统一到一个框架中，因此资历框架就是学习成果框架。学习成果认证制度是基于资历框架的等级和标准，将个人通过多种学习方式获得的知识、技能、能力、态度等，通

过权威机构的评审给予认可的制度。学分银行是基于资历框架的等级和标准，对通过学习成果认证的资历和学分进行积累、互认和转换的数字运作平台。

### （四）构建了国家终身学习资历框架的系统模式

文章提出，国家资历框架具有目的性、整体性、协调性，以及动态性四大标准化特征。基于国际标准和中国本土经验，提出了终身学习资历框架等级和标准的基本结构。资历等级的划分以普通教育系列为参照，由低到高划分为7级。为了保证各类学习成果的可比性和可转换性，等级标准从知识、技能、能力、态度4个维度进行表述。基于资历框架的资历等级和标准，通过学习成果认证机制，把职业教育、普通教育、继续教育、职业培训、各类业绩进行衔接和沟通，形成国家资历框架的基本结构。文章进而提出了中国资历框架的创新系统模式，由互相联系和互相制约的资历框架、学习成果认证、学分银行三大部分组成。在资历框架部分，包括资历框架管理机构标准和各行业资历等级标准建设。在学习成果认证部分，为了保证资历和学分的对等性和可比性，需要建立严格的质量保证和评审机制。质量保证包括教育和培训机构内部的质量保证机制及第三方外部的质量评审。在资历框架的实施中，教育和培训机构采用成效为本的评价方法。同时，过往学习成果的认可是资历框架中的重要组成部分。在学分银行部分，通过数字赋能，制定学分计算、学分认证和学分转换的标准，进行标准化的资历和学分积累、互认和转换。

### （五）提出了发展国家终身教育资历框架的政策建议

文章最后提出了发展我国终身教育资历框架的8项政策建议，包括建立中国资历框架模式，推动国际资历框架的创新发展；成立跨部门领导小组，推动国家资历框架建设；尽快出台国家资历框架，为学习成果认证提供标准和制度建设；整合地方资历框架，建立国家资历框架参照标准；建立国家资历框架标准，保障与国际资历标准的对接；建立质量保障体系，保证各类学习成果互认的对等性；建立公开的监管机制，成立政府认可的第三方权威认证机构；健全国家学分银行，逐步实现学分银行一站式和个性化精准服务，采用互联网、大数据、人工智能、区块链等新兴技术，为全社会提供一站式智能化和个性化的学分银行服务。

## 四、反思与展望

（1）文章提出了职业教育、职业培训、普通教育、继续教育、各类业绩进行衔接和沟通的国家资历框架的基本结构，打通各级各类教育之间、学历教育和非学历教育之间的壁垒，形成了服务全民终身学习的立交桥。然而，要实现职业教育、普通教育、继续教育三教融合仍然是资历框架建设的关键难题，需要国家法律制度的保障。可喜的是，2022 年，我国《中华人民共和国职业教育法》（简称《新职教法》）的出台，破解了我国资历框架建设中的这一难题，《新职教法》适用于职业学校教育和职业培训，首次明确了职业教育是与普通教育具有同等重要地位的教育类型，为职业教育、职业培训、普通教育之间的横向沟通提供了制度保障，破解了职业教育和普通教育难以融通的难题；《新职教法》提出了高等职业学校教育由专科、本科及以上教育层次的高等职业学校和普通高等学校实施，为职业教育的中高本研究生序列的纵向衔接提供了制度保障，破解了职业教育系统缺乏上升通道的难题；《新职教法》提出了职业教育和职业培训机构设立的质量要求，破解了资历框架下学习成果认证范围和方法的难题。这为我国以职业教育为切入点，有效地推动基于资历框架标准和学习成果认证基础上的学分银行建设的全面开展和有序发展奠定了法律基础。

（2）2021 年，《中华人民共和国国民经济和社会发展第十四个五年规划和 2035 年远景目标纲要》再次强调"畅通不同类型学习成果的互认和转换渠道"。然而，已呼吁 10 多年的国家层面的资历框架标准、学习成果认证制度、学分银行制度还没有出台，这造成了学分银行实践因缺乏指引而导致成效不足。资历框架是连接不同教育类别、教育与行业需求、教育与市场需求、教育与社会需求的桥梁，构建国家资历框架是一项国家层面的复杂的系统工程，需要多部门通力合作方能实现，包括教育部、人社部、民政部、发改委、工信部、财政部等，联合各级各类院校和各行各业共同努力方能实现。我们需要继续通过研究支撑国家层面的多方协同、多元治理的终身学习创新制度的制定和实施。

（3）党的二十大报告提出"统筹职业教育、高等教育、继续教育协同创新""推进教育数字化，建设全民终身学习的学习型社会、学习型大国"，作为未来教育强国建设的实践路径之一。推进终身学习资历框架建设的中国方案，是解决职业教育、高等教育、继续教育三教之间沟通衔接和创新发展的顶层设计，也是数字时代建设学习型社会和学习型大国的制度体系。党的二十大报告既是终身学习资历框架建设的纲领性文件，制定国家终身学习资历框架又是落实党的二十大精神的制度建设。相信在党的二十大报告的指引下，国家层面的资历框架标准、学习成果认证和学分银行制度建设必将得到加快发展，"资历框架标准＋学习成果认证制度＋学分银行制度"三位一体的中国模式的优势将在实践中得到充分发挥，也能够为国际资历框架发展贡献中国智慧和中国经验。

（4）文章是基于 2019 年国际资历框架发展现状和国内资历框架创新经验基础上提炼的，自 2019 年以后，我国本土资历框架建设持续出现了新发展。例如，由重庆市终身学习学分银行统筹的西部地区资历框架和学分互认共同体的建立；广东省终身教育学分银行统筹的粤港澳资历框架标准和质量保证机制对接项目；广东省、重庆市、江苏省等推出了一系列基于资历框架的地方行业资历等级标准；国家开放大学、浙江省、广东省、重庆市等大部分学分银行在推进数字化学习成果和学习成果数字化平台建设方面取得了重要的进展。我们需要不断地总结本地创新经验，不断提升和完善资历框架系统模式，为国家资历框架建设提供地方经验和地方智慧。

# 28.1 开展本科层次职业教育"变"与"不变"的辩证思考①

吴学敏

2019年以来，教育部先后批准了22所高等职业院校升格为本科层次职业学校，开展本科层次职业教育（以下简称本科职教）试点，旨在探索职业教育发展新路径，推动职业教育高质量发展。本科职教试点的正式启动，是教育部官方首次明确以独立建制的学校开展本科职教，实质性地将职业教育延伸到了本科层次，补齐了现代职业教育体系建设的关键一环，是中国职业教育发展史上的重要里程碑。作为新生事物，如何开展本科职教没有现成的实践参考，相关基本理论问题的研究尚处于初步阶段。

当前，为适应本科职教规模不断扩大和深入开展的需要，亟待明确本科职教内涵和基本属性，以及应该在专科层次职业教育基础上坚持和发展什么、如何转变和提升什么等基本问题。在结合试点初步实践的基础上，试图通过本文对以上基本问题进行研究和探讨。

## 一、把握本科职教的基本认识

开展本科职教，把握其基本内涵和基本属性起着举旗定向的重要作用。一直以来，本科职教持续受到各层面的热切关注。在政策层面，国家高度重视职业教育，近年来发布了系列文件，将探索发展本科职教作为大力推进现代职业教育体系建设的突破口；在实践层面，各地积极推动联合办学、本科转型等多种形式的本科职教实践探索，取得了一定进展，但也面临多重限制；在理论研究层面，本科职教已成学界研究热点，但因正式开展试点时间短，尚处于研究的初步阶段。

### （一）本科职教政策、实践探索与理论研究基本情况

1. 本科职教政策发展呈现延续性和稳步推进的态势

2014年，《国务院关于加快发展现代职业教育的决定》提出要"探索发展本科

---

① 本文发表于2020年第25期，吴学敏，南京工业职业技术大学党委书记，研究员。

层次职业教育",首次在国家规范性文件中提及本科层次职业教育。同年,教育部等六部委发布《现代职业教育体系建设规划(2014—2020年)》提出要"培养本科层次职业人才"。2015年,教育部《高等职业教育创新发展行动计划(2015—2018年)》强调,"探索区别于学科型人才培养的本科层次职业教育实现形式和培养模式。"2019年,《国家职业教育改革实施方案》明确了今后一定时期全面深化职业教育改革的顶层设计和施工蓝图,要求"开展本科层次职业教育试点"。随后,本科职教以"试点"形式落地落实,开启了现代职业教育的新纪元。从2014年正式提出"探索发展",到2019年正式开展"试点",既体现了政策发展的延续性,又展示了国家在结合职业教育改革实践基础上积极创新发展、稳步推进现代职业教育体系建设的坚定性,拓展了职业教育未来改革发展的新空间。

2. 本科职教前期实践探索积极推进但也面临诸多困难

实践层面对本科职教的探索主要有两种方式。一种是合作办学方式。自2012年以来,江苏、浙江、安徽、山东等省份就支持高职院校与本科学校在某些专业点上开展以"依托高职优质资源、联合本科举办、发放本科文凭、高职院校办学"为特点的"4+0"培养(四年全部在高职院校培养)试点,以及采取"对口贯通分段培养"的"3+2"培养(三年高职+两年本科)试点。对于"4+0"模式,高职院校作为主体办学方,面临着"学校没有冠名权、教师没有主导权、学生没有归属感"的现实困境,办学主动性逐步减弱;本科院校作为合作方,面临着各类评估、认证以及申报硕士点等考核,对生源及培养要求逐步收紧,合作办学的积极性逐步降低。对于"3+2"模式,高职院校和与其对接的本科学校拥有不同的培养定位、评价体系、师资结构,学生一旦"升入"本科,将不再按照职业教育培养模式接续培养,不利于学生技术技能水平的持续提升。另一种是应用型本科转型方式。2014年,《国务院关于加快发展现代职业教育的决定》明确"引导一批普通本科高等学校向应用技术类型高等学校转型,重点举办本科职业教育"。2015年,教育部等三部委发布《关于引导部分地方普通本科高校向应用型转变的指导意见》,遴选了部分试点本科高校探索应用型发展模式,开辟了实现本科职教的新路径。但是,因为办学惯性和师资队伍等因素,实际上本科转型各地实施进展不一,部分学校转型的内生动力和外部驱动力不足,以此扩大本科职教规模将是一个长期过程。

3. 本科职教理论研究尚处于起步阶段

2019年本科职教政策正式以试点形式实施,在理论研究方面,也以2019年这一时间节点为分水岭,研究重点领域开始跃迁。2019年以前,相关研究主要聚焦三个方面:一是论证职业教育向本科层次高移的必要性;二是探讨开展本科职教的可行路径;三是对高职院校与本科学校合作举办本科职教、地方本科院校向应用型转变等实践经验的总结提炼等。2019年以后,鉴于本科职教试点已正式启动,相关研究重点转向了探讨本科职教的内涵、实施路径与人才培养等问题。但因为持续时间较短，目前相关研究并不多，基本理论研究尚处于起步阶段，尤其是对于通过专科高职学校独立升格而来的本科职业学校如何开展本科职教少有系统性研究。

### （二）本科职教的内涵与基本属性

当前已有不少学者就什么是本科职教开展了研究。杨金土（2003）从科学与技术关系的新变化、我国本科教育发展状况和世界本科教育发展趋势角度进行论证，认为在本科层次分化出职业教育类型具有历史必然性，本科职教是定位于培养技术应用型人才，且应归类于高等职业教育的教育类型。[①]伍先福等（2011）认为，"职业本科教育"比"本科层次职业教育"的提法更准确，并认为职业本科教育是指以职业目标为导向，以职业能力培养为核心，以职业素质教育为依托，理论教学恰当、实践教学充分的本科职业性教育。[②]马燕（2015）认为，本科职教是一种建立在中等、专科层次职业教育基础上的本科层次教育，是以培养高层次技术应用型人才为目标，有计划、有组织地提高学生的职业技能和综合素养，并取得相应资格证书的学校职业教育。[③]段静毅（2015）认为，本科职教是指专科层次以上的本科学历层次的高等职业教育，是职业教育体系中的高等教育层次，是高等教育体系中职业教育的类型。[④]方泽强（2019）认为，本科职教是培养具有较强技术理论、技术应用和初步研究能力，面向生产、建设、管理、服务第一线的高层次技术技能型人才的教育类型，具有高层次性和职业性。[⑤]徐国庆等（2020）认为，职业本科教育是本科层次的职业教育，是职业教育延伸到本科层次的结果，是完全按照职业教育人才培养模式举办的本科教育。[⑥]

综合以上观点，主要有两方面的共性：一是从教育类型和教育层次比较的维度看，可以准确定位本科职教即职业教育类型的本科层次；二是从人才培养维度看，本科职教是遵循职业教育培养规律，培养高层次技术技能人才或技术应用型人才的教育。笔者认为，以上两个方面可以基本概括本科职教的内涵，但要进一步深化对本科职教的理解，还要把握其基本属性。属性是事物本身所固有的性质，是事物必

---

① 杨金土. 我国本科教育层次的职业教育类型问题［J］. 教育发展研究，2003（1）：5-9.

② 伍先福，陈攀. 职业本科教育的内涵及其办学主体［J］. 四川教育学院学报，2011，27（9）：16-19.

③ 马燕. 我国本科层次职业教育发展研究［D］. 天津：天津大学，2015.

④ 段静毅. 本科层次职业教育人才培养模式研究［D］. 南京：南京师范大学，2015.

⑤ 方泽强. 本科层次职业教育：概念、发展动力与改革突破［J］. 职业技术教育，2019，40（13）：18-23.

⑥ 徐国庆，等. 职业本科教育的内涵、国际状况与发展策略［J］. 机械职业教育，2020（3）：1-6，24.

然的、基本的、不可分离的特性，又是事物某个方面质的表现，一定质的事物常表现出多种属性。本科职教具有多重属性——既有外在的技术属性，彰显对于"是什么"的理性探求；又有内在的价值属性，体现了"怎么做"的现实追求。在这些属性中，首要的是清晰本科职教的基本属性，以把握本科职教发展方向与重点。

1. 教育属性

《国家职业教育改革实施方案》强调，"职业教育与普通教育是两种不同教育类型，具有同等重要地位。"以国家规范性文件的形式明确了职业教育作为类型教育的地位。但是这个界定有一个不容忽视的前提，就是职业教育和普通教育同是教育，在强调职业教育与普通教育个性差异的同时，也要注重对教育共性基本规律的把握。潘懋元（1997）认为，教育基本规律包括教育的外部关系规律和内部关系规律：从外部来看，教育必须与社会生产力与科技发展水平、社会制度、传统文化与外来文化等社会发展要素相适应；从内部来看，教育必须通过德育、智育、体育等，使受教育者全面发展，要正确处理诸育的关系，任何只强调一育而忽视其他各育，都是违反教育规律的；就以上两者的关系看，教育内部关系规律的运行，要受外部关系规律所制约，教育外部关系规律要通过教育内部关系规律起作用。[①]

本科职教的教育属性主要体现在其对教育基本规律的遵循上。一方面，本科职教要与社会发展相适应。本科职教不是孤立的系统，而是要放到社会大系统里面统筹思考，深入研究社会、政治、经济、文化等因素对本科职教的影响，并将积极影响转化为本科职教的实际行动，同时主动发挥本科职教对社会发展的推动作用。另一方面，本科职教要致力于人的全面发展。当前，我国已进入中国特色社会主义新时代，习近平总书记在众多场合多次强调，教育的根本问题是培养什么人、怎样培养人、为谁培养人。把握这一根本问题是对各级各类教育的基本要求，本科职教也要回答好教育的根本问题，遵循教育内部关系的基本规律，全面贯彻党的教育方针，坚持立德树人根本任务，培养德智体美劳全面发展的社会主义建设者和接班人。

2. 职业属性

本科职教是"职业教育的本科层次"和"本科教育的职业类型"的辩证统一。两者从不同角度描述本科职教，但并非同等重要的两个方面，而是有先后、主次之分。本科职教首先是职业教育的本科层次，坚持职业教育是根本属性；本科职教其次是本科教育的职业类型，办本科层次教育是必然要求。作为职业教育的本科层次，本科职教是职业教育适应产业转型升级需要、自身层次高移的结果，其人才培养的逻辑起点是职业岗位（群）的能力要求，需要贯彻职业教育特色的培养模式，

---

① 潘懋元. 教育基本规律及其在高等教育研究与实践中的运用［J］. 上海高教研究，1997（2）：1-7.

这是本科职教必须坚持的职业属性。

理解职业属性，要认识到本科职教不是专科高职教育的加长版。一是教学时间上，本科职教不是简单地将原来的专科课程学时延长，在专科职教基础上增加了一年的学习时间；二是内容上，本科职教不是在专科职教的基础上增加一些本科的课程，如增加公共基础课或专业基础课等；三是方法上，本科职教不是将适用于专科学生的教学等方法直接延伸到本科层次。职业教育人才培养的逻辑起点是职业岗位或岗位群所需要的各项能力要求，由专科层次上升为本科层次，其面向的岗位或岗位群的能力层次要随之上移，或者其涉及的技术领域集成度、复合度将进一步提升，相应的教学内容、课程设置、教材、教学计划等都要变化；同时适应本科层次新的学情、生源变化，教育教学方法也要改变。与专科职教相比，本科职教要使培养的学生具有更加深厚的理论基础、更加完整的知识体系、更加复合的专业能力、更加坚实的技术技能积累，使掌握高端技术技能成为可能，从而能够适应产业转型升级的需要，满足服务高端产业与产业高端岗位对更高层次技术技能人才的需求。

坚持职业属性是落实职业教育类型定位的必然要求。落实职业属性要坚持面向市场、服务发展、促进就业的办学方向，对接产业发展灵活设置专业，及时将产业新技术、新工艺、新方法融入教学内容，将经实践检验的职业教育成功经验与方法创新性地运用到本科教育领域，深化产教融合、校企合作、工学结合，源源不断地为国家战略和区域产业发展提供技术技能人才支撑。

3. 本科属性

按照《教育大词典》的解释，本科教育是高等教育居于中间的层次，属联合国教科文组织《国际教育标准分类》第三级第一阶段教育，与专科教育、研究生教育构成高等教育内部的3个层次。2018年修订的《中华人民共和国高等教育法》指出"高等学历教育分为专科教育、本科教育和研究生教育"，明确"本科教育应当使学生比较系统地掌握本学科、专业必需的基础理论、基本知识，掌握本专业必要的基本技能、方法和相关知识，具有从事本专业实际工作和研究工作的初步能力"。从以上定义可以看出，本科教育是以传授基础理论和专门知识为基础，重在培养学生的探究、创新和研究能力，不是停留在"为用而用"，是专业能力培养与学术精神培育的统一，更加注重创新型和复合型人才培养。这与强调技术技能要素的专科教育明显不同，而与专注于传授高深知识、培养研究能力的研究生教育相比，本科教育更加强调专业性和基础性。

理解本科属性，要认识到本科职教不是普通本科教育的复制版：一是从培养模式看，本科职教不是在普通本科教育基础上基于所谓职教特色的修修补补，甚至简单复制；二是从培养要求看，本科职教不是普通本科教育的翻版，也不是居于专科职教与普通本科教育的中间层次；三是从培养层次上看，本科职教不是普通本科教育的低层次，两者不存在优劣之分。本科职教是与普通本科教育处于同一层次的不同类型，两者各有特色和侧重；与高职专科教育处于同一类型的不同层次，两者应有高低与衔接。本科职教弱化理论研究能力的培养，同时强调职业能力的培养；弱化基于学科知识体系的理论教学，同时强调基于技术领域的实践教学。[①]坚持本科属性是落实教育层次定位的必然要求，遵循本科属性需要筑牢高等教育基础性地位，坚持应用导向，持续提升人才培养和科学研究的学术性，强化学生创新能力和创新素养的培育，提高学生解决实践中复杂问题的能力和水平。

本科职教的三个属性是辩证统一的整体，三者共同决定了本科职教的基本定位、发展方向、运行机制以及培养模式等。准确理解三个属性需要把握以下两个方面：一方面，三者不能割裂看待。不能只强调某一个或两个属性，而忽略其他属性。如，仅强调教育属性和本科属性，本科职教就会办成普通本科教育；仅强调教育属性和职教属性，本科职教和专科职教将无法区别。另一方面，三者之间关系密切。教育属性是其他两个属性的前提，为其他两个属性发挥作用提供基本条件；职业属性是教育属性在类型上的延伸，是本科职教培养特色的本质体现；本科属性是教育属性在层次上的界定，是本科职教培养层次和水平的直接反映。遵循三个属性，本科职教要以培养全面发展的职业人为根本任务，适应职业岗位（群）能力要求的人才培养逻辑起点变化，体现本科教育学术性、基础性、创新性等基本规律，全面重构人才培养目标、培养规格、教学内容和教学方式等，培养产业发展急需、其他类型高等教育尚不足以完全支持的高层次技术技能人才，奠定本科职教不可替代的地位。

## 二、坚定办学方向，落实根本任务

教育具有鲜明的政治属性。习近平总书记在全国教育大会上的讲话指出："古今中外，每个国家都是按照自己的政治要求来培养人的，世界一流大学都是在服务自己国家发展中成长起来的。"无论是什么类型的教育，无论是什么层次的教育，无论是什么水平的教育，为党育人、为国育才的初心和立场必须始终不变。因此，本科职教必须坚定社会主义办学方向，围绕教育"培养什么人、怎样培养人、为谁培养人"的根本问题，深化人才培养顶层设计，深化德智体美劳"五育并举"，构建融合价值塑造、知识传授和能力培养于一体的人才培养体系。

---

① 沙鑫美. 本科职业教育的两个基本问题 [J]. 中国职业技术教育，2019（31）：36-40.

## （一）擦亮理想信念、家国情怀底色

本科职教必须把培养社会主义建设者和接班人作为根本任务，教育引导学生在增强"四个自信"中坚定社会主义理想信念，在传承中华民族爱国主义精神和职业教育强国富民的历史使命中厚植家国情怀，找准奋斗方向、擦亮人生底色。一是注重立德树人的内涵具象化。将理想信念、家国情怀等立德树人的内涵具象到学校的发展战略、组织架构、业务流程、专业课程、文化制度等各个方面，内化进教育教学、科技研究和管理服务全过程，将"五育并举"落实到教育教学改革之中，让立德树人成为学校的使命追求、组织认同和行动自觉。二是坚持立德树人人才培养一体化。针对当前人才培养不同程度上存在的条块分割、素质教育和专业教育"两张皮"现象，强化人才培养的顶层设计和实施统筹，从源头上建立起人才培养方案框架下分工合作、协同育人的一体化育人机制，破除条块分割、院系壁垒，形成立德树人的协同效应、融合效应和叠加效应。三是深化立德树人"全员化"。把立德树人内化到学校建设和管理的各领域、各方面、各环节，具化到每个岗位、每类人员的工作职责中，构建起全员、全方位、全过程育人大格局，实现思想政治教育与技术技能培养的有机统一。

## （二）彰显手脑并用、做学合一本色

"社会主义建设者和接班人，既要有高尚品德，也要有真才实学。"[1]本科职教所培养学生具有的真才实学着重体现在解决产业一线复杂问题的能力上。在职业教育多年的办学实践中，手脑并用、做学合一已成为培养一线人才的重要理念、教学原则和内在本色。其中，手脑并用是理念层面上的，是指引导学生树立起手脑并用的思维，强调动脑和动手的统一性，将思考和实践结合、动脑和动手结合、认知和行动结合，并且能够在一生的学习与工作中长期坚守和遵循；做学合一是方法论层面上的，是指让学生掌握学中做、做中学、边学边做、边做边学的方法，并内化为长期的学习和实践习惯，支撑学生在技术技能领域可持续发展，逐步掌握解决产业一线复杂问题的能力。要彰显这一本色，一方面要将手脑并用理念和做学合一方法教育融入人才培养目标、培养规格和培养全过程，内化为人才培养的本色特征；另一方面，深化做学合一方法论的研究和教育实践，注重"学习—实践—创新"循环在人才培养中的应用，推动学习和成长过程中的螺旋式循环提升。

## （三）凸显工匠精神、敬业乐群特色

职业教育培养的是面向一线岗位或岗位群的职业性人才，尤其强调和注重职业

---

[1]　光明日报评论员. 培养什么人，是教育的首要问题［EB/OL］.［2020-07-10］.

素养的养成与培育。本科职教更应坚守和凸显这一特色，教育引导学生秉承"大国工匠"精神、熔铸"敬业乐群"品质。其中，工匠精神强调的是一个成熟职业人对待工作所具有的专注踏实、精益求精、追求卓越的从业态度和工作作风；敬业乐群强调的是如何处理好人与职业、人与人、人与社会的关系，对待职业要敬业、精业、乐业，与人相处要与人为善、相处融洽、乐于合作。开展本科层次职业教育，要将工匠精神、敬业乐群品质具化进学校工作和育人的标准规范之中，内化为教职员工的精神品质和工作态度，贯穿于学生学习、实践和创新的全过程。

## 三、彰显职教特质，促进转变提升

事物的发展是变与不变的辩证统一。"当不变居于主导地位时，事物处于相对稳定、平衡、静止状态；当变居于主导地位时，事物则处于运动、量变到质变乃至发展状态。"[①] 在专科职教基础上开展本科职教，不是层次上的简单提升，也不是推倒一切重来，而是继承职业属性不变和对标本科属性发展转变的辩证统一。核心是在坚持技术技能人才培养方向、工学结合人才培养模式、服务产业需求等专科职教本色的基础上，紧扣人才培养改革创新主线，以人才培养定位转变提升为导引、人才培养模式转变提升为核心、师资队伍素质和能力转变提升为保障，通过发展内涵深化、发展理念提升、发展方式转变，实现更高层次、更高水平、更高质量发展，实现人才培养的提质升级和社会服务的提质增效。

### （一）培养定位：向创新型技术技能人才转变提升

职业教育人才培养的逻辑起点源于产业一线岗位或岗位群的职业能力需求。按照一般认识，中等职业教育人才培养更加突出岗位技能，以技能为主、技术为辅；专科职业教育人才培养更加注重技术技能的融合，侧重于某一专业领域技术技能的综合培养。但是，对于本科职教人才培养如何准确定位，笔者认为不能再简单机械地"加码"确定，而是应该提高站位，从国家战略和产业需求、职业属性和本科属性等角度进行综合分析。总体来说，本科职教要为中国从制造大国迈向制造强国、产业从全球价值链中低端走向中高端，以及新技术革命推动的产业革命提供一线高端人才支撑。这就要求本科职教所培养的人才既具备高技能、又具有高技术的素质能力，能够创新运用工程技术方法解决一线复杂问题，能够将研发方案在技术与工艺层面转变为实际的产品或服务。

由此，本科职教人才培养应定位于面向生产、建设、管理和服务一线，能够运

---

① 何雯雯. 深刻把握变与不变的辩证法［EB/OL］.［2020-07-10］.

用创新方法解决复杂问题的创新型技术技能人才。其内涵有三：一是定性在技术技能，即以技术技能为培养主线，这也是有别于其他教育类型人才培养的基本特征；二是定向在产业一线，能够满足传统产业升级和新技术革命所带来的新的复合型岗位需求，体现为融合多个专业技术领域的交叉复合或技术技能复合，服务面向从岗位的"窄域"走向"宽域"和"高域"；三是定格在创新型，能够综合运用所学知识和技术技能，具备面向应用的创新思维、创造精神和创新创业能力。

本科职教人才培养定位向创新型技术技能人才的转变提升，是在实践中动态发展、持续优化的过程。首先，引领构建技术技能人才培养体系。在分析创新型技术技能人才职业能力特征与内涵的基础上，将中等、专科、本科职教各学制段贯通一体设计并分段实施，发挥本科职教引领带动作用。其次，重构课程体系和运行机制。按照能力导向、课程结构模块化和专创融合的思路，对课程设置、实践体系和创新活动等进行一体化设计，同时构建鼓励学习和工作交替进行等专业教学运行机制，保障学生实践创新能力的成长。最后，深化课堂教学改革。以课堂教学与生产实践项目融合一体的思路，推动传统课堂向探索式、启发式的开放互动课堂转变，促进学生深度学习、技术探究学习的发生，将创新技术要素落到课堂教学中。

## （二）培养模式：向校企融合型转变提升

人才培养模式改革是本科职教内涵建设的核心，而校企合作、工学结合是本科职教人才培养模式改革的关键。进入本科职教阶段，人才培养模式不能只停留在简单的校企合作层面，需要适应更高层次、更高水平的创新型技术技能人才培养需求，向更深度的校企融合型转变提升。校企融合型包含3个层面内涵：一是办学层面，从校企合作转变为校企融合，从校企"双主体"走向"一体化"；二是培养层面，从工学结合转变为工学融合，不单单是学习和工作相结合，而是把学习和工作融合在一起，更加强调工作过程导向的学习；三是实践层面，从顶岗实习转变为顶岗工作，更加强调顶岗实践、毕业设计和就业"一体化"。

本科职教要实现人才培养模式从校企合作型向校企融合型转变提升，除了做到培养目标、培养规格、培养内容、培养过程、培养评价等五个层面的校企融合以外，关键是通过体制机制的创新，确保校企合作能够融入学校治理、院系办学、专业建设、人才培养和社会服务全过程，构建校企融合育人的生态体系。一是深化校企融合办学体制机制创新。除了常规的构建校企合作理事会、专业建设委员会外，重点是按照组织目标一致、工程项目纽带、校企团队混编、项目实践育人的思路，打造校企深度融合平台。二是深化校企融合培养机制创新。除了在校内生产性实训基地开展实训课程等常规举措外，重点是将高年级学生的综合实践放到平台上，通过项目工程实践来完成学习，以及学习评价与工作评价的融合，促进学生综合实践能力和创新素养的提升。三是深化科研育人机制创新，引导学生参与教师的横向科研项目，鼓励教师吸纳学生加入科研团队，推动项目实践育人。

### （三）师资队伍：向专家型双师转变提升

"双师型"教师是发展职业教育的第一资源，是支撑职业教育改革的关键因素。本科职教人才培养定位和培养模式能否真正落地，关键在于是否拥有一支素质好、结构优、理论深、技术强、技能高的"双师型"教师队伍。而在教师素质和能力要求上，单纯的"双师型"已不能满足创新型技术技能人才培养需求，需要同步向专家型双师转变提升。所谓专家型双师，是指在"双师型"的基础上，具备大国工匠的精神和素养，具有深厚的理论底蕴和创新思维，具有较强的工程实践能力，具有创新运用工程方法解决一线复杂问题的能力。

本科职教要实现教师素质和能力向专家型升级，需要综合施策，全方位推进：一是项目实践带动。实行企业实践、项目实践和全员轮训制度，通过参加一线项目工作提升实践能力、塑造工匠精神和锤炼工程素养；聚焦行业企业一线应用，提升技术技能创新和服务能力。二是理论素养提升。严把人才标准，招聘既具备深厚理论素养、又具备优秀工程实践能力的人才担任专任教师；突出实践导向，加强面向实践的应用研究，鼓励教师学历进修，持续提升理论水平和素养。三是机制氛围引导。制定专家型双师和专家型团队标准，收入向专家型教师和团队倾斜，导引教师个人和团队向专家型升级。四是内生动力激发。深入开展教育思想和观念大讨论，引导教师深刻认识本科职教人才培养要求、师资标准和个人能力差距，唤醒教师的危机意识，激发教师的内生动力和行动自觉。

### （四）服务能力：向引领型转变提升

职业教育是与经济社会发展联系最紧密的教育类型，服务高质量发展是其最基本的历史使命。"事实证明，我国不是需求不足，或没有需求，而是需求变了，供给的产品却没有变，质量、服务跟不上。"[①] 本科职教作为职业教育的高层次，要坚持服务产业，并在能力定位、供给层次上由服务产业向引领产业转变提升。达到这一要求，体现在以下几个方面：一是专业设置的前瞻性布局，开设新专业或开辟新的专业方向时，要瞄准未来产业发展趋势，力争用今天的专业服务明天的产业。二是人才培养的创新性塑造，强化学生创新思维、创新精神和创新创业能力的培育，为产业发展注入创新突破的活力。三是技术创新的引领型发力，通过技术工艺、技

---

① 习近平. 在省部级主要领导干部学习贯彻党的十八届五中全会精神专题研讨班上的讲话 [EB/OL].[2020-07-10].

术规范和技术标准的迭代创新，持续提升支撑产业发展能力，并通过精准服务向引领产业发展的方向迈进。

要实现向引领型转变，至少要重点提升三个方面：一是建立"四链对接融合"机制，以供给侧结构性改革的视角重新审视和设计产教融合、校企合作，构建教育链、人才链、产业链、创新链对接发展、融合创新机制，完善产教融合背景下的专业建设体系、人才培养体系和科研服务体系。二是提升立地科研能力。应定位于围绕产业发展需求开展科研，深化技术技能积累，切实解决产业一线、企业生产服务中的技术难题，提升科技成果转化能力，推动企业技术升级。三是推进技术知识再生产。将行业企业的实践经验、技术标准和生产规范进行理论加工和提炼，推进技术技能实践领域的应用知识再生产，在更高层次上形成实践提炼、知识创新、实践应用的循环体系，通过技术知识再生产引领企业创新。

## 四、对标本科要求，推进质化升级

目前，首批开展本科层次职业教育的试点学校均来自专科高等职业学校，其长期在职业教育领域内耕耘，已经基本掌握了职业教育教学规律，积累了丰富的职业教育办学经验。就笔者所在的南京工业职业技术大学而言，其前身是1918年黄炎培先生创建的中华职业学校，是中国第一所以职业冠名的职业学校，建校百年来始终坚持职业教育办学方向，综合实力和办学水平长期位于全国职业院校前列。然而，对于如何办好本科教育，这些学校并没有直接的经验；对于如何把握本科职教办学规律，这些学校尚未开展深入的理论和实践研究。以上因素是这些学校开展本科职教的现实制约因素，并有可能演变为影响其长远发展的短板。笔者结合学校办学实际和个人思考，认为办好本科职教，要把补齐本科教育理论与实践的短板作为关键环节，在坚持教育属性和职业属性的基础上，按照本科属性要求，把学术性、基础性、创新性作为把握本科教育基本规律的主攻方向，推进服务贡献能力的脱胎换骨、质化升级，以有为争有位，办成学生与家长认同、教育业界肯定、行业企业欢迎、社会大众认可的教育。

### （一）围绕应用研究，推进学术性升级

一段时间以来，职业教育领域有谈"学术"色变的倾向，不少人认为职业教育的本质是应用性或实践性的，与学术性水火不容。这样的理解并不准确。学术是教育领域使用最频繁的词汇之一，但是对于其内涵并没有形成统一的认识，主要有三种流行看法：一是"一元说"，认为学术是较为专门、有系统的学问，认为学术性就是理论性；二是"二元说"，认为"学术"要与"理论"相区别，或"学术"要

与"应用"区别看待；三是"包容说"，认为"学"是理性认识或学理，"术"指技术或应用，"学术"在内涵上是学理和应用（或理论与应用）的统一。[①]以上三种观点中，"包容说"最为全面，也是被大多数人所接受的观点。

职业教育延伸到本科层次，没有学术性的支撑，就难以体现其高层次性，并得到社会的认可。但是本科职教的学术性，不在于发现新知识的理论探索，而在于将科学知识、理论原理转化为应用技术、实践技能或者应用于解决行业企业的实际技术问题，服务经济社会发展和产业转型升级的需要。基于此，开展本科职教的学术研究，一是增强教学内容的学术素养含量。将学生的实践应用研究能力作为培养目标的重要内容，扩大教学内容的知识宽度和理论深度，将企业项目、工作过程与教学过程相融合，提升学生综合运用知识解决实际的、复杂的现场技术问题的能力。二是提升应用科研的学术水平。围绕产业关键技术、中小微企业技术创新、产品升级和企业实际遇到的技术难题，深入推进校企协同技术创新、联合攻关和成果转化。三是推进科研与教学的有益互动。一方面，推进科研促教学，积极开展应用科研成果教学转化，将科研资源加工成教学资源、科研方法融入教学过程、科研环境与教学场所互通；另一方面，推动教学促科研，积极引导学生积极参与各类科研项目，实际承担科研具体任务，推出高水平应用科研成果，实现教学与科研共生共长。

**（二）着眼发展潜力，推进基础性升级**

2018年，《教育部关于加快建设高水平本科教育　全面提高人才培养能力的意见》提出"本科教育是提高高等教育质量的最重要基础"，要"把本科教育放在人才培养的核心地位、教育教学的基础地位"，强调了本科教育在高等教育中的基础地位与作用。所谓本科教育的基础性，主要是指两个方面：一是本科生是高等教育系统中的数量主体，本科人才是国家建设中高级专门人才的基本来源；二是本科教育是研究生教育和继续教育的基础。[②]

本科职教作为高等教育的基础性教育，需要为学生的学历层次提升和进一步发展奠定基础理论和技术知识的基础。一是拓展知识宽度，筑牢技术与素质基础。树立在较宽通识教育基础上的技术技能教育理念，强化本科职教学生基础性、通识性和综合素质的培养，强调技术理论的基础性作用，处理好技术技能教育与文化素质教育、职业素养教育之间的关系，既要避免忽视人文素养教育的"技能化"倾向，也要避免轻视技术技能教育的"普教化"倾向。二是挖掘实践深度，夯实专业技能

①　张积玉. 试论学术性［J］. 陕西师大学报（哲学社会科学版），1991，20（4）：117–124.

②　单桂锋. 确立"本科教育是高等基础性教育"的观念［J］. 江苏高教，1999（3）：66–68.

基础。实践教学是职业教育的看家本领，但要注意实践深度与系统性的挖掘。坚持本科职教的理论教学以基础理论为主，强化理论联系实际，系统化改革实践教学，提升实践训练的系统性，有机整合实践主体、实践客体、实践载体，强化解决复杂技术工程问题和多学科知识综合应用能力。三是强化对上衔接，打下学历提升基础。要做好本科职教与专业学位研究生教育的对接，通过向学生传授理论性、全面性和系统性的自然、社会和人文科学基础理论知识，对接专业学位研究生教育课程及培养体系，实现应用型人才的接续培养。

需要特别指出的是，强调本科职教的基础性，与强化其就业导向并不矛盾，两者是相互促进、和谐统一的关系。本科职教既要坚持就业导向，使学生获得直接就业能力，又要强调基础性，使学生具备发展后劲，促进学生全面可持续发展。

### （三）优化动力机制，推进创新性升级

《高等教育法》明确提出"高等教育的任务是培养具有社会责任感、创新精神和实践能力的高级专门人才"，突出了创新性是高等教育人才培养的基本要求。《国家中长期人才发展规划纲要（2010—2020 年）》指出，人才是具有一定的专业知识或专门技能，进行创造性劳动并对社会做出贡献的人。可见，就人才本身而言，创新也是其基本要素之一。相关研究表明，人才应用层次与创新能力的要求成正比，人才应用层次越高，对创新能力培养的要求也就越高。本科职教对比专科职教，其人才培养的创新性要求伴随教育层次的提高也随之提高。这也是上文中提出本科职教人才培养要定位于创新型技术技能人才的理论基础。

前文的"创新型"是就学生素质要求而言的，这里的"创新性"是就人才培养全过程而言的。创新本科职教人才培养是一项系统工程，要把持续创新作为人才培养提质增效的动力源，全面推进教育理念、培养模式的持续改进和层次升级。一是更新教育理念。要从以技术技能传授为中心的观念转变为以提升学生创新精神和创新能力为中心的教育观念上来，重点不在于使学生获得技术技能，更重要的是学习方式方法的提升，使其学会发现问题并运用所学，创新性地解决问题。二是明确培养方向。本科职教的重点不在于培养掌握高精尖理论的学术型创新人才，而要重点培养具有较强实际动手能力和操作能力、能够创新性解决实践中遇到复杂技术问题的应用型创新人才。三是创新培养模式。适应生源及学情多样化需要，按照学业水平分层、生源分类原则，强化因材施教，采用差异化、多样化培养方式，构建规模化教育下的个性化人才培养体系，促进学生个性化发展。

# 28.2 重读《开展本科层次职业教育"变"与"不变"的辩证思考》

吴学敏[①]

2019年，中国的本科职业教育正式起步，并逐渐成为社会各界尤其是职业教育界关注的热点。南京工业职业技术大学作为全国第一家公办本科职业教育学校率先开展试点，为了将试点探索、研究与实践的阶段成果让更多关注者知晓，2020年我受《中国职业技术教育》杂志社之约，撰写了《开展本科层次职业教育"变"与"不变"的辩证思考》一文，从一名本科职业教育实践者的角度，阐释了对本科职业教育的基本认识，并基于教育属性、职业属性、本科属性三个维度提出了本科职业教育应该继续坚守什么（不变）、应该创新发展什么（变）的辩证思考。当时，我所在的南京工业职业技术大学正值首批本科学生入学，而今第一届两年制"专转本"本科生已于2022年毕业、第二届本科生即将毕业，重读这篇文章，既有对过去认识的更深感悟，也有基于实践的新的思考。

## 一、背景与初衷

2019年，《国家职业教育改革实施方案》（国发〔2019〕4号）明确提出"开展本科层次职业教育试点"。教育部批准了22所高职院校升格为职业（技术）大学，开展本科职业教育试点。我所在的南京工业职业技术大学是其中唯一一所公办学校。当时，本科职业教育作为新生事物，在政策方面，国家尚未出台本科职业教育办学及专业人才培养的相关标准和指导意见，对于试点开展本科职业教育更多的是原则指导，并无具体实施方案；在理论研究方面，对于本科职业教育是什么、怎么办，应培养什么类型的人才、怎么培养这类人才等尚未有系统研究，并且在这些问题上还存在诸多论争，尤其是如何界定本科职业教育的人才培养定位，与应用型本科教育、专科高职教育之间的区别与联系等，更是众说纷纭；在实践层面，各学校刚刚开始招生，虽已形成人才培养方案，但实施效果如何、培养过程中存在什么问题、如何彰显本科职业教育特色等尚未形成统一认识。

---

① 吴学敏，南京工业职业技术大学党委书记，研究员。

作为一线实践者，在这样缺乏政策指引、理论指导和实践参照的背景下，我们自 2019 年即启动了校内思想大讨论，所有教学单位和相关职能部门全程参与，以本科职业教育人才培养为核心，重点围绕本科职业学校要培养什么类型的人才、怎么培养这些人才、怎么评价培养效果、怎么优化治理体系、怎么落实保障条件等问题，自上而下和自下而上"双向结合"，展开了专业、学院、学校等不同层面的深入研讨。在这个过程中，我们基于学校是由一所专科高职学校升格而来的现实基础，提出升格本科后，要坚持"成本不忘本、升格不变质"，要明确学校基于职业教育类型定位应该在哪些方面固根基、扬优势，作为更高层次的本科教育应该在哪些方面补短板、强弱项。也正是思想大讨论达成的基本共识，构成了《开展本科层次职业教育"变"与"不变"的辩证思考》一文的主要思想和基本观点。

## 二、内容与观点

"中国知网"的检索数据显示，截至 2023 年 9 月，文章自 2020 年 8 月发表以来已被下载了 2 290 次、被引 89 次，在近年来研究本科职业教育的相关论文中排名前列，一定程度上反映了这篇文章在职业教育战线引发了较为广泛的关注。这篇文章与其他被引频次较高的本科职业教育文章不同，其他文章更多的是研究者的视角，从第三方维度进行本科职业教育的论证和思辨，而该文章主要是从实践者的视角，更多融入了基于学校办学实际、面临的现实问题的有关思考。结合当前本科职业教育研究与实践现状，重读文章，发现该文章有如下理论贡献。

### （一）初步阐释了本科职业教育是什么的问题

在系统梳理当时理论界对本科职业教育内涵阐述文章的基础上，结合与有关专家研讨和学校内部讨论中的观点碰撞和基本共识，文章首先从"一个统一"角度阐释了本科职业教育的内涵，然后从"两个不是"和"三个属性"维度深化了对其内涵的认识与理解。

一是鲜明提出了本科职业教育是"职业教育的本科层次"和"本科教育的职业类型"的辩证统一，并且认为两者有先后、主次之分。前者是首要方面，表明职业类型是根本属性；后者是次要方面，表明本科层次是职业教育适应产业转型升级需要、自身层次高移的必然要求。在此基础上，进而阐释本科职业教育人才培养定位，认为本科职业教育人才培养任务应定位于面向生产、建设、管理和服务一线，能够运用创新方法解决现成复杂问题的创新型技术技能人才。

二是明确界定了本科职业教育的"两个不是"。当时对于职业本科办学存在两种思想倾向：一种认为，职业本科就是在原来三年制的基础上，增加一些课程或在现有课程基础上增加学习时长，并按照专科高职培养规律培养即可；另一种认为，本科职业教育就是应用型本科，只要将应用型本科专业课程体系和教学内容照搬过来即可。在本科职业教育起步伊始阶段，这两种观点都有一定"市场"，并对本科职业学校办学方向选择和专业培养实践产生了影响。文章基于前人研究和校内深入研讨，针对以上两种思想倾向，明确提出了"两个不是"，即本科职业教育既不是专科高职教育的"加长版"，也不是普通本科教育的"复制版"，及时纠正了有可能发生的办学方向偏差。从目前来看，这一理念得到了政府部门、研究机构和职业教育战线的广泛认可。

三是率先提出了本科职业教育的"三个属性"。文章认为，要加深对本科职业教育内涵的理解，还需要把握其基本属性，即教育属性、职业属性、本科属性。教育属性是其他两个属性的前提，为其他两个属性发挥作用提供了基本条件，坚持教育属性，要求本科职业教育要全面贯彻党的教育方针，落实立德树人根本任务，遵循教育基本规律；职业属性是教育属性在类型上的延伸，是本科职业教育培养特色的本质体现，坚持职业属性，要求本科职业教育坚持面向市场、服务发展、促进就业的办学方向，深化产教融合、校企合作、工学结合，源源不断地为国家战略和区域产业发展提供技术技能人才支撑；本科属性是教育属性在层次上的界定，是本科职业教育培养层次和水平的直接反映，坚持本科属性要筑牢高等教育基础性地位，坚持应用导向，持续提升人才培养和科学研究的学术性，强化学生创新能力和创新素养的培育，提高学生解决实践中复杂问题的能力和水平。

## （二）高职院校升格举办本科职业教育应该坚守什么的问题

文章认为，本科职业学校要在坚守与传承职业教育人才培养的基本特征中，坚定职业教育类型办学不动摇，着重强调了"四个不变"。一是坚持立德树人根本任务不变。强调无论教育类型、教育层次和教育水平如何变化，为党育人、为国育才的初心和立场必须始终不变。二是坚持技术技能人才培养方向不变。强调要始终面向实践需要，面向生产、建设、管理和服务一线需要，培养技术技能类型的人才。三是坚持工学结合培养模式不变。强调坚持产教融合教育模式、校企合作办学模式、工学结合培养模式，将校企合作融入学校治理、院系办学、专业建设、人才培养和社会服务全过程。四是坚持产业一线服务面向不变。强调坚持职业能力的逻辑起点、人才培养的实践导向和产业一线的服务面向。坚守"四个不变"，是本科职业教育"固根基"的切实举措。

## （三）高职院校升格举办本科职业教育应该创新发展什么的问题

文章强调，在专科职教基础上开展本科职业教育，不是层次上的简单提升，也不是推倒一切重来，而是继承职业属性不变和对标本科属性发展转变的辩证统一。为此，文章强调要在坚守与传承的基础上实现自身的守正创新、提质升级。

一是清晰指出本科职业教育的"四个转变提升"。第一，培养定位要向创新型技术技能人才转变提升。人才培养要能够满足传统产业升级和新技术革命所带来的新的复合型岗位需求，体现为融合多个专业技术领域的交叉复合或技术技能复合，能够综合运用所学知识和技术技能，具备面向应用的创新思维、创造精神和创新创业能力。第二，培养模式要向校企融合型转变提升。通过体制机制的创新，确保校企合作能够融入学校治理、院系办学、专业建设、人才培养和社会服务全过程，构建校企融合育人的生态体系。第三，师资队伍要向专家型双师转变提升。要打造一批具备大国工匠的精神和素养，具有深厚的理论底蕴和创新思维，具有较强的工程实践能力，具有创新运用工程方法解决一线复杂问题的能力的专家型双师。第四，服务能力要向引领型转变提升。要以供给侧结构性改革的视角重新审视和设计产教融合、校企合作，切实解决产业一线、企业生产服务中的技术难题，提升科技成果转化能力，推动企业技术升级，推进技术技能实践领域的应用知识再生产。这"四个转变提升"是本科职业教育"扬优势"的实践路径，通过发展内涵深化、发展理念提升、发展方式转变，实现更高层次、更高水平、更高质量发展，实现人才培养的提档升级和社会服务的提质增效。

二是准确点出本科职业教育的"三个质化升级"。在当时，率先升格的本科职业学校办学起点均为专科高职学校，积累了一定的职业教育办学经验，但本科人才培养经验严重匮乏。针对这一现实，文章提出，办好本科职业教育，要把补齐本科教育理论与实践的短板作为关键环节，在坚持教育属性和职业属性的基础上，按照本科属性要求，把学术性、基础性、创新性作为把握本科教育基本规律的主攻方向，推进服务贡献能力的脱胎换骨、质化升级。第一，围绕应用研究，推进学术性升级。注重将科学知识、理论原理转化为应用技术、实践技术问题，服务经济社会发展和产业转型升级需要，增强教学内容的学术素养含量，提升应用科研的学术水平，推进科研与教学的有益互动。第二，着眼发展潜力，推进基础性升级。本科职业教育作为高等教育的基础性教育，要夯实专业技能基础，拓展技术知识宽度，挖掘实践深度，强化对上衔接，为学生的学历层次提升和全面可持续发展奠定基础。第三，优化动力机制，推进创新性升级。创新本科职业教育人才培养模式，是一项系统工程，要把持续创新作为人才培养提质增效的动力源，全面推进教育理念、培养模式的持续改进、层次升级。这"三个质化升级"既是本科职业教育"补短板""强弱项"的必然要求，也是彰显能否达到本科要求的"试金石"，需要引起本科职业学校的高度重视。

## 三、局限与探索

　　时至今日，距离文章发表已有3年。这三年正处于本科职业教育起步爬坡的阶段，本科职业学校数量从22所增加到32所，并呈现出持续扩大规模的有利态势。2022年本科职业教育首届毕业生受到行业企业的广泛欢迎，并被中央媒体集中报道，营造了本科职业教育良性发展的环境氛围。经过3年的办学实践，可以初步证明文章基本观点的正确性，对本科职业学校办学和人才培养实践发挥了一定的指导作用。尤其是我所在的南京工业职业技术大学，相关理念已深入人心，并具化到了人才培养方案制订、课程体系建设、课程标准修订、教学方法改革、评价方式优化等过程中，为持续提升高层次技术技能人才培养质量奠定了坚实基础。随着本科职业教育人才培养实践的逐渐深入，随着我们对其背后学理逻辑的研究渐趋清晰，今天回过头来再次审视这篇文章，发现囿于当时的认识与实践，文章还存有一些局限性。

　　一是对本科职业教育内涵的阐释还不够清晰。虽然文章从"正""反""合"三个角度对其内涵进行了较为完整的阐述，但相对于"两个不是"的"我是谁"，在"正"角度上的阐释相对单薄。2021年12月，我在《中国职业技术教育》杂志发文《本科职业教育人才培养体系构建研究——基于技术本质视角的分析》，提出本科职业教育人才培养的逻辑起点是职业岗位或岗位群的能力要求，并用技术复合性、技术精深性、技术创新性等三个方面特性的不同组合，来明晰和深化不同专业技术技能人才的"高层次"定位。2022年12月，我又在《中国职业技术教育》杂志撰文《从"两个不是"到"两个高于"：职业本科教育人才培养的研究、设计与实践》，基于学校首届职教本科毕业生的突出特点，提出了本科职业教育人才培养体现出"两个高于"的基本特征，即基础理论高于职教专科、技术技能高于普通本科。同时在培养过程中既不能过于重理论，也不能过于重技能，避免或向学术教育或向技能教育的"两个漂移"，要在做与学、知与行的合一中实现两者的平衡。这些后续研究，在一定程度上弥补了对本科职业教育内涵界定的缺憾，给理论研究和办学实践者以更多启发。

　　二是未给出本科职业教育人才培养的实践路径。文章提出了本科职业教育应具有"三个属性"，并要坚持"变"与"不变"的辩证统一，更多的是从原则和方向上给出的相关意见与建议，但并未清晰给出人才培养的逻辑理路和实践路向。这与当时我所在学校尚未开展本科职业教育人才培养有直接关系。基于近三年来的办学实践，我们在专业设置上提出锚定"两个高端"，持续优化专业结构，在人才培养上构建了分析框架和设计架构，在课程体系上注重模块化、结构化、综合化相结合，在师资队伍上构建"三师三化"专家型双师团队，在实践教学上突出项目化、综合化、系统化，在质量评价上更加强调人本理念、多元评价以及过程性评价和结果性评价相结合，形成了系统化的人才培养设计，深化了职业本科教育人才培养模式改革，并在办学实践检验中持续优化和迭代。

三是对于本科职业教育"本科属性"的理解不够精准。"本科属性"是本科职业教育的短板和弱项，文章提出了要提升学术性、基础性、创新性，从而夯实"本科属性"。从目前的办学实践来看，以上对本科属性的概况可能并不全面和精准。比如，就学术性而言，如何处理好学科与专业之间的关系，如何发展具有职教特色的学科，可能是重中之重；就基础性而言，如何平衡好学生考研升学与直接就业之间的矛盾，是需要系统研究和妥善处理的重要问题；就创新性而言，本科职业教育如何深度践行"专创融合"是能否彰显创新性的关键所在，这些都需要在今后结合办学实践持续加以研究。

一篇文章所承载的内容毕竟有限，往往受限于时代背景和政策要求，以及作者的理论厚度、实践深度，以及涉猎广度。文章所呈现的各种观点还要持续接受理论研究者和办学者的审视甚至批判。作为本科职业学校的实践者，我对此持开放态度，希望持续得到大家的批评指正。

当前，党的二十大报告强调，"统筹职业教育、高等教育、继续教育协同创新，推进职普融通、产教融合、科教融汇，优化职业教育类型定位"，为高质量教育体系建设指明了方向、提供了根本遵循。2022 年 12 月，中办、国办印发了《关于深化现代职业教育体系建设改革的意见》，明确了本科职业教育的"牵引"地位，为"稳步发展职业本科教育"提供了新机遇。职业本科教育是职业教育的高层次，也是职业教育发展风向标，在深化现代职业教育体系建设中发挥着引领和示范作用。展望未来，本科职业教育要加强与普通高等教育的融通，在课程开发、学分互认、学生交流等方面推进深度合作，成为"职普融通"新亮点；要为教育优先发展、科技自立自强、人才引领驱动做出新的、更大的贡献，打开视野、拓宽思路，主动与不同教育要素开放重组、与各类产业要素和创新要素互动融合，成为产教融合、科教融汇的重要主体。

# 29.1 跨学科研究与职业教育学学科建设：语境、回归、变革[①]

闫广芬，石　慧，杨　院

1983年，职业教育学作为教育学的二级学科，取得了学科外部建制上的合法地位。但由于内部建制尚不成熟，职业教育学开始沿袭教育学学科建设路线，进行理论体系构建与学术地位提升的"学科化"探索，并围绕职业教育学的基本问题展开了系列探讨。从职业教育学逻辑起点的启思，到学科本质属性的探寻，再到一级学科地位的追思，无不彰显了职业教育学的学科自觉。必须承认，因循教育学学科发展路线，对于初创时期的职业教育学而言可谓良宜之策。但随着时代的发展和认知程度的加深，职业教育学的类型特征日益明显，传统学科范式下演绎普通教育学学科体系，已然无法满足职业教育学自身的发展需要。为此，借助多学科资源，开展跨学科研究，成为职业教育学提升学术尊严、重塑学科自信的重要选择。但现实中的跨学科研究不仅没能创生出符合职业教育学"学科气质"的理论体系和话语方式，反而加剧了学科"科学品格""生命品格"与"文化品格"的迷失，以致学科合法性、功用性、独立性备受质疑。不难发现，职业教育学跨学科研究虽然正在如火如荼地进行，但多止步于现象层面的描述与表面问题的论证，并未从学理层面对其逻辑起点、本质内涵、类型特征进行深入分析与探讨，不免限制了职业教育学在理论创新与实践指导方面的解释力。对此进行学理上的澄明是推进职业教育学学科建设、明晰跨学科研究未来走向的重要突破口。

## 一、语境：职业教育学跨学科研究的现实悖论

跨学科研究是现代科学高度发散又高度聚合时代下的必然产物。我国职业教育学自开展跨学科研究以来，取得了可喜的成就。但不难发现，已有成果多局限于形式上的拓展与延伸，而非实质上的深入与创新，以致学科"科学品格""文化品格""生命品格"受到质疑。

---

① 本文发表于2021年第9期。闫广芬，天津大学教育学院院长，新工科教育研究所所长，讲席教授。石慧，天津大学教育学院研究生。杨院，天津大学教育学院副教授。

### （一）悖论一：学科科学品格受质疑

职业教育学作为一门面向职业教育实践的应用软科学，承载着建构学科理论、指导教育实践的双重使命。这意味着，职业教育学在开展跨学科研究时，不仅要回应学科内部的发展诉求，也要指向现实问题的解决，注重自身研究水平的提升与实践效能的改进，即秉持一种"科学的品格"。

职业教育学学科的建立，缘于国家建设与社会发展对职业教育理论与实践的现实诉求，即一种"由外而内"的社会实践逻辑，区别于传统学科"由内而外"的知识生产逻辑。这是由我国具体国情决定的，也是时代发展的必然选择。但必须承认，唯有走学科建制之路，职业教育学的存在与发展才能够具有合法性，这也是适应我国职业教育改革与发展的必由之路。在此情况下，我国职业教育学开始沿袭传统学科范式，致力于塑造逻辑严谨、结构规整、范式明确的学科理论体系，并以此作为学科"合法性"身份的重要标识。但这种对"独特的研究对象、唯一的研究方法、严密的知识体系、线性的思维方式、排他的话语体系"[①]的坚持，忽略了职业教育学自身的复杂性和跨界性，弱化了职业教育学的类型特征，模糊了职业教育学的学科边界。跨学科研究范式的出现，为处于迷茫时期的职业教育学带来了一丝转机，有效扩宽了职业教育学的问题界、对象域和概念图，契合了职业教育学的学科定位。但不可否认的是，它未能从根本上缓解职业教育学的学科身份性危机，反而使职业教育学陷入了"表面繁荣"与"内在贫瘠"的两难境地。受还原论、机械论等线性思维的影响，"套用其他学科的思维模式和分析框架，依靠简单的逻辑推演或理论思辨，对职业教育学的概念范畴、知识体系或关键事件进行移植与改造"等现象依然普遍。这种远离职业技术场域的主观臆想式跨学科，使职业教育学始终停留于认知层面的"是什么""为什么"，而非在现实指导下合理建构职业教育理论与实践，回答"怎么做"的问题，[②]"成功"地将其异化为一种"学院式研究""书斋式探讨"或"跨学科式写作"。这虽然在一定程度上增加了职业教育学的理论产出，但却成了一种"空对空"的漫谈，加之尚未建立起一套新的理论与实践机制来消解多元视角对学科本身的割裂，反而削弱了原有的严谨性、协调性和内聚力，无益于扩大职业教育学的学术影响力与实践指导力，从而极大影响了职业教育学的科学性。

### （二）悖论二：学科文化品格遭区隔

"文化品格"是学科独立品格的外显形式，也是学科建设的重要基础。"文化品

---

① 刘敏. 生成的逻辑：系统科学"整体论"思想研究［M］. 北京：中国社会科学出版社，2013.

② 李太平. 教育研究的转向：从理论理性到实践理性——兼谈教育理论与教育实践的关系［J］. 教育研究，2014（3）：4-10.

格"要求，不论是理论建构还是实践探索，都是研究者在既有知识基础上所产生的一种创造性的活动，是基于继承的发展。这就要求，职业教育学在进行跨学科研究时，要注重学科历史基因与文化传统的继承性、生长性与延展性，创生出具有"中国气质"的职业教育学和职业教育学派。

我国职业教育自古有之。早在原始时代，为适应社会生产生活的需要，我们的祖先便掌握了运用和制造劳动工具的技术技能，并以"口耳相传""师徒相授""父子相继"等方式传承了下来，并衍生出一系列先进的职业教育思想。从西周时期的"业分而专，方可成治"，到春秋时期的"四民分业定居"，到魏晋时期的"分数定业"，再到明清时期的"经世致用"，无不彰显了我国职业教育的本土自觉。其间，还形成了"百工教育""学徒制"等相较成熟的职业教育制度，出现了《墨子》《齐民要术》《天工开物》等与职业教育相关的名著典籍。此后，随着近代民族资本主义的发展和实业教育的兴起，中国第一个以职业教育研究为主要职责的全国性教育机构"中华职业教育社"得以成立。自此，我国职业教育学进入了独立探索时期，涌现了一大批包括庄泽宣、潘文安在内的职业教育学者和诸多具有中国特色的职业教育学专著。他们根植于中国大地，孕育出我国职业教育理论与实践创新的优秀基因，为创生具有中国特色的职业教育学和职业教育学派提供了优秀的文化底蕴和强大的精神支持。但受盲目崇拜心理的影响，现代意义上的中国职业教育学却缺乏对本土文化应有的关注与挖掘，主要是在移植与模仿西方职业教育学过程中发展起来的。不可否认的是，由于职业教育是工业社会的产物，工业化历史越悠久的国家在职业教育理论与实践方面越具先进性。因此，借鉴西方国家的职业教育学发展模式，用以解释和指导我国职业教育学的基本问题，无疑是明智之举。但由于西方职业教育学学科体系是特定时期根据特殊国情提出的，诸多理论并不适用于我国基本国情，因此在进行跨学科研究时理应具体问题具体分析。但现实是，大部分跨学科研究并不关注移植而来的西方职业教育学学科体系与我国国情是否恰切，生搬硬套地用于学科理论体系与实践指导，人为造就了我国职业教育学对自身本土文化的区隔，形成了"崇洋媚外"的依附样态。

### （三）悖论三：学科生命品格被边缘

职业教育作为一种直面"人"的职业生活的实践活动，核心要义在于"职业人"的生命长成。这决定了职业教育学作为职业教育人才培养的基本单位和重要抓手必须具有"生命品格"。鉴于此，职业教育学跨学科研究不仅要面向科学世界，更要指向"人"的职业生活，开启对"职业人"的生存特性及其与世界关系的重新考量，即在增强职业教育学理论创新与实践发展的同时，进一步彰显职业生活中作为价值主体的"人"。

受历史认知程度的影响，职业教育学的学科建制直接诞生于普通教育学。由于自身理论体系和话语方式的缺失，职业教育学较多地承袭了普通教育学的学术基因和文化传统，并最终养成了强烈的路径依赖。必须承认，借鉴普通教育学的理论、框架或方法对初创时期的职业教育学而言可谓适宜之策。但普通教育学自身学科体系尚不成熟，无法给职业教育学提供足够的"合法性"支持。模仿自然科学建立教育科学，把教育现象看作与主观相分离的客观存在、与价值相分离的事实，这种对教育现象的研究遗忘了人的生命存在在教育学中的地位，使教育学失去了主体性意识，失去了生命的鲜活和灵动。[①]如此一来，也给职业教育学留下了深深的"物化"痕迹，使职业教育学对"人"的认识与理解更多的是从理论思维方式的视角出发，表现出一种"抽象的人"的人性观，对实践中"具体的人""现实的人"造成了遮蔽，[②]最终形成了"见物不见人"的"无主体"职业教育学。例如，在学科定位上，目的外在化导致职业教育学只注重满足经济社会的外部需要，偏离了人的内部发展需求；在教学内容上，技术理性的僭越和价值理性的弱化导致职业教育学只注重知识与技能的传授，而忽略了人的整体发展；在培养目标上，科学主义认知模式的异化导致职业教育学演变为过度的专门教育，使"职业人"成为"单向度的人"。在此情况下，职业教育学研究者试图通过开展跨学科研究，强化对职业教育学学科生命性的现实关照，淡化"工具理性""技术理性"的痕迹，更加关注职业教育事实本身，更多面向职业生活和技术世界，但效果并不理想。相反，跨学科研究范式的引入仍以严整严谨的学科理论体系构建为目标，加之职业教育学研究者对跨学科研究的"乱用"和"误读"，导致职业教育学陷入片面深刻，极大削弱了职业教育理论对职业教育实践的解释力，使职业教育学科的生命品格备受质疑。

## 二、回归：职业教育学跨学科研究的学理澄明

跨学科研究在职业教育学学科建设的实际应用中虽然屡屡受挫，但却并不足以对其进行价值上的评判与终极抉择。现实矛盾之中仍然蕴藏着巨大的变革张力。为明晰职业教育学跨学科研究的未来发展路向，须回到学理层面，明确其逻辑起点、本质特性、价值旨归，为职业教育学学科走向成熟奠定基础。

### （一）起点：技术更迭带来技术的现代性变化

就发生学角度而言，"职业技术传承与创新"可以说是职业教育的逻辑起点，

---

① 冯建军. 论教育学的生命立场［J］. 教育研究，2006（3）：29-34.

② 樊子牛，王华. 教育技术学的人性观研究［J］. 电化教育研究，2019，40（4）：30-36.

也是职业教育学学科体系构建的起始范畴与核心要素。首先，技术是职业教育实践的历史起点。早在原始时代，人类便在农牧业生产劳动和工具制作中，掌握了最原始的劳动经验和工艺技术，并为了生存和发展，将其传承了下来。这就是初具样态的职业性教育，由此可见，人类最早的教育形态便是技术性的。其次，技术标志了职业教育学的存在。职业教育学自诞生之日起，便始终围绕"职业技术"这一核心基点开展教育活动，并以此为衡量职业教育效能与质量的基本指标。最后，技术揭示了职业教育学最本质的特性。职业教育学作为学生未来职业活动所需知识技能准备的重要组织形式，[①]最主要的任务便是使学生掌握职业技能、获取技术知识、了解职业规范、培养职业情感、健全职业人格，以完成从自然人到"职业人""社会人"的转变。[②]

可见，唯有真正理解技术，才能全面认识、正确把握职业教育学的本质内涵。然而技术作为改造世界的人类活动，它的复杂性与挑战性，需要多元化、多层次、多维度的研究，即一种多学科的视角。技术是一种多学科的存在，集中了多学科研究的诸多特质。作为一个与政治、经济、社会、文化等交织在一起的复杂问题域，其实践的开展往往受诸多非理性因素的影响，而非逻辑的、线性的，这也就决定了它的变迁在大多数情况下是不可预期的。更何况，随着现代技术持续不断的迭代式发展和革命性变化，技术外在的泛在性、具身性和内在的结构性、多向性，不断改写和刷新着技术自身的现代性意涵，呈现出迭代性、集成性、泛在性于一体的多样化特征。[③]这意味着，要想真正认识技术的多学科事实，职业教育学必须跳出传统学科框架，采取多学科、开放性的思维方式，利用多学科资源，推动职业技术朝着更加纵深的方向发展，以达到学科范式上的超越和理性认知上的提升。综上，开展跨学科研究，既是职业教育学秉持学科独立的重要方略，也是提升职业教育研究水平、改进职业教育实践质量的必由之路，更是职业教育学人得以"安身立命"的使命要求。

## （二）本质：学科认知图式的多元互构与实践创新

"跨学科研究"一词来源于跨学科、交叉学科、学科互涉或科技整合，主要是指超越一个已知学科的边界而进行的涉及两个或两个以上学科的活动，[④]多用于典型

---

① 潘懋元. 高等教育学［M］. 福州：福建教育出版社，2006.

② 刘斌，邹吉权，刘晓梅. 职业教育产教融合的逻辑起点与应然之态［J］. 中国高教研究，2017（11）：106–110.

③ 顾建军. 技术的现代维度与教育价值［J］. 华东师范大学学报（教育科学版），2018（6）：1–18.

④ 黄颖，张琳，孙蓓蓓，等. 跨学科的三维测度——外部知识融合、内部知识汇聚与科学合作模式［J］. 科学学研究，2019（1）：25–35.

学科之间复杂性和系统性双重特征问题的研究。[①] 它强调在深度探索与广度拓展的基础上，实现学科交流与对话，获得一种交叉融合的视野，进而达到理论与实践的双向建构。即一种基于多学科的理论和方法而进行的"认知图式"的"整合"与"创新"，[②] 是主体对复杂信息的加工和认知建构，进而完善和发展自身认知图式的实践过程。

就力度和层次而言，跨学科研究可分为"引进借鉴""改造运用""整合融生"3个层次。其中，学科理论、概念、方法的借鉴是跨学科研究中最为常见的一种形式，属于一种自发的工具性行为。由于职业教育学的学科建设尚不成熟，从其他学科借鉴来的概念、理论或研究方法，既可以用来解决职业教育问题，又能被合理内化为职业教育学学科知识体系，在一定程度上满足了职业教育学的学科发展需求。因此，职业教育跨学科研究需要信息加工和认知建构，但并不能将此等同于简单、盲目的移植。任何程度的"误读"与"滥用"，均会适得其反。例如，有研究指出将运筹学中的对策论用于系统研究之中，尽管其理论框架是很好的研究工具，但却忽略了对策论中关于人的复杂性、社会性及不确定性的表述过于简单化的问题，以至于将开放的复杂巨系统变成了简单巨系统或简单系统。[③] 同样，将社会生态学、系统动力学等学科知识简单移植于职业教育之中的研究亦是如此。不难看出，"引进借鉴"仅为跨学科研究的最初形式。尤其是随着社会、政治、经济、文化等问题的日趋复杂化与多元化，社会认知朝着更加纵深的方向发展。前沿领域的知识不断冲破自身学科边界限制，与其他学科知识发生碰撞，产生某种"化学反应"。这种学科界限的突破、多元知识的交流，要求我们以更加广阔的胸怀和更加开放的视野积极推进与其他学科的交叉融合：运用适合的逻辑思维对其他学科的理论、方法加以分析和整理，找出职业教育学的内在本质和其他学科之间的相互关系及变化规律，并凭借相应的知识、经验进行整合与改造，进而生成新的认知或理解。这是跨学科研究的根本，也是解决职业教育学学科理论体系与复杂实践问题的重要途径。

**（三）特性：多重界域之间的立体对话与协同合作**

职业教育学的跨界性，决定了其跨学科研究具有不同于其他学科的特质：它跨越了知识与技能、学习与工作、教育与职业、学校与企业等多重界域，不仅强调学

---

[①] 汤晓蒙，刘晖. 从"多学科"研究走向"跨学科"研究——高等教育学科的方法论转向 [J]. 教育研究，2014（12）：24-29.

[②] 张栋科，闫广芬，杨如安. 从"泛学科化"到"再学科化"——我国职业教育研究的应然路向 [J]. 教育研究，2018，39（6）：24-32.

[③] 钱学森，于景元，戴汝为. 一个科学新领域——开放的复杂巨系统及其方法论 [J]. 自然杂志，1990（1）：3-10.

科与学科之间的立体交流，而且更加注重学科本身与经济、技术、产业等其他社会系统的对话交流，以实现职业教育研究与职业教育实践的双向建构。

首先，从学理层面来讲，职业教育学在开展跨学科研究时，需要跨越知识域与技能域的边界。知识域指所有真理或认知的总合，是人类经验的集聚与泛化。技能域是指通过练习获得的、能够完成一定任务的动作系统或心智活动方式，[①]具有明确的功能指向性。职业教育学作为一种不同于普通教育学的教育类型，所传授的知识既包含一般的显性知识，同时更多地表现为与个体经验、个性、情境相关的缄默知识。即在知识积累与应用的同时，促进职业技能的提升，最终养成职业情操与素养。因此，职业教育学跨学科研究可以说是知识与技能界域的整合。其次，就事理层面而言，职业教育学跨学科研究需跨越学习域与工作域的藩篱。职业教育学关注学习规律与工作规律的融合，这里的学习不只局限于学校课堂和理论知识，更是一种参与真实实践工作或对接真正工作场所的学习活动。而工作也可以说是对其所培养的职业人的一种检验。以工学结合为例，职业教育学的跨学科性体现在：在学校，学生以受教育者的身份接受以专业知识为主的教育；在企业或工厂中，学生往往以职业人的身份参与真实的工作任务。再次，就义理边界视角，职业教育学跨学科研究需跨越教育域与职业域的边界。职业教育学作为与经济社会联系最为紧密的教育类型，兼具教育性与职业性。这决定了职业教育学跨学科研究强调在尊重教育内外部关系规律的同时，更加关注职业与职业发展规律，以实现职业域与教育域的有效衔接与交叉融合。最后，从物理边界来说，学校与企业具有明显的空间界限，但职业教育学的跨界属性决定了职业教育学跨学科研究要跨越学校域与企业域的鸿沟，达到学校教育制度与现代企业制度之间的融合。例如，集团化办学、职业园区等便是职业教育学科组织模式由一元主体向跨界的双元主体转变的具体表现。综上，对于职业教育学跨学科研究来说，诸多问题的解决都无法单纯地靠学科领域内的"孤军奋战"，更加需要学校、企业、行业、社会等不同领域专家基于不同视角进行跨界合作，形成对职业教育理论与实践问题的更为全面客观的解读。

## 三、变革：职业教育学跨学科研究的推进路径

跨学科研究范式下，职业教育学须重新审视自身已有逻辑架构与组织体系，深入思考如何借力实现职业教育理论研究与实践发展的双项增长，是当前职业教育学学科建设亟待解决的问题，也是职业教育学人必须承担的使命和责任。

---

① 姜大源. 职业教育要义 [M]. 北京：北京师范大学出版社，2017.

### （一）诉诸复杂，借助还原论与整体论相统一的混合研究方法簇

近代以来，以还原论、机械论为代表的简单性思维对人类的科技进步产生了根深蒂固的影响。可以说，以牛顿为代表的有序性物理科学研究结论缔造了人类审视世界的"基础论"和"二元论"，[①] 并深刻地影响着人文社会科学的发展。这种"将复杂的外部世界以最为简明的形式表达出来"的思维方式降低了人们认识客观世界的难度，但也掩蔽了事物本身的复杂性和不确定性。[②] 在此情况下，力图突破简单性思维、超越还原方法论、探究现实世界全貌的复杂性科学应运而生。与传统学科相比，它并非具体的学科，而是一门分散在诸多学科中的学科互涉的科学，[③] 主要用于复杂系统的性质与行为的研究。

职业教育学作为一个复杂开放的巨系统，需要一种综合的、系统的、生成的、开放的思维方式，以便在分析职业教育问题时，能够突破学科限制，获得更深层次的认识。因此在复杂性科学指导下，开展跨学科研究，将成为其职业教育学"科学品格"回归的重要突破口。这就要求我们摆脱线性、僵化、机械思维的束缚，既要注重从不同学科视角对职业教育问题进行深入、全面的分析，也要注重在整合不同学科理论与方法的基础上进行多元融合、协同构建，更要注重坚守学科立场、凸显职业教育学的主体地位，进而更好地完成职业教育学的学科建构使命。在此情况下，定性研究与定量研究相结合的混合研究方法也将成为职业教育学跨学科研究中更为有效的方法。众所周知，定性研究与定量研究乃社会科学领域最为重要的两大方法，但由于哲学基础和方法论的不同，两者长期处于对峙状态。但细思之，它们并不存在本体论、认识论意义上的本质差别，且在实证主义研究范式之下，两者的有机结合反而能为我们更加深入系统地认识与解决职业教育理论与实践问题、提升职业教育学科质量提供切实保障。例如，前者能为后者提供更加充分的研究假设和研究方向，弥补后者无法解释的验证机制，分析后者无法解析或假定无意义的问题。[④] 因此在系统哲学与实用主义立场下，糅合定性研究方法与定量研究方法，将成为职业教育学研究范式的重要转向。诸如，嵌入式设计、三角互证设计等研究方法，虽然在分析框架、研究范式、程序设计、方法使用等方面具有一定差异，但依据复杂多样的发展需求和研究问题，在不同阶段选取适合的研究方法混合使用，能

---

① 吴靖. 复杂科学视域下的教育趋法及对教育技术演进方法的启示——兼及教育信息化"顶棚效应"问题的分析［J］. 远程教育杂志，2017（2）：94-103.

② 刘强. 复杂性思维视域下高等教育多学科研究方法论的省思［J］. 高校教育管理，2018（4）：103-110.

③ 黄欣荣. 复杂性科学方法及其应用［M］. 重庆：重庆大学出版社，2012.

④ 陈向明. 社会科学中的定性研究方法［J］. 中国社会科学，1996（6）：93-102.

够有效弥补单一研究范式的片面性，更加全面、深刻地理解研究问题。

**（二）面向实践，开展世界语境下的中国职业教育问题研究**

"中国的研究"并非简单意义上的"与往常不同""与别人相异"，而是一个认知生成与探索的过程，是指在本土实践问题的基础上生成本土学科理论，并与国际学术界展开对话与讨论，进而实现学科认知图式创新的过程。为此，我国职业教育学学科建设要走出以理论体系构建为逻辑起点的传统学科建制路线，转向以"现实问题"为起点，以职业教育理论创新与实践改进、生命回归为落脚点的学科建设路线，实现学科"实践理性""认知理性""价值理性"的统一回归。

具体而言，需从以下两方面入手：其一，在特定本土文化背景下，定位本土的职业教育实践问题。为进一步明确职业教育学跨学科研究的发展方向，我们需要回到"职业教育学何以存在"这一本原问题上来。本质而言，职业教育学是一种文化的存在。不同国家的职业教育学拥有自身独特的民族性格。因此我们在进行职业教育学研究时，本应将其置于我国特定的本土文化视野，形成对特定的实践问题的"中国式理解"，并努力将其转化为相应的研究问题，在问题研究的基础上进行解释、抽离与反思，提炼出新的概念、范畴，进而生成深入的、系统化的职业教育理论。其二，开展多层次的跨界对话，推进职业教育学的本土化发展。一方面，进行跨学科的对话。学科对话并非简单的概念、理论、方法的借鉴与移植，而是寻求一种智慧层面的认知共享。目前的跨学科研究只停留于简单化的移植、借鉴，不免使职业教育学的理论与实践问题研究落入"俗套"。因此，必须在尊重职业教育事实、关注本土实践问题的基础上，实现不同学科、不同界域之间的智慧对话与跨界合作，即寻求一种价值层面的理解与互通。另一方面，开展跨文化的对话。跨学科研究只局限于本土学科之间的对话是不够的，必须超越二元对立的认识模式以及以西方为中心的文化镜像，以一种世界的眼光和人类整体性的认知模式，开展国际比较的学科对话。虽然我国引进发达国家理论的速度不断加快，并基本能与国际领域研究保持同步。但这种所谓的中外比较研究，并没有真正输出为我国的本土理论与方法，反而带来了异域研究的滥觞。因此，我国职业教育学要走出"崇洋媚外"，扎根"中国大地"，在对职业教育实践的改造中探寻职业教育真理，并在与国际理论互动的过程中，丰富和发展本土职业教育学认知图式，并运用于指导和改进本土实践问题，达到真正的"从实践中来，到实践中去"。

**（三）指向未来，实现"职业人"的生命长成和可持续发展**

职业教育学作为一门以"教育—人—职业（技术）"为核心进行理论创新、实践探索、价值实现的应用性学科，具有准公共产品的性质。这就决定了职业教育学既是"成材"之道，又是"成人"之学，核心要义在于"人"的养成。即关注人的职业发展需要怎样的教育，并依据教育内外部规律，有目的、有组织、有计划地对受教育者施加影响。[①]

长期以来，我国的职业教育学始终以能够有效完成某一固定职业或岗位任务作为人才培养的首要目标，并以此作为区别其他学科的重要标识。这种技术技能过度"专业化""狭窄化"的发展倾向，契合了现代工业社会标准化分工的初衷，也推动了经济社会的大力发展。但随着科学技术的高度综合化和现实问题的复杂多样化，人工智能、云计算、大数据等新技术不断涌现，技术与产业的结合正在加速推进传统产业的转型升级，技术的应用不再局限于某一固定领域，社会职业的更动和劳动力就业结构的变换也随之加快。这就要求劳动者具有更加充分的自由度、更加广博的视域、更加深厚的基础，以适应当前以及未来社会带来的多重挑战。在此情况下，培养具有跨学科知识、技能及素养的新型人才，促进学生面向未来职业生活的适应和转换能力提升，实现人才培养的生命长成和可持续发展，是经济产业发展到一定阶段的产物，也是现代社会对职业教育学学科提出的新的教育愿景和现实要求。因此，职业教育学跨学科研究应从以下三方面进行努力：其一，提升适应现代经济发展的专业性技能。产业结构的转型升级和职业技术含量的增加，急需一批技术过硬、能力过强的高素质技能型人才。这就要求以职业智慧指导教育实践，提升"职业人"实操能力的同时，聚焦现代科技原理的授受，为他们更好地理解经济界、产业界的结构和要求奠定基础。其二，提升适应个体发展的普适性技能。职业教育学跨学科研究要指向人的全面发展，提升其职业素养，使他们在习得谋生手段和技术技能的同时具备追求美好生活的能力，真正成为人格完善、全面发展的"新职业人"。其三，提升面向未来职业生活的高端性技能。培养"职业人"的理论视野、问题意识、行动理念和跨界实践等非专业能力，从而为他们未来成为合格的劳动者奠定坚实的从业基础。

---

[①] 陆素菊，寺田盛纪. 在经济性与教育性之间：职业教育的基本定位与未来走向——陆素菊与寺田盛纪关于职业教育发展中日比较的对话 [J]. 华东师范大学学报（教育科学版），2019（2）：151-156.

# 29.2 回应时代之需，大力加强职业教育学科建设

闫广芬[1]

中国的职业教育伴随着中国社会急剧而深刻的变革，也正经历着不断深化与创新的发展道路，这必然给职业教育的学科体系、学术体系、话语体系的形成提供强大动力和广阔空间。然而，相对于我国职业教育实践的丰富多彩、快马扬鞭、高歌猛进，职业教育理论的建树颇显乏力。严格意义上说，一是职业教育理论匮乏，我们还未形成具有反映中国职业教育本土实践的学科体系、学术体系和话语体系；二是职业教育理论研究与实践创新相互促生的制度体系、思想观念还未形成。在这里强调职业教育学学科建设，即对加强职业教育科学研究的制度化、系统化思考。科学研究是职业教育事业高质量发展的重要组成部分。高质量发展的潜台词即科学发展，职业教育要走上科学发展道路，有两个重要的保障条件，一个是健全的教育法制体系，另一个是全面深入的理论研究。

## 一、加强职业教育学科建设是全面提高职业教育科学研究水平所必需

综合来看，职业教育学科内涵有四个方面的内容。一是面向知识内容。在这里学科是指"科学"中的学术分类，是科学研究领域的分支；也指教学中知识体系的分类。这是一种人为的对知识的划分，是知识积聚到一定程度后按照其分化与演化的逻辑而进行的分类，以其知识的视角思考职业以及职业教育，其知识的产生与变迁、知识的价值与作用取向，以及内涵及其特征，形成有别于普通教育的话语体系和学术体系。二是面向组织结构。例如比彻（Tony Becher）从组织的角度用"学术部落"来隐喻学科，提出学术共同体概念。在这里我们需要追问是谁在研究职业教育？深耕于职业教育领域的研究者有怎样的共同特征，遵循着怎样的文化传统、价值信仰和行为方式？三是对于管理目标的诠释。强调学科是以管理为指向，包括职业教育学学科建设的理论体系和治理体系。四是从多个视角对学科进行研究。

基于此，职业教育学科建设关乎职业教育知识体系的形成、思想以及观点的表

---

① 闫广芬，天津大学教育学院院长，新工科教育研究所所长，讲席教授。

达。我们在追求职业教育的贡献力，或称硬实力的同时，不可漠视思想的力量。换言之，我们需要思考在职业教育改革发展快速推进的同时，为历史留下了什么？从哲学意义上讲，人有两种基本力量，即实践力量和思想力量。思想的力量包含价值取向、思想观念（理念）和思维方式。关于思想力量的作用，上升到国家、政党高度来看，一些话语更显真知灼见。"当今我国处在一个需要思想、需要精神、需要文化的时代，一个需要思想家的时代。我们这样一个大的政党、大的国家要站在世界的高峰，一刻也离不开思想的力量。今天，我们到了该提升民族理论思维水平并唱响中国思想的时候了。"回到职业教育改革与发展的实践中，尤其是针对长期以来教育理论研究与教育实践在观念、方法和价值取向上所存在的背离现象，职业教育科学研究的薄弱在一定程度上既伤害了职业教育理论研究自身，同时又直接影响到了教育实践的质量。其次，职业教育学学科建设关乎我们基于什么立场、运用什么样的方法来研究职业教育。这关系到职业教育发展的指导方向、决策的科学水平、分析问题及解决问题工具的掌握等。近些年来，我们强烈感受到职业教育政策的一派繁荣，也确实走出了一条独具特色的"以政府顶层设计为主的动力机制；回应外部发展需求的'工具性价值取向'；以由上而下的科层制管理为主要形式的过程保障"的发展道路，职业教育改革反映政府的强烈愿望，职业教育政策变革既多且快，给人一种眼花缭乱的感觉，然而在我们看来，职业教育的发展至少不全是欣喜，当然也全非困惑，更重要的是面对变化过程中的矛盾冲突、成就与问题，作为研究者我们应该如何思考？

当然，职业教育科学研究作为哲学社会科学的重要组成部分，与我国哲学社会科学研究的情况是一致的，对此，习近平总书记关于哲学社会科学工作的指示高瞻远瞩，具有切实的指导作用。

## 二、加强职业教育学科建设，是职业教育改革与发展的时势使然

职业教育，就其基本特征而言，是一种活生生的实践活动，离开了实践的教育是一种死教育，离开了实践的理论研究必然伤及理论之本、理论之源。近年来，本人曾撰有多篇文章探究职业教育学科建设问题，如《中国职业教育学产生的背景分析》（河北师范大学学报，2017年第6期），《近代中国职业教育学的求索》（《高等教育研究》，2018年第10期），《从"泛学科化"到"再学科化"——我国职业教育研究的应然路向》（教育研究，2018年第6期），《回溯百年：中国职业教育学科的成就与挑战》（四川师范大学学报哲社版，2019年第3期），《人工智能背景下职业教育跨学科研究的再审思》（中国电化教育，2020年第6期），等等。通过对职业教育学科产生与发展历史的梳理与分析，不断明晰职业教育学科建设的意涵，从我国近

代职业教育学科的产生到新时代职业教育学科的相对成熟，一条鲜明的主线贯穿其中，职业教育学科建设与职业教育改革与发展的鲜活实践相伴而行，职业教育以其丰富的实践为动力推动职业教育学科深入发展。职业教育理论与实践互动的形式、载体及其相互促进关系的形成深刻地反映出职业教育发展的历史阶段性与职业教育的本质规定性的矛盾与统一。历史逻辑、理论逻辑与现实逻辑的统一是推进职业教育理论与实践发展的道路。《跨学科研究与职业教育学学科建设：语境、回归、变革》一文，刊登于《中国职业技术教育》2021年第9期。该文再次重申了职业教育学学科建设的重要性，以及职业教育学学科建设的未来走向——跨学科研究。该文的写作是对职业教育迈向高质量发展新阶段，职业教育研究如何回应的一种思考。

职业教育发展的新阶段，有其突出的特征，内蕴着中国职业教育的历史性突破和格局性变化。职业教育内涵更加宽阔，职业教育是国民教育体系和人力资源开发的重要组成部分。职业教育战略地位更加突出，政府更加重视，把职业教育摆在经济社会发展和教育改革创新更加突出的位置，已经成为应对经济、社会、人口、环境及就业等方面的挑战，实现可持续发展的重要战略选择；职业教育的发展道路和发展模式更具特色，从20世纪20年代中国现代职业教育的诞生，百余年来，伴随着中国式现代化这一人类历史发展的伟大变革，职业教育做出了重要贡献。中国式现代化是以工业化为核心，推动经济增长、思想革命、制度创新和社会转型的伟大发展历程。中国式现代化是一个具有几千年农业文明大国的现代化，是超大人口规模的现代化，是经济、社会、文化、教育的全面现代化。中国职业教育与中国现代化共生发展，在服务经济发展、改善民生、优化教育体系、扩大教育规模、增进教育实力等方面发挥着不可替代的作用。尤其是进入新时代以来，职业教育的发展更是展现出前所未有的新姿态，职业教育的改革所带来的多元扩展、发展与变化加速，可以说是史无前例的，无疑，它确实给我们带来了令人欣喜的实绩。然而一个最为根本的问题，即职业教育的社会认可度却未得到根本改观，在职业教育类型定位理论、政策引导的激励下，依然未改变在广大群众心目中职业教育是"低级的""补充的""边缘的"印象，并引发了人们对普职分流的不满乃至忧虑。这种客观存在的两面性使得职业教育成为当今中国社会的热点问题。这些为我们讨论职业教育学科学研究提供了一个重要的话语背景。

## 三、职业教育研究的走向：反思性、人本性

对于社会科学研究而言，方法问题是最重要也是最困难的。一种新的方法所提供给我们的将是一种全新的思维方式。在职业教育改革与发展变得越来越复杂的新形势下，职业教育科学研究该往何处去？值得我们深入探索与实践。

反思性。《跨学科研究与职业教育学学科建设：语境、回归、变革》指出：职业教育学作为一门面向职业教育实践的应用软科学，承载着建构学科理论、指导教育实践的双重使命。这意味着，职业教育学在开展学科研究时，不仅要回应学科内部的发展诉求，也要指向现实问题的解决，注重自身研究水平的提升与实践效能的改进，即秉持一种"科学的品格"。如果没有一种反思的精神，"科学品格"难以形成。法国著名社会学家布尔迪厄在谈到"反思社会学"时提出，要通过对理论视角、实践视角以及它们之间深刻的差异进行的理论反思，深化对实践的认识，引导人们去关注任何的实践性事物，并对此做出积极反应。借助于反思的方法，布尔迪厄试图将社会科学扩大为一个整体性场域，进而打破传统意义上理论与实践的隔离，实现两者之间的相互渗透和交流。"知其然，更要知其所以然。"深入实践，用尽可能客观的方法、恰当的语言进行逻辑分析，并阐明实践的意义所在，以此人们必须不断地对职业教育改革与发展的历史做出总结、概括与批判，对职业教育实践经验做出总结，并概括上升为理论的高度，以其特定的价值标准和教育信念对此加以检验，从中发现问题。亚里士多德在区别了人类认知所形成的知识的类别的基础上提出了区别的标准，其中，他关于经验和技术的观点颇具启发。知识的高低层次之分以普遍程度而不以是否有用为标准，在他看来"经验为个别知识，技术为普遍知识"，"知其所以然者能教授他人，不知其所以然者不能执教；所以，与经验相比较，技术才是真知识；技术家能教人，只凭经验的人则不能。"经验只有上升为理论，才得以构成智慧，从而指导实践。

回归职业教育本真：人本性。必须承认职业教育现象同教育现象一样，是人类社会中的一种较为复杂的现象。有内在和外在、现象与本质之分，通过研究可以将许多事物还原成真，从而在真正意义上揭露出职业教育之本真、本性和本源的内涵。近几年来出现的"职业教育类型"这一热词，大有深入研究的必要。长期以来我们对职业教育的认知有特别突出的三个短板，一是突出其外化工具性，而对其内在的品质、人本性重视不够；二是特别突出其单一的经济、就业导向功用，而对其整体性重视不够；三是受近代以来还原论、机械论为代表的简单性思维的影响，对职业教育作为一个复杂开放巨系统的复杂度和难度重视不够。克服以上认知的短板，重构职业教育认知的新范式成为必然。如果我们对职业教育的认知没有比较全面的改观，职业教育的改革与发展也就难以深入，高质量发展恐怕也难以实现。以一个人的成长为例，我们知道认知不到位是一个人成长的天花板。今天职业教育高质量发展的天花板，不在于出台多少切实的举措与政策，而在于全民对职业教育要有一个科学的认知。一方面，职业教育正为我们展示着一幅全新的教育世界图景，但另一方面，由于社会快速变迁与职业教育滞后性之间的矛盾导致的职业教育现实情境中的观念混乱、关系错位，又给职业教育的发展平添了许多困惑和挫折。中国职业教育的问题是历史积留下来的问题，是社会转型所不可避免的，更是教育内在矛盾自然展开和激化所必然导致的问题。面对这些问题与挑战，对理论研究工作者来说，需要以一种负责任的历史态度、冷峻而缜密的分析研究、果断而有效的现实行动来做出积极回应。

教育发生的基础在于人类的自我意识的形成。从这个意义上讲，教育是基于反思性的人类活动而产生的。人类之所以区别于其他物种，就在于人类具有双重生命：生物生命和文化生命。任何活动都存在于一定的时空之中，时间感与历史感交织。但是时空对于他物种而言只是具有延展性的聚集，时间感、历史感在它们身上是根本确实的，生命就只能是在生理和生物层面上的种的繁衍。与他物种相区别，人类在生命活动中找到了连续性，这就是生命产生意义的源头。当人类发现了生命活动的意义，一种新的生命被剥离了出来，它就是人类所独有的文化生命。必须承认，它就是由教育所催生、滋养和培育的。同理，从该意义上理解职业教育，职业教育所观照的也应该是意义世界，同样是人的生命、是创造、是体验、是感受。正本清源，从教育的本源、人存在的本真意义入手审视职业教育，恰如《跨学科研究与职业教育学学科建设：语境、回归、变革》一文所指出的：职业教育作为一种直面"人"的职业生活的实践活动，核心要义在于"职业人"的生命长成。这决定了职业教育学作为职业教育人才培养的基本单位和重要抓手必须具有"生命品格"。鉴于此，职业教育学跨学科研究不仅要面向科学世界，更要指向"人"的职业生活，开启对"职业人"的生存特性及其与世界关系的重新考量，即在增强职业教育学理论创新与实践发展的同时，进一步彰显职业生活中作为价值主体的"人"。

# 30.1 《职业教育法》修订的历程回顾与新法内涵基本点及其影响的分析[①]

邢 晖

新《职业教育法》于2022年4月20日通过，5月1日正式实施，标志着1996年颁布26年的首个《职业教育法》已成为历史（以下简称原《职业教育法》），也宣告"14年修法"历程终成"正果"。

## 一、《职业教育法》修订历程回顾

我国具有当代意义的职业教育出现在改革开放以后。1985年《中共中央关于教育体制改革的决定》提出大力发展职业技术教育的方针。近40年来一直初心不改，坚持以服务发展为宗旨，以促进就业为导向，走产教融合、校企合作之路，培养技术技能人才。1996年国家将职业教育纳入法治化轨道，其标志是中华人民共和国第一个职业教育专门法出台。这部历时7年编制而成、1996年5月15日正式颁布并于9月1日开始实施的原《职业教育法》，截至2022年5月，已实施了26年。一方面，该法一直发挥着重要的积极作用；[②]另一方面，随着我国经济社会发展加快、科技进步及人力资源等的迫切要求，特别是21世纪以来现代职业教育日新月异的变化，"5章40条"的原《职业教育法》与我国拥有的世界上最大规模的职业教育相比，似显单薄和滞后；与世界上职业教育最发达的国家德国的因时而动进行修订的《职业教育法》相比，也显得动态调整程度不够。为此，2008年10月，修订《职业教育法》提到全国人大修法日程，此后一直得到社会各界尤其是职业教育战线的持续关注。14年修订进程，以重要时间节点、重大事件、重要机构、修改任务和条款内容等为线索，大体分成3个阶段。

（一）第一阶段（2008年10月—2014年6月），全国人大提出修订，国务院委托教育部起草，教育部第一次提交《职业教育法（修订草案）（送审稿）》

2008年10月29日，由吴邦国任委员长的十一届全国人大常委会，将修订《职

---

① 本文发表于2022年第24期，作者为国家行政学院学术委员会主任。

② 邢晖，佛朝晖. 新的期盼、中华人民共和国职业教育法修订［N］. 中国教育报，2009-12-05（3）.

业教育法》作为教育法律之唯一的立法规划，列入应在本届任期五年内完成的第一类项目中。这也是对2002年和2005年分别召开的21世纪以来的第一次、第二次全国职业教育大会，贯彻落实国务院的两个重要文件，即《国务院关于大力推进职业教育改革与发展的决定》和《国务院关于大力发展职业教育的决定》精神，面对新国情，加强和完善职业教育法制建设的重要回应。同时，2009—2010年，全国人大教科文卫委员会把职业教育法修订作为重要专题，分别由主任和副主任带队开展调研，并委托国家教育行政学院做"职业教育法修订实证研究"的课题。

从2009年年初开始，教育部根据国务院立法工作安排，正式启动修订工作，最初委托重庆大学开始草拟。2009年4月，时任教育部部长周济在全国人大常委会第八次会议上做了《国务院关于职业教育改革与发展情况的报告》，明确了《职业教育法》修订的六条原则要求。一是要进一步明确职业教育在建设人力资源强国和构建终身教育体系、建设学习型社会中的地位和作用；二是要进一步明确现代职业教育体系框架和基本内容，规范中等职业教育和高等职业教育的定位，扩大职业院校面向社会、面向人人办学的自主权，保障校长、教师和学生在教育教学中的权利；三是要进一步明确各级政府及其职能部门、行业组织、企业、事业单位、社会团体以及其他社会组织和公民个人依法履行实施职业教育的责任和义务；四是要进一步完善职业教育管理体制和工作机制，加强部门协调联系，进一步发挥行业企业等社会各方面在发展职业教育中的作用，完善相关制度和机制；五是要进一步完善职业教育保障机制，增加经费投入，加强基础能力和教师队伍建设，改善办学条件，增强职业教育的吸引力；六是要进一步明确《职业教育法》的行政执法主体和法律责任，加强职业教育执法检查和督导工作的制度建设，促进职业教育依法行政、依法管理、依法办学。同时，教育部于2009年10月专门立项设置了"职业教育法制建设研究"课题，提出职业教育法修订中需要重点研究的10个问题：新形势下职业教育的地位作用、职业教育管理体制、职业教育体系、经费保障机制、教师队伍建设、行业企业参与和职教机制、就业准入与双证制、人才培养立交桥、学历教育与职业培训并重、职教执法检查与督导等。[①]

2011年6月17日，关于《中华人民共和国职业教育法（修订草案）（送审稿）》，由时任教育部部长袁贵仁签发，正式提交国务院审议。该修订草案送审稿，历时两年几易其稿，从结构上有9章73条，比原法的5章40条，在框架逻辑、章条款容量和分量上都有很大加强。7章包括总则11条，受教育者9条，职业教育机构16条，教师6条，行业指导与企业参与8条，政府职责11条，社会支持4条，法律责任6条，附则2条。此版本修订力度较大，主要以职业教育的责任主体和利益相

---

① 黄尧. 借鉴国外立法加强我国职业教育法制建设 [J]. 行政管理改革，2010（8）：47-51.

关者的分类为主要线索，内容上重点吸收了2002年《国务院关于大力推进职业教育改革与发展的决定》和2005年《国务院关于大力发展职业教育的决定》，以及进入21世纪10年来，职业教育改革实践的一些成果。

国务院法制办收到修订草案送审稿后，向各部门及各方征求意见漫长、曲折而又艰难。质疑、反对等不认可声音很多，这点不足为怪，我国职业教育既是跨界的教育，是多元主体管理的教育，是行业性、地方性和外部性很强的复杂的教育，又是世界上最大规模的职业教育。多方不同利益主体需要不断博弈和碰撞，这部法律的修订如果难以平衡各方诉求和利益，肯定不易通过；再加上2011年又是"十二五"开局之年，也是党的十八大召开和政府换届的准备之年，也就意味着职业教育面临着一个新的时期、新的变化和新的要求。因此这部修订法，从2011年到2014年，一直在国务院各部门之间征求意见，尚未基本成熟，没有上升成国务院常务会议题，更没有提交到全国人大。还需"再修改"，成为第一次修订，也就是修订第一阶段的结局。但此阶段所做的一切工作，为后来重新修订奠定了良好的基础。

**（二）** 第二阶段（2014年7月—2020年8月），全国人大开展《职业教育法》执法检查，教育部重新开启新一轮《职业教育法》修订工作，《职业教育法修订草案（征求意见稿）》发布并公开征求意见，《职业教育法修订草案（送审稿）》提交司法部

2014年6月，21世纪以来的第三次全国职业教育工作会议召开，这也是党的十八大之后召开的重要会议，国务院颁发了《加快发展现代职业教育的决定》，习近平总书记专门为职业教育做了重要批示，六部委还联合出台了《现代职业教育体系建设规划（2014—2020年）》。这些会议、文件的出台，带来了新的变化和要求。在这种情况下，国务院再次委托教育部重新修改和起草《职业教育法》，人力资源和社会保障部也同时思考和酝酿如何修订该法，新一轮修订工作再次出发。2015年，教育部相关司局将这项工作交给了教育部职业教育中心研究所。时任所长杨进重新组织研究组和编写组，在教育部职成司和法规司的指导下，在时行《职业教育法》的框架基础上，对其进行了扩充和修改。期间，笔者也参加了人社部组织的修订稿草案座谈会，这是《职业教育法》修订案起草的又一轮冲击波、变道口和加速期。

2015年上半年，十二届全国人大常委会把职业教育放在更加突出的位置，开展了职业教育法执法检查。张德江委员长亲自担任检查组组长、亲自作执法检查报告、亲自主持专题询问，这在各类教育执法检查中是第一次。2015年3月至5月，张德江委员长和其他3位副委员长亲自带队，分4个小组先后到吉林、江苏、河

南、湖南、广东、重庆、甘肃、新疆等8个省（区、市）开展执法检查，同时委托其他23个省（区、市）人大常委会对本省（区、市）职业教育法实施情况进行检查，执法检查做到了全覆盖。6月29日，张德江委员长代表执法检查组，在十二届全国人大常委会第十五次会议上，郑重做了关于检查《职业教育法》实施情况的报告。后来教育部对这个报告进行了全文印发。报告指出，从执法检查情况来看，职业教育仍然面临着一些必须高度重视的6个方面的困难和问题：对职业教育重要性认识仍然不足，职业教育不能满足社会对技术技能人才的多方面需求，职业教育经费稳步增长机制不够健全，教师队伍还不适应职业教育发展需要，企业办学的作用未能充分有效发挥，职业技能培训难以满足需求。针对这些问题，检查组还提出了6个方面的意见和建议：切实转变观念，从思想上和行动上真正重视职业教育；强化基本定位，大力提高职业教育质量；加强统筹规划，推进现代职业教育体系建设；健全投入机制，提高职业教育经费保障水平；抓住关键环节，建设适应现代职业教育发展要求的教师队伍；坚持分类指导，支持西部地区、民族地区和农村地区职业教育发展。张德江指出："《职业教育法》已经颁布实施近20年，随着我国经济社会快速发展，《职业教育法》中的一些规定已经与实际不相符合，需要与时俱进、不断完善。我们要从加快发展现代职业教育的新形势、新要求出发，积极推进职业教育法和有关法律法规的修改完善工作。在这次执法检查中，我们也充分听取了各方面对修改《职业教育法》的意见建议，检查组已经做了认真整理，为下一步修改《职业教育法》工作积累了宝贵资料。"这也是执法检查的一个重要成果，要求国务院及有关部门"坚持依法行政，配合全国人大做好《职业教育法》修订工作"。①

　　2016年2月24日，在十二届全国人大常委会第十九次会议上，作为对全国人大执法检查以及委员长报告的回应，时任教育部部长袁贵仁受国务院委托，做了《国务院关于落实职业教育法执法检查报告和审议意见的报告》。针对执法检查报告和审议意见指出的职业教育存在的6个方面的问题，国务院及相关部门采取了一系列措施加以改进。袁贵仁表示，下一步将积极做好《职业教育法》的修订工作。根据各方面的反馈意见，抓紧修改完善职业教育法修订草案，进一步明确职业教育的法律地位、体系架构、基本制度、条件保障、统筹协调等关键问题，尽早提请全国人大常委会审议。同时尽快颁布职业教育校企合作促进办法，推动一批深度参与职业教育的"教育型企业"发展，深化产教融合、校企合作。推动各地落实职业院校生均拨款制度，积极吸引社会投入，健全多渠道筹资机制。推动各地依法依规核定教师编制，根据教育教学需要配备师资；健全教师招用制度等，吸引优秀人才从教。

---

① 张德江作关于检查职业教育法实施情况的报告［EB/OL］.（2015-06-29）［2022-06-20］.

推动完善就业政策和用人机制，提升职业院校毕业生就业的比较优势，提高技术技能人才的地位和待遇。①

值得一提的是，这次全国人大执法检查和委员长的报告，以及教育部代表国务院的反馈，为《职业教育法》的重新修订确立了基调，也就是框架结构不宜大动大改，以问题为导向，守正创新，重点突破，在现行法的基础上进行增加、删减、调整。因此，第二次修订主要以1996年版本为基础参照，这是很重要的一个修订原则。

2015年12月15日，教育部办公厅就关于征求对《职业教育法修正案（草案）（征求意见稿）》发函，该草案是在现行法的基础上，形成六章50条。与此同时，人社部也独立草拟了修订稿。但这两份草稿并未正式提交国务院，一直在讨论之中。笔者在2018年7月，又接到针对"修订草案第六稿"提意见的任务，此文本是"7章53条"。这一稿最大的特点是，在现行《职业教育法》的框架基础上，较多地增加和吸收了2014年第三次全国职教会精神和习近平总书记给职业教育重要批示的精神。

2018年，十三届全国人大常委会又一次把《职业教育法》修订列入立法规划。2019年1月24日，国务院出台了《国家职业教育改革实施方案》（简称职教20条），这既是对2018年全国教育大会精神的落实性文件，也是新时代职业教育深化改革和创新的集结令，具有重要的里程碑意义。新时期职业教育20条改革举措也成为《职业教育法》修订的重要政策指引。职业教育走向新时代的一系列实践探索，也必然丰富修法内容。教育部根据宪法、教育法、劳动法及其他有关法律法规，特别是党的十八大、十九大以来的最新文件精神，又几易其稿，形成了《中华人民共和国职业教育法修订草案（征求意见稿）》（简称《征求意见稿》）。

2019年12月5日，教育部通过其官网面向全社会发出了关于《中华人民共和国职业教育法修订草案（征求意见稿）》公开征求意见的公告，3个附件分别是《征求意见稿》《关于（征求意见稿）的起草说明》《中华人民共和国职业教育法修订对照表》，征集反馈意见的截止时间为2020年1月5日。期间，通过网络、书面、座谈等多种方式，收取了很多意见和建议。有的针对框架结构，有的是谈重点问题，有的逐条逐句修改，有的质疑言辞激烈，有的说法别开生面。教育部相关部门在分析研究各种意见的基础上，经过认真反复修改，直到教育部党组通过。此间，又经国务院职业教育工作部际联席会议、中央教育工作领导小组会议审议后，于2020年8月28日向国务院（司法部）正式提交《职业教育法修订草案（送审稿）》（八章60条）。至此，从修订以来，这是教育部继2011年之后，第二次提交修订草案送审稿。

---

① 教育部：《职业教育法》修订草案已起草完成［EB/OL］.（2016-02-25）［2022-06-20］.

这一稿总体上构成了新《职业教育法》的样章。后边尽管有一些增改，但都不算大动。笔者当时分析了此修订草案的特色和突破：第一，体现新时代特征的指导思想是基点；第二，突出职业教育类型定位是亮点；第三，健全职业教育制度体系是突破点；第四，破解职业教育热点难点问题是重点；第五，紧跟时代需求建规立制是增长点。[①]

（三）第三阶段（2020年9月—2022年4月），司法部将《职业教育法修订草案（送审稿）》提交国务院，国务院常务会议通过，并提请全国人大常委会审议，全国人大经过3次审议后高票通过新《职业教育法》。

2020年8月司法部收到《职业教育法修订草案（送审稿）》后，书面征求了中央有关部门、省级人民政府以及部分研究机构、行业协会、职业院校、专家学者等方面的意见，召开了职业院校、专家代表座谈会，赴贵州开展实地调研，广泛听取各方意见。在此基础上，司法部会同教育部对送审稿反复研究、修改，形成了《中华人民共和国职业教育法（修订草案）》（8章58条）。

国务院高度重视职业教育法修订工作，2021年3月24日，李克强总理主持国务院第128次常务会议，讨论并原则通过了《中华人民共和国职业教育法（修订草案）》。会议指出，办好职业教育要适应社会主义市场经济发展要求，坚持改革创新，突出就业导向，缓解就业结构性矛盾和促进就业质量提升。会议通过了《中华人民共和国职业教育法（修订草案）》，对产教融合和校企合作、支持社会力量举办职业学校、促进职业教育与普通教育学业成果融通互认等做了规定。会议决定将草案提请全国人大常委会审议。[②]

这里必须强调的是，2021年4月，全国职业教育大会在京召开。习近平总书记对职业教育工作作出重要指示，强调加快构建现代职业教育体系，培养更多高素质技术技能人才、能工巧匠、大国工匠；李克强作出批示；孙春兰出席会议并讲话。职业教育大会的召开及会议精神对《职业教育法》的修订工作起到加速和推进作用，也为其进一步修改和完善提供了重要参考。

全国人大刻不容缓地积极推动修法审议日程，分别在3次常务会上审议《职业教育法（修订草案）》。

1. 2021年6月全国人大第一次审议

十三届全国人大常委会在第二十九次会议上，听取了时任教育部部长陈宝生所

---

① 邢晖.《职业教育法》修订历程回顾与《职业教育法修订草案（征求意见稿）》分析［J］. 中国职业技术教育，2020（10）：5-13.

② 李克强主持召开国务院常务会议［EB/OL］.（2021-03-24）［2022-06-20］.

做的关于《中华人民共和国职业教育法（修订草案）》的说明。修订草案的总体思路：一是将习近平总书记重要指示批示精神和党中央、国务院关于职业教育改革发展的政策举措转化为法律规范，确保改革举措落地见效；二是聚焦职业教育领域热点难点问题，着力解决突出问题，推进依法治理；三是结合职业教育改革发展实际，将实践成果上升为法律规范，并为进一步深化职业教育改革提供法律基础。①全国人大常委会委员们针对草案八章58条的主要内容进行了第一次审议，提出了许多针对性、建设性很强的建议。

2021年10月，中共中央办公厅、国务院办公厅颁布了《关于推动现代职业教育高质量发展的意见》，是与全国职业教育大会的精神一致并在其指导下形成的又一个最新的重要文件，对于全国人大审议二稿的形成，具有重要的修改参考价值。

2. 2021年12月全国人大第二次审议

这次审议重点在推动职业教育与普通教育融通贯通，进一步明确发挥企业办学主体作用，调动企业积极性的扶持措施，营造良好发展环境以提高职业教育社会认可度，完善职业教育保障制度和措施等。具体修改如：明确中等职业学校可以按照国家有关规定，在有关专业实行与高等职业学校教育的贯通招生和培养。接受高等职业学校教育，学业水平达到国家规定的学位标准的，可以依法申请相应学位。第二次审议之后，改动较多，形成了8章69条的修订二稿。

3. 全国人大常委会委员长栗战书调研《职业教育法》修订工作

2022年3月30日至4月1日，中共中央政治局常委、全国人大常委会委员长栗战书在安徽调研。在安徽省宣城职业技术学院主持召开座谈会，就《职业教育法》修订工作，与职校师生、企业代表和职能部门负责人面对面座谈交流，听取意见建议。栗战书强调，要全面贯彻习近平总书记关于职业教育的重要指示要求，把党中央关于职业教育改革发展的政策举措和实践中的成功经验，通过法定程序转化为法律规范，推动解决职业教育中的热点难点和突出问题，为培养更多的高素质劳动者和技术技能人才，打造现代职业教育体系夯实法治基础，真正让职业教育"香起来""热起来"，让更多青年都有人生出彩的机会。②栗战书的此次调研，为全国人大常委会第三次审议和通过新《职业教育法》工作，起到了重要的推动和促进作用。

4. 2022年4月全国人大常委会进行三审并通过新《职业教育法》

重点对2021年12月第二次修订草案进行审议，这次内容改动虽不多，但修改

---

① 职业教育法修订草案首次提请审议完善职业教育体系和管理体制［EB/OL］.（2021-06-21）［2022-06-20］.

② 让职业教育"香起来""热起来"［EB/OL］.（2022-04-11）［2022-06-20］.

之处字字珠玑，如明确职业教育要有"本科及以上"教育层次，鼓励企业参与教材研发，加快紧缺及新兴专业人才培养，多方位保障学生权益，加重了法律责任的承担形式等。2022年4月20日，全国人大常委会投票表决，最后高票通过了这部新《职业教育法》，并于5月1日起正式实施，树立起了职业教育发展史上的一个重要里程碑。

至此，近14年的修订历程终于画上了一个圆满的句号。综上，《职业教育法》的修订历时长，路曲折，有反复，来之不易。整个历程比想象和预期要缓慢和困难得多，一茬茬起草组，一个个研究团队，一次次咨询会、座谈会、研讨会，走访、考察、质疑、争鸣，一份份报告、论文、文件、建议，从中央、省、市县，到政府、人大、政协和社团，涉及教育、人社和行业多部门，院校和企业，官员、学者和基层工作者，林林总总介入，方方面面参与，条条款款修改，一稿又一稿，14年磨一剑，千呼万唤始出来。笔者也分析过对《职业教育法》修订的边界、思路、框架和内容等不同看法，如修法有没有必要，是必须改还是可以不改？是快改还是慢改？修法力度有多大，是大改、中改，还是小改？修法大体什么框架，几章多少条反映了什么？修法有何新立意，怎样体现与时俱进？关注新《职业教育法》修订过程，就是要分析其增加、修改、删掉的章目、条款和表述，其背后的与时俱进的思想和立意及创新策略和举措。每一次修改，都体现了越改越切合实际，越改越明，越改越高，越改越新，越改越深刻，越改越提振信心。例如，关于立法的依据，原法是"根据教育法和劳动法"，教育部送审稿改为"根据宪法、教育法和劳动法"，到全国人大审议通过文本定为"根据宪法，制定本法"，改的过程，其力度、高度和重要地位的体现不言而喻。1996年原《职业教育法》、2019年教育部《中华人民共和国职业教育法修订草案（征求意见稿）》、2021年国务院《中华人民共和国职业教育法（修订草案）》、2022年全国人大正式颁布的新《职业教育法》，四版（以个别章条为例）修改前后对照表如表30.1.1所示。

新《职业教育法》是职业教育最新的法律规范，是职业教育最高的纲领准绳，是职业教育守正创新的样板，也是职业教育继往开来的护卫；当然，新《职业教育法》也未必尽善尽美，它最终还是有限解决，不可能是全面突破和无限开花，终究是多方利益相关者博弈和平衡的结果。一部法律本身也存在着动态调整变化的特点，在未来还会因时因势而动，因此也没有必要求全责备。新《职业教育法》为职业教育高质量发展夯实了法治基础，为新阶段职业教育改革创新起着保驾护航的作用。

表30.1.1　四版（以个别章条为例）修改前后对照

| 全国人大原《职业教育法》（1996年） | 教育部《中华人民共和国职业教育法（征求意见稿）》（2019年） | 国务院《中华人民共和国职业教育法（修订草案）》（2021年） | 全国人大新《职业教育法》（2022年） |
|---|---|---|---|
| 第一章　总则 | 第一章　总则 | 第一章　总则 | 第一章　总则 |
| 第一条　为了实施科教兴国战略，发展职业教育，提高劳动者素质，促进社会主义现代化建设，根据教育法和劳动法，制定本法 | 第一条　为了保障公民接受职业教育的权利，实施科教兴国和创新驱动发展战略，大力发展职业教育，建设教育强国和人力资源强国，促进社会主义现代化建设，根据宪法、教育法和劳动法，制定本法 | 第一条　为了大力发展职业教育，提高劳动者素质和技术技能水平，实施科教兴国、人才强国和创新驱动发展战略，建设教育强国和人力资源强国，促进社会主义现代化建设，根据宪法、教育法和劳动法，制定本法 | 第一条　为了推动职业教育高质量发展，提高劳动者素质和技术技能水平，促进就业创业，建设教育强国、人力资源强国和技能型社会，推进社会主义现代化建设，根据宪法，制定本法 |
| 第二章　职业教育体系 | 第二章　职业教育体系 | 第二章　职业教育体系 | 第二章　职业教育体系 |
| 第十三条　职业学校教育分为初等、中等、高等职业学校教育。初等、中等职业学校教育分别由初等、中等职业学校实施；高等职业学校教育根据需要和条件由高等职业学校实施，或者由普通高等学校实施。其他学校按照教育行政部门的统筹规划，可以实施同层次的职业学校教育 | 第十三条　职业学校教育是学校教育制度的重要类型，分为中等、高等职业学校教育。中等职业学校教育是中等教育的重要部分，由中等职业学校实施；高等职业学校教育是高等教育的重要部分，由专科、本科层次的职业高等学校和其他普通高等学校实施。符合条件的技师学院，依法经审批，可以设置为相应层次的职业高等学校，同时可以保留技师学院名称和功能。其他学校、教育机构或者经过认定的企业、行业组织按照教育行政部门的统筹规划，可以实施相应层次的职业学校教育或者提供纳入培养方案的学分课程 | 第十三条　职业学校教育是学校教育的重要类型，分为中等、高等职业学校教育。中等职业学校教育是中等教育的重要部分，由高级中等教育层次的职业中等学校（含技工学校）实施；高等职业学校教育是高等教育的重要部分，由专科、本科教育层次的职业高等学校和普通高等学校实施。根据高等学校设置制度规定，将符合条件的技师学院纳入职业高等学校序列。其他学校、教育机构或者符合条件的企业、行业组织按照教育行政部门的统筹规划，可以实施相应层次的职业学校教育或者提供纳入培养方案的学分课程 | 第十五条　职业学校教育分为中等职业学校教育、高等职业学校教育。中等职业学校教育由高级中等教育层次的中等职业学校（含技工学校）实施。高等职业学校教育由专科、本科及以上教育层次的高等职业学校和普通高等学校实施。根据高等职业学校设置制度规定，将符合条件的技师学院纳入高等职业学校序列。其他学校、教育机构或者符合条件的企业、行业组织按照教育行政部门的统筹规划，可以实施相应层次的职业学校教育或者提供纳入人才培养方案的学分课程 |

续表

| 全国人大<br>原《职业教育法》<br>（1996 年） | 教育部<br>《中华人民共和国职业<br>教育法（征求意见稿）》<br>（2019 年） | 国务院<br>《中华人民共和国职业<br>教育法（修订草案）》<br>（2021 年） | 全国人大新<br>《职业教育法》<br>（2022 年） |
|---|---|---|---|
| 第五章　附则 | 第八章　附则 | 第八章　附则 | 第八章　附则 |
| 第二十一条第二款<br>境外的组织和个人在中国境内举办职业学校、职业培训机构的办法，由国务院规定。<br>第四十条　本法自1996年9月1日起施行 | 【第三章——第二十四条】<br>境外职业教育机构、行业协会或者有职业教育资源的企业可以依法在中国境内独立或者合作举办职业学校，境外投资者可以依法在中国境内举办职业培训机构 | 【第三章——第二十五条】<br>境外的组织和个人在中国境内举办职业学校、职业培训机构，按照国家有关规定执行 | 第六十八条　境外的组织和个人在境内举办职业学校、职业培训机构，适用本法；法律、行政法规另有规定的，从其规定 |
| 第四十条　本法自1996年9月1日起施行 | 第六十条　本法自20××年×月×日起施行 | 第五十八条本法自　年月日起施行 | 第六十九条　本法自2022年5月1日起施行 |

## 二、新《职业教育法》的特点亮点、基本点及对未来的影响

新《职业教育法》来之不易，恰逢其时，意义深远，特点突出。除具有法律的科学性、公正性、权威性等共性特征之外，其方向性鲜明，时代性突出，全局性凸显，系统性明显，针对性、包容性、操作性更强，这也是本法的个性化特色。新《职业教育法》内容丰富厚重，以习近平新时代中国特色社会主义思想为指导，汲取了10多年来特别是党的十八大以来的最新政策、实践和理论成果，贯彻习近平总书记关于职业教育重要论述，贯彻落实党的十九大精神、全国教育大会精神、全国职业教育大会精神，贯彻《国务院关于加快发展现代职业教育的决定》《国家职业教育改革实施方案》、中办、国办《关于推动现代职业教育高质量发展的意见》，重点围绕职业教育类型定位、基本任务和根本制度、重点热点难点问题等，统筹设计、明确明晰、调整规范法律文本。新《职业教育法》不仅在章条款及篇幅上有较大的扩充，更重要的是其精神内涵的守正创新和与时俱进。比如，确立了新时代立法宗旨和法律依据，更加明确了职教的内涵、范畴、定位、使命及遵循原则；对职教的举办实施和管理体制做了更加全面清晰的概括；更加系统化地规定了现代职业教育体系的丰富内涵；进一步明确了职业学校办学自主权；进一步推动了企业深度参与职业教育；更加突出高质量发展和内涵建设作为核心追求；对职教教师的权

利、素质及社会地位做了规定；明确了多渠道筹集发展职业教育经费；明确了若干职业教育重要创新性制度机制；提出营造促进职业教育发展的社会氛围；首次规定了法律责任和罚则，等等。

综合分析和深度思考，新《职业教育法》围绕发展职业教育的核心，其精神内涵主要有5个基本点，即：定位、多样、融通、放权、提质。同时也给职业教育带来了5个方面的转变：从层次到类型，从单一到多元，从封闭到通达，从统一到下放，从数量到质量的转变。以下分别做简要阐释。

### （一）基本点之一：明确类型定位

职业教育是国民教育体系和人力资源开发的重要组成部分，既要体现教育的共同规律，又要体现职业教育类型的个性特征。一是性质类型定位，职业教育是与普通教育具有同等重要地位的教育类型；二是人才培养类型定位，职业教育培养高素质技术技能人才，培育劳模精神、劳动精神、工匠精神、职业精神；三是素质规格要求，职业道德、科学文化与专业知识、技术技能等职业综合素质和行动能力；四是功能价值定位，职业教育是培养多样化人才、传承技术技能、促进就业创业的重要途径，为全面建设社会主义现代化国家提供有力的人才和技能支撑；五是培养模式定位，坚持立德树人、德技并修，坚持产教融合、校企合作，坚持面向实践、强化能力；六是实施机构定位，职业教育的一体两翼，即职业学校教育和职业培训机构。新《职业教育法》明确职业教育作为不同于普通教育的一个教育类型，与普通教育具有同等重要地位。

新《职业教育法》对职教类型定位的明确，意味着职业教育更多地从层次说走向类型论。对未来产生的影响至少有4个方面：一是我国技术技能人才将会出现较大的量变和质变，技能型人才短缺现象将有所改善，比例将会更大，人才结构更合理。二是职业教育人才培养内容和模式更加清晰，技术技能人才的素质更高。三是职业教育支撑技能型社会和现代化建设国家更有利，贡献度会更大。四是职业教育地位和社会认同度会有显著提升，与普通教育的落差会逐渐减小。

### （二）基本点之二：体现多样性

一是实施主体齐心协力。"职业教育实行政府统筹、分级管理、地方为主、行业指导、校企合作、社会参与"，这是体现中国特色的职业教育举办发展模式。二是管理体制齐抓共管。新《职业教育法》从国务院、教育部及其他部门、省级政府、县级以上政府4个层面，系统全面地规定了各级各层在管理职业教育方面的职责。"国务院建立职业教育工作协调机制，统筹协调全国职业教育工作。国务院教育行政部门负责职业教育工作的统筹规划、综合协调、宏观管理。国务院教育行政部门、人力资源社会保障行政部门和其他有关部门在国务院规定的职责范围内，分别负责有关的职业教育工作。省、自治区、直辖市人民政府应当加强对本行政区域内职业教育工作的领导，明确设区的市、县级人民政府职业教育的具体工作职责，统筹协调职业教育发展，组织开展督导评估。县级以上地方人民政府有关部门应当加强沟通配合，共同推进职业教育工作。"三是办学体制多元办学。新《职业教育法》第九条鼓励多种层次和形式，推进多元办学，支持社会力量参与办学；强调发挥企业的重要办学主体作用，推动企业深度参与职业教育，规定行业、工会和中华职教社等群团组织、行业组织、企业、事业单位等参与支持或开展职业教育。四是投入筹资多种渠道。新《职业教育法》在"职业教育的保障"内容中，9条中有7条涉及经费，明确了政府—企业—社会—个人—金融机构—境外等"多种渠道依法筹集"的经费筹措原则，涉及生均拨款、公用经费、财政专项、社会捐赠、地方教育费附加、失业保险金、企业职工教育经费等有关规定，还提出"优化教育经费支出结构，加强预算绩效管理，提高资金使用效益"的规定，在"法律责任"一章，规定了职业教育各方主体，谁违法必问责罚处。五是发展举措多管齐下。国务院职业教育协调机制，产教融合校企合作制度，职业技能等级证书制度，对外交流与合作制度，学分银行、学习成果的认证、积累和转换机制，产教融合型企业制度，中国特色学徒制，职业技能竞赛，职教特点的招生考试制度，就业创业促进机制，职业学校质量评价机制，行业组织、企业和第三方专业机构评估，等等。六是教育教学多种模式。一方面，地方为主必然各地不同。东部、中部和西部，省级所属、地市级所属和县市级所属，政府、行业和企业办学，国家改革创新高地、部省共建和其他，区域模式、行业模式、企业模式、学校模式肯定呈多种多样、各有精彩之势；另一方面，学校自主办学必然百花齐放。公办和民办学校，中职、高职和职业本科，一产类、二产类和三产类专业，示范校、双高校和非双高校，办学模式、人才培养模式、教学模式、人才评价模式等，无疑会异彩纷呈。

新《职业教育法》体现的多样性，预示着未来职业教育的体制和发展模式必然从单一走向协同和多样。职业教育的举办、实施、管理、投资主体更加多元，各主体既有分工又有合作，协同作战，同频共振，特别是企业的重要办学主体地位会更加突出；职业教育的活动平台和事业舞台会更加宽广，学校和培训机构、管理部门，以及行业、中华职业教育社等社会团体都会更加发光发热；东中西部、各省份各地、改革创新高地等区域模式更具特色；中高本职校、双高双优、不同专业的各级各层职业学校，各有不同、各有光彩。

（三）基本点之三：具有融通性

新《职业教育法》对现代职业教育体系的内涵做了非常清晰的规定："国家建

立健全适应经济社会发展需要，产教深度融合，职业学校教育和职业培训并重，职业教育与普通教育相互融通，不同层次职业教育有效贯通，服务全民终身学习的现代职业教育体系。"一般来说，体系是由两个及以上要素（或子系统）组成的，各要素（系统）之间有着内在的有机联系。这里提到的职业教育体系具有以下6个特征：一是职业教育与外部经济社会的主动适应性；二是教育链与产业链、创新链、人才链的有机衔接，深度融合；三是学校职业教育与社会职业培训并举并重和互通；四是职业教育和普通教育两个类型教育的相互沟通；五是职业教育自身层次结构（中等—高等专科—职业本科及以上）的有效衔接和贯通；六是职业教育是终身教育、终身学习的重要组成部分。概括起来，职业教育人才培养体系并非封闭、单一、固化的，而是四通八达、开放立体、相互融通的。

融通性还表现在以下七个方面。一是"产教融合"，产教融合型企业、产教融合实习实训基地，在新《职业教育法》中确定了这两个特定概念。二是"校企合作"，中国特色学徒制、共同举办职业教育机构、组建职教集团、开展订单培养、兼职专业课教师聘任、大师工作室的设置、吸纳企业参与评价，职业学校在招生就业、人才培养方案制订……专业化技术转移机构、实习实训基地建设等15个方面建立协作机制。三是"学分银行"，建立健全各级各类学校教育与职业培训学分、资历以及其他学习成果的认证、积累和转换机制，促进职业教育与普通教育的学习成果融通、互认。四是普通学校开展职业教育，进行职业启蒙、职业认知、职业体验、职业指导和劳动教育。五是贯通招生和培养，中等职业学校有关专业实行与高等职业学校教育的贯通招生和培养，高等职业学校可以采取文化素质与职业技能相结合的考核方式招收学生。六是"持证从业"，学业证书、培训证书、职业资格证书和职业技能等级证书，按照国家有关规定，作为受教育者从业的凭证。七是"职普平等"，职业学校学生在升学、就业、职业发展等方面与同层次普通学校学生享有平等机会。

未来职业教育体系及要素间的融合度和通达性会更好，必然从长期以来的断裂和封闭走向衔接和通达。产教融合、校企合作向纵深发展，学徒制、产业学院、混合模式更实更有效；教育链与产业链、创新链和人才链有机衔接，"四链"更紧密；职业教育与普通教育相互融通，内容、模式和路径会更多更合理；职业教育各层次间衔接贯通渠道更畅，职业本科成为职教发展最大的增长点；职教高考制度更加完善、赛道人数越来越多；学分银行、成果互认、学历证书转换更要加紧建立健全。

### （四）基本点之四：确权和放权

首先是确权。新《职业教育法》在实施主体、管理主体等方面，按层级划分、类别划分、责权划分等，都做了更加明晰全面的规定。一是实施体制的确权。职业教育实行政府统筹、分级管理、地方为主、行业指导、校企合作、社会参与。以上24个字说清楚了"五大办学主体及职责",即政府—行业—学校—企业—社会多元办学、各司其职;强调了政府主导,国务院统筹,各级人民政府纳入规划,整体部署实施;强调了分级管理和地方为主,强调了学校和企业的合作关系,强调了行业的指导作用和社会的广泛参与。二是管理体制的确权。四个层次:国务院领导协调机制,教育部门的统筹规划责任以及其他相关部门的各行其职,省级政府对本区域领导、统筹、督导评估的主责,县级以上政府的配合。

第二是放权。除了明确责权之外,新《职业教育法》还体现了放、管、服的治理理念,明确适当放权是一大亮点。表现在以下四个方面。一是地方主责。省、自治区、直辖市人民政府应当加强对本行政区域内职业教育工作的领导,明确设区的市、县级人民政府职业教育具体工作职责,统筹协调职业教育发展,组织开展督导评估。二是企业主体。明确企业是重要办学主体,可以办学校和培训机构,要深度支持参与职教的高质量发展,深化校企合作。三是学校自主。职业学校依法具有自主确定专业、教材、教学过程和学习制度、年限和弹性学制、专业课教师聘任等自主权。四是师生主人。增加的新一章"教师和受教育者"共10条,5条专门指向作为教育和学校第一资源的教师,就其地位、素质要求及队伍建设做了保障和激励性规定;另外5条专门针对教育的出发点和归宿的受教育者,做了责权的规定和保障,比如学生实习安全保障、升学、就业、职业发展的公平待遇等,体现了以人为本的基本思想。

新《职业教育法》确权和放权的结果是,举办和管理体制从更多的统走向更好的放,未来职业教育将形成"地方为主、学校自主办学"的新格局。国家及教育行政部门的统筹规划协调作用更加突出;地方领导统筹规划协调权利地位更加强化;项目地方主责,职普分流比例实现方式、举办本科等关切问题权力下移;学校自主权加大,"放管服""管办评"分离的治理结构更为加强;教师的培养培训进一步加强;学生的实习安全和升学就业职业发展的机会更加公平。

### (五) 基本点之五:突出高质量

新《职业教育法》开宗明义地提出本法宗旨是"为了推动职业教育高质量发展",表明"提高职业教育质量,增强职业教育适应性"是职业教育在新时代、新阶段的目标追求与发展方向,通篇贯穿着高质量发展的制度安排及内涵发展的关键要素。一是强调标准。职业教育结合职业分类、职业标准、职业发展需求,制订教育标准或者培训方案;完善职业教育教学等标准。行业组织等参与制定职业教育专业目录和相关职业教育标准;国家制定职业学校教职工配备基本标准;应明确实习实训标准;基于职业教育标准制订人才培养方案。二是重视专业。有关部门要组织制定、修订职业教育专业目录，大力发展先进制造等产业需要的新兴专业，加快培养托育、护理、康养、家政等方面的技术技能人才。三是重视教材。有关部门要宏观管理指导职业学校教材；行业组织、企业等参与职业教育专业教材开发，将新技术、新工艺、新理念纳入职业学校教材，并可以通过活页式教材等多种方式进行动态更新。四是信息技术网络课程，支持运用信息技术和其他现代化教学方式，开发职业教育网络课程等学习资源，创新教学方式和学校管理方式，推动职业教育信息化建设与融合应用。五是实习实训基地，加强职业教育实习实训基地的建设，组织相关部门根据区域或者行业职业教育的需要建设高水平、专业化、开放共享的产教融合实习实训基地。六是加强校风学风、师德师风建设。七是健全教师培养培训体系。八是完善质量评价制度，职业教育质量评价应当突出就业导向，把受教育者的职业道德、技术技能水平、就业质量作为重要指标，引导职业学校培养高素质技术技能人才。九是开展职业技能竞赛。十是支持高水平职业学校、专业建设，表明目前和今后相当长一段时期，高职院校的"双高"建设及中职学校的"双优"建设，都被纳入了法治化的范畴。

在未来一段时间，职业教育仍面临着从外延向质量转型的挑战：规模和数量及其职普结构性偏失的困境，校企合作困难，师资供给局限性，生源质量不理想，办学条件显著不足，升学和就业的职教特色与竞争优势不明显，社会认同度和吸引力不强，这些问题的解决并非一蹴而就，高质量发展刚刚起步，需要长期的克难攻坚。新《职业教育法》为职业教育提质培优、增值赋能、以质图强，提供了重要的法律指引、规范依据和发展空间。

新《职业教育法》历经千锤百炼、精雕细刻，承前启后、继往开来，既是21世纪以来职业教育的集成性重要成就，也为未来职业教育高质量发展鸣锣开道、保驾护航。目前关键在落实、落地、落小和落细，将法律文本转换成各地、各部门、各学校的实践行动。

# 30.2 《〈职业教育法〉修订的历程回顾与新法内涵基本点及其影响的分析》解读

姜大源[1]

职业教育对一个国家的经济发展发挥着极其重要且不可替代的作用，这早已成为世界各国的共识。面对世界百年未有之大变局，我国如何积极应对？为实现中华民族复兴培养更多高素质职业人才，是一个举办着全球最大规模职业教育的国家，如何进一步提高我国职业教育的质量和水平，从而保持实体经济稳定健康地发展，增强国家强大竞争力亟须解决的问题。基于此，在国家法律层面，给予职业教育以有法可依的制度、规范和标准，以及有章可循的权利、义务和保障，是一个重大的法治问题，更是当下我国立足新发展阶段、贯彻新发展理念、构建新发展格局的背景下，对职业教育的新要求。26年前的1996年制定实施的原《职业教育法》，曾经为促进我国改革开放做出了重大贡献。为适应新形式新要求新发展，迫切需要对职业教育法加以修订。经历14年的修法实践的精心打磨，2022年4月全国人大通过并颁布了《中华人民共和国职业教育法》（以下简称新《职业教育法》），并于2022年5月正式生效。

结果离不开过程。人们常说，没有过程的"因"，就没有结果的"果"。在这里，过程是需要时间的，而且过程是运动和变化的。任何事物在其生存的时空中，只有经历量的积累和质的飞跃，才能成就斐然的成果。而大凡这样一个长过程皆可分成若干阶段，每个阶段的结果往往是新阶段的起点。邢晖《〈职业教育法〉修订的历程回顾与新法内涵基本点及其影响的分析》一文，翔实而有见地地回顾了这一长达14年的修法历程，这是修法的"因"；同时，文章又对该法的内涵进行了透彻的探究与解读，这是修法的"果"。此篇文章的发表，使社会各界对新《职业教育法》的出台，有了一个更加全面、概括、深入的了解。读后，我认为文章逻辑清晰、内容丰富、资料翔实、研究深入、张弛有度，其主要建树体现在以下3个方面。

---

[1] 姜大源，教育部职业教育发展中心研究员，浙江省现代职业教育研究中心首席专家，中华职教社专家委员会专家。

## 一、回顾修法历程的宏大叙事

要将国家14年修法的过程，用简洁通达而不是拖沓累赘的语言给予历史的再现，不是一件容易的事情。所谓宏大叙事，作为一种"完整的叙事"，具有主题性、目的性、连贯性和统一性。因此，对14年修法过程之中发生的纷繁复杂的所作所为，包括那些看似不大却极具关键影响的"小"事不被遗漏，能够还原历史的真实面貌，需要作者具有从容地驾驭和把握历史发展脉络的能力。

此文以重要时间节点为逻辑主线，以重要文件、重要机构、重大事件为关键点，紧密结合修法任务和条款内容逐步展开递进，终于将14年的修法历程勾勒为3个重要历史阶段，从而使其有血有肉地呈现在读者面前。依据我的理解，这三个阶段修法历程，其重心在于：

第一阶段为2008年10月—2014年6月，是修法方案的起草阶段。由于职业教育法的跨界性，导致多方不同利益主体的不同诉求，避免不了相互之间的博弈和碰撞，这就使得法律修订草案难以平衡各方诉求和利益。所以尽管这一阶段跨度长达6年，占整个修法总时间的43%，但基于上述原因，在这一阶段修法草案并未成熟，没有形成一致性意见，以至于没有上升为国务院常务会议题，更没有提交到全国人大。但是这一阶段为后续进一步修法打下了良好的、坚实的基础。

第二阶段为2014年7月—2020年8月，是修法方案的完善阶段。在国家最高立法机构全国人大的参加、把控和指导下，历时6年，主要工作是针对起草阶段出现的问题进行完善，取得了阶段性的成果，主要表现在以下5"点"：第一，体现新时代特征的指导思想是基点；第二，突出职业教育类型定位是亮点；第三，健全职业教育制度体系是突破点；第四，破解职业教育热点难点问题是重点；第五，紧跟时代需求而建规立制是增长点。这一阶段的突破，成为修法草案进入决策层的前提。

第三阶段为2020年9月—2022年4月，是修法方案的定稿阶段。由于习近平总书记对2021年4月召开的全国职业教育大会给予了高瞻远瞩的指示：要加快构建现代职业教育体系，培养更多高素质技术技能人才、能工巧匠、大国工匠，这就大大加快了职业教育法的修订进程。2022年4月20日全国人大常委会在国务院通过的《中华人民共和国职业教育法（修订草案）》基础上，高票通过了这部新法并宣布于5月1日正式实施，至此成为中国职业教育发展史上的重要里程碑。

邢晖作为参加修法全程的学者，其亲身感受是：《职业教育法》的修订过程，"历时长，路曲折，有反复，来之不易。整个历程比想象和预期要缓慢和困难得多，一茬茬起草组，一个个研究团队，一次次咨询会、座谈会、研讨会，走访、考察，质疑、争鸣，一份份报告、论文、文件、建议。"这段描述使广大读者深切地体会到修法历程的不易。

我觉得，此篇文章还值得大加点赞的是：夹叙夹议的写法令人印象深刻，特别是作者亲力亲为的修法历程，与其无时无刻的自省式提问紧密结合加以铺展，更是令人耳目一新："对《职业教育法》修订的边界、思路、框架和内容等不同看法，如修法有没有必要，是必须改还是可以不改？是快改还是慢改？修法力度有多大，是大改、中改，还是小改？修法大体什么框架，几章多少条反映了什么？修法有何新立意，怎样体现与时俱进？"这些无疑表明，作者不是被动地接受修法任务，而是主动地反思，将国家任务与个人哲思融入修法历程之中。

基于此，此文的宏大叙事，为读者展现了一张张、一幅幅、一帧帧，亦即多角度、立体的修法历程画卷。

## 二、伴随修法历程的科学研究

对于研究者来说，参加国家重大教育决策制定的过程，是一个锻炼自己如何将研究与为政策建言相结合的绝佳机会，也是一个良好的学习和研究实践，因为参加新《职业教育法》的修法工作，不是一个仅仅与个人相关的研究课题，而是一个关乎国家层面的影响职业教育未来发展的法治问题。

邢晖长期从事职业教育研究，曾经担任北京职业教育研究所所长，又在国家教育行政学院深耕多年，担任职业教育研究中心主任和学院学术委员会主任，具有深厚的研究功底和很高的研究水平。此文在写实地回顾14年修法历程的基础上，又对新《职业教育法》的精神内涵进行了深刻的挖掘。

邢晖以研究者的独特视野，将新《职业教育法》的精神内涵归纳为5个基本点，即类型、多样、融通、放权、提质5个关键词，同时与之对应的是新《职业教育法》对未来职业教育发展趋势的研判：将会实现从层次到类型，从单一到多元，从封闭到通达，从统一到下放，从数量到质量等5个方面的转变。其研究逻辑清晰，推理严谨，廓清了社会上长期存在的对职业教育的种种误读和误解，具有"拨云见日"的效果。

此文对我的启示，或者就我的理解来说，其研究结论所给出的5个关键词，实际上是作者伴随修法历程展开研究的5条路线。

一是层次说——类型论。此文主要指的是关于职业教育的类型定位问题。由于新《职业教育法》郑重地从法律层面宣示：职业教育是具有与普通教育同样地位的教育类型。此文的研究明确指出这一定位影响深远，厘清了职业教育的人才结构、培养内涵、教育贡献、社会地位，使得职业教育本身的特征或者说个性更加明显。

二是单一说——多元论。此文主要指的是关于职业教育的体制机制问题。由于新《职业教育法》清晰地从法律层面规定：职业教育实行政府统筹、分级管理、地方为主、行业指导、校企合作、社会参与的发展模式。此文的研究预示未来办学主体必然从单一走向协同，相关主体更加多元，而企业作为重要办学主体的地位会更加突出。

三是封闭说——开放论。此文主要指的是关于职业教育的体系通融问题。由于新《职业教育法》明确地从法律层面强调：建立适应经济社会发展需要，产教深度融合，职业学校教育和职业培训并重，职业教育与普通教育相互融通，不同层次职业教育有效贯通，服务全民终身学习的现代职业教育体系。此文的研究指出未来教育体系相互融合、衔接和通达得会更好。

四是统一说——放权论。此文主要指的是关于职业教育的职权责权问题。由于新《职业教育法》卓识地从法律层面确立：国务院协调；教育部门统筹及相关部门各司其职；省级负责本区域管理统筹、督导评估；县级以上政府配合的四层级确权，以及地方主责、企业主体、学校自主、师生主人四要素放权。此文的研究预言职业教育管理将更好地从"统"走向"放"。

五是数量说——质量论。此文主要指的是关于职业教育的质量绩效问题。由于新《职业教育法》鲜明地从法律层面提出：推动职业教育高质量发展，增强职业教育适应性是职业教育的目标追求与发展方向。邢文的研究认为，加强职业教育的标准、学校、专业、教材、资源、基地、校风、师资、竞赛、评价诸要素建设，从数量向质量发展的制度安排是新法主线。

## 三、领略修法历程的体认思考

此文认为，新《职业教育法》是职业教育最新的法律规范，是职业教育最高的纲领准绳，是职业教育守正创新的样板，也是职业教育继往开来的护卫。

### 1. 新《职业教育法》的指导思想和立法基础

此文指出，整个修法历程以习近平新时代中国特色社会主义思想为指导，汲取了10多年来特别是党的十八大以来的最新政策、实践和理论成果，贯彻习近平总书记关于职业教育重要论述，落实党的十九大、全国教育大会及全国职业教育大会精神，在融会贯通《国务院关于加快发展现代职业教育的决定》《国家职业教育改革实施方案》、中办国办《关于推动现代职业教育高质量发展的意见》的基础上，紧密围绕职业教育类型定位、基本任务和根本制度、重点热点难点问题，对法律文本进行了统筹设计、明晰定义、规制范畴，其相较于1996年版《职业教育法》，不仅在章节条款和内容篇幅上有了较大扩充，而且更重要的是在内涵上的守正创新和与时俱进。

### 2. 新《职业教育法》的现实意义和未来挑战

此文以为，新《职业教育法》的出台，历经千锤百炼、精雕细刻、承前启后、继往开来，是 21 世纪以来职业教育的集成性重要成就，为职业教育提质培优、增值赋能、以质图强，提供了重要的法律指引、规范依据和发展空间，为职业教育高质量发展夯实了法治基础，为新时期职业教育改革创新起着保驾护航的作用。

此文强调，新法的关键在落实、落地、落小和落细，迫切需要将其转换成各地方、各部门、各学校的实践行动。当下职业教育面临的挑战是：如何解决规模和数量及其职普结构性偏失的困境、校企合作困难、师资供给局限性、办学条件不足、升学和就业的困难、社会认同度低和吸引力不大等问题。

此文预判，职业教育高质量发展刚刚起步，还需要长期的克难攻坚。新《职业教育法》也未必尽善尽美，还只是对职业教育现状的有限解决，并没有全面突破，未来仍旧需要根据形势的发展，对法律文本进行动态调整，因时因势而动。特别是由于数字化时代社会变革的加剧，法律条文的长效性、适应性及时代性，必然是未来必须面对的课题。

最后需要指出的是，此文采用比较研究方法，将 1996 年原《职业教育法》、2019 年教育部《中华人民共和国职业教育法（征求意见稿）》、2021 年国务院《中华人民共和国职业教育法（修订草案）》、2022 年全国人大正式颁布的新《职业教育法》这些重要的版本内容，通过对照表进行比较，使得前后修改的条款一目了然。这为今后在对国家重大的政策或措施的调整进行解读和研究时，提供了可供借鉴的范本。

# 后 记

　　历史是继续前进的基础，理论是实践的先导。中国职业教育所取得的辉煌成就，离不开各发展时期众多研究者扎根中国实际的学术探索与耕耘。

　　回顾历史，才能更好地把握中国职业教育发展理论脉络，更清晰地展望未来实践发展路径。为此，我们在《中国职业技术教育》创刊30年发表的21 400余篇文章中，精选30篇，邀约专家立足当下，以现代视角进行回顾、阐释、解读，展现30年中国职业教育学术研究的发展历程与突破创新。

　　30篇文章的遴选采用主客观相结合方式。以文章被引率和下载量等客观数据为基础进行初步筛选，邀约专家对初选稿件进行内容评选，主要参考标准：一是研究主题具有重要理论和实践价值，引起广泛关注，产生重大影响；二是在特殊时期或关键节点，对重要工作进行阐释或总结，并产生重要影响；三是反映特定时期面临的重要理论或实践困惑，具有探索争鸣、前沿引导性成果；四是引进推介国际先进的教育理论、教育体系、教学模式、制度与标准等，对职业教育发展具有重要推进作用。

　　解读采用前后对照形式，一旧一新、一原文一解读，新老研究者共聚一堂，新旧研究交相辉映，充分展现30年职教研究发展脉络与澎湃不止的研究活力。

　　本书由教育部职业教育发展中心主任彭斌柏策划指导，副主任曾天山统筹组织，产教合作处处长唐以志具体推进，《中国职业技术教育》原主编赵伟、杂志常务副主编席东梅、辽宁省职业技术教育学会常务副会长高鸿、国家教育行政学院研究员郭静等人参与了文章遴选工作，《中国职业技术教育》编辑车明朝、王秋参与了整体策划、专家邀约和文章汇编整理工作。

　　本书编写得到了各解读专家的大力支持，高鸿教授、高宝元编审通读全书并提出宝贵的修改意见，高等教育出版社给予鼎力支持，各位编辑为出版付出极大心血。

　　在此向以上所有参与人员致以诚挚的谢意。

由于时间紧促且受篇幅所限，本书难免挂一漏万、存在疏漏，恳请广大读者批评指正。

编写组

2023年9月

读者意见反馈

为收集对教材的意见建议，进一步完善教材编写并做好服务工作，读者可将对本教材的意见建议通过如下渠道反馈至我社。

咨询电话　400-810-0598

反馈邮箱　gjdzfwb@pub.hep.cn

通信地址　北京市朝阳区惠新东街4号富盛大厦1座

　　　　　高等教育出版社总编辑办公室

邮政编码　100029